岱岳区年鉴

·2017·

泰安市岱岳区人民政府　主办
泰安市岱岳区党史史志办公室　编

图书在版编目（CIP）数据

岱岳区年鉴．2017 / 泰安市岱岳区党史史志办公室编．——北京：方志出版社，2017.10
ISBN 978-7-5144-2643-4

Ⅰ．①岱… Ⅱ．①泰… Ⅲ．①区(城市)－泰安—2017－年鉴 Ⅳ．①Z525.24

中国版本图书馆CIP数据核字（2017）第273605号

岱岳区年鉴（2017）

编　　者：泰安市岱岳区党史史志办公室
责任编辑：陈　菁
出 版 人：冀祥德
出 版 者：方志出版社
地址　北京市朝阳区潘家园东里9号（国家方志馆4层）
邮编　100021
网址　http://www.fzph.org
发　　行：方志出版社图书经销中心
电话（010）67110500
经　　销：各地新华书店
印　　刷：山东麦德森文化传媒有限公司

开　　本：889×1194　1/16
印　　张：24.5
字　　数：516千字
版　　次：2017年10月第1版　2017年10月第1次印刷
印　　数：0001～600册

ISBN 978-7-5144-2643-4　定价：288.00元

泰安市岱岳区地方史志编纂委员会

名誉主任　亓利群

主　　任　王长勇

副 主 任　朱延华　鲁瑞森

委　　员　王笃峰　梁民言　王宏伟　尹延玲　王　磊
　　　　　程翠芹　宋永军　李清国　张昭新　彭永森
　　　　　吕学涛　张保卫　朱元旺　李　铁　马　斌
　　　　　张玉成　李道明　戴英民　王增军　田　丽
　　　　　钱振华　韩建平　冯　力　赵永生　杨　斌

《岱岳区年鉴（2017）》编审人员

主　　审　朱延华

副 主 审　鲁瑞森　梁民言

主　　编　张玉成

常务副主编　程建民

副 主 编　张洪谱　常炳成　刘英泉

编　　辑　钱国庆　李　红　龚继岳　赵　蕾　翟梦雪

编辑说明

1.《岱岳区年鉴》是由泰安市岱岳区人民政府主办、泰安市岱岳区党史史志办公室编纂的综合性、公报性、资料性新闻年刊，是全面记载岱岳区地情的大型资料性工具书。全书以马克思列宁主义、毛泽东思想、邓小平理论、“三个代表”重要思想、科学发展观、习近平新时代中国特色社会主义思想为指导， 全面记载全区政治、经济、文化及各项社会事业发展的新情况、新进展、新变化，旨在为各级领导机关提供决策依据，为社会各界和人民群众提供信息资料，为打造泰城新区、建设幸福岱岳服务，为宣传、研究岱岳区服务。

2.《岱岳区年鉴》每年出版一卷。本部年鉴为总第 1 卷，资料时限为 2016 年 1 月 1 日至 12 月 31 日。为增强资料的时效性、新闻性，部分资料时限适当上溯或下延，彩页图片延至 2017 年 7 月。

3. 该鉴采用分类编辑法。框架结构的主体由栏目、分目、条目三个层次组成，有的栏目增设子分目层次。以条目为基本记载单元，条目标题以黑体字加【】标示。条目中分段落的以楷形标题引领，同一段落内分层次的以“①②③ ......”引领。

4. 本卷设 25 个栏目，依次为：特载、大事记、区情概览、中国共产党泰安市岱岳区委员会、泰安市岱岳区人民代表大会、泰安市岱岳区人民政府、中国人民政治协商会议泰安市岱岳区委员会、中国共产党泰安市岱岳区纪律检查委员会、民主党派和工商联、人民团体、法治 · 军事、经济管理、农业、工业 · 信息产业、商贸 · 旅游、财政 · 税务、金融、交通 · 建设 · 环保、招商引资 · 经济园区、科技 · 教育、文化 · 体育、卫生和计划生育、社会 · 生活、乡镇（街道）、附录。

5. 本卷资料和数据均由区直部门、各乡镇（街道）及有关单位提供，并经负责人审核。全区综合性数据由区统计局提供或审定。

6. 本年鉴的编辑出版得到各有关部门、单位和社会各界的大力支持，谨此致谢。对书中存在的不足，恳请读者指正。

2017 年 8 月

岱岳区地图

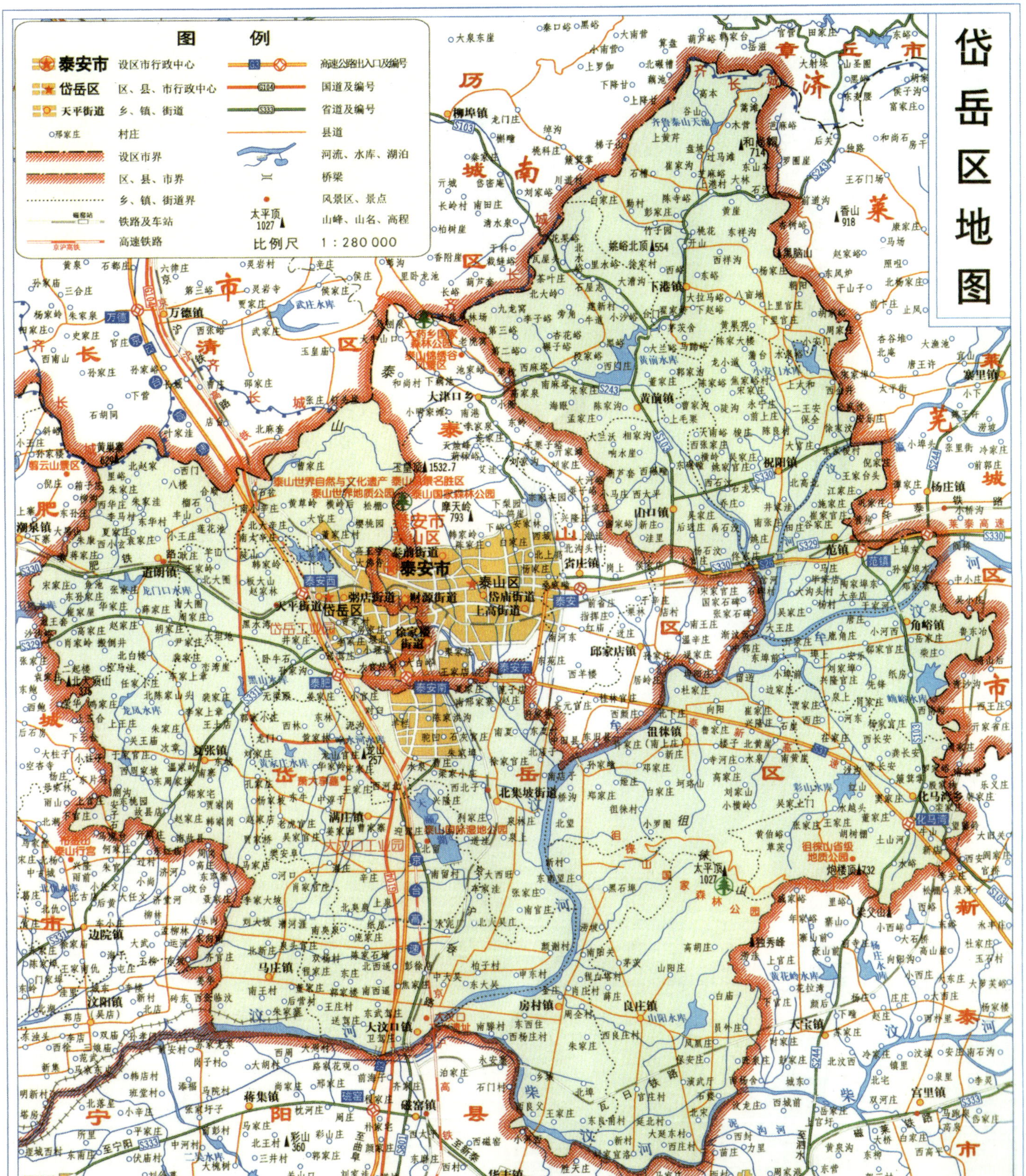

图 例
泰安市 设区市行政中心
岱岳区 区、县、市行政中心
天平街道 乡、镇、街道
邢家庄 村庄
设区市界
区、县、市界
乡、镇、街道界
铁路及车站
高速铁路
高速公路出入口及编号
国道及编号
省道及编号
县道
河流、水库、湖泊
桥梁
风景区、景点
太平顶 1027 山峰、山名、高程
比例尺 1：280 000

数字岱岳 2016

总面积：1750 平方公里
年末常住人口：91.43 万人（不含高新区）
生产总值：415.9 亿元
第一产业：59.1 亿元
第二产业：170.7 亿元
第三产业：186.1 亿元
三次产业结构比例为：14.2:41.1:44.7
地方一般公共财政预算收入：16.5 亿元
地方一般公共财政预算支出：36.5 亿元
金融机构人民币各项存款余额：524.8 亿元
金融机构人民币各项贷款余额：312.4 亿元
全社会固定资产投资：427.4 亿元

社会消费品零售额：179.7 亿元
进出口总值：13.5 亿元
实际利用外资：6609 万美元
接待海内外游客：1961 万人次
实现旅游收入：27.76 亿元
发明专利授权数：268 件
中等职业学校：1 所
中等职业学校在校生：5774 人
特殊学校：1 所
特殊学校在校生：54 人
普通中学：33 所
普通中学在校生：52725 人
小学：91 所
小学在校生：30450 人
卫生事业机构床位：2050 张
卫生技术人员：2429 人
完成公路货运量：1693.2 万吨
全社会用电量：27.7 亿千瓦时
城镇居民人均可支配收入：29909 元
城镇居民人均生活消费支出：17863 元
农村居民人均可支配收入：13830 元
农村居民人均生活消费支出：8499 元

中国共产党泰安市岱岳区第十三次代表大会

2017年1月16日至28日，中国共产党泰安市岱岳区第十三次代表大会在泰安市岱岳区举行。亓利群代表中共泰安市岱岳区第十二届委员会向大会作报告，报告的题目是《不忘初心 继续前进 奋力谱写岱岳发展新篇章》。

大会的主题是：紧密团结在以习近平同志为核心的党中央周围，深入学习贯彻习近平总书记系列重要讲话精神和治国理政新理念新思想新战略，不忘初心，继续前进，开创全区经济建设、政治建设、文化建设、社会建设、生态文明建设和党的建设新局面。

大会选出中国共产党泰安市岱岳区第十三届委员会、中国共产党泰安市岱岳区纪律检查委员会和出席泰安市第十一次党代会代表，通过了《关于中国共产党泰安市岱岳区第十二届委员会工作报告的决议》《关于中国共产党泰安市岱岳区纪律检查委员会工作报告的决议》。

区委书记亓利群代表中国共产党泰安市岱岳区第十二届委员会作报告

（区委研究室 供）

泰安市岱岳区
第十七届人民代表大会第一次会议

2017 年 1 月 21 日至 24 日，泰安市岱岳区第十七届人民代表大会第一次会议在泰安市岱岳区举行。会议选举徐永涛为泰安市岱岳区人大常委会主任，王长勇为泰安市岱岳区区长。

区委副书记、区政府区长王长勇在第十七届人大一次会议上作《政府工作报告》

徐永涛当选为区人大常委会主任

（区人大办公室 供）

中国人民政治协商会议
第十三届泰安市岱岳区委员会第一次会议

区政协主席李效军在区政协十三届一次会议上作工作报告

2017 年 1 月 20 日至 23 日，中国人民政治协商会议第十三届泰安市岱岳区委员会第一次会议在泰安市岱岳区召开。李效军当选为泰安市岱岳区政协主席。

（邵夫兵 摄）

2017 年 2 月 18 日，区委书记亓利群（前排左四）等区领导调研金融商务区二期规划

（王伟强 摄）

2017 年 7 月 15 日，区委书记亓利群（前排右一）到天平街道调研创建文明城市工作

（区新闻中心 供）

2017 年 5 月 3 日，区委副书记、区长王长勇（前排左一）调研招商引资和重点项目

（王 旭 供）

2017 年 4 月 27 日，区委副书记蔡丽霞（左三）到基层调研扶贫工作

（区新闻中心 供）

2017 年 7 月 14 日，区人大常委会主任徐永涛（前排中）带队检查违法建设治理工作

（徐来松 供）

2017 年 5 月 19 日，区政协主席李效军（前排中）调研中农联合农药有限公司

（邵夫兵 摄）

2017 年 6 月 13 日，副区长朱延华（前排右二）到泰和集团调研 40 万吨护面纸及配套项目

（王 旭 供）

2017 年 2 月 18 日，泰安市岱岳区 2017 年春季重点项目集中开工暨 60 万吨微粉加工项目奠基仪式

（区新闻中心 供）

2016 年 9 月 7 日，区重点招商项目签约仪式

（方远葵　摄）

2016 年 4 月 8 日，山东省巾帼居家创业就业脱贫行动签约仪式

（王丽　供）

2016 年 5 月 12 日，在岱岳区举行泰安市社会力量参与救灾工作启动仪式

（朱荣霞 供）

2016 年 6 月 27 日，庆祝中国共产党成立 95 周年，开展“我是共产党员”主题党日活动

（常 振 摄）

2016 年 6 月 30 日，区金融办在天平街道开展防范非法集资风险宣传教育活动

（叶丽娜 供）

2016 年 8 月 20 日，市公安局岱岳区分局荣获全国公安信访窗口示范单位

（田 磊 摄）

泰安市岱岳区
环保志愿者创城服
中国银行 BANKOFCHINA

全区
第二届
第三届

左上图：2016 年 6 月 3 日，区环保志愿者参与创城服务活动（赵和祥 摄）

左下图：2016 年 2 月 24 日，省农业厅专家到岱岳区考察小麦苗情（张玉荣 供）

右图：2016 年 4 月 12 日，全区第二届“群众文化体育艺术年”活动总结、第三届“群众文化体育艺术年”活动启动暨群众才艺展演（李 燕 供）

团购

左图：智园小区　（区建设局 供）

右上图：G104国道泰安绕城西线通车　（薛健明 供）

右下图：高铁泰安站　（韩倩倩 摄）

如意产业园精品车间　　（董砚敏 供）

泰山玻纤生产车间　　（董砚敏 供）

泰山石膏股份有限公司　　（董砚敏 供）

太阳部落　　（李祥龙 供）

上图：泮河景区　　　　　（贾立海　摄）
下图：泮河景区夜景　　　（刘国强　摄）

天长地久

天颐湖　　（区新闻中心 供）

（袁建昱 摄）

（徐熙发 摄）

《岱岳区年鉴（2017）》单位中心撰稿人名单

（按姓氏笔画排序）

丁兆村	马宪培	王文举	王　全	王　旭	王阳明	王　丽	王其海	王国峰	王　岩
王承峰	王艳霞	王淑东	王　震	牛司凤	方远葵	孔　军	孔　凯	邓　伟	石贵东
田　彬	冯克涛	冯克董	宁　娟	曲　健	朱方林	朱宗文	朱翠菊	任国伟	刘大伟
刘大伟	刘广林	刘立强	刘　华	刘灿华	刘怀健	刘宏运	刘启永	刘茂森	刘　虎
刘承涛	刘　勇	刘艳芳	刘振明	刘　强	刘　霞	闫晶晶	江志新	安效华	许　超
孙启金	孙　浩	杜秀秀	李万富	李玉江	李　宁	李　伟	李志科	李国青	李　明
李　娜	李　航	李祥龙	李　萌	李雪慧	李　斌	李　强	李钦峰	李　磊	邱风凯
邹俊丽	张玉荣	张　华	张华山	张克俭	张　丽	张咏琦	张建平	张涣兰	张瑞鑫
陈纪东	陈　超	季明刚	岳文强	岳　明	金　文	宗　文	宗　军	房　言	房　岩
孟凡福	孟　强	赵晓莹	赵　影	胡山君	禹朴乾	侯智涛	律志强	姜　鹏	姚继海
贾一民	贾庆芸	贾效华	贾惠霞	徐来松	高　虎	陶　双	姬志刚	黄明婷	戚汝斌
龚继岳	商西鹏	彭　丽	彭　辉	彭　静	董传元	董砚敏	董　洁	董　悦	韩文平
韩秀梅	韩遥遥	韩倩倩	焦丽丽	谢会详	靳立超	解玉帅	薛　岩	薛建明	霍　真
冀　翼									

目 录

特 载

大事记

区情概览

中国共产党泰安市岱岳区委员会

泰安市岱岳区人民代表大会

泰安市岱岳区人民政府

中国人民政治协商会议泰安市岱岳区委员会

中国共产党泰安市岱岳区纪律检查委员会

民主党派和工商联

人民团体

法治 · 军事

经济管理

农 业

工 业·信息产业

商贸 · 旅游

财政 · 税务

金 融

交通 · 建设 · 环保

招商引资·经济园区

卫生和计划生育

社会·生活

乡镇（街道）

附 录

不忘初心　继续前进
奋力谱写岱岳发展新篇章

——在中国共产党泰安市岱岳区第十三次代表大会上的报告

（2017 年 1 月 16 日）

亓利群

各位代表、同志们：

现在，我代表中共泰安市岱岳区第十二届委员会向大会作报告。

这次大会的主要任务是：高举中国特色社会主义伟大旗帜，全面贯彻党的十八大和十八届三中、四中、五中、六中全会精神，以邓小平理论、“三个代表”重要思想、科学发展观为指导，深入学习贯彻习近平总书记系列重要讲话精神，总结五年来的工作，分析面临的机遇和挑战，确定今后五年的奋斗目标和主要任务，选举产生新一届区委和区纪委，动员全区广大党员和干部立足新的历史起点，不忘初心、继续前进，努力开创各项事业发展新局面，为胜利完成“十三五”规划、实现全面建成小康社会的宏伟目标而努力奋斗！

一、奋力开拓进取，岱岳发展取得新成效

区第十二次党代会以来，我们在市委坚强领导下，团结带领全区各级党组织和广大党员干部群众，全面贯彻党的十八大及其历次全会精神，大力实施片区战略，团结实干、攻坚克难，各项事业健康稳步发展，为富裕文明和谐新岱岳建设开创新局面。

1. 综合实力显著增强。2016 年，本区生产总值预计达到 406 亿元，完成地方财政收入 16.5 亿元，分别是 2011 年的 1.62 倍和 2.2 倍，地方财政收入增幅、税收收入增幅、税收收入占比均稳居全市前列。五年来，三次产业结构比例由 17.2 ∶ 45.4 ∶ 37.4 调整为 14.2 ∶ 42 ∶ 43.8；全区新开工合同引资额 3000 万元以上项目 440 个，累计到位资金 501.8 亿元；来区投资的世界 500 强企业达到 17 家；实施“910”工程重点项目 393 个，其中投资过亿元的项目 321 个，309 个项目建成投产或运营；服务业增加值年均增长 9.8%，超过 GDP 增幅，服务业税收收入占比由 45.3% 提高到 51%。2016 年，旅

游接待游客1961万人次，实现旅游综合收入27.76亿元，分别是2011年的3.3倍和7.3倍，荣获“全国休闲农业与乡村旅游示范县”“最美中国·文化魅力、休闲度假旅游目的地城市”等称号；商贸流通业收入达到708亿元，是2011年的2.1倍；电子商务交易额达到148亿元，保持了年均30%的增速；金融业税收突破1.7亿元，是2011年的4.5倍。五年来，规模工业增加值、主营业务收入、规模工业利税年均分别增长10.1%、9.8%、13.6%；高新技术产业产值占比达到25.56%，年均提高1.5个百分点；规模以上农业龙头企业新增50家、达到142家，发展家庭农场273家、精品园场76家；泰山茶种植面积达到1.1万亩，葡萄酒产业从无到有，酿酒葡萄种植面积达到2400亩，建成“四大葡萄酒庄”；我区被评为全国粮食生产先进县、国家现代农业示范区。

2. *发展活力显著增强*。抓住供给侧改革机遇，通过“去、降、补”，推动“瘦身健体”。积极化解过剩产能，坚决淘汰落后产能，顺利完成煤矿落后产能关闭及水泥磨机产能改造工作；放宽住房公积金提取、贷款条件，去库存效果明显；组织银政企、产学研、产销等对接活动，企业运营成本明显下降；2家企业完成“新三板”挂牌，5家企业完成区域性股权交易市场挂牌，35家企业完成规模企业规范化公司制改制。紧盯上级改革动向，立足特色优势，国家级、省级改革试点分别达到7项和4项；围绕转变政府职能，编制完成审批事项目录、权力、责任、中介收费项目“四张清单”，并向社会公布；加快推进农村产权制度改革，土地确权顺利通过省市验收，并被评为优秀等次；扎实推进旅游体制改革，打响“泰山人家”品牌；圆满完成农信社银行化改革，岱岳农商银行成功挂牌营业。全力扩大对外开放，2016年，预计实现进出口总值13.5亿元，实际利用外资完成4.47亿元，分别是2011年的2倍和4倍，外商投资领域逐步向新兴产业发展。

3. *城乡面貌显著改善*。泰山·新兴园、天龙国际大厦、开元盛世·智园等23个商住项目建成投入使用，碧桂园凤凰城、天房美郡国际城等20个商住项目加快推进，15个城中村改造项目稳步实施，极大提升了城区形象。借助被列入“全省城乡公交一体化示范县”机遇，大力推进“城乡公交优先发展”战略，15个乡镇全部开通城乡、镇村公交线路；满庄镇、大汶口镇和山口镇被列入“全国重点镇”，满庄镇、大汶口镇被列为全省“百镇建设示范行动”示范镇。规划139个新型农村社区，建设完成97个；9个乡镇驻地中心社区实现生活污水集中处理；农村危房改造和农村改厕工作有序推进。完成交通建设投入7.38亿元，大修改造公路1016公里，实施农村公路安防工程422公里，104国道改建工程顺利完工、全线通车。依法开展土小企业和山石资源环保专项执法整治行动，关闭取缔违法土小企业82家。圆满完成国家卫生城市复审工作，全国文明城市创建工作扎实推进，城乡环卫一体化实现全覆盖，在全市率先建立市场化托管长效机制，在全省城乡环卫一体化民意调查中列第13位，全市排名第1位。我区被评为全市城市管理考核先进区。

4. 民生福祉显著改善。五年来，全区民生支出累计达到125.42亿元，占一般公共预算支出的83.75%。实施“双联双增”工程，成立民生服务中心，扎实推进为民实事工程，群众满意度稳步提升。强力推进脱贫攻坚，坚持种植、养殖、加工、旅游、光伏、电商“六轮驱动”，114个扶贫项目全部建成，2.1万贫困人口实现脱贫，占总数的67%，《人民日报》《大众日报》等媒体先后多次报道我区扶贫工作，苏庆亮同志被追授“全国脱贫攻坚贡献奖”。全区城镇登记失业率控制在3.5%以内。各项社会保险基金累计结余27.6亿元，是2011年底的2.8倍。城乡低保标准分别比2011年增长61%、157%。先后8次调整提高区直行政事业单位人员、乡镇教师工资和津补贴，达到政策规定的最高标准，人均月工资达到7197元，是2011年的2.7倍。超额完成学前教育三年行动计划第一期任务，成功创建国家义务教育发展基本均衡区、首批国家农村职业教育和成人教育示范区、全国社区教育实验区。城乡医疗卫生体系、公共卫生服务体系不断完善，食品药品监管水平明显提高。养老服务体系更加健全，服务设施更加完善。有效落实人口目标管理责任制，稳妥有序实施全面二孩政策，人口年均自然增长率控制在3.63‰以内。圆满完成征兵、人民防空、抢险救灾、国防动员工作任务，妇女儿童、残疾人保障、老龄、外事侨务、民族宗教、工商联、爱国卫生、气象、防震、史志、档案等事业全面进步。

5. 社会环境显著改善。民主政治建设不断加强，支持和保证人大及其常委会行使法定职权，重视发挥人大代表作用；支持政协围绕团结和民主两大主题履行职能；保障区人民法院和区人民检察院依法独立履行职责，维护法律权威；巩固壮大爱国统一战线，群团组织的作用得到积极发挥；严格落实基层党务、政务、村务公开制度，保障人民群众民主权利；支持工会、共青团、妇联等人民团体，依照法律和各自章程开展工作。深化中国特色社会主义和中国梦宣传教育，社会主义核心价值观深入人心；加大国内主流媒体宣传力度，取得显著效果；扎实开展“道德讲堂”“岱岳百姓故事会”宣讲活动，“四德”工程建设水平全面提升，推出徐西国等一大批全国全省重大先进典型；连续组织开展“群众文化体育艺术年”活动，建成村（社区）文体小广场747处，基层综合性文化服务中心470个，区乡村三级公共文化服务网络更加优化。法治岱岳建设不断巩固，全面推进依法治区，深化“天网工程”建设，持续开展综治大巡防工作，乡镇（街道）综治工作中心的效能全面提升。完善多元化解矛盾工作机制，信访事项处理群众满意率逐年提高。安全生产形势持续稳定，连续6年被省安委会评为“安全生产工作先进单位”，被市政府评为“安全生产先进集体”。

6. 政治生态显著改善。扎实开展党的群众路线教育实践、“三严三实”专题教育、“两学一做”学习教育等活动，干部队伍的思想作风建设进一步加强。健全完善干部监督“联防联控联处”机制，干部监督工作连年列全市第1位。深入实施“党群连心、强村固基”

工程，全面推行村级“四三”工作机制。探索推行“一制三化”非公企业党建新模式。在全市率先建成区、乡、村三级党员教育服务网络，党建宣传连年居全市第1位。建立落实“党组织固定活动日”制度，创新开展“党性五问”专题教育。探索推行党员“挂牌亮诺”制度，相关做法在省市得到推广。持之以恒正风肃纪，严格落实中央八项规定精神，共立案查处相关问题211起，党政纪处分193人。保持惩治腐败高压态势，坚决整治和查处侵害群众利益的不正之风和腐败问题。认真做好派驻专项巡察工作，初步构建起纪律监督新常态。全面落实省委巡视反馈问题的整改工作。注重加强常委会自身建设，坚定正确政治方向，严格规范党内政治生活，严格落实党风廉政建设责任制，自觉接受群众监督，带头弘扬清风正气。

各位代表、同志们，五年来的工作成就，是以习近平同志为核心的党中央及省委、市委坚强领导的结果，是全区各级党组织团结带领广大党员和干部群众锐意进取、顽强拼搏的结果，是各民主党派、工商联、人民团体、无党派和社会各界人士和衷共济、共克时艰的结果，是历届区委、区政府和老领导、老同志打下良好基础的结果。在此，我代表中共泰安市岱岳区第十二届委员会，向全区广大党员和干部群众，向各民主党派、工商联、人民团体、无党派和社会各界人士，向所有参与、支持、关心岱岳区发展的朋友们，致以崇高的敬意和衷心的感谢！

在充分肯定成绩的同时，我们也清醒地认识到，全区各项工作中还存在不少困难和问题：在经济建设上，主要经济指标绝对值处于全市中游偏下位置，财力体量小，财政收支矛盾突出，产业结构不优、层次不高、集聚度不高；服务业品牌影响力不强，社会服务业不健全、不发达，城市经济尚在培育之中；工业整体实力偏弱，重化产业比重高，高新技术产业发展缓慢；农业产业化水平低、链条短、附加值不高，农民增收压力较大。在城乡建设上，城市功能欠缺，城区基础设施不完善，城中村改造任务艰巨，城区品质有待提升；中小城镇的承载力、辐射力不强，新型农村社区建设进展不快。在社会建设上，群众利益诉求日益多元化，教育、医疗卫生、住房改善、公共服务、生态环境、安全生产等领域还存在工作欠账和薄弱环节，脱贫和巩固脱贫成果的压力并存，影响社会和谐稳定的问题依然较多。在党的建设上，干部队伍结构和整体素质仍需优化提升，服务经济、助推发展的意识、素质、能力亟需增强，基层党组织服务功能需要进一步强化，各级党组织抓党风廉洁建设工作还不够主动和深化，损害群众利益的不正之风问题仍未彻底解决，等等。对此，我们要勇于面对，坚持问题导向，采取有力措施，认真加以解决。

二、明确目标任务，开启跨越发展新航程

今后五年，是我区全面建成小康社会的决胜阶段，是加快转型升级的关键时期，我们既面临风险挑战，也面临重大机遇。从外部环境看，世界经济仍在深度调整，新的产业革命正在孕育，这为我们调整结构、加快转型提供了难得契机。我国经济发展长期向

好的基本面没有变，仍处于可以大有作为的重要战略机遇期。国家陆续出台一系列引领经济发展新常态的重大政策措施，加大供给侧结构性改革力度，加快创新驱动发展；省委、省政府纵深推进“两区一圈一带”建设，聚力猛促产业升级提速、城乡区域一体、陆海统筹联动；市委、市政府加快实施泰肥一体化、高铁片区建设、徂汶景区开发等一系列区域发展战略，加快推进青兰高速建设，规划建设以济泰高速公路和城际铁路为核心的复合交通走廊，规划在满庄镇以西建设支线机场，这些重大基础设施的规划建设，为我区带来了更为广阔的发展空间。从我区发展看，经过多年努力，全区综合实力显著提升，发展后劲逐步增强，发展势头日益迅猛，全区上下呈现人心思进、人心思干的可喜局面。我们完全有信心、有条件、有能力在新的起点上实现新跨越。

基于以上认识，区委研究确定今后五年工作的指导思想和发展思路：高举中国特色社会主义伟大旗帜，以邓小平理论、“三个代表”重要思想、科学发展观为指导，深入贯彻习近平总书记系列重要讲话精神，认真落实中央和省委、市委决策部署，坚持“四个全面”和“五大发展理念”，围绕“打造泰城新区，建设幸福岱岳”的奋斗目标，深化片区战略，构建“一区三园四带多极”的发展格局，打赢产业转型、城乡统筹、改善民生、从严治党“四场硬仗”，奋力谱写岱岳发展新篇章。

根据这一指导思想，结合国家和省、市“十三五”经济社会发展任务目标，确定今后五年我区经济社会发展的主要目标：

——*综合实力更加强大*。顺利完成“十三五”规划各项目标任务，经济保持中高速增长，全区生产总值年均增长6.5%以上。着力加快供给侧结构性改革，产业迈向中高端水平，服务业层次、制造业比重、农业现代化水平快速提升，新兴产业迅速壮大，三次产业结构进一步优化。

——*改革开放更加深入*。全面深化改革取得决定性成果，体制机制活力加快释放。引进来和走出去实现新突破，开放型经济发展水平全面提升。

——*生态环境更加优美*。水和大气质量明显改善，污染治理和生态修复实现重大突破，城乡绿色空间显著增加，林木绿化率稳步提高，全面完成上级下达的节能减排目标任务，建设优美宜居生态环境，展现绿色岱岳、美丽岱岳形象。

——*人民生活更加幸福*。实现现行标准下贫困人口全部脱贫，公共服务体系更加健全，全社会健康素质持续提升，社会文明和谐、安定有序，人民安居乐业、殷实富裕，人民群众幸福感和满意度明显增强。

三、坚持产业转型，推动经济质态新跨越

要科学谋划产业布局定位，坚持项目建设、产业优化、科技创新、改革开放“四轮驱动”，着力发展现代服务业、高端制造业和高效农业，全面提升区域经济竞争力。

1.以优化布局搭建转型载体。要深化片区战略，优化重大产业和城镇布局，推动城区、园区、乡镇的功能互补、错位发展、合

作共赢，提升区域综合实力，构建“一区三园四带多极”格局。“一区”，即增强中心城区辐射带动力，大力发展城市经济，打造泰城新的发展中心。“三园”，即打造3个优势产业集聚园区。泰山青春创业园主攻“现代服务”，优化泰城西部产业布局，吸纳集聚发展科技孵化、专业物流、电子商务、文化休闲等产业项目，加快与中心城区的连片融合发展，不断加快规模膨胀。大汶口工业园主攻“高端制造”，吸纳集聚新材料、新型建材、装备制造、纺织服装、生物医药等产业项目，大力发展文化旅游产业，同时加快推进城镇化建设步伐，推动产城融合，建成沿104国道高端产业聚集带的核心区、泰安中心城区的南部新城和重要辅城。岱岳新兴产业园主攻“新兴产业”，吸纳集聚新能源、生物科技等产业项目，逐步建立起特色化、规模化、现代化的新的支柱产业和特色产业。“四带”，即围绕重大基础设施建设工程做文章，加快推动沿线、周边区域发展，打造4条特色优势产业聚集带，为全区协调发展创造有利条件。一是打造新104国道产业带，搞好新104国道沿线区域的产业布局、规划控制和建设管理，集中发展现代商贸物流业；二是打造大汶河产业带，沿大汶河、环徂徕山乡镇发挥生态资源和文化资源优势，抢抓徂汶景区建设的机遇，加大生态保护力度，加快发展文化旅游业；三是打造泰肥一体化产业带，老泰肥路、九女山路、凤凰山路沿线区域作为泰肥连接部，积极推动泰肥规划衔接、设施互联和产业互动，促进乡村旅游、观光农业等特色产业升级，使泰肥一体化尽快破题、加速推进；四是打造济泰高速产业带，依托正在建设的济泰高速公路，配套完善沿线乡镇的基础设施，承接济南的产业转移，借力推动传统制造业升级，带动休闲旅游业和特色农业发展；“多极”，即引导各乡镇立足实际，明确产业定位，完善发展规划，分别发展各具特色的镇域经济，建成具有较强产业支撑力的重点镇和中心镇，培育形成多个实力雄厚、产城融合、特色鲜明的现代城镇。一区、三园、四带、多极之间，既各有侧重，又相互配合，要强化全区“一盘棋”意识，在项目摆布上坚持集聚发展，积极引导全区支柱产业和重点项目向“一区三园”集中，各类项目都要跟着规划走，杜绝产业布局的随意性。要健全完善并严格落实项目引进单位、落地单位利益分享制度，激励各方协调一致、共谋发展。

2. 以项目建设务实转型基础。要坚持把项目建设作为转型升级的“推进器”和“主抓手”，为发展增后劲、蓄能量。一是打好“策划牌”。要围绕文化旅游、金融商务、商贸物流、高端制造、现代农业等领域，挖掘招商“卖点”，将区位优势、产业优势、资源优势、政策优势、人脉优势转化为经济优势，确保以优质策划包装推动项目质效提升。二是打好“引强牌”。要紧扣区域拉动力、行业竞争力、财税支撑力“三强”标准，瞄准世界500强、央企和行业领军企业，大力实施精准招商、产业链招商、以商招商、蹲点招商、展会招商，在大项目、大企业、大品牌上实现新突破。将引资与引智、引技、引人才、引品牌相结合，促进投资结构优化

升级。三是打好“补链牌”。要着眼于全省、全市的产业布局，找准关联度和互补性，引进上下游产业项目，与大山东、大泰安、大泰山形成“你中有我、我中有你”的分工协作、互利共赢的态势。四是打好“帮促牌”。要发挥协调机构集中力量办大事的优势，整合各类服务资源，围绕重点产业、重点项目，建立指挥部，统筹推进，分兵作战，打造贯穿策划、招商、建设、发展全方位、全流程的“推进器”和“服务链”，让“岱岳服务”成为最亮眼的软环境品牌，确保优质高效项目引进有序、推进有力、落地有根、开花有果。

3. *以产业优化开拓转型路径*。要把优化升级当做岱岳产业发展最紧迫、最重大的问题，做强三产、做优二产、做特一产，巩固老优势，增创新优势，实现健康永续发展。一是精心打造服务业“四大板块”。要培植壮大文化旅游业，树立全域旅游理念，推动旅游项目建设和景区提档升级，集中连片发展乡村旅游，推动“旅游+”深度融合，全力建设文化旅游强区；繁荣发展商贸流通业，加快商贸市场和现代物流园区建设；全面加快电子商务发展，打造国内知名电子商务品牌；加快岱岳金融服务业聚集区和泰安金融商务区建设，集聚金融机构，优化金融环境，增强金融服务实体经济能力。二是聚力培育“岱岳制造”。要改造提升传统优势产业，推动机械、化工、纺织、建材、食品等产业加快转型、脱胎换骨，夯实产业发展根基；着力培育战略性新兴产业，推动高端装备制造、现代医药、新材料等战略性新兴产业攻克关键技术、膨胀产业规模，提高核心竞争力，抢占产业发展制高点；持续壮大骨干企业，实施企业递进增植计划、大企业培植计划，实施品牌战略，构建老企业复苏蝶变、新企业高开高走、大企业顶天立地、小企业铺天盖地的生动格局。三是实现农业“催化质变”。要在加强高标准农田建设、抓好粮食生产的同时，大力发展优质特色农业，强化精品园场带动，围绕发展茶、葡萄酒等特色产业，积极打造“三品一标”品牌，做好“+互联网”“+高科技”“+二三产”“+精准扶贫”等一系列“农+”文章，创新国家现代农业示范区建设模式，深入推进生态循环农业发展，争创全国农业可持续发展试验示范区。

4. *以科技创新打造转型引擎*。要进一步发挥科技创新对产业转型升级的支撑和引领作用，促进科技创新与产业发展紧密结合。一是强化企业主体。要发挥好科技创新的引领作用和科技人员的骨干中坚作用，努力突破核心关键技术，既培植具有核心竞争力的大企业，又激发大众创业、万众创新的潜力和活力，打造一批极具特色优势的小微企业、高新技术企业和科技创新型企业。二是加快载体建设。要引导企业创建国家级、省级、市级产业技术研究院等创新平台，着力提升产学研合作的高度、宽度和深度，特别是突出泰山国际特种设备协同创新战略联盟成员单位的联系合作，全力推进特种设备高端制造业发展，力争把泰山智慧谷打造成国家级高新技术产业化基地。要充分发挥泰山科技成果转化促进会作用，加快推进创新成果转化。三是构筑人才高地。要深入实施人才强区战略，坚持以项目引进带动人才引进，以产业开发带动人才开发，建立精准引才机制、科学培养机制，营造人人皆可成才、人人尽展其才的良好环境。

5. *以改革开放激发转型活力*。要把深化改革、扩大开放紧密结合起来，为经济社会发展提供更强劲、更持久的动力。一方面，深化改革汇聚合力。要完善督办协调、督察落实、考评激励、责任追究等工作机制，提高改革运转效率。要深化行政审批、行政管理等重点领域的改革，最大限度地凝聚助力、倍增动力、消除阻力。要紧盯改革政策动向，提早谋划，积极对接，争取有更多改革试点落户我区，努力打造有特色、有亮点、可复制的改革经验。另一方面，扩大开放增创优势。要引导外资外贸企业巩固传统市场，拓展新兴市场。要扶持培育跨境电商综合服务平台，将电商优势转化为外贸优势。要加快利用外资步伐，引导外资投向现代服务业、高端制造业、现代农业和基础设施等领域，鼓励有条件的企业同有实力的跨国公司进行战略合作，实施改组改造，不断增创开放发展新优势。

四、坚持城乡统筹，构建产城互动新格局

要积极对接国家和省市重大发展战略，积极融入省会城市群经济圈，加快推进以人为核心、以产业为根基的新型城镇化，形成以城带乡、城乡统筹的城镇化发展新格局。

1. *着力打造高品质城区*。城区建设要突出扩容提质、产业调优两大重点，实现由产业聚集区向功能复合、生态宜居的综合性优质新城转变。扩容提质，就是要拉大城区发展框架，拓展发展空间，提升城区品质。要全力主攻新城开发建设，向西、向南着力拓展城区规模，高效率建设一批城市商住项目，统筹推进城中村改造项目，持续优化城市空间布局；突出抓好城区路网建设，高标准规划建设一批医疗、卫生、教育、商贸等公共服务设施，加快推进水、电、气、热以及通讯、垃圾处理、污水处理等配套设施建设，不断完善城区综合功能。要坚持建管并重，建立智能化、精细化、常态化城区管理长效机制，不断提升城区管理水平。产业调优，就是要聚焦城市经济，加快产业项目建设，促进产业升级，发挥产业集聚效应和支撑作用。要加强城区政治、商贸、文化中心功能，以金融服务业聚集区建设为依托，加快推进沿泰山大街、长城路、时代发展轴金融商务聚集带建设，大力发展金融、总部经济等现代服务业，打造全市金融商务服务桥头堡，更好地发挥城区的集聚辐射带动作用。

2. *着力打造特色城镇*。要加快完善小城镇总体规划，实现全区各乡镇总体规划修编全覆盖。要积极对接泰安市“一主一副八组团”的总体部署，支持山口、徂徕、夏张、黄前、范镇、角峪、良庄、大汶口8个镇域发挥优势，打造多点联动、特色鲜明的城市配套功能组团，进一步增强产业发展、公共服务、吸纳就业、人口聚集功能。要重点抓好满庄、大汶口、山口3个全国重点镇的建设，完善提高综合服务功能和环境质量，进一步发挥示范镇在城镇化建设中的辐射带动作用，培育一批工业主导型、旅游观光型、

生态农业型、商贸物流型等多类型特色小镇。

3. 着力建设美丽乡村。要统筹新型农村社区建设，以建设省级示范社区满庄镇天颐社区和山口镇太平社区为示范引领，带动全区新型农村社区建设；积极开展美丽乡村示范创建，实现基础设施配置标准化、公共服务功能标准化、工程建设质量标准化、长效管护机制标准化，全面提高美丽乡村建设的科学化水平。要大力优化农村人居环境，健全农村基础设施投入长效机制，加强农村路网建设，加大公共财政对农村（社区）教育、文化、卫生、体育、就业服务和社会保障等基本公共服务的投入，深入推进农村危房改造，建设美丽宜居的新农村。

4. 着力建设生态岱岳。要顺应人民群众对优美环境的向往，把绿色发展理念贯穿经济社会发展全过程，紧紧围绕总量减排、环境改善、安全保障三大重点，扎实推进水、气、噪声、辐射等环保民生指标全面改善，不断提高生态文明建设新水平。要加快构建节约型社会，做好减排工作，加大淘汰落后产能力度，大力发展清洁能源、可再生能源，推进生产环节工艺绿色化。要深入推进城乡环境综合整治，打造文明和谐、规范有序、洁净优美的城乡环境。要加大环境污染治理力度，继续实施大气污染防治“蓝天工程”，实施水污染防治行动计划，加强土壤污染防治，严防工业污染向农村转移，大力推进农村生活污染治理。

五、坚持改善民生，释放普惠百姓新红利

要始终保持心中有民、执政为民的高度自觉和强烈责任，健全民生保障体系，加强系统化设计、制度化安排、规范化建设、长效化推进，将各项目标和任务落到实处，努力让全区人民生活得更有保障、更加幸福、更有尊严。

1. 集中力量脱贫攻坚。要把产业扶贫作为脱贫攻坚的重中之重，做强扶贫产业，深入推进种植、养殖、加工等特色产业，壮大光伏、电商、旅游等新兴产业。要统筹使用各类扶贫资源要素，汇集各方力量，协调联动，在专项扶贫、行业扶贫和社会扶贫上全面发力，2017 年继续打好脱贫攻坚战，确保全区大多数贫困群众实现脱贫，2018 年集中扫尾、巩固提升，解决剩余特困贫困人口脱贫问题，全面完成脱贫攻坚任务。

2. 织密织牢保障网络。要加快实现社会保险人群全覆盖，不断完善参保缴费政策，努力实现应保尽保。要适当调整社会保险待遇水平，提高社会保险保障能力。要强化社会保险运行监管和经办服务，确保社会保险规范运行。要健全完善城乡低保为核心，五保供养、大病救助、慈善救助、自然灾害救助等专项救助为支撑，临时救助为补充的立体化社会救助体系。

3. 统筹发展社会事业。要优先发展教育，持续深化基础教育综合改革，大力推进解决大班额、全面改造薄弱学校、提升教育信息化水平等重点工作，全力办好人民满意的教育。要促进城乡居民就业，激发创业带动就业活力，提升高校毕业生、农民工就业创业能力。要提高人民健康水平，深化医疗卫生体制改革，健全卫生医疗服务体系，优化卫

生资源配置，加大卫生基础设施建设；认真做好计划生育工作，全面落实二孩政策。要大力发展体育产业，抓好新型社区健身场所的配套建设。要扎实开展双拥共建，促进军政军民团结。要扎实开展“食安岱岳”创建活动，大力构建区乡村三级监测网络，提升食药安全监管能力和水平。要推动老龄事业健康发展，着力保障妇女、儿童、残疾人合法权益。

4. 切实维护和谐稳定。要认真组织实施“七五”普法规划和依法治区规划，推进多层次多领域的依法治理。要深化社会治安综合治理，加强社会治理创新，完善立体化治安防控体系，预防和化解群体性突发事件，确保社会大局稳定。要建立健全多层次的社会矛盾调解网络，提高全社会法治化管理水平。要健全完善安全生产长效机制，压实安全生产责任，提升综合应急处置能力和防灾减灾救灾能力。

5. 加强精神文明建设。要以高度的文化自觉和文化自信，大力发展社会主义先进文化，实施科学理论引领、舆论引导提升、社会主义核心价值观培育、文化惠民“四大工程”，弘扬主旋律，凝聚正能量。要落实意识形态工作责任制，加强各类阵地建设与管理，筑牢网络安全防线，牢牢把握正确舆论导向。要着力提升全媒体宣传水平，提高岱岳影响力。强化对内宣传，提高群众对惠民政策的知晓率、支持率。要大力培育社会主义核心价值观，积极推进全国文明城市创建工作。拓展群众性精神文明创建活动，培育崇德向善的文明风尚。要深入开展“群众文化体育艺术年”活动，辐射带动群众性文化活动的开展。

六、坚持从严治党，营造风清气正新生态

抓好党建是第一责任、是最大政绩。要认真履行管党治党政治责任和主体责任，全面推进党的建设新的伟大工程，为开创全区各项事业发展新局面提供根本保证。

1. 思想教育从严。要坚持不懈抓好理论武装，强化理想信念教育，严格党性党纪教育，特别是用党章党规和习近平总书记系列重要讲话精神武装头脑，拧紧党员干部理想信念的“总开关”。要严格执行党委（党组）中心组学习制度，依托“理论讲坛”，开展党的最新理论成果下基层宣讲活动，实现思想政治建设的制度化、常态化、长效化。要认真落实领导干部上讲台制度，带动各级党员干部提升党性修养、增强履职能力。要强化党性教育，引导党员干部牢记全心全意为人民服务根本宗旨，不断提高做好新形势下群众工作的能力。要严以修身，加强社会公德、职业道德、家庭美德、个人品德教育，引导党员干部坚守道德底线，规范日常行为。

2. 选人用人从严。要坚持好干部标准，更加注重在一线发现培养干部、在一线选拔使用干部，大胆使用在经济发展、脱贫攻坚、项目建设、解决复杂矛盾中表现突出的干部，彰显选人用人鲜明导向。要完善年轻干部、后备干部的选育管用工作机制，实现干部队伍老中青合理梯次配备。要实施领导干部能力素质提升计划，拓宽干部培养锻炼的渠道和方式。要健全领导班子和领导干部综合考

核评价机制，大力推进干部能上能下，及时调整不适宜、不胜任的现职干部。要建立容错机制，旗帜鲜明地为敢于担当的干部担当、为敢于负责的干部负责，大力营造想干事、能干事、干成事的浓厚氛围。

3. 组织建设从严。要强化农村、社区、机关等基层党组织建设，加大“两新”组织党建工作力度，推进党组织和党的工作全覆盖，构建网格化基层党组织服务体系。要坚持以服务型党组织建设引领基层党建，大力实施“岱下先锋”党组织书记群体创建工程，选优配强基层党组织书记，全面推行村党组织书记规范化管理。要掀起向苏庆亮同志学习的热潮，引导广大党员学先进、赶先进、争先进。要充分发挥区、乡党员教育服务中心作用，加强党员教育管理，严格党内组织生活，健全党组织固定活动日、党员“挂牌亮诺”、民主评议等制度，使广大党员切实做到坚定信念靠得住、立足本职干得好、遵纪守法过得硬、关键时刻站得出。

4. 作风建设从严。要驰而不息加强作风建设，切实抓常、抓细、抓长，严格落实中央八项规定精神，深挖细查“四风”隐形变异新动向、新形式，坚决防止“四风”反弹回潮。要着力转变工作作风，优化发展环境，凝心聚力加快改革发展。要进一步密切党同人民群众的血肉联系，利用民生服务中心等平台，及时收集社情民意，破解民生难题，反馈工作得失。要大力弘扬真抓实干的务实作风，压实工作责任，强化包保责任，形成一级抓一级、层层抓落实的浓厚氛围。要以区乡换届为契机，加强对各级领导干部的教育引导，把大家的精力集中到抓发展、干实事上来，保持工作的连续性，确保工作不断档、责任不落空。要创新和改进考核办法，充分发挥考核的“指挥棒”作用，更好落实“五大发展理念”，并严格执行各项责任追究制度，充分调动各方面的积极性。

5. 廉洁建设从严。要认真落实党委主体责任和纪委监督责任，认真贯彻党章和廉洁自律准则、纪律处分条例、问责条例等各项党规党纪。要坚持把纪律和规矩挺在最前面，把握运用好监督执纪“四种形态”，抓早抓小、动辄则咎。要坚持以零容忍态度惩治腐败，做到有案必查、有腐必惩，不断巩固反腐成果，着力构建不敢腐、不能腐、不想腐的长效机制。要加强基层党风廉洁建设，坚决查处侵害群众利益的不正之风和腐败问题。要建设廉洁文化，倡导清风正气，在全社会营造崇尚廉洁的良好风气，使优良作风成为新时期党员干部的亮丽名片。

同志们，蓝图已经绘就，目标催人奋进。让我们紧密团结在以习近平同志为核心的党中央周围，高举中国特色社会主义伟大旗帜，在市委的坚强领导下，团结带领全区广大党员干部群众，以更加坚定的信心、更加昂扬的斗志、更加务实的作风，不忘初心、继续前进，为打造泰城新区、建设幸福岱岳而不懈奋斗！

政府工作报告

——2017 年 1 月 21 日在泰安市岱岳区第十七届人民代表大会第一次会议上

泰安市岱岳区代区长 王长勇

各位代表：

现在我代表区人民政府向大会报告工作，请予审议，并请各位政协委员和列席会议的同志提出意见。

一、过去五年工作回顾

刚刚过去的五年，在区委的坚强领导下，在区人大、区政协的监督支持下，全区上下紧紧围绕建设富裕文明和谐新岱岳，团结实干，开拓进取，经济社会实现平稳健康发展。

（一）综合实力明显增强。预计 2016 年实现本区生产总值 406 亿元，是 2011 年的 1.62 倍，五年年均增长 9.7%。完成地方财政收入 16.5 亿元、税收收入 14.6 亿元，分别是 2011 年的 2.2 倍、2.1 倍，年均增长 17.1%、16.5%；税收收入占地方财政收入的比重达到 88.1%；税收过千万元的企业达到 34 家，比 2011 年增加 16 家。预计完成固定资产投资 427.4 亿元，是 2011 年的 1.9 倍，年均增长 16.5%；实现社会消费品零售总额 180 亿元，是 2011 年的 1.8 倍，年均增长 12.1%。城镇和农村居民人均可支配收入达到 29771 元、13791 元，分别是 2011 年的 1.57 倍、1.73 倍，年均增长 9.4%、11.6%。

（二）产业结构不断优化。三次产业结构比例由 2011 年的 17.2 ∶ 45.4 ∶ 37.4 调整为 14.2 ∶ 42 ∶ 43.8。服务业增加值年均增长 9.8%，服务业占比年均提高 1.28 个百分点。创建国家 AAAA 级景区 4 家、AAA 级 3 家，被评为最美中国 · 文化魅力休闲度假旅游目的地城市，接待游客、旅游收入年均分别增长 27.5%、50.5%。引进阿里巴巴农村淘宝项目，建成镇村服务站点 69 家。2016 年金融机构及地方金融组织分别比 2011 年增加 18 家、20 家，实现税收 1.7 亿元，五年累计 5.2 亿元、年均增长 32.8%。规模工业增加值年均增长 10.1%，主营业务收入、利税年均增长 9.8%、13.6%；实施技改扩规项目 532 个，完成投资 586 亿元、年均增长 14.5%。高新技术产业产值占比达到 25.56%，年均提高 1.5 个百分点，国家高新技术企业达到 14 家、省级企业技术中心达到 12 家。拥有中国驰名商标 3 件，山东省著名商标 17 件。新增山东省名牌产品 22 个。全面完成节能减排任务目标。粮食产量实现连年增长。新增地理标志证明商标 8 件。发展精品园场 76 家、家庭农场 273 家，酿酒葡萄、茶园种植面积分别达到 2400 亩、1.1 万亩。农业龙头企业增加 50 家。培育“一村一品”专业乡镇 8 个、专业村 207 个。蚕茧产量连续 16 年位居全省第一位。农机化水平达到 83%，森林覆盖率达到 43%。

（三）项目建设成效显著。新开工合同

引资额3000万元以上项目440个，其中过亿元项目182个、过10亿元项目28个，实际到位资金501.8亿元，年均增长23.4%；17家世界500强投资项目落户我区。实施“910”工程重点项目393个，完成投资769亿元，其中投资过亿元321个，309个项目建成投产或运营，66个项目正在加快建设，10个投资过10亿元项目正在洽谈对接。优势产业、优质项目集聚城区、园区，带动了财税收入较快增长，2016年粥店街道、大汶口工业园、泰山青春创业园共完成地方财政收入11.7亿元，占全区的70.7%。

（四）改革开放纵深推进。深化行政审批制度改革，编制完成并及时向社会公布审批事项目录、权力、责任、中介收费项目“四张清单”，削减区级行政权力事项，清理非行政许可事项和行政审批中介服务收费项目。统筹推进食品药品、工商、质监管理体制和卫生、计生管理体制改革。圆满完成农信社银行化改革任务。加快农村产权制度改革，土地确权顺利通过省、市验收；全面完成集体林权制度主体改革；深入开展供销社系统综合改革。稳步推进基本医药卫生体制改革，实施基本药物制度；顺利启动机关事业单位养老保险制度改革。2家企业实现“新三板”挂牌，5家企业完成区域性股权交易市场挂牌，35家企业完成规模企业规范化公司制改制。顺利完成全区党政机关公务用车制度改革。开放型经济稳步发展，预计2016年实现进出口总值13.5亿元，是2011年的2倍，进出口过百万美元企业达到32家，其中过千万美元6家，分别比2011年增加6家、2家。实际利用外资4.47亿元，是2011年的4倍。

（五）城乡面貌大幅改观。7个乡镇完成总规修编并通过市政府批复。抓好时代发展线、高铁片区、财源大街、灵山大街、旅游经济开发区、泮河大街拓宽改造等十余项市级重点工程建设征地拆迁工作。绿地公馆、国贸大厦、新兴悦蓝山等23个高档商住组团相继建成投入使用。15个城中村改造稳步推进，完成棚户区改造6908户。交通公路建设总投入18.6亿元，新建大修改造公路1043公里，104国道改线工程竣工通车。全区所有乡镇开通城乡公交线路。投入水利资金16.6亿元，实施了灌区节水改造等重大水利工程项目。投资5090万元，解决了16.9万人饮水安全问题。投资8.4亿元，进一步完善了农村电力设施。完成危房改造4268户。满庄、大汶口、山口被列为全国重点镇。顺利通过国家卫生城市复审。大力实施乡村文明行动，城乡环卫一体化实现全覆盖。扎实开展城乡环境、国土规划建设、山石资源、落后企业、河砂资源“五大综合整治”活动。创建国家级生态乡镇2个、省级生态乡镇6个、省级生态村8个。

（六）民生福祉持续改善。五年来，区财政用于教育、社保、就业、医疗卫生支出达到89.2亿元，占总支出的59.5%，年均增长14.3%。新增城镇就业再就业7.1万人，城镇登记失业率控制在3.5%以内。实行城乡居民养老保险金统筹发放，城乡居民医疗保险实现整合并轨。居民医疗保险财政补助由240元提高到420元，企业退休人员养老金实现“十二连涨”。机关事业单位人员工资标准与市直拉平。在全省率先实行城乡低保年度审验，发放低保金2.48亿元。建成农村幸福院191处、城市社区老年人日间照料中心12处，新增养老床位2091张。114个扶贫项目全部建成，2.1万贫困人口实现脱贫，占总数的67%。投入资金近10亿元，新建、改扩建学校117处，成功创建国家义务教育发展基本均衡区、国家农村职业教育和成人教育示范区、全国社区教育实验区。高考连年实现新突破，空军飞行学员招生工作走在全国前列，区职教中心在全国职业院校技能大赛中夺得金牌。农民体育健身工程、乡镇综合文化站、文化信息资源共享工程实现全覆盖。《岱岳区志》出版发行。稳妥实施全面两孩政策，人口年均自然增长率控制在3.63‰以内。全面落实民族宗教政策，积极推进少数民族帮扶项目。加强平安岱岳建设，“天网工程”全面运行，认真落实“六五”普法和依法治区规划，社会治安维稳形势持续向好。强化食品药品监管，人民群众饮食用药安全得到有效保障。切实加强安全生产工作，安全生产形势保持稳定。圆满完成新兵征集、抢险救灾、国防动员工作任务，应急管理、人民防空、妇女儿童、残疾人保障和老龄工作有新提高，外事侨务、气象、防震、档案等社会事业全面进步。

（七）自身建设得到加强。扎实开展党的群众路线教育实践活动、“三严三实”专题教育和“两学一做”学习教育，深入实施干部联系群众“双联双增”工程，干部作风明显转变。政府议事和决策机制进一步规范，政务公开全面推行；主动接受人大法律监督、政协民主监督，积极办理人大代表建议、政协委员提案。优化政务服务流程，提升服务效率和质量。建立岱岳民生服务中心，健全完善镇、村便民服务机构，为民实事办理工作卓有成效。严格国有资产监督管理，加强公共资源集中交易监管。加大审计监督和行政监察力度，认真纠正行业不正之风，严肃查处各类违法违纪案件，政府系统廉政建设进一步加强。

各位代表，过去五年，我区先后被评为国家现代农业示范区、全国休闲农业与乡村旅游示范县、国家高效节水灌溉示范县、平安山东建设先进区、全省安全生产基层基础工作先进区、全省双拥模范区等40多项国家和省部级荣誉。

各位代表，五年来，我们经历的挑战前所未有，取得的成绩振奋人心。成绩的取得，得益于区委的坚强领导，得益于区人大、区政协及社会各界的大力支持，得益于全区人民的奋力拼搏。在此，我代表区人民政府，向全区广大干部群众、社会各界人士，表示崇高的敬意和衷心的感谢！

各位代表，在看到成绩的同时，我们也清醒地认识到，我区经济社会发展中还面临一些不容忽视的矛盾和问题，主要是：经济总量偏小，主要经济指标绝对值较小。工业结构不优、产业层次不高，缺乏区域拉动力强、行业竞争力强、财税贡献力强的“三强”企业；服务业品牌影响力不大，生活性服务业发展粗放，城市经济尚在培育之中；农业产业化水平有待提高，农业产业亟待转型。

城区基础设施不完善，“城中村”“城郊村”“园中村”改造任务艰巨，小城镇的承载力、辐射力不强。财政收支矛盾突出，土地、资金、环境等发展要素趋紧。教育卫生、公共服务、生态环境、安全生产领域还存在薄弱环节。干部队伍服务群众的意识和干事创业的劲头还需进一步提高，发展环境有待进一步优化等等。对此，区政府将不回避、不懈怠，认真研究，逐项破解。

二、今后五年的总体要求和目标任务

今后五年，是全面建成小康社会的决胜阶段。按照区第十三次党代会精神和区“十三五”规划安排，政府工作的总体要求是：高举中国特色社会主义伟大旗帜，以邓小平理论、“三个代表”重要思想、科学发展观为指导，深入贯彻习近平总书记系列重要讲话精神，认真落实中央和省市区委决策部署，坚持“四个全面”和“五大发展理念”，围绕“一区三园四带多极”发展格局，以提高经济发展质量和效益为中心，以推进供给侧结构性改革为主线，以人民群众满意为标准，按照“工业立区、城市兴区、旅游活区”的思路，突出抓好产业转型、城乡统筹、财源建设、民生改善，积极作为、持续用力，让人民群众有更多获得感，努力实现“打造泰城新区，建设幸福岱岳”的奋斗目标，开创岱岳更加灿烂美好的明天。

今后五年全区经济社会发展的主要目标是：综合实力更加强大、改革开放更加深入、生态环境更加优美、人民生活更加幸福。到2021年，本区生产总值年均增长6.5%以上；地方财政收入年均增长8%；规模以上固定资产投资年均增长9%；社会消费品零售总额年均增长9%；城镇居民、农村居民人均可支配收入年均分别增长8%、8.5%以上；城镇登记失业率控制在3.5%以内；年均人口自然增长率控制在12.5‰以内。

要实现上述目标，我们既面临风险挑战，更面临重大机遇。我国仍处于发展的重要战略机遇期，经济发展长期向好的基本面没有变，经济增长的良好支撑基础和条件没有变。省委、省政府实施“一圈一带”战略，岱岳区作为紧密圈层，承接产业转移、融入“一圈”大局具有较大优势；市委、市政府加快实施泰肥一体化、高铁片区建设、徂汶景区开发等区域发展战略，加快推进青兰高速、济泰高速建设，为我们跨越发展带来了新的机遇。从我区看，近年来，我们坚持抓项目建设不放松，持续加大“转调创”力度，发展基础更加牢固。只要我们准确把握重要战略机遇期，始终保持昂扬向上、奋发有为、永不懈怠的精神状态，始终保持砥砺奋进、攻坚克难、担当实干的工作韧劲，就一定能够实现确立的宏伟目标。

三、2017年政府工作总体安排

今年是实施“十三五”规划的重要一年和推进供给侧结构性改革的深化之年。全区经济社会发展的主要预期目标是：本区生产总值增长7.5%左右；地方财政收入增长8%左右；固定资产投资增长10%左右；社会消费品零售总额增长10%左右；城镇居民、农村居民人均可支配收入分别增长8%、8.5%左右；城镇登记失业率控制在3.5%以内；人口自然增长率控制在11.9‰以内；全面完成上级下达的节能减排等约束性指标任务。在实际工作中，争取完成得更好一些、发展得更快一些。重点抓好以下七个方面工作。

*（一）在推进区域发展上有更大突破。*深化片区战略，成立建设指挥部，高起点编制产业规划，高标准确定产业定位，高效率推动项目进城、进园、进带，加快构建“一区三园四带多极”格局。

聚力打造提升中心城区。以“经营城市”的理念建设城市，增强中心城区辐射带动能力，突出发展城市经济，加快金融商务、总部经济、电子商务、高端品牌酒店等新型业态发展，推进集购物休闲娱乐于一体的大型现代化综合体建设，完善城市配套功能，增强综合承载能力，拉大城市发展框架，打造泰城新的发展中心。聚力打造优势产业集聚的3个园区。泰山青春创业园主攻“现代服务”，重点引进创投平台、企业孵化、研发中心、高端专业物流配送等产业项目，加快与中心城区的连片融合发展。大汶口工业园主攻“高端制造”，重点引进高端装备制造、新材料、新型建材、大型工业物流配送等产业项目，打造产业集群，同时加快推进城镇化建设步伐，推动产城融合。打通泰山青春创业园、大汶口工业园连接道路，推动两园区一体发展。岱岳新兴产业园主攻“新兴产业”，重点引进新能源、生物科技等产业项目，不断膨胀园区规模。聚力打造各具特色的4条产业带。紧扣各产业带发展定位，沿新104国道，规划布局现代商贸物流项目，打造现代产业物流配送聚集带；沿大汶河，抢抓徂汶景区建设的机遇，规划建设度假、养生、健身、休闲产业聚集带；抓住泰肥一体化机遇，沿老泰肥路、九女山路、凤凰山路，规划建设产权式酒店、旅游观光、医养结合等项目，打造北部山区旅游、医养、观光农业聚集带；依托正在建设的济泰高速公路，承接济南的产业转移，借力推动传统制造业升级，打造承接济南产业转移的产业聚集带。聚力打造“多极”发展的现代城镇。引导各乡镇立足实际，大力发展镇域经济，建成具有较强产业支撑力的重点镇和中心镇。力争年内完善规划、搭起框架、破题发展，三年大见成效，五年实现重大突破。

*（二）在增强发展活力上有更硬举措。*坚持把招商引资和项目建设作为推动发展的首要任务，挖掘潜力，释放活力，增强动力，厚植跨越赶超的新优势。

强力推进项目建设。开展“重点产业招商引资和重点项目建设突破年”活动，充分发挥政府的推动作用和企业的主体作用，紧扣区域“三强”标准，聚焦实体经济，在高端制造、文化旅游、金融商务、现代农业等领域，收集网罗一批重点招商引资线索，策划一批符合国家产业政策导向的项目，盯紧世界500强、行业100强和央企，大力实施定向招商、会展招商、以商引商、蹲点招商、飞地招商，一年开展两次集中签约活动，确保年内签约重点产业项目50个，其中过亿元30个、过10亿元6个。开展项目建设“擂台赛”，建立项目建设指挥部，形成县级领导牵头抓总、包保部门帮扶协调、镇街园区保障服务、项目单位主导建设的推进机制，现场办公、现场督导、现场推动，着力破解规划、土地、资金等制约因素，加快环评、安评、能评等手续办理，如期完成建设任务。改进完善招商引资和项目建设考核办法，每季度检查考核一次，重点考核财源项目、工业项目和经济类实体项目。年底前确保泰山玻纤产业园第四和第五条生产线、远大住工等24个项目竣工或投产运营；泰安六星国际汽车城、中农联合生物三期等42个项目加快建设、完成年度计划；泰山抽水蓄能电站二期、150万吨中化制盐等33个投资过亿元项目，完善手续、尽早开工建设；奥特莱斯文化商贸、唯品会山东运营中心等36个已达成意向的项目尽快签约落地，在全区掀起齐心协力抓招商、凝心聚力建项目的热潮。

积极开展对上争取。把对上争取作为借力借势发展的重要措施，盯紧上级宏观政策、专业政策，密切关注新出台的政策，找准与我区发展实际的结合点，充分运用国家政策，全力以赴争取项目和资金。围绕重点产业、基础设施、生态环境和社会民生等领域，精心策划、储备、包装项目，完善项目前期手续，找准切入点、赢得主动权，想方设法让更多项目进入国家和省投资盘子；千方百计走出去，领导干部带头、专业队伍攻坚，集思广益、群策群力，最大限度争取上级支持。选派优秀干部到国家部委、省直机关进行挂职学习，真正发挥上下联络的桥梁作用。加强调度，实行月调度、季通报、年终考核制度，奖惩分明、激发干劲，确保全年增长幅度有较大提高。

深入推进改革开放。探索投融资改革，创新“财政+基金+金融”模式，发挥财政资金引导放大作用，撬动社会资本进入产业投资领域。加快实施政府和社会资本合作，吸引社会资本参与公共产品和公共服务项目的投资、运营管理。深化政银企合作，助推实体经济发展。整合建设融资平台，提高融资保障能力。深入实施商事制度改革，加快企业“五证合一”及个体工商户“两证合一”，焕发市场主体活力。加快“僵尸企业”出清，腾出发展空间。实施更加积极的开放战略，年内培育进出口过千万美元外贸企业8家，进出口总额达到14亿元，增长3%。鼓励以股权投资、投资基金、融资租赁、跨境人民币投资等新方式引进外资，扩大利用外资规模，年内新引进外商投资企业9家，实际利用外资4.83亿元，增长8%。加大外经合作力度，年内新增境外投资项目2个，境外承包工程合同额、境外投资协议额分别增长25%和10%。

（三）在产业转型升级上有更大作为。坚持“做强三产、做优二产、做特一产”，优化产业结构，提升产业层次，完善产业链条，打造产业生态圈，推动产业向中高端水平迈进。

做强现代服务业。把服务业作为引领新常态的战略支点，精心打造“四大板块”。力促旅游业提质发展。推动现有景区提档升级，丰富提升旅游项目、旅游产品、旅游要素内涵和品质。加快泰安旅游集散中心建设，着力强化游客集散中心功能。充分发挥“旅游+”模式的拉动力、融合力及催化集成作用，发展具有岱岳特色的文化旅游、农业旅游、工业旅游、红色旅游。加大旅游领域执法力度，维护岱岳旅游良好形象。整合各类宣传资源，完善旅游标识系统建设。年内旅游接待人数、旅游收入分别增长15%、20%，泰山天颐湖旅游度假区争创国家AAAA级景区。力促商贸物流业转型发展。实施骨干流通企业培育工程，引导光彩大市场、泰山钢材大市场向电子商务园区及物流园区转型。大力开展“满意消费惠万家”活动，积极推进智能快件箱进校园和小区、智慧便利店进社区、优质农产品进超市，年内建设“互联网＋便利店”示范店10家。力促电子商务全面发展。加快电子商务产业园区建设，规范提升泰山钢网大宗商品现货交易电子商务平台。完善秦工国贸跨境电商平台服务功能，新增托管企业20家。扶持诺泰电子、启翔商贸等电商企业做大做强。在重点乡镇建立电商综合服务中心，打造县域经济下的“电商＋快递”联合投资体。深入实施电子商务进农村工程，新建运营农村淘宝服务站50家。全区电子商务交易额增长35%以上。力促金融服务业加快发展。推进岱岳金融服务业聚集区和泰安金融商务区建设，积极引进金融机构和新型金融业态，加快发展现代保险服务业，年内引进光大永明保险、中国人寿财险、国都证券3家金融机构。引导金融机构在乡镇设立金融网点，推动金融服务向村级延伸。规范新型地方金融组织发展，全力防范化解金融风险。

做优新型工业。发挥好工业经济的主体支撑作用，集中力量培植一批工业“三强”企业，年内规模工业企业增加5家，主营业务收入、利税均增长5%以上。实施传统产业提升工程。分行业制定传统产业转型升级方案，加大技术改造力度，加快研发新产品，优化产品结构，提高产品市场竞争力；积极推广应用新技术、新工艺，降低生产成本，提高劳动生产率；大力实施“互联网＋制造”，提高“两化”融合水平，促进传统产业转型升级。年内实施好岱岳制盐120万吨扩规、泰山石膏热电联产等18个重点技改项目，技改投资增长10%以上，新增国家级“两化”融合企业1家。实施新兴产业培育工程。抓好润德复合材料、康平纳无模化车床、东润核电封头等项目建设，提升高端装备制造、节能环保、新材料等产业发展水平，年内新兴产业产值占比提高2个百分点以上。实施大企业培植工程。对泰山石膏、泰安如意等25家企业进行跟踪培育、扶优培强，全力培植一批主营业务收入过5亿元、10亿元、50亿元的支柱企业，带动中小企业配套聚集，促进产业集群发展，培育省级重点产业集群1个、市级2个。扶持壮大创新型小微企业，新培育各类市场主体增长10%以上。切实加强企业管理。多措并举帮助企业去产能、去库存、降成本，强化经济预警监测和调度分析，及时防范、化解企业各类系统性风险。实施企业家素质提升工程，健全培养与保护机制，建设一批懂经营、善管理、敢开拓的企业家队伍。

做特现代农业。推进农业供给侧结构性改革，加快“一产四化”进程，促进农村一二三产业融合发展，争创全国农业可持续发展示范区。发展品牌农业。做大做强绿色瓜菜、特色林果、优质桑蚕、畜禽养殖等优势产业，提升泰山茶、葡萄酒品牌影响力，积极打造“三品一标”品牌，新增有机、绿色、无公害农产品5000亩、1万亩、2万亩。争创全国奶牛大县整体推进示范县和省级现代畜牧业示范县。推进农业产业化、信息化。把农业龙头企业培植作为融合发展的主线，吸引大额工商资本和社会资本投资农业领域，优化农业生产要素结构，促进产业链相加、价值链相乘、供应链相通的农业全产业链发展，新增规模农业龙头企业8家、家庭农场30家。以信息化引领农业现代化，积极探索“互联网+农业”，推动农业物联网、农副产品质量安全追溯、重大动物疫情防控体系建设，实现农产品流通电子化。激发农业农村活力。继续大力实施农村土地及产权制度改革，推进农村承包土地“三权分置”，进一步落实集体所有权，稳定农户承包权，放活土地经营权。全面铺开农村集体产权制度改革，每个乡镇（街道）年内完成建立5个示范点、再推广10个村的“一五一十”改革任务。新建供销社为农服务中心2处。强化基础支撑。扎实开展第二期农田水利项目县、胜利渠除险加固、国家水土保持重点县三期、颜谢引河灌区配套改造等重点水利工程建设。实施农村低压线路、井井通电及一流配电网改造工程。农机化水平达到83.4%。

做实科技创新。深入实施创新驱动战略，推进“企业创新百强工程”，引导企业加大研发投入，推动产学研协同创新，年内高新技术产业产值占比提高1个百分点，组建市级以上科技创新平台5家，发明专利申请量增长5%。突出泰山国际特种设备协同创新战略联盟成员单位的联系合作，逐步把泰山智慧谷打造成国家高新技术产业化基地。深入实施“人才强区”战略，瞄准投融资、财税、金融、电子商务等领域，大力引进国家“千人计划”“万人计划”专家、“泰山产业领军人才”等高层次创新创业人才和团队。扎实开展品牌建设，年内新增山东省著名商标1件、地理标志证明商标2件，争创山东省名牌产品2个。

（四）在城乡统筹发展上有更快步伐。坚持高起点规划、大力度建设、精细化管理，全面加快城乡一体化建设进程。

建设精品城区。抓住城市化发展的历史机遇，用足政策，科学谋划，勇于作为，积极融入泰城核心区，主动对接高铁片区、旅游经济开发区，向西、向南拓展城区规模，编制好新104国道以东、京沪高铁以西区域发展规划，搭起50平方公里的发展框架，打造泰城西部新城（北）和西部新区（南）。对灵山大街西段、泰山大街西段、迎宾大道、大河路沿线区域进行改造提升，将西部新城、新区及九女山路产业带内的城中村、园中村、城郊村纳入连片改造规划和棚户区改造计划，分期实施。加快推进鲁商中心、天房美郡国际城等大型综合体建设。提升路网、水、气、暖、污水处理等基础配套设施水平，推进城区桃花源路、学院路北段等8条道路建设，对城区部分主干道雨污管网进行全面整治，完成5个老旧小区改造。巩固提升国家卫生城市复审成果，积极推进全国文明城市创建工作，按照“分级管理、责任下移”

的管理体制，加强市容市貌管理，落实日常巡查执法，提高城市管理精细化水平。

打造特色城镇。以规划引领城镇化建设，年内完成房村、徂徕乡镇总体规划修编工作，加快推进黄前、下港、马庄、良庄、角峪、化马湾乡镇总体规划修编。发挥满庄、大汶口和山口三个重点镇辐射作用，带动周边徂徕、黄前、范镇、角峪、良庄等乡镇，发挥优势，突出特色，宜工则工、宜农则农、宜游则游，打造产城融合、特色鲜明的城市配套功能组团。以争创全国交通运输一体化示范县为抓手，开展“四好农村路”建设，打造示范工程、示范路段、示范乡镇。持续推进农村路网升级改造，年内完成80公里农村公路建设、4座大中型桥梁建设改造；配合省市交通重点工程，协调推进青兰高速、济泰高速工程建设，实施枣徐线岱岳区段大修工程，争取实施泰东路拓宽、九女山路西延工程。

创建美丽乡村。大力推进美丽乡村标准化建设，实现基础设施配置、公共服务功能、工程建设质量、长效管护机制标准化，年内力争美丽乡村标准化建设达标村达到300个以上。深入推进城乡环境综合整治，突出城域、镇域、村域、路域、水域五大重点区域整治，坚决打赢违法建设治理行动攻坚战，全面提升城乡环境面貌。改造完成农村危房300户、无害化卫生厕所4万户。

（五）在生态文明建设上有更好成效。坚持生态优先理念和生态底线思维，坚定不移走绿色、低碳、可持续发展道路，努力打造碧水青山、绿地蓝天的生态宜居环境。

强化生态保护。抓好绿色通道完善提升和连片造林工作，新增造林面积1万亩。扎实推进道朗小流域综合治理项目，治理水土流失面积20平方公里。积极争创省级生态文明示范区。坚决打好大气、水、土壤污染防治“三大战役”，认真落实水污染防治行动计划，确保水环境质量稳定达到南水北调水质要求。深入推进黄前水库饮用水源地综合整治。继续实施好大气污染防治“十大行动”，突出抓好散煤清洁化治理、油气回收、扬尘防治，持续改善环境空气质量。加快畜禽养殖和农业面源污染治理，严控非法排污和倾倒有毒有害物质，有效控制土壤污染。

强化节能减排。树立绿色低碳安全发展理念，抓好重点行业、企业节能降耗，坚决抑制“两高一资”行业过快增长。突出绿色发展战略，组织实施“工业绿动力”计划，年内工业园区以及化工、造纸、建材、制药等产业区域，一律取消自备燃煤锅炉，全部改用集中供热或使用天然气等清洁能源。大力发展循环经济，启动实施泰山青春创业园、大汶口工业园两个园区循环化改造。

强化资源节约。认真贯彻最严格的耕地保护制度，实施建设用地总量和强度“双控”，严把建设项目预审、审批、供地环节，严格落实投资强度、建设容积率等控制指标。积极争取土地整理项目，充分挖掘未利用土地，清理盘活闲置用地。落实最严格的水资源管理制度，加强水资源节约利用。继续开展山石资源、落后企业、河砂资源综合整治活动。

（六）在财税征管工作上有更大力度。坚持把财税工作作为经济工作的核心，开源节流，增收节支，管税控费，为经济社会发展提供强力支撑。

狠抓财源培植。坚持把培植壮大财源与转方式调结构相结合，强化财政政策引导，充分发挥财政资金杠杆作用，更多地把财政扶持重点转到科技创新、“三强”项目和“三强”企业上来，引导优质资源向创税产业聚集。年内培植税收过1000万元、3000万元、5000万元企业分别达到35家、9家、5家。

加强税费征管。强化在建项目税收一体化管理，落实好“营改增”后的税收政策，全面监控区内建设项目，防止税源流失。继续建立健全国地税合作机制，推进联合办税服务。深入开展综合治税，全面提高税收征管质效。加强非税收入征管，强化国有资源资产有偿使用、国有资本经营收入征缴，全面规范行政事业性收费项目，挖掘非税收入潜力。

优化支出结构。牢固树立过“紧日子”的思想，严格控制“三公”经费及其他一般性开支。继续盘活存量资金，对结转两年以上的资金，全部收回统筹安排。积极探索和拓宽政府购买服务的路子，不断提升财政资金服务效率和水平。加强公共资源集中交易监管，提高政府采购资金使用效益。加强政府性债务管理，完善规模控制和风险预警机制，保证政府债务风险可管、可控、可偿。

（七）在民生事业改善上有更多实惠。坚持以人民为中心，切实解决好群众最关心、最直接、最现实的利益问题，最大限度提升人民群众对发展成果的获得感。

完善社会保障体系。实施更加积极的就业政策，突出抓好高校毕业生等重点群体就业帮扶，深入落实农民工三项“三年行动计划”。加大对教育、医疗卫生、社会保障等民生支出的倾斜力度，优先保障民生政策扩面提标资金需求。健全居民养老保险参保缴费激励机制，促进社保征缴扩面。深化医疗保险支付制度改革，全面推广应用医疗保险监控系统。健全完善城乡社会救助体系，加强养老服务体系建设。集中力量脱贫攻坚，确保全区大多数贫困群众实现脱贫。

加快社会事业发展。持续推进基础教育综合改革，进一步加快教育信息化建设，全面完成解决大班额问题，新建、改扩建学校33处；完成39个薄弱学校改造项目，确保提前一年完成改造任务。组织开展好第四届群众文化体育艺术年活动，大力开展送文艺下基层。全面完成区文化馆、图书馆新馆建设并投入使用，改建区档案馆。继续推进基层综合性文化服务中心建设，尽快实现全覆盖。深化医药卫生体制改革，实行全面预算管理制度，加强医联体建设，积极探索实施分级诊疗制度，完成第一人民医院和妇幼保健院信息标准化建设和法人治理结构改革。认真落实全面两孩政策，扎实做好计划生育工作。大力实施少数民族帮扶工程，规范宗教事务管理。重视抓好国防动员、民兵预备役、双拥共建、人民防空和征兵工作，关心支持老龄、残疾人、妇女儿童事业发展，做好应急管理、外事侨务和爱国卫生、防震减灾、气象、史志工作。

着力维护社会稳定。深入开展社会治安区域综合治理，积极构建社会治安立体化防控体系，扎实开展三年禁毒人民战争，为人民群众营造更加良好的安居乐业环境。认真组织实施“七五”普法和依法治区规划。加强食品药品安全监管，争创省级食品安全先进县。强化矛盾纠纷排查和信息预警，及时消除群体事件隐患。继续深化安全生产隐患大排查快整治严执法集中行动，建网格、争主动、严执法，确保安全生产形势持续稳定。

四、全面加强政府自身建设

改革的新任务、发展的新目标、人民的新期待，对政府工作提出了新的更高要求，必须持之以恒加强政府自身建设，不断提高适应发展要求、满足群众期盼的执政水平和服务能力。

（一）坚持高效执政。强化工作落实，层层传导压力，压紧压实责任。积极发扬“马上就办”精神，坚持“实、快、高”三字标准，立说立行、雷厉风行，加快工作节奏，加大工作力度，提升工作标准，提高工作效能。加强工作督导，对重点工程、重大项目、重要工作实行跟踪督办、动态监管。健全考核评价机制，设擂比武、同台竞技，典型发言、末位表态，旗帜鲜明地为担当者担当、为负责者负责，营造比学赶超、干事创业的浓厚氛围。

（二）坚持依法行政。牢固树立宪法和法律意识，建立落实重大决策专家咨询、合法性审查等制度，严格按照法定权限和程序行使权力、履行职责。自觉接受人大法律监督、政协民主监督和社会舆论监督，认真办理人大代表建议和政协委员提案。做好区级行政审批事项目录清单、行政权力清单、政府部门责任清单的动态调整，编制发布公共服务项目清单，积极推进省市区三级政务服务平台互联互通。坚持简政放权、放管结合、优化服务，提高办事效率，优化发展环境。深化政务公开，促进权力阳光运行。

（三）坚持廉洁从政。全面落实党风廉政建设责任制，完善政府系统惩治和预防腐败体系建设，强化国有资产购置处置的审批监管，加强对工程招投标、政府采购等重点领域行政监察和审计监督，从源头上消除权力寻租空间。加强廉洁教育和纪律约束，严肃查处各类违纪违法案件，坚决纠正损害群众利益的不正之风，努力建设勤勉敬业、务实高效、清正廉洁的干部队伍。

各位代表，千里之行，始于足下。让我们紧密团结在以习近平同志为核心的党中央周围，高举中国特色社会主义伟大旗帜，在区委的坚强领导下，万众一心，众志成城，锐意进取，拼搏实干，为打造泰城新区、建设幸福岱岳而努力奋斗！

大事记

1月

4日　中共泰安市岱岳区委员会(简称区委)传达习近平总书记在中央政治局专题民主生活会上的重要讲话精神。副县级以上领导干部参加。

△　中共泰安市委员会(简称市委)常委、市委政法委书记郭德文到区考察环境综合整治情况。区委副书记、区长张韧等领导人参加活动。

5日　全区建筑领域清理拖欠农民工工资情况调度会议召开。张韧等区领导人出席会议。

7日　全区2015年度乡镇党委书记抓基层党建工作述职评议会议召开。区委书记王永征等领导人出席会议。

△　泰安市岱岳区人民政府(简称区政府)印发《关于实施城中村片区改造工作的意见》，提出用3～5年完成城市规划区内的城中村改造任务，将城中村建设成为功能完善、环境优美、生活方便的现代化社区。

8日　2016年度部署市管干部报告个人有关事项专题会议召开。区各大班子领导，其他县级干部、区纪律检查委员会(简称区纪委)副书记及乡镇党委书记参加。

14日　市委常委、政法委书记郭德文到岱岳区调研乡镇司法所规范化建设工作。泰安市人民政府(简称市政府)副市长鞠向群及区领导人刘兆泉参加活动。

△　山口镇、黄前镇等6乡镇公交车开通仪式举行。副区长王华参加活动。

15日　全区扶贫开发工作会议召开。区各大班子领导出席会议。

△　省科技厅鲁普耐特重大科技项目专项验收会议召开。副区长朱丽出席会议。

29日　区政府印发《关于加快推进政府与社会资本合作模式的意见》，提出各级各部门要充分认识政府与社会资本合作的重要意义，结合各自实际，筛选、论证、实施一批PPP项目，促进经济社会又好又快发展。

△　区纪委第十二届八次全体会议召开，传达学习市纪律检查委员会(简称市纪委)十二届七次全会精神，总结2015年反腐倡廉工作，研究部署2016年全区党风廉政建设和反腐工作。区领导王永征、刘兆泉等出席会议。

△　市政府副市长、公安局局长鞠向群

等一行到区视察食品安全工作。副区长王勇强陪同参加活动。

2月

1日 全区迎接国家卫生城市复审暨城乡环卫一体化工作总结表彰大会召开。区各大班子领导人出席会议。

2—3日 区组织走访慰问泰安军分区、71770部队。区领导王永征、张韧等参加活动。

3日 中共山东省委员会（简称省委）第八巡视组专项巡视岱岳区情况反馈会议召开。省巡视组组长于常青、副组长王成方，市委常委、纪委书记赵明东及区各大班子领导人出席会议。

△ 根据区委、区政府《关于岱岳区人民政府职能转变和机构改革的实施意见》（泰岱发〔2014〕17号）精神，设立区政务服务中心管理办公室，撤销区公共行政服务中心。启用岱岳区政务服务中心管理办公室印章。

4日 市委副书记李希信一行到区调研城市管理工作。区领导张韧、王华参加活动。

5日 区委批准政协成立政协委员联络委员会，列专门委员系列。

8日 区政府研究2016年主要经济指标计划安排。区长张韧出席研究会议，副区长李效军主持会议。

22日 全区2015年度人口责任目标奖惩兑现大会召开。大会宣读《关于表彰2015年度全区人口和计划生育工作先进单位的通报》《关于对部分管区计划生育工作给予惩戒的通报》。签订《2016年度人口目标责任书》，王永征、张韧等区领导出席大会。

△ 全区经济工作会议召开。贯彻中央和省、市经济和农村工作会议精神，总结2015年全区经济社会发展情况，表彰先进单位和个人，安排部署2016年全区经济社会发展的目标任务。王永征、张韧等区领导出席会议。

△ 菏泽市单县考察团到岱岳区考察乡村旅游工作。副区长朱丽参加活动。

24日 区长张韧调研大汶口工业园、大汶口镇重点项目推进情况。副区长朱丽陪同活动。

3月

1日 区月最低工资标准由1300元调整为1390元，小时最低工资标准由13元调整为13.9元。

7日 区政府办公室印发《关于规范区政府领导政务活动协调安排工作的通知》，就区政府领导政务活动进一步规范了工作流程。

8日 区委书记王永征调研大汶口古镇开发项目。李效军等区领导参加活动。

△ 全区春季造林绿化现场推进会议召开。会议由副区长袁义明主持，区委副书记、区委统战部部长刘兆泉讲话。

9日 省政协党组成员、副主席许立全一行到区调研重点项目建设生产情况和政协工作。市领导辛显明、徐恩虎及区领导张韧、黄东葵等陪同活动。

△ 市委常委、副市长周桂萍到区调研

动物无害化处理厂建设情况。区领导张韧、袁义明陪同参加活动。

△ 济宁市任城区考察团到岱岳区学习抓干部作风建设、提高群众满意度工作的先进经验和创新思路。区委副书记、区委统战部部长刘兆泉等陪同。

14—16日 政协第十二届泰安市岱岳区委员会（简称区政协）第五次会议召开。

15日 区长张韧在岱岳区第十六届人民代表大会（简称区人大）第五次会议上作《政府工作报告》。报告提出今后五年全区经济社会发展的主要奋斗目标是：生产总值年均增长7.5%以上。同时，对2016年的工作做了总体安排，即全区经济社会发展的主要预期目标是：区生产总值增长8%左右；地方财政收入增长11%左右；固定资产投资增长12%左右；社会消费品零售额增长10.5%左右；城镇居民人均可支配收入、农村居民人均可支配收入分别增长8%、9%左右；城镇登记失业率控制在3.5%以内；人口自然增长率控制在7.2‰以内；全面完成上级下达的节能减排任务。

△ 市委常委、副市长周桂萍到岱岳区考察王家院引蓄水工程。副区长袁义明陪同活动。

18日 2015年全区农村工作会议召开。区委副书记、区委统战部部长刘兆泉及区政府副区长袁义明出席会议。

△ 全区组织工作暨“第一书记”工作会议召开。区委副书记、区委统战部部长刘兆泉，区委常委、组织部部长蔡丽霞等出席会议。

23日 枣庄市山亭区考察团到岱岳区学习乡村旅游发展方面的经验。区委书记王永征及区委副书记、区长张韧等陪同活动。

△ 市人大常委会副主任尹衍祥带领市人大视察调研组到岱岳区视察调研教育工作。市政府副市长成丽参加活动。区政府区长张韧，区人大常委会主任宋海林、副主任李振华，区政府副区长朱丽陪同活动。

26日 泰安市金融商务区项目奠基暨首批入驻企业签约仪式举行。市领导王云鹏、辛显明，区领导张韧、刘兆泉等出席仪式。

30日 市政协文史工作座谈会在岱岳区召开。市政协文史研究员及各县市区政协分工副主席、文史委主任共70余人参加会议。市政协副主席张甲军出席会议并作讲话。区政协主席黄东葵在会上发言，介绍了区文史工作开展情况。

31日 区政府印发《关于促进慈善事业健康发展的实施意见》，提出到2020年，全区基本建立起可持续的慈善资源供给体系、全方位的慈善政策保障体系、专业化的慈善行业自律体系、多层次的慈善事业监管体系，使之成为加快建设富裕文明和谐新岱岳的重要力量。

4月

1日 吉林省农安县考察团到岱岳区考察现代农业工作。科技副区长吕双江参加活动。

5日 全区民兵预备役工作会议召开。会议听取民兵预备役工作报告，表彰先进单位和先进个人。区委书记王永征出席并讲话。

6日 市委常委、副市长周桂萍到岱岳区检查重大动物疫情防控工作。副区长袁义明陪同活动。

7日 全区扶贫开发工作推进会议召开。区委副书记、区委统战部部长刘兆泉及区政府副区长袁义明出席会议。

8日 区政府办公室印发《关于进一步规范公文处理工作的通知》，提出规范公文制发规格，严格公文报送程序，提高公文处理效率，提升公文处理质量。

△ 区政协主席黄东葵主持研究大汶口国家考古遗址公园申报文化产业项目事宜。

13日 区政府办公室印发《关于进一步提高全区政府系统文稿质量的通知》，提出各乡镇（街道）、各部门要切实增强责任意识与大局意识，各司其职，密切配合，精心起草文稿；文稿审核要认真负责、严谨细致、一丝不苟、精益求精；要严把初审、修改、报送等关口，层层夯实责任，确保文稿质量不断提高。

△ 现代农业片区“徂汶农耕产业园”项目推进会议召开。区委常委、组织部部长蔡丽霞等领导出席会议。

15日 根据市委、市政府批准的《泰安市岱岳区人民政府职能转变和机构改革方案》（泰委〔2014〕221号）和区委、区政府《关于岱岳区人民政府职能转变和机构改革的实施意见》（泰岱发〔2014〕17号），区政府办公室印发《泰安市岱岳区卫生和计划生育局主要职责内设机构和人员编制规定的通知》，组建泰安市岱岳区卫生和计划生育局（挂泰安市岱岳区中医药管理局牌子），为区政府工作部门。

18日 泰山玻纤满庄分公司产能10万吨，面积8万平方米的第3条池窑拉丝生产线正式点火试生产。

21日 区公务用车制度改革领导小组成员会议召开。区领导人张韧等出席会议。

22日 道朗镇二起楼村625米深井竣工启用仪式举行。区领导人张韧、黄东葵、方增群及有关单位负责人参加仪式。

28日 区政府与浙江雅购网络科技公司战略合作协议签约仪式举行。副区长李效军参加活动。

5月

5日 全区人才工作领导小组（扩大）会议召开。区领导蔡丽霞等出席会议。

9日 省考核组对岱岳区2015年度省级基本公共卫生服务情况进行考核。副区长袁义明参加活动。

9—10日 《岱岳区志》评审会议召开。市政府副市长成丽及区领导刘兆泉等出席会议。

13日 中国体育彩票山东省第六届全民健身运动会万人健步走暨泰安市岱岳区全民健身月启动仪式并第三届环湖健步走活动举行。区委书记王永征，区委副书记、区长张韧等出席启动仪式。

14日 在天津南洋工业学校举办的“2016年全国职业院校技能大赛”中，岱岳区职教中心选手获“户式中央空调安装与调试”赛项一等奖。

17日　区人大常委会主任宋海林到黄前镇邱家庄村调研指导精准扶贫工作。

18日　区政协主席黄东葵到本单位所包的省级贫困村道朗镇东西门村调研扶贫工作。区司法、交通、水务、旅游、扶贫办、农开办等部门和岱岳供电部及中联水泥公司等单位负责人参加活动。

20日　全区残疾人事业暨地税代收残疾人就业保障金工作会议召开。区领导雷建民、朱丽出席会议。

21日　国家发改委督查组到区督查民间投资政策落实工作开展情况。区长张韧参加活动。

24日　全区创建全国文明城市暨未成年人思想道德建设工作推进会议召开。区领导王永征、张韧等出席会议。

25日　全区政协提案交办会议召开。区领导李效军、赵平明参加会议。

△　市委常委、组织部部长唐福泉到区调研"两学一做"学习教育工作开展情况。区领导王永征、张韧、蔡丽霞等陪同活动。

△　中国特种设备检验协会考察组到区调研考察。区长张韧参加活动。

27日　区政府印发《关于全面深化新时期爱国卫生工作的实施意见》，提出开展环境卫生整治行动，打造健康宜居城乡环境；推进疾病预防控制行动，做好重大疾病综合防控；实施健康行为干预行动，提升人民群众健康素养；开展健康城镇创建行动，强化爱国卫生工作支撑。

31日　全区创建省级食品安全城市动员会议召开。副区长王勇强出席会议。

6月

1日　全区农作物秸秆综合利用及禁烧工作会议召开。副区长徐宗才出席会议。

8日　重庆市綦江区政协主席张健一行到区考察。区政协主席黄东葵等陪同活动。

13日　广东省政协副主席唐豪一行到区如意集团、玻纤集团和大汶口国家考古遗址公园等单位及地域考察。区领导人黄东葵、张鹏、郑成领等陪同活动。

16日　市长王云鹏调研G104京福线界首至满庄段改建工程。区长张韧陪同活动。

17日　全区棚户区改造工作会议召开。区长张韧等出席会议。

△　全区PPP项目暨专项建设基金调度会议召开。区长张韧出席会议。

△　全区大气污染防治工作会议召开。区长张韧出席会议。

21日　全区深化医药卫生体制改革暨城市公立医院综合改革动员会议召开。区领导张韧、袁义明等出席会议。

△　区政府办公室印发《泰安市岱岳区城市公立医院综合改革实施方案》，提出到2017年，现代医院管理制度初步建立，医疗服务能力明显提升，就医秩序得到改善；医院医药费用不合理增长得到有效控制，卫生总费用增幅与本地区生产总值的增幅相协调；群众满意度明显提升，就医费用负担明显减轻，城市公立医院药占比（不含中药饮片）总体降低到30%以下，百元医疗收入（不

含药品收入）中消耗的卫生材料降低到20元以下，总体上个人卫生支出占卫生总费用的比例降低到30%以下。

△ 颜谢引河灌区节水配套改造项目通过市级立项，获得“全省5～30万亩重点中型灌区节水配套改造项目”建设资格，可行性报告报至水利部备案待批。

23日 区政府印发《关于加快现代保险服务业的实施意见》，提出：健全完善保险体系，提升社会保险水平，拓宽三农保险领域，提升支农惠农效能，发挥保险服务功能，促进经济提质增效升级，着力营造现代保险服务业的优良发展环境。

28日 山东省人民政府（简称省政府）副省长季缃绮到区调研乡村旅游工作。区委书记王永征等陪同调研。

29日 市政府市长王云鹏调研万官大街和高铁新区建设工作。副区长王华陪同参加活动。

30日 区人大常委会主任宋海林到范镇谷庄村走访慰问困难老党员。

7月

1日 区城市公立医院综合改革正式启动。

△ 区调整机关事业单位工作人员基本工资标准，增加机关事业单位离退休人员离退休费。至12月底，全部兑现到位。

2日 浙江赛石集团有限公司到区考察乡村旅游工作。副区长朱丽参加活动。

7日 国家发改委党组成员、副主任王晓涛带领调研组到岱岳区调研农村电商发展情况。市领导李希信、刘卫东及区领导王永征、张韧等参加活动。

8日 中科院调研组到大汶口工业园调研。科技副区长吕双江参加活动。

11日 山东省暨泰安市纪念第27个世界人口日宣传活动启动仪式在岱岳区举行。

13日 泰安国际特种设备智慧谷建设调度会议召开。区领导张韧等出席会议。

19日 20时至23日16时，黄前水库流域普降大雨。其中黄前镇651毫米、下港镇425毫米、祝阳镇402.6毫米、山口镇243.5毫米，4个乡镇平均降雨量412毫米，是有气象记录以来的最大降雨量。

20日 区政府办公室印发《泰安市岱岳区旅游局主要职责、内设机构和人员编制规定的通知》，根据市委、市政府批准的《泰安市岱岳区人民政府职能转变和机构改革方案》（泰委〔2014〕221号），设立泰安市岱岳区旅游局，为区政府工作部门，不再保留原事业单位建制的岱岳区旅游局。

21日 乐叶光伏发电项目签约仪式在岱岳区举行。副区长张鹏参加活动。

27日 在“八一”建军节来临之际，区领导王永征、张韧、刘琳等走访慰问部队。

△ 区领导黄东葵、蔡丽霞、雷建民等到武警泰安支队、预备役高炮团、解放军第八十八医院走访慰问。

△ 远大住工与泰安市联强新材料科技有限公司合作建设住宅产业化基地签约仪式举行。区长张韧参加仪式活动。

△ 泰安第十九中学高二级学生冯鑫获全国中学生田径锦标赛男子甲组100米

冠军。

△ 全区贫困村包保帮扶工作推进会议召开。区领导刘兆泉等出席会议。

28 日 市委常委、副市长周桂萍到岱岳区黄前水库督导防汛工作。副区长袁义明陪同参加活动。

△ 区政协第 18 次常委会议召开。区政府副区长王勇强通报上半年经济社会发展情况; 审议区政协关于美丽乡村建设调研报告。区政协常委会议组成人员参加会议。

是月 岱岳区泰山石膏股份有限公司“年产 6000 万平方米纸面石膏板生产线开发应用”、山东明佳科技有限公司“高速高精度瓶胚全方位智能检测系统”、泰安市汶农种业有限责任公司与泰安市种子管理站共同完成的“超高产、条锈病白粉病免疫、优质国审小麦新品种汶农 14 号选育及推广”3 个项目获泰安市科技进步一等奖。

8月

3—4 日 岱岳区组团赴北京中材集团、北京控股集团开展招商活动。区领导张韧等参加活动。

5 日 王家院水库工程开工仪式举行。市委书记、市人大常委会主任王云鹏，市委常委、副市长周桂萍及区领导王永征等参加活动。

△ 恒地 · 君悦山国家级“智慧社区示范点”暨大佛寺旧村改造项目启动仪式举行。副区长王华参加活动。

8 日 区委十二届九次全体会议召开。区委委员、候补委员出席会议。

10 日 全区党校工作会议召开。区委常委出席会议。

△ 区委、区政府举办苏庆亮先进事迹报告会。区各大班子领导出席会议。

△ 泰安市副市长成丽到区督导检查创城工作。副区长朱丽参加活动。

12 日 区委书记王永征调研全区水库防汛工作。区领导刘琳、袁义明参加活动。

△ 樱桃园片区鼎峰大成项目合作签约仪式举行。区领导张韧、徐宗才参加活动。

16 日 珠海市人大常委会副主任田忠敏带领考察团到区考察电子商务工作。区领导唐晓飞等参加活动。

19 日 黄前水库水源地环境综合整治工作会议召开。副区长袁义明出席会议。

23 日 省人大常委会委员、教科文卫委员会副主任安世银带领执法检查组到区检查文物保护法规条例贯彻实施情况。市领导尹衍祥及区领导王永征、宋海林等陪同检查。

25 日 区委书记王永征考察全区创建全国文明城市工作开展情况。

△ 山东冠鲁东方集团总经理戴玉明一行到区考察道朗镇二起楼村，洽谈投资开发事宜。区政协领导黄东葵、王宏伟及区旅游局负责人陪同考察。

28 日 武警泰安支队为夏张镇韩家岗村捐资助学。副区长袁义明参加活动。

9月

1 日 市交警支队与岱岳区联合拍摄的宣

传片《上学路上》放映仪式举行。副区长张鹏参加仪式活动。

2 日　区领导张韧、黄东葵等到大汶口国家考古遗址公园调研陶器工坊建设情况。有关方面负责人参加活动。

3 日　中国制造业与互联网融合发展2016泰山峰会在岱岳区举行。副区长李效军参加活动。

5 日　杭州赛石园林集团到区洽谈泰山九女峰乡村旅游度假区项目。区领导人王永征、刘琳等参加活动。

6 日　区政府印发《关于机关事业单位工作人员养老保险制度改革的实施意见》，提出根据机关事业单位工作人员养老保险制度改革的实际需要，加强社会保险经办机构能力建设，适当充实力量，提供必要的经费和服务设施。社会保险经办机构做好机关事业单位养老保险参保登记、缴费申报、关系转移、待遇核定和支付等工作。按照国家统一制订的业务经办流程和信息管理系统建设要求，建立健全管理制度。由省级统一集中管理数据资源，实现规范化、信息化和专业化管理，不断提高工作效率和服务质量。

△　市派第一书记工作座谈会议召开。区领导蔡丽霞等出席会议。

△　区政协组成3个督查组，对2016年重点提案办理工作进行督查。

7 日　“2016泰安市岱岳区重点招商项目签约仪式”在岱岳区举行，区各大班子主要领导人出席签约仪式。本次招商活动期间，共签约招商项目30个，合同引资额93.4亿元。

△　全区扶贫开发工作推进会议召开。区领导刘兆泉、袁义明出席会议。

8 日　岱岳区6个项目在2016年中国泰安投资合作洽谈会上集中签约。市领导王云鹏、李希信、辛显明、陈刚、刘卫东、唐福泉、周桂萍、宋洪银及区领导王永征、张韧等参加活动。

9 日　2016年教师节庆祝大会召开。区领导王永征、张韧、刘兆泉等出席会议。

△　省委常委、副省长孙伟到区调研。区领导王永征、张韧等陪同。

13 日　区直机关召开“两学一做”学习教育暨规范化党支部建设推进会。区领导刘琳、孙启印等出席会议。

△　市人大常委会视察组到区视察城市环境综合治理工作。区领导宋海林等参加活动。

14 日　全区移风易俗现场推进会议召开。区领导雷建民等出席会议。

19 日　济南海关关长沈晓红到区调研。市领导周桂萍及区领导张韧参加活动。

20 日　国务院第三次大督查派组到区督查中央预算内投资项目开工建设情况。区领导张韧、袁义明参加活动。

△　“全民健康生活、健行齐鲁大地”暨首届泰安市职业人群万人健步走活动在岱岳区举行。副区长徐宗才参加活动。

23 日　区政府办公室印发《泰安市岱岳区全民科学素质行动计划纲要实施方案（2016—2020年）》，推动全区公民科学素质建设，全面提高公民的科学素质和科普服务能力。

24 日　河南省文物调研组到区考察大汶

口遗址保护和建设情况。市领导成丽及区领导参加活动。

25 日　四川省资阳市雁江区考察团到区考察工业园区建设和管理经验。副区长袁义明参加活动。

26 日　区委全委会（扩大）会议召开。区委委员、候补委员出席会议。

28 日　区政协组织部分政协委员视察解决学校大班额问题及重点提案督办活动。区政协领导黄东葵、肖玲、方增群、王宏伟参加活动。副区长朱丽及区教育局负责人陪同活动。

30 日　在泰安市岱岳烈士陵园纪念广场举行岱岳区党政军及社会各界公祭烈士活动。区各大班子领导人出席公祭活动。

10 月

17 日　区政府办公室印发《关于加快泰山国际特种设备智慧谷建设的通知》，实施产业扶持政策，设立产业发展扶持引导基金建设投融资平台，实施人才激励政策，落实保障措施。

20 日　首届泰山国际特种设备展览会开幕式举行。副省长王随莲，市领导王云鹏、辛显明、陈刚、宋洪银、展宝卫及区领导王永征、张韧等参加活动。

△　国务院参事张纲到区调研特种设备安全管理工作。市领导展宝卫及区领导张韧等参加活动。

△　岱岳区与齐鲁工业大学战略合作洽谈会议召开。区领导张韧、李效军等出席会议。

△　彩山水库管理所以 930 分的高分通过省一级水利工程管理单位复核。省水利厅专家组给予高度评价，并拟推荐申报国家级水利工程管理单位。

29 日　区政府印发《关于切实做好 2016 年退役士兵接收安置工作的通知》，提出退役士兵安置是一项重要政治任务，是“双拥”工作的重要组成部分，也是构建和谐社会的重要内容。各级各有关部门和单位要切实提高思想认识，加强组织领导，严格执行政策，采取有力措施，做好退役士兵安置工作。

11 月

17 日　国务院安全生产委员会巡查组到区督导安全生产大检查工作。副区长徐宗才参加活动。

23 日　农业部副部长张桃林到区调研。省有关负责人赵润田，市领导周桂萍及区领导王永征、张韧等陪同调研。

30 日　市委常委、政法委书记郭德文到区调研文明城市创建工作。市领导成丽及区领导雷建民等参加活动。

△　岱岳区高标准完成国家农水项目县工程一期工程通过市级验收。2 月 29 日，该一期工程批复实施，4 月 27 日开工，9 月 29 日竣工。翌日，通过市级验收。工程总投资 2971 万元，改善恢复灌溉面积 2.5 万亩（范镇 2 万亩，房村镇 0.5 万亩），受益群众 3.9 万人。

△　亓利群任中共泰安市岱岳区委员会

第十二届党委书记、第十三次党代会区委书记。

△ 王长勇任中共泰安市岱岳区委员会第十二届党委副书记、第十三次党代会区委副书记。

是月 《岱岳区水利发展“十三五”规划》编制完成。该规划是该区水利发展史上第一次全面系统的规划，涉及雨洪资源利用、农村饮水安全、农田水利、防洪抗旱减灾、水生态保护与修复等八大领域，为解决水利发展短板奠定了坚实基础。

12月

2日 区政府印发《泰安市岱岳区落实〈水污染防治行动计划〉工作方案的通知》，提出坚持绿色发展，牢固树立“尊重自然、顺应自然、保护自然”“山水林田湖是一个生命共同体”“绿水青山就是金山银山”的生态文明理念。

5日 区委十二届十次全体会议召开。区委委员、候补委员出席会议。

8日 全区重点项目决策委员会成员会议召开。区领导李效军、张鹏出席会议。

15日 李效军任区政协党组书记，刘桂华任党组成员。

△ 王长勇任泰安市岱岳区人民政府党组书记。

16日 山口镇入选“山东省特色产业镇创新发展20强”，为泰安市唯一入选乡镇。

20—22日 区领导亓利群、王长勇、徐永涛、李效军、刘灿玉、张建峰前往大汶口工业园、大汶口镇调研有关企业发展情况。

23日 市委宣讲团到区就领会中共十八届六中全会精神召开宣讲报告会。区各大班子领导出席会议。

△ 区政府组织收听收看全省农村留守儿童工作视频会议。副区长张鹏出席会议。

△ 胜利水库一期、二期工程全面完成，并通过了市水利局组织的瀛汶河、石汶河拦河闸除险加固工程竣工验收。该工程确保了创城和工业园工业、生态用水。

28日 泰安市暨岱岳区第三次农业普查宣传周启动仪式举行。市领导周桂萍及区领导亓利群、刘灿玉、朱延华出席仪式。

△ 王长勇任泰安市岱岳区人民政府副区长。

29日 区政府办公室印发《泰安市岱岳区审计局主要职责内设机构和人员编制规定的通知》，根据市委、市政府批准的《泰安市岱岳区人民政府职能转变和机构改革方案》（泰委〔2014〕221号）和区委、区政府《关于岱岳区人民政府职能转变和机构改革的实施意见》（泰岱发〔2016〕17号）要求，设立泰安市岱岳区审计局，为区政府工作部门。

是年 区水务局档案工作获“全省档案工作科学化管理先进单位”称号。

△ 粥店街道办事处被评为“省级生态乡镇”。

△ 粥店街道李家庄社区被评为“全国综合减灾示范社区”。

△ 大汶口遗址大汶河北岸区域新发掘房址保护棚建设工程，大汶口古石桥修缮工程、徂徕山抗日武装起义旧址修缮工程、大

汶口镇山西街村均被列入省百项工程项目名单。

△ 全区实现高新技术产业产值103.5亿元，占规模以上工业总产值比重27.17%。

△ 岱岳区教育局被评为全国第三批学习型部门。粥店社区被评为全国第三批学习型社区。祝阳镇、山口镇分别被评为全国社区教育先进乡镇。

△ 大汶口镇被评为“2016最受中国报业关注的十大古镇”。

△ 满庄镇上泉村被表彰为省级“宜居村庄”。

△ 夏张镇被授予“全市民族团结进步模范单位”称号。

△ 道朗镇里峪村获“全国乡村旅游模范村”称号，二起楼村获山东省“传统古村落”称号。

△ 山东岱岳经济开发区实现税收3.5亿元。

△ 年末，岱岳新兴产业园形成六大产业片区，分别为食品加工、物流商贸、生物科技产业、旅游开发、居室、新兴产业。全年，规模企业实现营业收入50.6亿元。

△ 山口镇现代工业装备制造产业园形成四大工业体系，即：以鲁强能源、山成能源等企业为龙头的一批金属容器制造业；以泰山核电、昊帅机械等公司为龙头的一批锻件制造业；以山锅集团、名江重工等企业为龙头的一批锅炉制造业；以康平纳产业园为龙头的机械制造业。全年，园区实现规模工业主营业收入21亿元，上缴税金9400万元。

△ 泰安大汶口工业园形成高端制造区、商贸物流区、休闲旅游区、汽车文化产业园、创新创业产业带共5个功能区域。规模企业实现主营业务收入90.68亿元，实现利税5.14亿元。

编辑 · 校对　钱国庆

区情概览

环境·资源·人口

【位置面积】岱岳区位于山东省泰安市中部偏北。处北纬35° 52′ 29″～36° 28′ 36″，东经116° 50′ 26″～117° 28′ 16″。北依泰山，与泰山区和济南市长清区、历城区、章丘市毗邻，南与新泰市、宁阳县隔汶河相望，东与莱芜市莱城区接壤，西与肥城市连接。总面积1750平方公里。区人民政府驻地泰安城，北距省会济南66.8公里，南至孔子故里曲阜74.6公里，处于山东省“一山、一水、一圣人”旅游热线中间。岱岳区是古文明“大汶口文化”的发祥地，在春秋战国时期就有“自古文明膏腴地，齐鲁必争汶阳田”的美誉。

【建置沿革】春秋战国时期，齐、鲁两国分别在徂徕山南乡城的南北之间设龙邑，徂徕山以北设蜀邑，在徂徕山西北设博邑，在徂徕山西南设阳关。秦代，博邑改为博阳县。汉初，改为博县，并设博阳郡，治博县。汉武帝元封元年（公元前110年），置泰山郡，治奉高（今岱岳区范镇故县村）。北魏时期，博县改为博平县，泰山郡治迁至博平。北齐时期，博平复改博县，泰山郡废，设东平郡。隋开皇元年（581年），东平郡废。隋开皇十六年（596年），博县改为汶阳县，后又改为博城县。唐乾封元年（666年），改为乾封县。唐总章元年（668年），复改博城县。唐神龙元年（705年），又改为乾封县。北宋开宝五年（972年），乾封县治迁于岱岳镇（今泰城）。北宋大中祥符元年（1008年），乾封县改为奉符县。金天会十四年（1136年），于奉符地设泰安军，泰安得名始此。金大定二十二年（1182年），升军为州。元因之。明洪武初奉符县省入泰安州，州属济南府。清雍正十三年（1735年），升州为府。1913年，裁府留泰安县。

中华民国建立后，泰安县直隶山东省，后隶济南道。抗日战争时期，抗日民主政权先后设立5个县：

泰安县　1938年8月，抗日民主政权领导下的泰安县以津浦铁路为界，分为东西两部分，路东部分建立泰安东部人民抗日武装联合办事处，后隶泰莱历章淄博新七县行政联合办事处。1940年2月，泰安县抗日民主政府建立，隶泰山区行政专员公署。

泰西县 1939年7月，泰安县铁路以西部分建立泰安县（西区）各区联合办事处。同年10月10日，建立泰安县西区抗日民主政府，隶泰西区第一行政督察专员公署。1943年1月，隶晋冀鲁豫边区冀鲁豫第十六行政督察专员公署。1946年7月，泰安县（西区）改称泰西县；10月，改隶冀鲁豫第一行政督察专员公署。翌年9月，隶山东省鲁中南第七专署、鲁中南泰西专员公署。1949年6月，泰西县并入泰安县，隶泰山区专署。

泰历县 1941年1月，津浦路东侧南上高镇、西羊楼、逯家庄到上埠东一线以北地区，设泰北行署（县级），隶泰山专署。此线以南地区仍为泰安县。1943年11月，泰北行署辖区与历城县南部地区合并，建立泰历县，隶鲁中第一行政专员公署。1945年10月，泰历县撤销，原泰安部分复归泰安县，隶泰山区专署。

泰宁县 1938年6月，在泰安县南部地区和宁阳县部分地区建立泰宁边区自治会，隶泰山区专署。1940年8月，改称八路军驻泰宁边区办事处，隶属关系不变。1942年2月，建立泰宁县，改隶泰南办事处（后改为泰南专署）。1949年，复隶泰山区专署。1952年9月，泰宁县撤销。

泰泗宁县 1942年12月，泰安、泗水、宁阳三县交界边区成立泰泗宁联防办事处。翌年8月，正式建立泰泗宁县建制。1945年10月，泰泗宁县并入泰宁县。

中华人民共和国建立后，泰安、泰宁两县隶属于泰安专员公署（泰安专署驻泰安城）。1952年9月，泰宁县改称徂阳县。1956年3月，徂阳县撤销，原泰安部分复归泰安。1958年6月，泰安城关镇及周围村庄划出建立泰山市。同年11月，泰山市与泰安县合并建立泰安市。1963年4月，泰安市改为泰安县，隶泰安专署。1982年2月，泰安县复泰安市。1985年3月，撤销泰安地区，原县级泰安市升格为地级市，实行市管县体制。泰安市设泰山区、郊区。2000年4月，郊区更名为岱岳区，因泰山古时称岱岳而得名。

【行政区划】 2016年，岱岳区辖粥店、天平2个街道，山口、黄前、角峪、徂徕、良庄、大汶口、满庄、范镇、夏张、道朗、祝阳、马庄、房村、下港14个镇，化马湾1个乡，31个社区，637个村委会。

【人口状况】 年末，全区有常住人口91.43万人（不含高新区）。常住人口中，粥店街道6.47万人，天平街道3.26万人，夏张镇6.4万人，道朗镇3.47万人，满庄镇7.31万人，马庄镇5.06万人，大汶口镇7.34万人，房村镇5.95万人，良庄镇7.55万人，徂徕镇5.7万人，角峪镇3.05万人，范镇6.08万人，山口镇5.33万人，祝阳镇5.76万人，黄前镇3.4万人，下港镇4.17万人，化马湾乡3.85万人。

按常住人口计算，年末，全区人口密度522人/平方公里。粥店街道699人/平方公里，天平街道507人/平方公里，夏张镇547人/平方公里，道朗镇330人/平方公里，满庄镇646人/平方公里，马庄镇884人/

平方公里，大汶口镇749人/平方公里，房村镇620人/平方公里，良庄镇551人/平方公里，徂徕镇428人/平方公里，角峪镇539人/平方公里，范镇886人/平方公里，山口镇421人/平方公里，祝阳镇649人/平方公里，黄前镇323人/平方公里，下港镇269人/平方公里，化马湾乡385人/平方公里。

【民族概况】 年末，岱岳区有汉族、回族、藏族、满族、蒙古族、彝族、壮族、黎族、维吾尔族、朝鲜族、苗族、哈尼族、土家族、佤族、布依族、哈萨克族、傣族、傈僳族、锡伯族、拉祜族、纳西族、瑶族、布朗族、德昂族、达斡尔族、柯尔克孜族、仡佬族、侗族、白族、畲族、水族、撒拉族、俄罗斯族共33个民族。其中汉族95.26万人，占全区总人口的97.7%；32个少数民族2.24万人口，占全区总人口的2.1%。少数民族中回族人数为2.16万人，占全区少数民族总人口的98.1%。少数民族人口在全区呈大分散、小集中分布。全区17个乡镇（街道）中，少数民族居住较集中的有6个乡镇（街道）的21个村（居），其中，占全村人口40%以上的民族村（居）19个，少数民族人口1000人以上的乡镇（街道）6个。

【土地资源及特征】 2016年，全区国土总面积17.5万公顷，其中农用地面积12.58万公顷（其中耕地6.86万公顷，园地2.18万公顷，林地3.11万公顷，草地0.43万公顷），约占土地总面积的71.89%；建设用地面积4.14万公顷，约占土地总面积的23.66%；其他土地面积0.78万公顷，约占土地总面积的4.45%；人均耕地面积0.07公顷。境域地势自东北向西南倾斜，东北高、西南低，南、北多山，中部为丘陵、平原，山地、丘陵、平原各占三分之一，地貌类型有山地、丘陵、平原、洼地、河流等。境内有大小山峰125座，最高点为徂徕山太平顶，海拔1027米，最低点海拔85米。马庄镇、大汶口镇地处平原，黄前镇、下港乡、角峪镇、道朗镇地处山区，其余12个乡镇及街道兼有山地、丘陵、平原。

【气候特征】 境内属温带大陆性半湿润季风气候区，四季分明，寒暑适宜，光温同步，雨热同季。春季干燥多风，夏季炎热多雨，秋季晴和气爽，冬季寒冷少雪。2016年，平均日照2111.6小时，气温年平均值14.5℃，极端最高气温36.0℃，极端最低气温-17.6℃。无霜期平均286天，最长达312天，最短为264天。降水量789.3毫米。年际变幅较大，年最大降水量1295.8毫米，年最小降水量293.9毫米。因受地貌影响，东部降水多于西部，山区降水多于平原，具有春旱、夏涝、晚秋又旱的水情特点。

【水资源特征】 境内河道属黄河流域，主要河道有一级河大汶河，除西北边境有流域面积5.5平方公里的一条小河流入济南市长清区北大沙河外，其余河流均属汶河水系，总流域面积为1720.25平方公里。大汶河，古称汶水为黄河下游最大的一条河流，发源于山东省莱芜市黄庄镇台子村的分水岭西侧，以北支牟汶河为主流，向西流经莱芜城南至岱岳区范镇郑家寨子村，迂回西流至马庄镇南李村，经宁阳、肥城、汶上、东平4县市入东平湖，再由东平湖清河门泄入黄河。

岱岳区地处汶河中上游，境内流域面积5平方公里以上的河流有60条，其中流域面积50平方公里以上的16条。水资源总量全区4.22亿立方米。拥有黄前水库、天颐湖等水库181座，总库容3.02亿立方米。地表水资源量3.26亿立方米，地下水资源量2.45亿立方米，扣除重复水量1.49亿立方米，全区水资源总量4.22亿立方米，人均占有水资源量448立方米。

【矿产资源】 境内发现矿产资源49种，已查明资源储量的矿产19种，占已发现矿种的38.78%。在已查明资源储量的矿产中，能源矿产有石油、地热；金属矿产有铁、钴、金、铌、钽；非金属矿产有石膏、岩盐、自然硫、钾盐、泰山玉、石灰岩、花岗石、麦饭石、磷、石英、蛇纹岩；水气矿产有地下水。

境内矿产资源总量比较丰富，种类比较多，人均占有量大，已查明总储量559.79亿吨，占全省矿产资源储量潜在总值的45.17%，人均占有5.92万吨，在全市、全省排名第一。其中石膏储量247.77亿吨，占全市资源储量的78%，居全国第一，有“世界石膏看中国，中国石膏看岱岳”的美誉。总面积137.73千米，平均品位65.54%。自然硫总储量31.89亿吨，纯硫量3.18亿吨，居全国第一。岩盐主要分布于大汶口盆地，地跨岱岳区和肥城市，总储量75.21亿吨，其中岱岳区矿区面积约13平方千米，储量21.7亿吨，占全市资源储量的14%，居全国第三，是山东省食用盐和工业用盐的重要生产基地。铁总储量184万吨，主要分布在角峪镇一带。泰山玉石矿矿石量599.2万吨，玉石量220.3万吨，主要分布于泰山西麓，泰安市与济南市交界处。境内花岗石、石灰岩、建筑用砂分布比较广泛，是优质建筑材料。

沙资源 河沙资源丰富，全区沙资源总储量2.2亿立方米左右，可总开采储量约1.2亿立方米。主要存在于大汶河及其主要支流牟汶河、柴汶河、瀛汶河、石汶河、泮河等河床地带。其中大汶河干流及牟汶河、柴汶河储量较大。大汶河主河道沙层厚度一般为2～5米。沙资源主要分布于马庄、大汶口、房村、良庄、徂徕、北集坡、角峪、范镇、山口、祝阳等10个镇。

【生物资源】 境内植物资源共有植物133科，550属，1037种，68个变种，3个亚种，8个变形。20个栽培变种，其中野生种814个。

常见木本植物有松、柏、桧、杨、柳、槐、桐、杉、椿、榆、桑、枣、橡、竹、银杏、苹果、核桃、板栗、山楂、柿、桃、杏、梨、石榴、樱桃、茶等51种。

草本植物。有茅草、香附、黄蒿、茼蒿、苦菜、蒲公英、车前子、野芹菜、牛鞭草、艾、灰菜等55种。

水生植物。有芦苇、莲、水藻、浮萍等。

药用植物。主要有110科、448种，常见的有山楂、侧柏、葛根、白果、何首乌、黄精、忍冬、山银、柴胡、太子参、丹参、玉竹、石花、四叶参、仙鹤草、地黄、地榆、百合、合欢花、防风等。

栽培作物。有小麦、大麦、玉米、高粱、谷子、荞麦、芝麻、油菜、黄豆、豇豆、黑豆、花生、地瓜、马铃薯、白萝卜、胡萝卜、芥菜（辣菜）、白菜、菠菜、芹菜、芫荽、茄子、莴苣、辣椒、藕、葱、姜、蒜、韭菜、西红柿、圆葱、卷心菜、花菜、芸豆、山药、西瓜、黄瓜、南瓜、冬瓜、北瓜、丝瓜、向日葵、草莓、蓖麻、棉花、烟草等 62 种。

食用菌。有草菇、香菇、木耳、灵芝、鹿角菜等。

动物资源。兽类有 20 余种。野生兽类常见的有刺猬、狐狸、獾、兔、褐鼠、狼、蝙蝠、山狸子、穿山甲等，家畜有牛、马、驴、骡、猪、绵羊、兔、狗、猫、鹿、貂、狐等。

鸟类。有 140 余种，留鸟占 40%，夏候鸟占 30%，冬候鸟占 3%，旅鸟占 27%。野生鸟类常见的有池鹭、斑鸠、麻雀、家燕、黄雀、野鸽、花喜鹊、灰喜鹊、云雀、黄鹂、鸳鸯、翠鸟、啄木鸟、黄莺、山雀、大雁、鹦鹉等。家禽有鸡、鸭、鹅、鹌鹑、美国山鸡、鸵鸟等。

爬行两栖类。有蜥蜴、青蛙、壁虎、蟾蜍、鳖、龟、蛇等。昆虫类有 1000 余种，常见有蜻蜓、螳螂、蝗虫、萤火虫等 51 种。

鱼类。有 50 种，常见的有鲫鱼、鲤鱼、鲢鱼、青鱼、草鱼、黄鲇、鳜鱼、团头鲂、三角鳊、罗非鱼、棒花鱼、鲶鱼、泥鳅、白条、黄鳝、梭鱼、墨鱼、赤鳞鱼等。

经济和社会发展综述

【概况】 2016 年，在区委、区政府的领导下，全区上下深入贯彻中共十八大及十八届三中、四中、五中、六中全会精神，主动认识、把握、引领新常态，坚持稳中求进工作总基调，抓实稳增长、调结构、惠民生各项工作，全区经济社会发展稳中有进、稳中向好，实现了“十三五”良好开局。初步核算，实现全区生产总值 415.9 亿元，按可比价格计算，比 2015 年增长 7.2%。其中第一产业增加值 59.1 亿元，增长 4.8%；第二产业增加值 170.7 亿元，增长 6.5%；第三产业增加值 186.1 亿元，增长 8.7%。三次产业结构由上年的 14.5 ∶ 42.1 ∶ 43.4 优化为 14.2 ∶ 41.1 ∶ 44.7。三次产业对生产总值的贡献率分别为 9.6%、37.9% 和 52.5%，分别拉动 GDP 增长 0.69、2.73 和 3.79 个百分点。按年平均常住人口计算，全区人均地区生产总值 4.6 万元，比上年增长 6.9%。招商引资成效显著。全年新签约重点产业项目 56 个，合同引资额 325.8 亿元；新开工重点产业项目 62 个，实际到位资金 42 亿元，同比增长 20 %。开工重点项目 62 个，其中投资过亿元项目 33 个。新签约项目三产比例为 5 ∶ 25 ∶ 70，新开工项目三产比例为 2 ∶ 32 ∶ 66，产业结构进一步优化。泰安金融商务区、大汶口古镇、远大住工装配式住宅和中农联合生物科技产业园三期扩规等项目加快建设；北方车辆汽车文化产业园已基本建设完成；泰山世界古典汽车博览馆项目已投入运营。

【农林牧渔业】 全年农业增加值43.3亿元、增长4.8%；林业增加值0.2亿元、下降4.9%；畜牧业增加值15.3亿元、增长4.8%；渔业增加值0.2亿元、增长18.5%。粮食播种面积97.9万亩，粮食总产量48万吨，其中夏粮产量19.7万吨，秋粮产量28.3万吨。粮食单产490.6公斤/亩、下降2.8%。水果总产量20.6万吨、增长0.5%，其中苹果产量9.8万吨、增长1%。肉类总产量6.8万吨；禽蛋类总产量4.8万吨、增长17.3%。水面养殖面积1756公顷。农机化水平达到83%。农业经营主体规范发展，全区新增农民专业合作社145家，达到1406家；新增家庭农场126家，达到273家；新增精品园场10家，达到76家，新增规模龙头企业10家，达到142家；"一村一品"专业乡镇、专业村分别达到8个、207个。全年完成造林1.79万亩，新建和完善高标准农田林网2.6万亩，新增经济林面积0.9万亩，新增苗木花卉面积0.2万亩，林下经济产业基地达到10.5万亩。集体林权配套改革深入推进，全区林权抵押贷款2.2亿元，政策性森林参保面积达到8万亩。森林覆盖率达到43%。

2016年岱岳区主要农产品产量统计表

表1

指标	单位	年末数	增幅%	指标	单位	年末数	增幅%
粮食产量	万吨	48.00	-4.60	生猪存栏	万头	29.21	-0.20
棉花产量	吨	497.90	-40.00	羊存栏	万只	37.15	-0.10
蔬菜产量	万吨	246.40	-1.60	肉类产量	万吨	6.83	0.00
水果产量	万吨	20.60	0.50	禽蛋产量	万吨	4.82	17.30
大牲畜存栏	万头	8.34	-1.00	奶类产量	万吨	13.35	-7.00

【工业、建筑业】 全年规模以上工业增加值增长5%。其中，国有经济增长8.7%，集体经济下降1.6%；轻工业增加值增长2%，重工业增加值增长6.9%。全区28个有生产活动的大类行业中，14个行业工业增加值增速实现增长。其中专用设备制造业增加值增长76%，拉动规模工业增长2.9个百分点；化学原料和化学制品制造业增加值增长2.8%，拉动规模工业增长0.4个百分点。全区在国家重点调度统计范围内的75种规模以上工业产品中，产量同比增长的有34种，占45.3%。产销衔接保持稳定，全区工业产销率为100.1%，国有工业、集体工业、股份制工业产销率分别为100%、97.5%、100.2%。规模以上工业企业主营业务收入369.3亿元，下降6.7%；利税36.1亿元，下降1.8%；利润28.3亿元，下降9.7%。全社会用电量27.7亿千瓦时，增长14.1%，工业用电量16亿千瓦时，增长6.7%。

2016年岱岳区主要工业产品产量统计表

表2

产品名称	单 位	产 量	增幅%	产品名称	单 位	产 量	增幅%
原煤	吨	8.08	-44.20	纱	吨	2.72	-9.20
发电量	万千瓦时	17.12	62.50	工业锅炉	蒸发量吨	6323.90	6.90
化学农药	吨	17008.70	-8.50	烧碱（折100%）	吨	10.97	-0.50
石膏板	万平方米	8910.90	21.40	白酒	万升	30.90	-7.90
水泥	万吨	216.20	43.80	棉布	万米	5781.00	2.30
原盐	吨	41.27	-4.80	钢材	吨	99.31	-21.20

全区三级及以上资质建筑企业42家，完成总产值112.3亿元，比上年增长0.4%。其中，建筑工程产值完成106.7亿元，安装工程建筑产值完成5.2亿元。建筑业从业人员3.7万人，其中工程技术人员6268人，一级建造师229人。

【固定资产投资、房地产】 全年完成固定资产投资427.4亿元，增长10%。其中，第一产业投资1.4亿元，下降51.1%；第二产业投资137.3亿元，下降27%。其中工业投资133.6亿元，下降22.1%；第三产业投资288.7亿元，增长46.1%。全区房地产开发企业38家，完成投资42.4亿元，增长50.4%。按工程用途分，住宅完成投资36.5亿元，增长42.3%，占全部房地产开发投资的86%；办公楼投资0.7亿元，增长75.9%；商业营业用房完成投资2.4亿元，增长249.2%；其他用房完成投资2.8亿元，增长91.8%。按构成分，建筑工程投资23.9亿元，增长41.4%；安装工程投资4亿元，增长11.3%。全区商品房施工面积381万平方米，增长5.5%。其中新开工面积59.7万平方米，下降18.4%。房屋建筑竣工面积31.8万平方米，下降58.8%。商品房销售面积66.3万平方米，增长28.8%，商品房销售额35亿元，增长30.5%。其中期房销售额24.7亿元，增长28%。

【国内贸易】 全区限额以上批零住宿餐饮企业213家，其中批发零售业企业202家，住宿餐饮业企业11家。累计实现社会消费品零售总额179.7亿元，增长8.3%。从消费形态看，批发零售占据主导，实现零售额166.8亿元、增长5.8%，占社会消费品零售总额的92.8%，住宿餐饮业加快增长，实现零售额12.9亿元、增长57.3%，占社会消费品零售总额的7.2%。从消费地域看，限上法人企业乡村发展增速快于城镇，城镇市场实现零售额121.9亿元，下降4.8%；乡村市场实现零售额0.6亿元，增长2.6%。全区实现电子商务交易额148亿元，增长34.5%。累计建设阿里巴巴农村淘宝运营服务站69家，网上交易额达到4020万元，列全省十强县。全区99家规模以上服务业企业实现营业收入28.6亿元，增长11.5%；营业利润3.2

亿元，增长10.3%；27家其他营利性服务业实现营业收入17.5亿元，增长11.3%。年末实有个体工商户3.32万户，增长19%；私营企业8034户，增长28.8%。对外经济全区完成进出口13.5亿元，同比增长7.7%；实际利用外资4.47亿元（6609万美元），同比增长9.7%，完成对外承包工程合同额400万美元、营业额600万美元。济南秦工国贸通跨境电子商务平台正式入驻岱岳区跨境电商产业园，开拓跨境电子商务产业新领域。鲁普耐特、婕孚制衣、奥奇重工等20家企业已签订正式外贸托管协议。顺利完成越南600万美元的分包项目，签订埃及400万美元石膏生产线生产调试项目。

【交通、旅游】 全年公路建设总投入18.6亿元，新建大修改造公路1043公里。G104绕城西线、莱肥线岱岳莱城界至范镇段、S801泰曲线大河桥等4座桥梁护栏改造工程，S330莱肥线泰安东至莱芜界段安全风险路段整治提升工程等新建大修工程进展顺利。完成公路货运量1693.2万吨、货物周转量11.5亿吨公里。全区共接待游客1961万人次，实现旅游收入27.76亿元，同比分别增长22.7%和33.2%。泰山天颐湖旅游度假区通过国家AAAA级景区验收，新创建国家AAA级景区3家，省级旅游特色村4家，省级农业旅游示范点2家，省级精品采摘园4家，省级开心农场2家，好客人家星级农家乐6家。《岱岳区里峪农家乐“一户一品”提升规划》、黄前镇《泰山大寨乡村旅游规划》、祝阳镇《金泉山庄旅游规划》等项目规划编制完成，道朗镇《泰山九女峰乡村旅游度假区总体规划》完成首轮汇报，启动《二奇楼古村落保护规划》《岱岳区红色旅游发展总体规划》。

【财政、税收、金融、保险】全年地方财政一般公共预算收入16.5亿元，增长11.1%；其中税收收入14.6亿元，增长12.4%；税收占一般公共预算收入的比重为88.1%，较2015年同口径提高0.96个百分点。全年地方一般公共预算支出36.5亿元，增长4.9%；其中用于教育、社保、就业、医疗卫生的支出21.6亿元，占财政支出的比重达到59.1%。年末金融机构存款余额524.8亿元，增长7%；贷款余额312.4亿元，增长25%。保险业金融机构实现保费3.2亿元，增长10%。金融机构实现税收1.7亿元，同比增长41.4%。

【科学技术】 全区发明专利申请量达到268件，增长23%；授权70件，增长7.7%。高新技术产业产值占比达到25.56%，新认定国家高新技术企业5家，总数达到14家。全区新增科技型中小企业14家，达到75家。泰山青春创业电子商务孵化器认定为泰安市科技企业孵化器。全区现有市级以上各类科技平台68家。泰石岩棉有限公司的“泰石”牌被国家工商总局商标局认定为“中国驰名商标”。全区拥有中国驰名商标3件，山东省著名商标18件，地理标志证明商标8件，集体商标3件。

【教育、文化、卫生、体育】 年末，共有

各级各类学校（幼儿园）394 所，其中小学 91 所，初中 28 所，高中 5 所，特殊学校 1 所，成教中心校 17 所，职业学校 1 所，幼儿园 251 所。在校生 10.94 万人，其中小学 3.05 万人，初中 3.75 万人，高中 1.52 万人，特殊教育 54 人，职业学校 5774 人，幼儿园 2.04 万人。成功创建首批国家农村职业教育和成人教育示范区、全国社区教育实验区，被市政府表彰为全市教育工作先进单位。全区本科上线 2933 人，文化课一本上线 700 人，空军飞行员招生工作继续走在全国前列。《岱岳区志》出版发行。全区 464 个村（社区）文化大院提升改造为基层综合性文化服务中心，占全部行政村的 69.7%；在全区村（社区）文体小广场建设电子屏 71 座，有线电视户户通工程新发展用户 1.3 万户。实施国家级传统村落山西街村整体保护一期工程，划定省级传统村落上泉村、二奇楼村文物保护单位保护范围和规划控制地带。推荐中淳于遗址等十七处文物保护单位入选第四批市级文物保护单位。经省文物局批准，泰安徂徕山抗日武装起义博物馆、泰安市泰山石敢当博物馆、泰安市泰山玉文化博物馆、泰安市岱岳区大汶口民俗博物馆四家单位成为非国有博物馆。年末，共有医疗卫生机构 21 个，其中医院 3 所，乡镇卫生院 14 所，社区卫生服务中心 2 所，妇幼保健院 1 所，皮防所 1 个；各级各类医疗卫生机构实有床位 2050 张，其中区直 954 张（含第一、第二人民医院、皮肤病防治所及妇幼保健院），乡镇 1096 张（含粥店、天平社区卫生服务中心及各乡镇卫生院）；共拥有卫生技术人员 2429 人，其中执业医师、助理执业医师 939 人，注册护士 888 人。在全国中学生田径锦标赛中，运动员冯鑫获得 100 米金牌。在全省柔道锦标和冠军赛中，运动员获 3 个第一名、2 个第二名、3 个第三名、1 个第五名、1 个第七名。区县级业余体校新的办学模式被山东省体育局确定为全省县级体校发展模式之一。全年彩票销量销售额 4956 万元。

【城镇建设】创建国家级生态乡镇 2 个、省级生态乡镇 6 个、省级生态村 8 个，顺利通过国家卫生城市复审。全年村镇建设总投资达到 21.6 亿元，建成供水管道 726.9 公里，集中供水覆盖率达 95% 以上；建成污水处理厂 2 处，建成农村新型社区污水处理设施 23 处，新铺设污水管网 65.4 公里；新修、维护乡镇、村级道路 736 万平方米；新增镇驻地及村级公园、健身场所 67 处。满庄、大汶口、山口、范镇、祝阳、夏张、道朗 7 个乡镇总体规划通过市政府批复；下港镇和黄前镇纳入《泰安市黄前水库流域保护区总体规划》范围。97 处农村新型社区开工建设，入住人口近 10 万人，其中实现集中供热社区 6 处，使用管道燃气社区 8 处。全区城镇化率 59.76%（含高新区），比上年提高 2.2 个百分点。

【人民生活】全区居民人均可支配收入 2.27 万元，增长 8.6%，其中城镇居民人均可支配收入 2.99 万元，增长 7.7%；农村居民人均可支配收入 1.38 万元，增长 8.4%。全区居民人均消费支出 1.36 万元，增长 10.1%，其中，城镇居民人均消费性支出1.79万元，增长10.2%，农村居民人均消费支出8499元，增长8.9%。

6月29日，2015年度"最美岱岳人"颁奖晚会　（李燕　供）

【社会保障、社会福利、安全】全年全区低保标准城市提高到每人每月500元，农村提高到每人每年3600元，全年发放低保资金4014万元。全区建成农村幸福院170所，城市社区老年人日间照料中心12所。供养标准，集中供养每人每年6200元；分散供养每人每年5000元，全年发放供养资金1255.6万元。全区社会组织登记总数达到239个，其中，社会团体140个，民非企业99个。全区新增城镇就业再就业7.1万人，城镇登记失业率在3.5%以内。平安岱岳建设扎实推进，社会治安维稳形势持续向好。安全生产形势稳定，全区工矿商贸领域未发生生产安全责任事故。建立健全了突发公共卫生事件应急机制，全年没有重大传染病暴发流行。

（区统计局）

精神文明建设综述

【概况】2016年，岱岳区委、区政府深入贯彻落实中共十八大和十八届三中、四中、五中、六中全会精神，深入学习习近平总书记系列重要讲话精神，以培育和践行社会主义核心价值观为根本，以乡村文明行动为抓手，抓机制创新，抓活动载体，抓特色典型，精神文明建设取得长足进展。①实现城乡环卫一体化镇村全覆盖，在全省上半年和下半年两次民调中，成绩均名列全市第一。②研究制定全区移风易俗实施意见，全区所有村（社区）都建立起红白理事会。③制定实施了"十百千"工程，评选10所美丽校园、100个美丽村庄、1000个美丽家庭，推进乡村文明行动增质扩面。④健全完善创城工作体制，文明城市创建工作全面铺开。⑤依托"志愿云"平台，完成网上志愿者注册近3万人，初步形成区乡村三级志愿服务体系。⑥深入开展各级好人评选和好人线索推荐工作，3人被评为"中国好人"，7人被评为"山东好人"，13人被评为"泰安好人"，55人被评为"岱岳好人"。

【乡村文明行动】年内，乡村文明行动在4个方面取得新成就。①重点做好城乡环卫一体化工作。全区上下按照省、市工作要求，

10月24日，“福彩杯”山东省首届全民广场舞大赛　（李燕 供）

发挥区城乡环卫一体化联席会议领导调度作用，不断完善城乡环卫一体化市场化运作机制，完成城乡环卫一体化镇村全覆盖认定，在全市率先实现城乡环卫一体化市场化托管，工作成果进一步巩固，城乡面貌不断改善提升。2016年上半年全省城乡环卫一体化民调中，得分9.4分，在132个县市区中位列第13名，下半年得分9.67分，位列全省19名，继2015年再列全市第1名。②推进文明家庭和文明校园的创建。制定实施“十百千”工程，评选10所美丽校园、100个美丽村庄、1000个美丽家庭，评选第二届“五星级文明示范户”5000户，推进乡村文明行动增质扩面。③提升文化惠民水平。按照“六个一”的标准创新投融资机制，实现全区文体小广场全覆盖。年末，建成文体小广场747个，实现村（社区）全覆盖。高标准、高质量完善文明一条街，加强社会主义核心价值观、“中国梦”“四德”建设、法律法规、移风易俗、志愿服务等内容的宣传，助推乡村文明建设。④做好“新农村新女性新生活”培训。全年开展培训216次，培训1.73万人，使广大农村妇女接受了一次新女性的教育洗礼，文明素质有了大的提升。

【全国文明城市创建活动】①健全领导体制。成立由区委、区政府主要领导任组长、相关区级领导任副组长和部门主要负责人为成员的领导小组，成立10个创建组和4个工作组，制订工作方案，明确工作任务。成立区创城办，设置专门的办公室，配备专门的办公设备，抽调52人脱岗办公，负责创城工作的统筹规划、调度协调和督导检查工作。安排创城专项资金，确保运转顺畅。2016年，区创城办召开工作例会25次，编发创城简报35期，推动全区创城工作的开展。②广泛宣传发动。区广播电视台开设创城专栏，对领导小组、相关单位的创城工作进行跟踪报道。区创城办制定了告全体市民书，详细地介绍创城的相关工作，提出相应的号召，并在区电视台进行密集播放。城区主次干道、社区、建筑围挡、窗口单位等场所均增加了创城宣传版面，社会主义核心价值观24字、图说我们的价值观、“中国梦”基本达到铺天盖地的要求。其中，区政广场成为社会主义核心价值观主题广场，增设宣传版面15个。制作印发文明创城、节俭用餐等卡片和宣传画6万余份，市民公约、创城明白纸和问卷调查多轮次发放，基本实现户户全覆盖。组织60个省市级文明单位和文明社区开展认管交通路口志愿服务活动，维护文明交通的同时宣传创城活动。③加强社区建设。把社区创建作为创城的重点，按照测评体系标准，结合实际，制定社区创建标准，实行百分考核制，进行打分排名，从宣传氛围、场所设施、环境秩序、主题活动等方面加大社区创建，社区综合文化站、家长学校、道德讲堂、未成年人活动中心、红白理事会等场所设施逐步完善，达到创建标准。加强综合治理。对主次干道、集贸市场、光彩大市场、学校周边等环境秩序问题比较突出的重点场所加强综合治理，城区乱停乱放、乱搭乱建现象及环境卫生状况有大的改观。④强化督导检查。迎接省市督导检查60余次；分别由区委书记、区长、区委副书记带队，组织各创建组组长、督导组组长、粥店和天平街道主要负责人进行专项督导检查3次；区创城领导小组督导检查社区（村）、学校、集贸市场、建筑工地、商业街区30余次；区创城各创建组、督导组每周至少实地督导检查1次。

4月12日，全区第二届“群众文化体育艺术年”活动总结、第三届“群众文化体育艺术年”活动启动暨群众才艺展演在泰安新天街刘老根大舞台开幕 （李燕 供）

【市民素质提升工程】①开展主题实践活动。组织开展“文明礼仪我先行”“我文明我幸福”等主题实践活动，同时，开展诚信宣传教育，开展泰山文明使者、最美导游、文明待客和微笑服务先进个人等评选活动。②培育道德典型。举办第二届“最美岱岳人”颁奖晚会，形成好人的示范带动作用，引领社会新风尚。③加大“讲文明树新风”氛围营造。在区广播电视台黄金时段加大公益广告宣传力度，达到广告宣传总量的30%以上。

【未成年人思想道德建设】①开展主题教育。开展“我的中国梦”“做一个有道德的人”“网上祭英烈”等主题活动，共撰写网上感言体会15万余条。开展“优秀童谣征集传唱”活动，并向市文明办择优推荐原创童谣60篇。组织开展学习和争做美德少年活动，共推荐75名学生参加“泰安美德少年”评选。开展“向国旗敬礼”网上签名活动，全区参与人数超过10万人。②加强阵地建

11月13日，未成年人思想道德建设——全区经典诵读比赛（李燕 供）

设。截至2016年年底，共争取中央、省级、市级专项彩票公益金支持乡村学校少年宫项目27个，获批6个中央项目、12个省级项目和9个市级项目，共争取上级资金285万元。③营造良好环境。公安、食药、工商、卫生、质监、城管等职能部门加强工作协调，加大整治力度，持续开展网吧、网络、荧屏声频、出版物市场和校园周边等专项整治，查处"黑网吧"，确保中小学校园周边200米内无互联网上网服务营业场所、电子游戏经营场所，无歌厅、舞厅、卡拉OK厅、游艺厅、台球厅等娱乐场所，无非法行医或以人流、性病治疗业务为主的诊所，无"三无食品"，无恐怖、迷信、低俗和色情玩具、文具、饰品销售。

【提升志愿服务水平】 ①队伍建设网络化。依托中志联"志愿云"平台，推进"菜单式"志愿服务提质扩面。完成网上注册志愿者人数3万余人，所有村（社区）实现志愿服务站全覆盖，建立起区、乡、村三级服务网络。②项目品牌化。突出打造党员志愿服务品牌。全区各级共成立党员志愿服务队120多支。涌现出创城卫士、青春力量、龙马使者等17个党员志愿服务品牌，得到群众高度认可。推广中小学校留守儿童"守望工程"志愿服务活动、粥店社区"五送四代"等富有特色、效果明显的系列品牌。③典型带动化。各级各部门推荐志愿服务典型，发挥典型引领带动作用。1人获省级"最美志愿者"称号，5人获市级"最美志愿者"称号；1个项目获省级"最佳志愿服务项目"称号，3个项目获市级"最佳志愿服务项目"称号。

【文明单位、村镇、社区创建】 年末，全区有文明单位440个，其中，省级文明单位24个，市级文明单位114个，区级文明单位302个；文明村镇212个，其中全国文明村1个，省级文明村镇21个，市级文明村镇32个，区级文明村镇158个；文明社区24个，其中省级文明社区13个，市级文明社区8个，区级文明社区3个。

（区委宣传部）

组织机构

中共岱岳区委工作机构

区纪律检查委员会机关（区监察局与其合署）

区委办公室

区委、区政府信访局

区委组织部

区委老干部局

区委宣传部

区委统一战线工作部（区委台湾工作办公室与其合署，挂区政府台湾事务办公室牌子）

区委政法委员会（社会管理综合治理委员会办公室与其合署）

区机构编制委员会办公室

区委区直机关工作委员会

区委巡察工作领导小组办公室

区人大工作机构

区人大办公室

区人大教科文卫工委

区人大信访室

区人大研究室

区人大民侨外旅工委

区人大代表工作室

区人大财经工委

区人大法工委

区人大预算工委

区人大老干办

区人民政府工作部门

区政府办公室（政府法制办公室）

区发展和改革局

区经济和信息化局

区教育局

区科学技术局

区监察局（与纪律检查委员会机关合署）

区民政局

区司法局（社区矫正管理局）

区财政局

区人力资源和社会保障局

区住房和城乡建设局

区交通运输局

区水务局

区农业局

区商务局

区文化广电新闻出版局（文物局）

区卫生和计划生育局（中医药管理局）

区审计局

区环境保护局

区统计局

区安全生产监督管理局

区旅游局

区食品药品监督管理局（食品安全委员会办公室）

区市场监督管理局

区人民政府派出机构

区政务服务中心管理办公室

岱岳新兴产业园管理委员会

区政协工作机构

区政协办公室

区政协提案委工作室

区政协经济委工作室

区政协科教文史委工作室

区政协法制民族宗教委
区政协研究室
区政协老干办
群众团体
区总工会
团区委
区妇联
区工商联
区残联
区科协
直属事业单位
区委党校
区档案局
区党史史志工作办公室
山东岱岳经济开发区管理委员会
泰安大汶口工业园管理委员会
区大汶口文化旅游发展管理中心
区现代农业科技示范园管理委员会
泰安大汶口文化风景名胜管理委员会
区体育局
区林业局
区粮食局
区国有资产管理局
区中小企业局
区经济合作局（中国贸促会泰安市岱岳区委员会）
区招投标监督管理办公室
区民族与宗教事务局
区老龄工作委员会办公室
区人民防空办公室
区金融工作办公室（地方金融监督管理局）
区职业教育中心
浙江中科院应用技术研究院泰安科技产业化示范中心（示范基地）
区城市管理局（城市管理综合行政执法局）
区民生服务中心
经济组织
区供销合作社联合社
泰安市泰山商业总公司
省垂直部门
区人民法院
区人民检察院
区审计局

（区编办）

编辑 · 校对　钱国庆

中国共产党泰安市岱岳区委员会

综　述

【概况】党组织　年末，全区有基层党组织2182个，其中党委53个，总支部178个，党支部1951个。有各级党组25个，中央和各级地方党委派出工委7个。全区企业中有党组织547个，事业单位中有党组织的373个，机关中有党组织的316个，建制村中有党组织的647个。

党员队伍　①至年底，全区有党员5.23万名，党员总数中，预备党员580名，占1.11%；女党员8594名，占16.44%；少数民族党员665名，占12.72%。从党员的入党时间看，1937年7月6日及以前入党的没有；1937年7月7日至1945年9月2日入党的15名，占0.02%；1945年9月3日至1949年9月入党的92名，占0.18%；1949年10月至1966年4月入党的5736名，占10.97%；1966年5月至1976年10月入党的7974名，占15.25%；1976年11月至1978年12月入党的1453名，占2.78%；1979年1月至2002年10月入党的2.27万名，占43.39%；2002年11月至2012年10月入党的1.06万名，占20.28%；2012年11月及以后入党的3725名，占7.13%。从党员的年龄看，30岁以下的有3442名，占6.58%；31岁到40岁的有6780名，占12.97%；41岁到50岁的有1万名，占19.21%；51岁到60岁的有1.14万名，占21.81%；61岁到70岁的有1.1万名，占21.00%；71岁以上

10月18日，区委书记王永征（前排左一）陪同市政协原主席白玉翠（前排右一）调研大汶口考古遗址公园　（王阳明 供）

的有9630名，占18.42%。从党员的学历看，研究生211名，占0.40%；大学本科5537名，占10.59%；大学专科6749名，占12.91%；中专4950名，占9.47%；高中、中技1.16万名，占22.13%；初中及以下2.33万名，占44.49%。从党员的职业看，在岗职工1.34万名，占25.68%（其中公有制单位1.08万名，非公有制单位2663名）；农牧渔民3.07万名，占58.73%；离退休人员6547名，占12.52%；军人、武警及其他1603名，占3.07%。②全区发展新党员580名。新党员中，女党员196名，占33.79%；少数民族党员10名，占1.72%。从新党员的年龄看，25岁及以下的67名，占11.55%；26岁至30岁的153名，占26.38%；31岁至35岁的115名，占19.83%；36岁至40岁的89名，占15.34%；41岁至59岁的156名，占26.90%；60岁及以上的没有。从新党员的学历看，研究生3名，占0.52%；大学本科119名，占20.52%；大学专科138名，占23.79%；中专63名，占10.86%；高中、中技124名，占21.38%；初中及以下133名，占22.93%。从新党员的职业来看，在岗职工180名，占31.03%（其中公有制单位90名，非公有制单位90名）；农牧渔民384名，占66.21%；其他16名，占2.76%。新发展党员中，在生产、工作第一线的580名，占100%（其中，企业生产第一线101名，农村生产第一线384名，教学、科研第一线14名，机关第一线18名）；企事业、民办非企业单位具有专业技术职务的15名，占2.59%；乡（镇）、建制村469名，占80.86%；共青团员181名，占31.21%。

（朱宗文）

【重要会议】 全区扶贫开发工作会 1月15日召开。会议贯彻落实中央和省、市对扶贫开发工作的一系列新要求、新部署，总结工作成效，分析面临的新形势，部署当前和今后一个时期的目标任务，动员各级各部门以更加明确的目标、更加有力的举措，坚决打赢脱贫攻坚战，确保实现2017年全部脱贫的任务目标。区领导王永征、张韧及各位区委常委，区人大常委会、区政协党组书记，区政府各位副区长出席会议。张韧主持会议，刘兆泉传达《泰安市岱岳区2016—2017年度脱贫攻坚工作实施方案》。王永征作重要讲话。

会议指出，近年来，区委、区政府认真贯彻落实上级要求，按照以产业扶贫为主导、多种形式相结合的原则，在党建引领、产业扶持、设施带动、政策兜底等关键环节上下功夫，取得了阶段性成效。但也存在一些困难和问题，各级各部门一定要切实增强紧迫感和责任感，以问题为导向，坚持以新的发展理念引领脱贫攻坚行动，在科学谋划、整合资源、汇聚力量、动态管理上下功夫，合力攻坚，啃下这块“硬骨头”。

会议强调，打赢这场脱贫攻坚战，关键在决心、核心靠发展、成败在落实。各级各部门必须落实领导责任、夯实党建保障、强化督查考核、改进工作作风，确保各项决策部署落到实处。

全区人口和计划生育目标管理责任奖惩

兑现大会 2月22日召开。会议总结工作、表彰先进、部署任务，动员各级各部门认清形势、坚定信心、真抓实干，确保全面完成全年人口和计划生育责任目标管理任务。会议隆重表彰了2015年度落实人口和计划生育目标管理责任的先进单位。王永征作重要讲话。会后，张韧与各责任单位签订《2016年度人口和计划生育目标管理责任书》。

全区经济工作会 2月22日召开。会议贯彻落实中央和省、市经济工作会议精神，总结去年工作，表彰先进单位和个人，安排部署全年经济工作，动员全区上下坚定信心、抢抓机遇，勇挑重担、奋力攻坚，全力推动富裕文明和谐新岱岳建设再上新台阶，为“十三五”良好开局奠定坚实基础。区领导王永征、张韧、黄东葵、宋海林及区委常委出席会议。王永征主持会议并讲话，对做好下一步经济工作提出明确要求。刘兆泉宣读《关于表彰2015年度全区科学发展等工作先进单位和个人的通报》。张韧对全区经济工作进行了总结和部署。

会议指出，做好今年经济工作，必须深刻认识、准确把握当前形势，既要洞悉中央和省、市的政策风向，也要客观分析自身实际，从而找准结合、抢抓机遇，精准发力、谋求突破。要围绕“创新发展”，增强转型动能；围绕“协调发展”，提升发展整体性；围绕“绿色发展”，建设生态岱岳；围绕“开放发展”，增创发展优势；围绕“共享发展”，增进群众福祉。苦练内功，不断提高领导发展的本领；弘扬正气，继续保持优良的工作作风；保持定力，毫不动摇抓好任务落实。

和谐岱岳建设工作会 2月22日召开。会议总结2015年信访维稳、民生服务和为民实事工程、双联双增和群众满意度、平安建设工作情况，表彰先进单位和个人，安排部署2016年工作。区领导王永征、张韧、黄东葵、宋海林及区委常委出席会议。会议由张韧主持，刘兆泉宣读《关于表彰和谐岱岳建设先进单位和先进个人的通报》，王永征作重要讲话。

会议指出，做好2016年的和谐岱岳建设工作，要紧紧围绕实现群众满意度成绩、位次“双提升”目标，从群众最关心的工作入手，从群众最不满意的工作改起，统筹兼顾、扎实工作、强化落实，全力维护和谐稳定大局。推进和谐岱岳建设，根本在领导，关键在落实。各级各部门和广大党员干部要牢固树立宗旨意识和正确政绩观，求真务实、埋头苦干、狠抓落实，确保把和谐岱岳建设的各项任务落到实处。

全区重点骨干项目包保帮促工作会 3月28日召开。会议要求各级各部门明确目标责任、精心组织实施，推动重点骨干项目建设取得预期成效。区领导王永征、张韧、刘兆泉、黄东葵、宋海林、李效军出席会议。会议由张韧主持，刘兆泉宣读《关于对全区重点骨干项目进行包保帮促的通知》，王永征作重要讲话。

王永征在讲话中强调，要坚定不移地抓牢项目建设，动真碰硬、真抓实干，再掀项目建设新高潮；要务实高效地推进问题解决，加强台账管理、动态管理、督导调度、宣传引导；要全力以赴地确保项目进度，倒排工期、挂图作战，抓推进、促进度、保质量；要不打折扣地搞好包保帮促，讲担当、顾大局、重实效，坚持以上率下、层层落实，形成环环相扣、严丝合缝的包保帮促体系。

中共泰安市岱岳区委十二届九次全体会议 8月10日举行。出席会议的有区委委员35人、候补区委委员5人。区纪委常委，区人大常委会、区政协各委室主任，相关方面负责人和部分基层代表列席会议。会议由区委常委会主持，王永征作重要讲话。

全委会认真学习贯彻省委十届十四次、市委十届十一次全会精神，听取和讨论了区委书记王永征受区委常委会委托作的工作报告，王永征作了重要讲话，审议通过《中国共产党泰安市岱岳区委员会工作规则（草案）》。

全委会充分肯定区委十二届八次全会以来区委常委会的工作。一致认为，面对经济下行压力持续加大的严峻形势，在市委、市政府的正确领导下，岱岳区深入贯彻中共十八大和十八届三中、四中、五中全会以及习近平总书记系列重要讲话精神，坚持“四个全面”的战略布局，牢固树立和贯彻落实创新、协调、绿色、开放、共享的发展理念，突出经济转型升级、民生改善升级、城乡环境升级、党建保障升级“四大任务”，转作风、敢担当，严要求、重实干，经济发展稳中向好，社会大局和谐稳定。一是聚力推进经济建设，综合实力明显提升。牢牢把握稳中求进总基调，积极适应经济发展新常态，招商引资和项目建设成效明显，转方式调结构步伐加快，全面深化改革持续提速，全区经济运行呈现总体平稳、稳中有进的良好态势。二是聚力推进民主法治，发展合力有效凝聚。高度重视社会主义民主政治、宣传思想文化和法治岱岳建设工作，积极营造良好的政治环境、舆论环境和法治环境，凝聚团结奋斗的强大合力，全区民主政治环境持续向好，宣传文化工作不断强化，法治岱岳建设不断深入。三是聚力推进民生改善，社会事业协调发展。坚持把保障和改善民生作为根本出发点和落脚点，努力解决事关群众切身利益的问题，让更多的改革发展成果惠及广大人民群众，扶贫开发成绩突出，社会事业全面发展，群众满意度进一步提高。四是聚力推进城乡建设，人居环境明显改善。坚持把统筹城乡协调发展放在突出位置，融入经济、政治、文化、社会建设各方面和全过程，着力建设碧水

8月10日，中共泰安市岱岳区委十二届九次全体会议（王伟强 摄）

青山、绿色低碳、和谐宜居的生态文明岱岳，城乡一体化不断加快，城乡面貌不断改善，创城工作成效显著。五是聚力推进从严治党，党建工作全面加强。把抓好党建作为最大政绩，坚定不移地落实管党治党主体责任，聚精会神抓好党的建设各项工作，为经济社会发展提供坚强保证，“两学一做”学习教育扎实推进，领导班子和干部队伍建设明显加强，基层党组织建设稳固加强，人才队伍建设取得新突破，党风廉政建设和反腐败斗争深入推进。同时客观指出工作还存在一些问题和不足，强调要认真加以解决。

全委会强调，要把握发展大势，始终保持奋发有为的精神状态。清醒地认识到面临的困难和不足，正确把握当前经济形势，保持清醒头脑，冷静思考，团结拼搏。牢固树立“一盘棋”思想，强化服从意识和自觉，主动在全局中谋划思考，增强改革创新勇气，大胆突破思维定势，统筹协调、协同推进。在全区转型发展的关键时期，崇尚实干、敢于担当，把握发展机遇，推动科学发展，确保圆满完成全年工作目标。

全委会强调，要助推科技创新，汇聚发展新动能。发挥政府的主导作用，加强组织领导，完善公共科技投入机制，加强科技创新载体建设，打造科技创新孵化平台，形成合理的科技创新发展格局。发挥企业的主体作用，着力推动企业成为科技创新投入主体、科技创新研发主体和科技创新成果应用主体，提高企业创新能力，深化企业、科研机构、高校的产学研合作，加快技术创新载体建设。发挥人才的决定作用，建立精准引才机制，完善人才培养支持机制，优化人才发展环境。

全委会强调，要加快转型升级，培育竞争新优势。突出高端制造，推动工业转型升级，全面对接“中国制造 2025”，实施高新技术改造，提高工业信息化水平。突出新兴业态，推动服务业转型升级，创新健康、养老、教育、金融、旅游等传统服务业商业模式，扩大现代服务业规模。突出科技创新，推动农业转型升级，把科技进步摆在农业现代化的关键位置，强化农业基础设施和装备建设，加强农业科技成果转化和技术推广，加大农民科技培训和农村改革力度，加快推进农业产业化。

全委会强调，要抓好项目招商建设，保持经济发展中高速。围绕“优中选优”抓招商，大力开展产业招商、定向招商和精准招商，突出环境、人才和服务在招商引资中的关键作用，不断提高招商引资的境界和水平。围绕“快上加快”抓建设，强化重点建设项目的督导调度，注重抓好财源贡献大的项目，及时协调解决项目建设中的困难和问题，全程帮促项目单位办理相关手续，积极破解资金瓶颈，强化政银企合作，缓解项目建设资金困难。围绕“好上加好”搞服务，推动简政放权、放管结合、优化服务改革深入发展，严格落实国家鼓励民间投资和创新创业的政策措施，继续探索过桥还贷市场化运作模式，千方百计缓解企业融资困难。

全委会强调，要切实保障改善民生，让发展成果惠及全区人民。牢固树立以人为本的发展理念，着力解决事关群众切身利益的问题，切实提高群众的获得感和幸福感。全力抓好脱贫攻坚工作，大力发展社会事业，全面提升社会保障水平，切实维护社会和谐稳定。

全委会强调，要坚持从严治党，不断提升党建科学化水平。坚持把加强和改进党的建设作为重大任务抓紧抓好，充分发挥党总揽全局、协调各方的领导核心作用，为跨越发展提供坚强政治保证。始终保持正确政治方向，巩固和保持经济持续健康发展的良好势头；统筹推进各领域党建工作，深入推进“两学一做”学习教育，充分发挥党组织的政治核心作用；全力做好换届工作，确保选人用人公道正派、换届全程风清气正；加强党风廉政建设，认真落实党风廉政建设责任制，永葆共产党人的浩然正气和清廉本色。

8月17日，苏庆亮先进事迹报告会　　（张秀娟 供）

全委会号召，全区广大党员干部群众要紧密地团结在以习近平同志为总书记的党中央周围，进一步统一思想、迎难而上，抢抓机遇、创新实干，推进全区工作各项任务目标圆满完成，为建设富裕文明和谐新岱岳作出新的更大的贡献！

苏庆亮先进事迹报告会　8月17日举行。5位报告团成员讲述了苏庆亮克己奉公、磊落崇高的人生经历，张韧主持会议，王永征作重要讲话。

王永征在讲话中强调向苏庆亮学习，就要学习他信念坚定、一心为公的政治品格；向苏庆亮同志学习，就要学习他担当实干、奋发有为的优良作风；向苏庆亮学习，就要学习他心系群众、倾情奉献的为民情怀；向苏庆亮学习，就要学习他严于律己、清廉正派的高尚品德。把学习先进与开展“两学一做”学习教育结合起来，与推动经济社会跨越发展结合起来，与加强党员干部队伍建设结合起来，以问题为导向，以群众满意为目标，采取更加有力的措施，不断为推动工作实践注入新动力、增添新活力。

全区教师节庆祝大会　9月9日召开。会议热烈庆祝第32个教师节，隆重表彰教育工作先进集体，王永征作重要讲话。会议强调，要合力攻坚，深入推进基础教育综合改革；尽责担当，积极破解教育均衡发展瓶颈；健全机制，全面提升教师队伍素质；多管齐下，不断提升群众满意度。全区上下要进一步振奋精神、鼓足干劲，推动教育事业更好更快发展。

全区司法责任制改革动员会　9月29日召开。会议全面贯彻落实中共十八大和十八届三中、四中、五中全会精神，深入学习贯彻习近平总书记系列重要讲话精神，按照全国司法体制改革推进会、全省全市全面推开司法责任制改革动员会的统一部署要求，对岱岳区司法责任制改革工作进行动员部署。张军传达省市会议精神，王永征作重要讲话。会议强调，要筑牢全面推进司法责任制改革的思想基础，积极稳妥做好司法责任制改革各项工作，推动各项改革要求落地见效。

中共泰安市岱岳区委十二届十次全体会议　12月5日召开。出席会议的有区委委员38人、候补区委委员6人。区纪委常委，区人大常委会、区政协各委室主任，相关方面负责人和部分基层代表列席会议。会议由区委常委会主持，王永征作重要讲话。

会议由区委常委会主持，深入学习贯彻党的十八届六中全会、省委十届十五次和市委十届十二次全会精神，听取和讨论了区委书记王永征受区委常委会委托作的工作报告，审议通过了《中共泰安市岱岳区委关于深入学习贯彻党的十八届六中全会精神的意见》《关于召开中国共产党泰安市岱岳区第十三次代表大会的决议》。

全会一致认为，党的十八届六中全会是在全面建成小康社会决胜阶段召开的一次十分重要的会议，是着眼协调推进“四个全面”战略布局、专题研究部署全面从严治党的一次重要会议。省委十届十五次全体会议、市委十届十二次全体会议对深入推进从严治党作了安排部署。全区各级党组织和广大党员干部要认真学习、深刻领会，切实增强政治责任感和使命感，把深入学习贯彻全会精神作为重大政治任务，把思想和行动统一到全会精神上来，把力量凝聚到落实全会确定的任务上来，推动全区经济社会发展和全面从严治党各项工作迈上新台阶。

全会充分肯定了2016年以来区委常委会的工作。一致认为，在市委、市政府的坚强领导下，区委常委会全面贯彻党的十八大和十八届三中、四中、五中、六中全会以及习近平总书记系列重要讲话精神，围绕建设富裕文明和谐新岱岳，突出经济转型升级、民生改善升级、城乡环境升级、党建保障升级“四大任务”，攻坚克难，团结实干，全区各项事业开创了新局面。

全会认为，党的十八大以来，全区各级党组织坚决贯彻落实党中央关于全面从严治党的决策部署，不断强化全面从严治党政治责任，聚精会神抓好党的建设，深入开展党的群众路线教育实践活动、“三严三实”专题教育、“两学一做”学习教育，党风廉政建设和反腐败斗争深入推进，党风政风明显好转，为经济社会发展提供了重要保证。同时也要清醒认识到，当前岱岳区党的建设面临着一些新情况新问题，有的党员干部对全面从严治党认识上不到位、思想上不适应、行动上不坚决，违反党纪党规的行为仍然存在。对此必须高度重视，保持清醒头脑，增强全面从严治党战略定力，继续坚持抓思想从严、抓管党从严、抓执纪从严、抓治吏从严、抓作风从严、抓反腐从严，努力营造风清气正的政治生态。

全会指出，党的十八届六中全会明确习近平总书记的核心地位、正式提出“以习近平同志为核心的党中央”，对党和国家事业发展具有重大现实意义和深远历史意义。习近平总书记成为党中央的核心、全党的核心，是党和国家根本利益所在，是坚持和加强党的领导的根本保证，是进行具有许多新的历史特点的伟大斗争、坚持和发展中国特色社会主义伟大事业的迫切需要。全区各级党组织和广大党员、干部要进一步增强“四个意识”特别是核心意识、看齐意识，更加紧密地团结在以习近平同志为核心的党中央周围，更加坚定地维护以习近平同志为核心的党中央的权威，更加自觉地在思想上政治上行动上同以习近平同志为核心的党中央保持高度一致，坚决做到在思想上高度认同，在政治上坚决维护，在行动上坚定紧跟，不折不扣贯彻落实好中央、省委、市委的决策部署，以实际行动维护习近平总书记的核心地位。

全会指出，这次全会充分发扬民主，凝聚大家智慧，结合岱岳区实际，形成了学习贯彻十八届六中全会精神的意见。各级各部门要按照中央、省委、市委和区委部署要求，结合各自实际，研究具体举措，用心用力抓好贯彻落实，把从严的要求落实到管党治党全过程。

全会指出，坚持全面从严治党，一定要抓好思想教育这个根本，用思想理论武装头脑，引导党员干部牢固树立正确的世界观、人生观、价值观，为全面从严治党打下坚实思想基础。要大力加强理想信念教育，坚持不懈抓好理论武装，进一步坚定对中国特色社会主义的道路自信、理论自信、制度自信、文化自信。要切实抓好领导干部的学习教育，把《准则》《条例》纳入“两学一做”学习教育和干部教育培训。要强化思想道德教育，加强党内政治文化建设，加强对意识形态阵地管理，充分发挥文化引领和舆论导向作用。

全会指出，制度建设是全面从严治党的根本保障。要进一步规范干部选拔任用工作流程，健全完善从严管理监督干部的制度机制，坚持和完善民主集中制，建立健全党内监督制度，着力构建全面从严治党的长效机制。要强化制度执行，严格遵守党的政治纪律和政治规矩，严格党的组织生活制度，自觉坚持和贯彻党的群众路线，始终保持党同人民群众的血肉联系。要坚持问题导向，坚决纠正和查处违纪违规行为，切实加强对执行政治纪律情况的监督检查，坚决整治和查处侵害群众利益的不正之风和腐败问题，努力打造忠诚干净担当的干部队伍。

全会指出，必须把强化党内监督作为党的建设基础性工程，强化自上而下的组织监督，改进自下而上的民主监督，发挥同级相互监督作用，确保党章党规党纪有效执行。要认真落实党委（党组）党内监督主体责任，切实履行纪委监督执纪问责职责。要加强基层组织日常监督和党员民主监督，鼓励和支持党员在党内监督中发挥积极作用。要坚持党内监督与外部监督相结合，支持和保证同级人大、政府、监察机关、司法机关等对国家机关及公职人员依法进行监督，人民政协依照政协章程和相关制度进行民主监督，审计机关依法进行审计监督，支持民主党派履行监督职能，认真对待、自觉接受社会监督。

全会要求，各级党员领导干部要清醒认

识自己岗位的特殊重要性，模范遵守党章党规，严格执行《准则》和《条例》，做对组织绝对忠诚的表率、对群众高度负责的表率、对事业敢于担当的表率、对自身严格要求的表率，切实把中央全面从严治党的各项规定牢记在心中、落实到行动，凝聚强大的正能量。

全会强调，要把全面从严的要求落实到党的思想、组织、作风、反腐倡廉和制度建设全过程，切实加强领导、落实责任，抓住关键、强化措施，确保全面从严治党各项任务落到实处、见到实效。要把学习贯彻十八届六中全会、省委十届十五次全会和市委十届十二次全会精神与做好当前各项工作结合起来，坚持用新发展理念统领发展全局，以供给侧结构性改革引领新常态，着力调整优化经济结构，促进经济转型升级。坚定不移抓好各项重大改革举措，扎实做好脱贫攻坚工作，切实保障和改善民生。强化社会治安综合治理，有效防范各类风险。严肃换届纪律，落实“九严禁”要求，确保换届平稳顺利进行。加强正面宣传和引导，努力营造和谐稳定的社会环境。

全会决定，中国共产党泰安市岱岳区第十三次代表大会定于2017年1月在岱岳区召开。

全会号召，全区各级党组织和广大党员干部要更加紧密地团结在以习近平同志为核心的党中央周围，坚定不移维护党中央权威和党中央集中统一领导，团结拼搏，奋发进取，全面做好经济社会发展和党的建设各项工作，以优异成绩迎接中共的十九大和省、市、区党代会的胜利召开！

【公文处理】年内，区委办公室起草和审核各类文件118件。收发和传阅办理上级来文、通知、通报、批示件632件，其中，中央96件、省级106件、市级183件、区级247件。秘密文件121件，其中8件机要件。

【会议服务】做好区委常委会议、区委重要会议的会务服务工作，组织区委常委会34次，修改审核会议纪要34期，做好上级和区委领导视察、专题调研、走访慰问、全区经济工作会议等97次重要会议活动的方案送审、综合协调、现场组织及跟随服务等工作。搞好中央、省委领导和市委书记、市长的视察、专题调研、现场办公、走访慰问等活动的组织服务。组织各类视察调研和走访活动34次。

【信息工作】编发《岱岳信息》42期、《信息专报》15期，共计信息369条；累计上报信息306条，其中省级采用21条，信息采用情况通报4期。印发《区委信息工作报送要点》。及时调度收集各乡镇、街道以及区直各部门各单位加快推进项目建设、工业转型升级等重点工作的措施和经验做法，综合提炼报送特色亮点信息和重要社会动态信息。对8名信息工作人员进行专题业务培训。

区委办公室被表彰为“2016年度全省党委系统信息工作先进单位”。

【督查工作】开展省委、市委、区委重要决策部署落实情况的督促检查，联合有关部门开展一系列现场督察和专项督查，推动党委重大决策和重要工作部署的贯彻落实。牵头做好上级到岱岳区的督查调研工作，先后承担市委决策督查调研和专项督查调研任务12次，编发《岱岳督查》15期，市委办公室刊发信息2篇。配合市专项督查组对全区贯彻落实中央八项规定精神和省委实施办法、市委实施意见情况进行专项督查，确保整改效果。全程参与迎接国家卫生城市复审工作任务的督促检查考核。全年办理省市区委领导批示件99件，办结率100%。牵头组织全区从严治党主体责任检查和领导班子领导干部年度考核工作，研究修订检查考核方式方法，推动工作有序开展。

【维护社会稳定】开展不稳定因素排查化解，组织大规模排查2次，排查不稳定因素89项、重点人18人。加强对特殊群体、重点人员的教育稳控，落实动态排查、人员稳控、问题处理等措施。强化敏感节点的维稳工作。全国“两会”、抗日战争胜利和世界反法西斯战争胜利70周年、中共十八届五中全会期间，分别成立以区委领导为指挥的维稳工作指挥部，实行24小时集中办公，全面指挥调度各项维稳工作。加强社会稳定风险评估机制建设，截至2016年年底已评估重大事项491件，就征地拆迁、环境污染、旧村改造等群众普遍关注的社会稳定风险点进行全面梳理和认真分类。加强应急处置机制建设。

【农村工作】制定出台《全区美丽乡村标准化建设实施意见》，完成全区613个村的分类工作，争取省市级美丽乡村建设项目11个，项目资金290万元，2016年全区美丽乡村覆盖率达到42.58%。累计举办各类培训班420多场次，培训各类专业人才27369人次，完成全年培训计划的152.26%。积极开展现代农业、美丽乡村建设、新型经营主体培育等方面的专题调研，形成专题调研报告4篇。

【机要保密工作】①机要工作。共收发办理各类电文420余份，开展应急通讯演练3次；干部队伍更加壮大，持证上岗的密码干部达到7人，整体素质得到进一步提高；基础设施更加完善，完成通信机房雷电防护工程建设，安装防火防盗报警系统，进一步提高了通讯服务保障能力。②保密工作。做好保密宣传教育，累计培训400余人次，在《岱岳通讯》发表文章17篇、案例通报21起；扎实开展机关、单位保密自查自评工作，清理整顿互联网门户网站39个，检查互联网计算机530余台、政务专网计算机110余台；大力推进保密“三大管理”：加强定密管理，明确定密权限；加强网络管理，严防网络泄密；加强涉密人员管理，强化日常监督。

【接待工作】严格落实中央八项规定精神和省市区公务接待管理规定，强化细节服务和接待制度建设。年内接待市级以上领导13批次，接待其他县市区代表团、考察团9批次。

（王阳明）

【概况】2016年，区委组织部严格按照省、市、区委要求，突出重点、聚焦主业，不断加强领导班子和干部队伍、基层党组织和党员队伍以及人才队伍建设，全区党的建设工作科学化水平显著提升。年内，建立基层党组织晋位升级长效机制的做法被市委组织部在全市推广，干部监督工作列全市第一。

【开展“两学一做”学习教育】 以开展“党性五问”活动起步，组织开展“两学一做”学习教育。组织全区党员开展学习反思，做到带着问题学、盯着问题改；把“挂牌亮诺”贯穿始终，组织全体党员亮明身份，认领各类服务岗位4.7万多个，参加争先锋、促发展活动8.1万多次；推荐宣传“身边典型”党员2315人，开展“我是共产党员”主题党日活动，在社会上引起强烈反响。大陆山村原党支部书记苏庆亮，被国务院扶贫开发领导小组授予“全国脱贫攻坚贡献奖”，山东省委作出《关于开展向苏庆亮同志学习活动的决定》，他的先进事迹，被确定为全市“两学一做”学习教育教材。

【领导班子和干部队伍建设】①分析研判。在全区倡树在一线看表现、看业绩，在一线选干部、用干部的用人导向，认真落实“双向约谈”、综合分析研判等制度，贯彻新修订的《党政领导干部选拔任用工作条例》，创新实施干部调整动议前置要素预审等制度，建立起科学规范的选人用人机制。②管理监督。按照领导干部个人有关事项报告工作要求，开展领导干部经济责任审计，圆满完成离岗人员返岗以及超职数配备干部消化工作。开展干部人事档案专项审核，先后审核干部档案1186卷。建立“三制一化”考核监督工作机制，创新实施乡镇（街道）差异化科学发展考核，健全完善干部监督“联防联控联处”机制，干部监督工作走在了全市前列。③教育服务。创新实施年轻干

8月4日，全区“两学一做”学习教育工作年轻干部座谈会。区委常委、组织部部长蔡丽霞（主席台中）作重要讲话（常振 摄）

部梯次培养工程，召开年轻干部座谈会，打造4个区委党校现场教学基地，积极推进分类培训、按需培训和开放培训，分级开展党员教育培训，举办村支部书记、“两委”干部、农村党员、组工干部示范培训班。共举办各类培训班19期，培训领导干部1534人。

【基层组织建设】 ①落实责任。健全完善镇、村“两级书记”抓基层党建工作责任制，切实增强“两级书记”抓党建工作的主业意识，组织各级党组织书记全部建立责任、问题、任务“三张清单”，区、镇两级开展了4次常态化督导检查，确保了清单事项逐项按时完成。②改进作风。组织开展“村干部作风建设提升年”活动，组织3145名村干部全员参与包片联户，实现村干部“户户访”制度化常态化。深化提升干部联系群众“双联双增”工程，健全完善村情、户情两个档案；建立落实“群众工作日”制度，解决群众需求诉求2088件。实行机关党组织“统一活动日”制度，先后组织1575名机关党员到社区报到，参加各类党员志愿服务2100多次。③提升功能。开展“五化五星”服务型党组织创建工作，培树5个“先锋社区”示范点，推动落实社区“大党委”、物业服务群众满意度评价等工作机制，批准成立了长城、岱前2个社区，将新建小区全部纳入社区服务范围。④强化服务。服务阵地：在全市率先建成1个区级、17个镇级党员教育服务中心，举办各类培训班95期，轮训基层党员干部4.1万人。党性教育：利用7月“党性教育月”，组织全区2万多名党员分批次参加了“党性五问”专题教育。发挥作用：推行农村党员“挂牌亮诺”制度，对2万多名农村骨干党员，划定“为民服务责任区”，作出“我是共产党员，有困难请找我”的承诺，在全国卫生城市迎审、乡村文明行动等重大活动中，发挥了先锋模范作用，赢得群众和社会好评。还通过开展“点亮微心愿”“寻找身边的感动”等活动，挖掘党员先进事迹，倡树了典型，凝聚了正能量。⑤确保运转。新选派198名第一书记到村任职，为127个贫困村和软弱涣散村全部配备了工作队。安排23名市派第一书记到井冈山举办党性教育培训班，促进了第一书记抓党建促脱贫。落实2015年度村级组织保障经费、村党组织书记年平均报酬分别为3738.2万元、2.4万元。城市社区党组织为民服务经费全部达到20万元。各级落实资金725万元，改扩建村级办公服务场所6570

3月18日，全区组织工作暨“第一书记”工作会议 （常振 摄）

平方米。区镇两级配备专兼职组织员131名，基层党建工作力量得到明显加强。

【人才工作】　①招才引智。通过6个驻外泰山（岱岳）人才服务站、8个划片招才引智小组和大学生公众微信服务平台、大学生就业创业群，及时发布人才需求信息，有针对性地引进人才智力。新落地世界500强项目4家，新引进国家“863”项目课题组组长1人、享受国务院政府特殊津贴专家1人。②协同创新。实施“泰山人才金桥工程”，探索“创新在高校，创业在地方”的路子，举办中科院技术成果转化项目推介会，北大先行挂靠北京大学建立博士后流动站，明佳科技建立博士后创新实践基地，天颐种业设立山东农业大学博士后科研工作站。全区70%以上的规模工业企业与高校院所建立产学研联盟关系，常年与岱岳区合作的高层次专家有80余人。③平台建设。实施“平台载体提质增量”工程，开展规模工业企业“企企到”人才工作大调研活动，深入全区规模工业企业开展调研，建立健全人才数据库，重点对骨干企业跟踪做好研发平台建设提升工作。13家企业新认定泰安市产业技术研究院，5家泰安市工程技术研究中心顺利通过验收，推荐5家企业申报省级示范工程技术研究中心。④重点人才。实施“优秀企业家培养”工程，选拔162名企业优秀经营管理者作为企业家后备人才进行重点培养。推进“技能大师带动”工程，推行技师工作站，加强技能鉴定，新培养高技能人才600余人。举办电子商务交流会、电子商务人才培训班，培训电商人才1500余人。实施农村实用人才工程，通过村村办班、基地轮训，培训农村实用人才4.5万余人次。⑤人才服务。实行党委联系专家、区人才工作领导小组成员单位联系服务企业人才项目制度，在规模工业建立人才工作联络员；在驻泰安高校设立大学生创业就业服务站；在园区和重点企业建立科学技术协会，已建立泰山青春创业园、大汶口工业园2家园区科协和17家企业科协，引导山东科技大学、山东农业大学等高校院所与11家企业签订产学研合作及对口帮扶协议。

（朱宗文）

机构编制

【概况】　2016年，区编办严格控制全区机构编制总量，执行财政供养人员只减不增的要求。组建区扶贫开发领导小组办公室，创新扶贫开发管理体制，完善扶贫开发工作机制；设立区委巡察小组办公室，同时下设4个巡察工作领导小组；设立街道党建工作办公室。在区司法局加挂区社区矫正管理局牌子，调整充实乡镇、街道司法所行政编制；将区政府投融资管理中心更名为区政府和社会资本合作中心（简称ppp），同时加挂区政府投融资管理中心牌子；将区招投标交易中心更名为泰安市公共资源交易中心岱岳分中心；落实党委工作主体责任，按照“撤一建一”的原则，做好岱岳区纪委机关内设机

6月10日，区编办全体人员会议 （王岩 供）

构的调整设立工作；在编制总量不变的情况下，盘活教育系统编制资源，重新核定全区中小学教职工编制6592名。进行机构编制管理和执行情况审计与评估，区级审计3个部门单位、评估4个部门。继续保持“市级文明单位”称号，被市委组织部表彰为2015年度“四星级”基层党组织。

【政府职能转变和简政放权】 按照省、市关于行政审批制度改革工作部署，编制完成行政许可目录清单、权力清单、责任清单、中介收费项目清单、非行政许可事项清单五张清单以及审批事项服务手册和业务指南手册。对照省编办制定下发的《市县行政审批事项通用目录》和通用模板，规范调整公布区级行政许可事项目录；按照“清权、简权、制权”工作要求完成权力清单编制工作，纳入清理范围的部门单位共计45个，行政权力事项合计3345项。按照职权法定、全面彻底、权责一致原则，完成责任清单编制工作，编制责任清单部门单位共39个，共确定主要职责328项，职责边界72项，具体事例69项，事中事后监督管理制度327项，公共服务事项151项；完成中介服务收费项目清单编制工作，共涉及9个区直部门单位，合计行政审批事项20项，中介服务收费项目27项；结合行政审批通用目录调整情况，完成服务手册和业务指南编制工作，在区政务服务中心管理办公室网站公布；全面清理非行政许可事项，全区非行政许可事项共取消3项，调整为政府内部审批2项，调整为行政许可3项，调整为行政确认5项，调整为行政监督1项，调整为其他行政权力18项；健全行政审批动态监管联动机制，加强对审批流程实时监控和动态管理，完善“窗口受理、一站式服务”机制，全力推进工商营业执照、组织机构代码证和税务登记证“三证合一、一照一码”登记制度改革顺利实施。

【机构改革】 组建完成区卫生和计划生育局、设立区旅游局，明确其领导职数，制定其“三定”规定；重新修订完善区审计局“三定”规定。加强乡镇、街道安全生产、建设工程质量安全、环境保护、道路交通安全监管工作机构建设。对全区公立医院实行人员控制总量备案；贯彻落实区人民法院、区人民检察院和区审计局机构编制上划省级统一管理。推进区政府工作部门“三定”规定修订；实施岱岳区综合行政执法体制改革；按职责分工推进年度政府购买服务范围审核工作，审核批复部门政府购买服务事项19项。

【事业单位监督管理】①做好事业单位法人设立、变更、年度报告等工作，全区共293个单位需年度报告公开，审核通过单位293个，合格率达100%，完成2015年度事业单位法人年度报告公示工作。年末，通过网上审批办理事业单位法人设立登记11个，变更登记58项。②完成全区事业单位、党政群机关统一社会信用代码赋码发证工作，事业单位换发证总数302个，党政群机关统一社会信用代码赋码发证总数64个。③推进事业单位绩效考核，加强对2015年度绩效考核结果的使用，及时通报部门单位并督促抓好问题的整改。将教育、科研、文化、卫生计生、体育、民政、社会保障、交通、水利、农业、林业、食品安全、环境保护等系统所属287个事业单位，纳入2016年度绩效考核范围的事业单位进行实地考核。④印发《岱岳区事业单位“双随机、一公开”监督工作实施方案》，及时建立“两库一清单”。并按照3%的比例，随机抽取10个单位和3名执法检查人员，对单位的登记管理情况包括年度报告公开情况进行了检查。⑤印发《关于开展事业单位登记管理专项监督检查的通知》，针对已进行法人登记的事业单位，对其登记事项、开展活动情况及按本单位章程运行情况进行登记管理专项检查。⑥对事业单位法人治理结构试点工作进行实践探索，分别在教育、卫计系统选取区岳峰小学、区第二人民医院单位作为试点。两试点单位已召开两次理事会，都能够按照试点工作意见履职尽责。

（王　岩）

老干部管理与服务

【概况】2016年，全区老干部工作以“增添正能量、提升幸福感”为目标，自觉践行“大组织、大教育、大服务”三大理念，推进老干部工作转型发展取得新进展，赢得了上级党委、老干部、社会各界的一致好评。继续保持“市级文明单位”称号，被市委、市政府表彰为“全市老干部工作先进集体”。

【老干部组织建设和思想政治建设】推进

12月21日，举办老干部理论骨干培训班　（曲健　供）

全区离退休干部党组织建设，提升“安家工程”，全面实行目标责任管理制度，先后建成离退休干部组织431个，其中，离退休干部党支部266个，社团组织116个，志愿服务组织49个，形成较完善的组织体系，覆盖绝大多数的老干部。区老干局举办全区老干部理论骨干培训班，集中学习中共十八届六中全会精神；区老干部活动中心艺术团组织宣传“两学一做”、庆祝建党95周年和长征胜利80周年等内容的送戏下乡143场（次）。

5月13日，泰安市青少年党史国史教育宣讲报告会在岱岳区举行
（曲健 供）

【落实老干部政治生活待遇】落实向老干部通报情况及走访慰问老干部制度。年内，召开2次全区老干部情况通报会，“春节”“老人节”全区普遍走访慰问老干部。为223名离休干部报销医药费2121.5万元。

【发挥老干部余热】紧紧围绕全区中心工作，结合社会和群众实际需要，积极搭建创建文明城市、关心教育下一代、乡村文明建设等志愿服务平台。①扎实推进“安家工程”，依托区老年大学（活动中心）、老教协、老体协等涉老团体组织，组建红色文化宣讲团、党建指导组、艺术团等老干部志愿服务队伍。组织参加全省、全市离退休干部纪念建党95周年系列活动，征集诗词作品18篇、书画作品179幅，遴选34幅装裱报送市老干部活动中心。区老年大学太极拳表演队在2016年泰城老年人太极拳健身成果展示活动中获得“自选套路最佳奖”。区老干部活动中心艺术团送文化下乡演出197场（次）。②建成岱岳老年人才服务中心。经区编制部门审核批准，成立岱岳老年人才服务中心，配备1名懂电脑的年轻人，负责老年人的相关工作。③充实“五老”志愿者队伍建设。选拔100名身体健康、威信高、能力强、热心公益事业且有一技之长的“五老”志愿者，调整充实到区“五老”队伍中，使“五老”志愿者遍布全区各乡镇、街道。

【关工委工作】①加强组织建设，调整充实、优化配置各乡镇、街道关工委组织。②选拔“五老”志愿者，担任课业辅导员、安全引导员、“两史”宣讲员等，从不同角度关注全区青少年的健康成长。③加强关爱教育综合平台建设，积极搭建学校教育为主、村居（社区）教育为辅的平台，充分发挥各类关心下一代教育组织、人员和基地的优势和作用，将各项教育活动落到了实处。区关工委邀请泰安市“五老”宣讲团分别到粥店中学、满庄新城实验学校做《泰安革命史》《千年沧桑话古城》报告会，并刻录光盘，发放到全区中小学。岳峰小学将青少年教育融入到教材、到课程、到环境，开发了校本课程《文明礼仪伴我行》等读本，将党史国史教育列入学校教学计划，充分利用墙壁、走廊、柱子等制作“红色长廊”和文明礼仪宣传墙，让每名孩子随时随地受教育，培养爱党爱国情怀。④强化基层关工委组织建设。关工委主任由乡镇（街道）党（工）委组织委员兼任，并推选 2 至 3 名政治素质高、懂教育、热心关心下一代工作的离退休机关干部或教师担任副主任，乡镇（街道）教委（办）1 名副主任担任办公室主任。“山东省德耀齐鲁道德示范基地”粥店社区，成立了山东省首个社区专注力培养研究基地，促进社区学习型家庭、书香门第、智慧型社区的构建，开创全省乃至全国“社区、家庭、学校”三位一体的专注力培养新模式。

【丰富老年精神生活】 不断加强阵地建设，以老年大学（老干部活动中心）为主导、老年大学课堂为主阵地、整合社会资源实施建立“文化养老”服务体系模式，建设、拓展老干部学习阵地，狠抓老年大学向乡镇（街道）、村（社区）的辐射延伸，挖掘社区文化站、老干部活动中心、文体小广场等社区资源，开办 19 个教学点。

（曲　健）

宣　传

【概况】2016 年，全区宣传思想文化系统围绕中心，服务大局，唱响“主旋律”，汇聚“正能量”，提振“精气神”，理论武装、舆论引导、精神文明创建、文化事业和文化产业等各项工作开展得有声有色，为促进全区经济社会又好又快发展发挥了重要作用。岱岳区先后荣获省级文明单位、全省理论教育工作先进单位、全市网络宣传管理工作先进县（市区）、全市基层公共文化服务体系建设先进县（市区）、全市四德工程建设先进县（市区）、全国先进社科组织，指导创作的歌曲《大美岱岳 · 大美山河》获全国金奖并公开发行。在 2016 年上半年和年底城乡环卫一体化民调中，岱岳区分列全省第 13 名和第 19 名，连续三次列全市第一。

【理论武装工作】 深化中国特色社会主义和中国梦宣传教育，利用“岱岳大讲堂”等阵地，强化中心组学习龙头作用，进一步加强全区各级党委（组）中心组学习的检查督导，区乡共开展学习活动 100 余次。邀请中央党校党史教研部博士生导师祝彦教授作“两学一做”学习教育辅导报告；省保密局技术检查测评中心国家保密师资库成员李军作“新形势下如何加强保密工作”为主题的辅导报告。“岱岳区实施片区发展战略研究”等 5 篇课题入选 2016 年泰安市社会科学立项课题，其中，“岱岳区实施片区发展战略研究”和“泰安市传统食品发展研究”课题列入市级重点课题。培树省市级社会科学普及教育基地6个。理论教育工作被评为全省先进。社科普及工作荣获全省示范县市区称号。

【社会主义核心价值体系建设】①推动“四德工程”“四进”进程。设立善行义举四德榜公示栏800多处，实现“四德主题”广场乡镇社区全覆盖;“四德文化街”“文化广场”村级全覆盖；“文化墙”企业全覆盖。5月，将全区663个行政村、58个机关、96所学校、46家企业的“善行义举四德榜”网络展示全部上传到省“善行义举四德榜”网络展示平台。“四德工程”建设涌现出一批有影响力的典型，区公安分局被命名为全省“四德工程”建设示范点，大陡山村被命名为全省社区宣传思想文化工作示范点。岱岳区参加全省社会主义核心价值观四德工程建设现场交流会并作典型发言。②打造岱岳百姓故事会品牌。发展宣讲员50余名，先后深入机关、企业、学校、村居等开展宣讲100余期，1.5万名干部群众聆听了宣讲。③开展“岱岳好人”评选和好人线索推荐工作。成功举办2015年度“最美岱岳人”颁奖晚会。④推出全省重大典型“齐鲁时代楷模”苏庆亮。省委书记姜异康专门作出批示，省委下发文件号召全省党员干部向苏庆亮学习。⑤开展践行核心价值观讲好“我们村（社区）的故事、我的家庭故事、我们的故事”的“三个故事”活动，努力营造崇尚好人、争当好人、争做好事的浓厚氛围，编辑出版《我们村的故事》。

【舆情监控与引导】①加强新闻舆情监控，坚持第一时间发现、第一时间核实、第一时间汇报、第一时间处置“四个第一”原则，及时稳妥处置负面舆情，没有发生造成较大影响的负面舆情。②严把舆情监控底线。成立网络安全和信息化领导小组，充实网络评论员、网上舆情信息员、网络管理员3支队伍，加强网络舆论引导，坚持24小时舆情监控，共编发《岱岳区网络舆情快报》19期，《网络舆情周报》47期，其中区主要领导批示7期；“网络舆情交办单”139个，典型处置舆情案例3例。③实施“泰山幸福e家园”网络文化惠民工程和“笑脸社区”建设。6月13日，省委宣传部、省网信办联合开展网络惠民典型集中采访活动，到岱岳区粥店街道粥店社区重点采访“泰山幸福e家园”工程及粥店社区“泰山幸福e家园”笑脸社区项目，人民网、新华网、大众日报、山东卫视等19家中央、省媒体记者现场参观并进行了相关采访。7月6日，“泰山幸福e家园”提升工程笑脸社区建设启动仪式在粥店街道粥店社区举行，标志着“泰山幸福e家园”转型升级工作正式启动。

【文明城市创建和乡村文明行动】围绕全国文明城市创建、全省乡村文明行动第二个五年规划和全国志愿服务模范城三项中心工作，强化措施，推动工作落实，全区创城工作取得明显的成效，形成领导小组半月检查、创城办每周例会、工作简报、电视台曝光、问题台账、督办单、表态发言、对上请示等行之有效的工作机制。①年内，共迎接省市

2月2日，区委常委、宣传部部长雷建民（右一）走访慰问区道德模范苗锡香（李燕 供）

督导检查60余次；区创城领导小组督导考核4次，表态发言1次；区创城办召开工作例会22次，编发创城简报35期，督导检查社区（村）、学校、集贸市场、建筑工地、商业街区30余次，各创建组、督导组依责每周至少督导一次。区广播电视台、城区主次干道、社区、建筑围挡、窗口单位等媒介、场所，全方位、立体化宣传社会主义核心价值观、中国梦等创城内容，组织59个省市级文明单位、文明村镇、文明社区开展认管交通路口志愿服务活动，制作印发文明创城、节俭用餐等卡片和宣传画6万余份，城区大小饭店、餐馆基本安排到位，全区创城宣传氛围更加浓厚。②把环境秩序、宣传氛围、场所建设、市民素质作为工作的着力点，加大城区环境秩序的巡查频率，发现问题及时整改，城区乱停乱放、乱搭乱建等现象有了大的改观。③核心价值观、中国梦等创城内容大幅增加，社区综合文化站、家长学校、道德讲堂、未成年人活动中心、红白理事会等场所设施逐步完善，开展文明社区、文明家庭等文明创建活动，在活动中提高群众创城知晓率和参与度。④制定全区移风易俗实施意见，成立领导小组，进一步充实调整红白理事会，在全区推广粥店街道曹家村社区设置吊唁厅集中办丧、大汶口镇北西遥村骨灰堂建设、黄前镇第三峪村“四大公约”规范红白喜事、山口镇山口东村推进公墓建设、祝阳镇祝阳村免费为群众提供丧事服务等典型做法，移风易俗工作全面铺开。⑤制定实施“十百千”工程，评选出10所美丽校园、

1月5日，岱岳区书画名家“迎新年·书画家训”志愿服务下乡活动（李燕 供）

100个美丽村庄、1000个美丽家庭，评选第二届“五星级文明示范户”5000户，推进乡村文明行动增质扩面。

【“菜单式”志愿服务】 以志愿驿站建设规范化、志愿队伍建设网络化、志愿活动开展项目化、项目逐步实现品牌化、回馈嘉许制度化、督导考核常态化“六化”建设为总抓手，依托“志愿云”平台，推广“菜单式”志愿服务走向制度化、规范化、常态化。年内，共完成网上志愿者注册近3万人，区乡村志愿服务组织实现全覆盖。

【群众文体艺术活动】 ①加强文艺、体育人才队伍建设。与文体部门对接协调，举办全区文体带头人骨干专题培训班，培训文体活动带头人500余人。②开展第三届“群众文化体育艺术年”活动。相继开展“五下乡”活动，民间故事队大拜年，举办全区第三届“群众文化体育艺术年”启动暨群众才艺展演活动，环湖健步走比赛、“唱支山歌给党听”为主题的广场消夏晚会、全区第四届广场舞大赛、全区第二届歌手大赛等28项大型群众文化体育艺术活动。3月29日，全市乡镇（街道）党委宣传委员公共文化服务工作培训班学员到大汶口、满庄实地参观学习；4月23日，举办山东省第二届中老年广场舞大赛泰安地区晋级赛，岱岳区1支队伍成功晋级；相继组织参加全市庆祝建党95周年《永远跟党走》电视文艺晚会、全市庆国庆暨庆祝红军长征胜利80周年歌咏比赛；组织观看《官箴碑》，为全区广大党员干部上了一堂生动的廉政教育课。

【文化产业管理】 年内，新增重点文化产业项目1家，获第二届泰安市“十佳文化企业”2家，泰安市重点文化企业4家，综合考核在全市位次明显提升。①定期调度重点项目，掌握项目建设进展情况，积极协调困难问题，目前各重点项目进展顺利。②通过召开全区文化产业发展座谈会、组织论坛演讲等方式，及时为企业提供服务，帮助企业做大做强。③组团参加第十二届中国（深圳）文博会和第六届山东文化产业博览交易会，大力开展文化产业招商引资和项目企业宣传推介。④制定岱岳区2016年度文化产业工作考核办法（试行）。考核办法加大对各乡镇（街道）和园区的考核力度，最大限度地提高“规上”文化企业单位数量和规模。⑤组团参加市委宣传部

6月17日，粥店街道广场舞比赛　　（李燕　供）

在浙江大学举办的文化产业发展研修班。通过课堂和现场教学，开阔了视野，拓宽了思路，进一步提高全区文化产业管理水平和文化企业创新创业能力。

【新闻舆论宣传工作】①对上宣传。充分利用报刊、网络新闻媒体，加大对上对外新闻报道力度，在市级以上主流媒体刊发稿件8920篇，省级以上媒体发稿112篇。特别是大陡山乡村旅游、满庄元宵节灯会登上了中央电视台《新闻联播》，苏庆亮先进事迹在新华社、人民日报、光明日报、大众日报、大众网、齐鲁网等国家和省重点媒体上进行了报道，发稿层次实现新突破。②多平台宣传。利用区政大楼楼宇电视，播放各类专题片和《岱岳新闻》《岱岳党建》300余部（期）；发挥“岱岳微视角”微信平台重要作用，全年刊发微信657条，总点击量达到180余万人次，在全省900余个政务微信平台中多次进入前50名。《岱岳区打造政务微信群》入选《山东宣传思想文化工作案例选编》。开通了新华社手机客户端“岱岳频道”，在新华社中国泰山大屏上播放岱岳区城市宣传片，打造对外宣传新平台。③重点工作宣传。邀请各级新闻媒体，对全区扶贫、培育和践行社会主义核心价值观、“两学一做”学习教育、全国文明城市创建等工作进行全方位、多角度的采访报道，为各项工作开展营造了良好的社会舆论氛围。④宣传队伍建设。建立健全各乡镇（街道）、区直部门和园区通讯员队伍，定期组织召开通讯员参加的新闻宣传工作例会，对各级各单位新闻发稿等情况进行一月一统计、一季度一通报，进一步提高了全区新闻宣传工作水平。⑤编辑《齐鲁时代楷模苏庆亮》一书。将关于苏庆亮先进事迹的新闻报道稿件集结成册，组织相关专家学者编辑《齐鲁时代楷模苏庆亮》一书，更好地传承和弘扬苏庆亮的事迹精神。⑥圆满完成2016年度重点党报党刊发行工作任务。

【企业文化工作】①制定《企业文化建设工作意见》，组织人员深入50多家企业实地走访调研，上报《岱岳区企业政工干部素质研究调查报告》《岱岳区加强和改进非公企业从业人员思想政治工作调查报告》等理论文章。②召开“企业文化建设座谈会”4期，推动了企业文化和企业思想政治工作的深入开展。③征集并对上报送企业优秀政工论文，2人获“市职工思想政治工作研究优秀成果一等奖”。④强化政工专业职称评定等工作，参与市委宣传部、市政研会组织的全市优秀政工论文评选和思想政治工作优秀企业、优秀工作者评选活动。⑤丰富企业思想政治工作活动载体。开展“厚道鲁商百姓故事会”宣讲报告会，通过宣传企业、企业家艰苦创业历程和企业职工与企业共同成长的一系列故事，弘扬社会主义核心价值观、弘扬正气、弘扬正能量；开展庆祝中国共产党成立95周年征文活动，推荐山东明佳科技有限公司等4家企业参加省委主办的“创新发展看鲁企”主题宣传报道活动。

（宣传部）

统一战线与对台工作

【概况】2016年，全区统战工作围绕贯彻落实中央、省委、市委、区委统战工作会议精神和《中国共产党统一战线工作条例（试行）》这条主线，着眼长远，服务大局，全区统一战线、多党合作以及对台工作呈现出良好势头。全区有少数民族32个、人口2.24万人，人口过千人乡镇、街道6个，五大宗教3.38万人；有民主党派基层组织7个，成员153人。区委统战部先后被省委统战部、省人社厅、省公务员局表彰为全省统战工作先进单位，获市级文明单位。区台办被表彰为“省台办系统先进集体”荣誉称号。

【贯彻落实统战工作会议精神及政策】①深入贯彻落实中央、省委、市委民族工作会议和全国、全省宗教工作会议精神，贯彻执行中央和国家民族宗教政策，开展对上资金争取和项目帮扶工作，促进各民族交流交往交融。②区委对贯彻落实党的统一战线重大方针政策进行2次指导和检查，将统战宣传和教育培训纳入全区宣传教育计划，在区委中心组理论学习中邀请专家进行统战知识专题授课；在全区举办的中青班、科级干部培训班中统战理论授课占到一定比例。

【基层统战工作】①区委印发《泰安市岱岳区推进〈中国共产党统一战线工作条例（试行）〉实施工作方案》，成立由区委书记任组长的区委统战工作领导小组；17个乡镇（街道）、3个经济园区和区直22个部门成立统战工作领导小组，调整充实统战委员和统战联络员，区、镇、村、企统战工作成员达到了987人，达到有人员、有场所、有标牌、有经费、有设施、有档案、有制度、有平台、有亮点、有作为的“十有”工作标准。②研究制定《基层统战工作考核细则》，把统战工作纳入对乡镇（街道）、区直有关部门的科学发展综合考核体系。③健全完善情况通报会、民主协商会、专题座谈会等制度，收集意见建议36条。

【民主党派工作】建立“党委出题、党派调研、政府采纳、部门落实”的工作机制，支持党派开展调研活动，建立区级党员领导干部联系党派负责人制度，为党派在深度参政议政方面建立“快车道”。健全各项保障机制，将各民主党派经费纳入财政预算并逐年提高至10万元，为民主党派开展工作、举办活动创造良好条件。各党派围绕片区建设、教育医疗、民生改善等问题，完成多篇调研报告。在市区“两会”上提出建议、提案46件，建议、提案答复率、满意率均为100%。

【非公有制经济领域统战工作】学习传达习总书记重要讲话精神，开展理想信念教育实践活动，帮助广大非公经济人士加深对习近平总书记“两个毫不动摇”“三个没有变”，以及“亲”“清”新型政商关系等的理解和认识。正确引导非公人士中的人大代表、政协委员履行参政议政，向市区“两会”提交各类议案和提案37件。年内，全区共有19家企业为贫困村捐资捐物达187万元，设置扶贫项目20个，安置就业400余人。

【党外代表人士队伍建设】①区委把党外代表人士后备队伍建设纳入人才和干部建设总体规划，印发《关于进一步加强党外后备干部工作的意见》，建立后备干部队伍152人。②制订《2016年度全区干部培训计划》，加大挂职锻炼力度。③在区乡换届中，推动党外干部的落实力度。年末，区人大常委会班子中有1名党外副主任、区政协班子中有4名党外副主席，全区有114名党外人大代表和168名党外政协委员，有4个政府工作部门领导班子中配备党外领导干部，15个乡镇政府班子中配备党外副镇长4名，配备比例均达到或超过规定比例。

【服务经济社会发展】乡镇（街道）、园区、区直有关部门及民主党派支部分别结合各自实际，开展统战活动，服务经济社会发展。粥店街道常家庄社区及天平街道大陡山村的致公党科技服务基地，多次迎接国家、省、市领导检查调研或参观考察。民盟支部充分发挥副主委单位鲁普耐特集团公司的优势，与全区扶贫工作紧密结合，在化马湾乡和下港镇创建“企业＋农户”模式，将绳网加工与贫困户结对子，产生可观的经济效益和良好的社会效益；满庄镇、大汶口镇、区农业局等单位和部门在各自领域都开展富有特色的工作和活动，为全区统战工作做出了积极贡献。

【对台工作】①坚持“走出去、请进来”方针，通过经贸合作、文化交流、参观考察等有效渠道，加强对台的联系联谊，拓展海

4月15日，区委统战部联合农工党岱岳区支部到下港镇上里村进行“同心义诊健康扶贫”活动，为群众免费义诊
（冯克涛 供）

外统战工作，以良岸餐橱废弃物处理有限公司为主体的 7 个台资项目已明确投资意向。②开展“台资项目推进落实年”活动，建立台资项目领导帮包制和全程跟踪服务机制，组织经贸、农业、旅游等人员赴台开展经贸活动和交流学习，接待台湾海峡两岸教育交流促进协会等参访团和台湾各界人士 12 人次到岱岳区参观考察。③坚持开展“进台企、话亲情、助发展”联谊活动，全区 3 家企业被授予“平安台企”称号。

（冯克涛）

政策研究

【概况】2016 年，区委政研室（改革办）围绕中心、服务大局，高质高效地做好文稿起草、调查研究、深化改革、党刊编辑等各项工作，参与全区重点工作和重大活动的组织、协调和服务。

【文稿起草】全年组织起草各类文稿 410 余篇，起草、把关文件 118 篇。先后完成区委十二届九次、十次全会、区“两会”、区委全面深化改革领导小组会、全区扶贫工作会、农村工作会、基层党建工作会、迎审创建总结表彰大会、经济工作会、和谐岱岳建设工作会、全区重点骨干项目包保帮促工作会等重要会议文稿；完成上级领导到岱岳区汇报、全区工作情况、述职述廉等汇报材料的起草；完成市“两会”、市委全委会等有关会议的发言材料；完成区人大、政协、纪委、组织、宣传、政法等各种专业会议方面的材料；完成区委主要领导和区委副书记参加各类重大活动时的致辞等；承担上级领导到岱岳区调研、检查指导工作的有关材料，包括汇报、主持词、区情和项目简介的起草、把关、印制等；完成《泰安工作》《山东年鉴》《省情手册》的供稿工作。

【调查研究】围绕区委中心工作，加大对项目建设、扶贫开发、文化产业发展、服务业发展等方面的调研力度，深入部门、乡镇（街道）、园区、企业和村开展交流座谈，更准确把握区情，形成了高质量的调研报告，为领导科学决策提供了参考和依据。累计在市级以上媒体发表领导署名文章 6 篇。

【全面深化改革】组织协调召开区委全面深化改革领导小组会议 3 次，审议改革方案 5 个。印发《全面深化改革领导小组 2016 年工作要点》《岱岳区 2016 年改革任务台账》，细化为 139 项具体改革任务。建立改革工作监控台账，对区里承担的 6 项国家级和 5 项省级改革试点加强调度指导，督导各项改革任务推进。编发工作简报 21 期，在市级以上媒体发布改革新闻 83 篇，营造助推改革的浓厚氛围。

【阵地载体建设】全年编发《岱岳通讯》12 期，刊载了大量有深度和实用性的政策信息、调研成果，提高了刊物质量和品位，展示了岱岳区的新风貌，为基层开展工作提供了借鉴实例。

（王阳明）

机关党建

【概况】2016年，区委区直机关工委以“两学一做”学习教育为主线，以思想建设和组织建设为抓手，加强和规范区直机关党支部建设，开展了一系列特色鲜明、富有成效的各类活动，全面完成年初确定的机关党建工作任务和目标。先后被省直机关工委表彰为宣传报道先进单位；被市直机关工委表彰为机关党建工作先进单位。

【思想建设】 学习贯彻中共十八届六中全会精神和习近平总书记系列重要讲话精神，分期组织70多个区直部门的2700多名党员到区党员教育服务中心参加以重温入党誓词、“接力读党章”、观看《与时俱进话党章》教育片、进行测试为主要内容的“党性五问”为主题的专题教育。6月下旬组织全区81个单位全体在职党员参加“两学一做”学习教育知识测试。

【组织建设】 督促指导选好配强党支部班子，45个届满机关党组织全面完成换届改选。严格落实《发展党员工作细则》要求，做好各个阶段的审核、备案、审批工作。对2016年度的24名预备党员进行考察，对2015年度32名预备党员转正进行审查审批。举办2016年区直机关入党积极分子培训班，90名入党积极分子参加培训。建立党组织与党员、党员与党组织的双向联系制度，接转组织关系175人次。严格做好党员组织关系排查及党费清缴工作。排查党员2480名，清理补缴党费197万元。

【加强和规范区直机关党支部建设】 按照领导班子好、党员队伍好、工作机制好、工作业绩好、群众反映好的“五好”要求，充分发挥党支部的战斗堡垒作用，用三年时间，在区直机关开展规范化党支部建设提升工程，召开部署会，印发活动实施意见。召开区直机关“两学一做”学习教育暨规范化党支部建设推进会，参观了2个工作现场，5个单位代表做了交流发言。年末，对区直机关89个第一批规范化党支部进行了评选表彰。

3月25日，全区机关党建工作会议　　（区机关工委 供）

【机关文体活动】举行区直机关拔河比赛，区直机关八大口及两个园区的200余名教练员、运动员组成的10支代表队参加了比赛。举行岱岳区直机关乒乓球、羽毛球比赛。区直45个部门296人参加比赛。

（霍　真）

党史史志

【概况】2016年，区党史史志办贯彻落实《中共中央关于加强和改进新形势下党史工作的意见》《国务院地方志工作条例》《山东省地方史志工作条例》，发挥“以史鉴今、资政育人、修志办鉴、服务社会”的作用，完成党史史志资料征编、党史史志宣传教育、革命遗址、革命设施的管理保护和开发利用工作和区志、鉴编纂及馆、网建设任务。区党史史志办被评为市级文明单位。

【党史资料征集和编研】①党史资料征编工作。完成《中共泰安市岱岳区大事记（1985—2015）》初稿。完成《改革开放实录（泰安卷）》岱岳区部分，包括综合篇、旅游篇（借力转调创打造大旅游）、农业（实施农业“接二连三”促进产业融合发展）等篇章。《市、县（市、区）委书记口述史》采集征编工作开展摸底、搜集、整理、编写等，摸清了21名书记、县长任职时间、回忆或署名文章等基本情况，搜集整理6篇署名文章。②党史宣传教育。配合“两学一做”学习教育，会同区委组织部开展党史教育活动。利用设在区服务中心的党史展先后组织71个区直部门的2000余名机关党员分批次进行学习党史教育。③革命遗址、革命设施的管理保护和开发利用。会同区民政局对设在岱岳区烈士陵园的岱岳区党史展馆进行了完善和补充。建成展览面积1500平方米。分为序厅“文明古地，沧桑岱岳”、第一厅“早期革命，不屈不挠”、第二厅“浴血抗战，前仆后继”、第三厅“翻身解放，党群同心”、第四厅“光辉足迹，永励来者”、尾厅“辉煌岱岳，继往开来”6个厅，图片400幅，文字4万字；完成徂徕山抗日武装起义博物馆党史教育基地申请提报工作，该馆于2016年12月列为泰安市党史教育基地。

5月9日，《岱岳区志》稿评审会　　（赵兵　摄）

【地方史志】①完成《岱岳区志（1985—2013）》出版发行工作。2016年5月顺利通过省评审，9月底完成送审稿并送审，11月底最终定稿送交印刷厂，12月完成印刷出版。该志被省史志办列为2016年度省级重点市县级志书。该志的出版，标志着泰安市二轮志书编修工作全面完成。②年鉴工作。完成省、市年鉴供稿任务。按照省、市史志办关于2017年各县（市、区）要实现一年一鉴的要求，区政府决定，岱岳区自2017年始，实现“一年一鉴”。岱岳区史志办安排专门人员，完成《岱岳区年鉴（2017）》启动前期有关文件、领导讲话、篇目设置等启动前的准备工作，为2017年《岱岳区年鉴》的启动和编纂工作做好准备。③基层志编纂工作。指导基层志、行业志修编工作。重点指导了大汶口镇、徂徕镇、山口镇的镇志编纂工作，大汶口镇、徂徕镇、山口镇志已完成初稿，大汶口镇志评审稿完成。粥店办事处《大辛庄村志》于2015年启动，正在编纂之中。范镇塘北墠村初稿完成。完成《山东省志·人物志（1986—2005）》岱岳区部分的编写工作。④法制化建设。根据省市政府有关史志工作规划的文件精神，区史志办起草了岱岳区史志工作发展规划，此规划经区政府研究通过。2016年6月3日，印发了《泰安市岱岳区人民政府办公室关于贯彻落实泰政办字〔2016〕91号文件精神推进地方史志事业发展的通知》（泰岱政办字〔2016〕39号），公布了《泰安市岱岳区地方志事业发展规划（2016—2020年）》。该《规划》就全区2016—2020年史志工作的基本原则、总体目标、主要任务、保障措施等方面做了明确规定，是指导全区史志工作的纲领性文献。⑤区情网站建设。岱岳区区情网站开办岱岳概况、新闻中心、地情资料库、图说岱岳、历时故事、特产名吃、岱岳大事记、岱岳史话、民俗风情、地方文化、岱岳名人、便民信息等栏目。区史志办确定专人负责区情网站资料和信息的更新，重大消息即时发布。录入资料50万字。

【泰安徂徕山抗日武装起义博物馆】泰安徂徕山抗日武装起义博物馆是在徂徕山抗日武装起义磨山峪指挥部旧址的基础上，建立起的一处进行革命优良传统教育和爱国主义教育的红色文化教育基地。旨在传承、弘扬中华传统文化、优秀民族文化和红色革命文化，实现“铭记历史、缅怀先烈、珍爱和平、开创未来”目的。徂徕山抗日武装起义博物

泰安徂徕山抗日武装起义博物馆　（丁兆村　摄）

馆由山东省文物局批准备案为非国有博物馆。博物馆坐落在泰安市岱岳区房村镇磨山峪村境“徂徕山红色文化园”内。园区总占地面积500余亩，博物馆面积3300平方米，建筑面积800平方米、展厅面积600平方米、布展面积1800平方米。馆内有磨山峪抗日旧址、徂徕山抗日烈士墓群等市级重点保护文物单位两处。园内纪念广场面积2700平方米、绿化面积16000多平方米。磨山峪烈士墓群安葬革命烈士13名，均为抗日战争时期牺牲的烈士，碑刻有烈士英名、牺牲时间等文字内容。共收藏起义及抗战时期的武器、资料、办公桌椅、革命文物及文献资料等珍贵文物藏品1600余件。

（区党史史志办）

党　校

【概况】 2016年，区委党校贯彻落实全国、省、市、区党校工作会议精神，坚持“党校姓党”，坚持“敢于担当、善于履职、勇于创新、乐于奉献”的办学方针，围绕争创党校系统先进单位目标，实施教学强校、科研兴校、管理治校“三大工程”，着力推进重点工作，突出党校特色，有序推进全区干部队伍建设工作。年内，通过“市级精神文明单位”复查。

【教学工作】 年内，举办4个主体班次，共7期，培训人数588人。校外宣讲30多场次，党员干部受众人数4000人。全体教师校内外授课合计1840课时。突出党的理论教育和党性教育的主课地位，年内开办的所有班次都增设党性教育或党章党规党纪培训课，确保数量不低于70%。充实调整学术委员会，修订完善精品课的评选办法，严把“集体备课、试讲、上课、评课”四个环节。探索新的教学方式方法，由2名教师完成研讨式和情景模拟式2个教改任务。进一步提高现场教学水平，增加现场教学基地数量，加强组织管理，改进教学模式。在原有4个教学实践基地的基础上，新增加山东省先进基层党组织大陡村、中国乡村旅游模范村里峪等特色鲜明的6个教学实践基地。建立基地联系制度，专人负责基地教学的方案制定、组织、实施。形成“学习齐鲁楷模苏庆亮、做新时期合格党员”“党员引领、绿色发展、旅游富区”“缅怀革命先烈、体验艰苦岁

3月22日，2016年区委党校春季开学典礼　　（宋广柱 摄）

月”“追忆革命历史、传承革命精神”“创新发展模式、增强干事本领”等特色鲜明的现场教学方案，使教学基地真正成为干部教育培训的“第二课堂”，展示全区发展成果的窗口平台。形成培训、参与、体验一体的“红色课堂＋现场教学＋三同体验”的培训模式。

【科研成果】 科研成果共 90 项，其中在各类媒体公开发表或获得研讨会奖项的有 68 项。完成省、市委党校及市社科联课题 5 项，其中《泰安市岱岳区“双联双增”工程的实践与思考》被区委副书记和区政府常务副区长签批意见进入决策。申报或有科研成果人数 13 人，1 人在省委党校管理学年会中获一等奖；6 人次获得省级研讨会二等奖，3 人 4 次获市委党校征文一等奖。与 2015 年相比，总量与质量均有明显提高。其中科研成果总量比 2015 年度增长一倍，有科研成果的人员增长了 62.5%。科研成果与教学的结合更加密切，每一位教师至少有一个教学专题与科研成果转换的案例。

【学员管理】 ①贯彻落实中央八项规定精神及中组部《关于在干部教育培训中进一步加强学员管理的规定》，严格学习纪律，严肃班风学风，严格执行《学员管理规定》《学员异地教学管理规定》等相关规定。②增强学员党性锻炼，继续完善实施了主体班次“军训”和“三进三同”党性教育环节。③抓好制度建设。建立校领导联系主体班次制度，校领导班子专题研究学员管理工作；建立教学协调制度，实行正副 2 名班主任制度，进一步规范班主任工作流程，要求班主任与学员同学习、同活动。④强化学员自主管理，加强对学员的沟通联系和服务管理。

【师资队伍建设】 坚持人才强校战略，重视人才引进，年内新招录 1 名马克思理论类专业研究生任专职教师。强化师资培训，加大教师外出学习培训力度，确保整体教学质量不断提高。年内先后派出 3 名教师参加浙江大学举办的供给侧改革、惠农政策高端培训班，2 名教师分别参加省委党校、市委党校 1 个月的培训班，8 名教师参加省委党校举办的学习中共十八届六中全会精神师资培训班。师资培训呈现出参加班次高端化、培训范围普遍化、培训内容精深化的特征。

（许　超）

【概况】 2016 年，以领导干部接访、越级访和非正常上访治理、基层基础建设、信访积案化解为着力点，信访总量相对平稳，信访秩序不断规范，信访形势日趋好转，群众满意度不断提升，为全区经济社会持续健康发展营造了和谐稳定的社会环境。所有纳入系统的信访案件的及时受理率、按期办理率均为 100%，群众满意率达 80% 以上。区委区政府被表彰为省级信访工作先进单位；1 人被省委、省政府表彰为“全省信访工作先进个人”。

12月30日，全区开展《山东省信访条例》实施一周年集中宣传活动
（靳立超 供）

【排解矛盾纠纷】 加强区、镇、村三级矛盾纠纷排查调处机制建设，健全完善了矛盾纠纷排查、预警、化解机制。加强与驻省、驻京值班力量信息共享和协调联动，确保人动我知、未动先知，做到了问题早发现、早预防、早控制、早化解。年内，发挥700余人村（社区）信访信息员、调解员队伍作用，对排查出的1000余件矛盾纠纷，实现超前处置，及时化解率达94.70%。

【处理信访事项】 ①落实领导责任制。区委、区政府主要领导对重大疑难信访问题亲自研究部署，主持召开6次信访工作联席会议，推动案件解决。②接处访工作。落实每周一由区级、乡镇（街道）领导干部公开接访制度。区级以上领导干部共接待、研办群众来访70余起、80余人次。依托“双联双增”工程，区领导带案下访20余次，妥善化解了30余件信访问题，最大限度地把信访问题解决在了基层。③推进区级领导包案。实行重点信访案件领导包案制度，按照联系乡镇（街道）、区直部门原则，确定区级包案领导，逐一落实乡镇、部门包案领导和具体责任人，年内，区级领导共对上级交办和本级排查的60余件案件进行了包案处理，推动了问题解决和矛盾化解。④科学评价考核。改变过去以访量定成绩的考核模式，把考核重点转移到依法依规依程序解决问题上，将考核结果与干部使用挂钩，形成了推进工作的双动力。

【化解老案积案】 开展“全区信访积案集中治理”活动，区委、区政府分工负责人亲自安排部署和调度推进，在落实区、乡两级领导包案的基础上，按照“三到位一处理”原则，综合运用法律、政策、经济、行政等手段和教育、调解、疏导等办法，加大案件化解督导力度，对进展缓慢、弄虚作假的单位和个人，严肃追究有关单位和责任人的责任。年内，一批信访老案、难案得以化解，上级交办岱岳区42件重点案件，办结率100%，化解率92.86%。

【基层基础建设】 开展“基层基础建设提升年”活动。①区、镇两级来访接待大厅设置群众诉求自助服务区，引导、帮助群众通过网上信访渠道表达自身诉求，主动“少走访、多上网”。同时，各乡镇（街道）和31个区直部门均设立了50平方米以上的群众来访接待室，并配备专门电脑等办公设备和监控等安保设施，在显著位置公示全年和当日区、乡领导接访安排，最大程度地将矛盾纠纷吸纳在当地。②推进信访信息系统建设。17 个乡镇（街道）和 31 个区直部门实现了信访信息系统“全覆盖”和“一网通”，网上信访的受理办理比法定周期缩短 40% 以上。年内，群众网上信访诉求占信访总量的 50% 以上，网上信访主渠道作用不断凸显。

（靳立超）

编辑 龚继岳　校对 李　红

泰安市岱岳区人民代表大会

综　述

【概况】 2016年，区人大常委会围绕建设法治岱岳目标，创新监督方式，拓展监督渠道，突出监督重点，跟踪监督问效，切实履行宪法和法律赋予的各项职权，在依法决定重大事项、提高监督实效、促进依法行政、公正司法、维护社会公平正义上有新发展，为全面推进依法治区，推动经济社会发展再上新台阶做出积极的贡献。岱岳区人大常委会组成人员26人，其中常委会主任1人，副主任4人，委员21人。常委会工作机构有法工委、财经工委、教科文卫工委、民侨外旅工委、预算工委以及办公室、研究室、代表工作室、信访工作室。

【区第十六届人大五次会议】 区第十六届人大第五次会议，于3月15日召开。区长张韧向大会作《政府工作报告》，区人大常委会党组书记、第一副主任宋海林作《区人大常委会工作报告》。大会审议通过《政府工作报告》《泰安市岱岳区2015年国民经济和社会发展计划执行情况与2016年计划（草案）的报告》《泰安市岱岳区2015年财政预算执行情况和2016年财政预算（草案）的报告》《区人大常委会工作报告》《区人民法院工作报告》《区人民检察院工作报告》，审查批准“十三五”规划纲要。大会补选区人民代表大会常委委员会主任和委员3名，表决通过了区人大5个专门委员会组成人员。

【区第十六届人大常委会会议】 年内，区第十六届人大常委会举行会议9次。

区第十六届人大常委会第三十六次会议 3月4日召开。会议审议通过《关于召开泰安市岱岳区十六届人大五次会议有关事项的报告》和《泰安市岱岳区区人大常委会工作报告（审议稿）》。审议通过《泰安市岱岳区国民经济和社会发展第十三个五年规划纲要（草案）》。会议接受王永征辞去区十六届人大常委会主任职务，选举宋海林任区十六届人大常委会代理主任。

区第十六届人大常委会第三十七次会议 3月31日召开。会议审议通过区人大常委会2016年度工作要点，选举区政府挂职副区长。会议组织了宪法宣誓仪式。

区第十六届人大常委会第三十八次会议4月28日召开。会议听取和审议区法院院长侯庆国所作的《关于区人民法院行政审判工作情况的报告》，会议对区国资局、文广新局进行了工作评议。

区第十六届人大常委会第三十九次会议6月8日召开。会议审议通过《关于对区十六届人大代表宛宪法采取刑事拘留强制措施的报告》。

区第十六届人大常委会第四十次会议6月29日召开。会议听取审议区财政局局长李侠所作的《关于岱岳区2015年区级财政决算草案情况的报告》、区审计局局长赵永生所作的《关于2015年岱岳区本级预算执行和其他财政收支的审计工作报告》、区科技局局长王玉清所作的《关于〈中华人民共和国科学技术进步法〉贯彻执行情况的报告》，会议对区农机局进行了工作评议。

区第十六届人大常委会第四十一次会议8月28日召开。会议听取和审议区发展和改革局局长李道明所作的《关于岱岳区2015年上半年国民经济和社会发展计划执行情况的报告》、区财政局局长李侠所作的《关于岱岳区2015年上半年财政预算执行情况的报告》和《关于2016年全区新增政府债务限额及区级预算调整方案（草案）的报告》，会议对区统计局进行了工作评议。会议进行了人事任免。

区第十六届人大常委会第四十二次会议10月10日召开。会议审议通过《关于区乡两级人大换届选举工作的决定草案》等文件，对区乡两级人大换届选举工作进行了安排部署。会议进行了人事任免。

区第十六届人大常委会第四十三次会议11月25日召开。会议审议通过区人大常委会办公室主任王笃峰所作的《关于区十七届人大代表名额的分配方案》，听取审议区政府办公室主任梁民言所作的《关于政府系统办理区十六届人大五次会议代表建议情况的报告》、区人民检察院副检察长陈勇受姚红秋委托所作的《关于检察院民事行政检察工作的报告》、区司法局主任科员赵斌受政府委托所作的《关于全区“六五”普法、2011—2015依法治区实施情况暨“七五”普法、2016—2020依法治区规划编制情况的报告》。会议对区交通运输局进行了工作评议。

区第十六届人大常委会第四十四次会议12月28日召开。会议听取和审议了区财政局党委书记钱振华所作的《关于区级财政预算调整方案的报告》。会议进行了人事任免。

【人事任免】 区人大常委会坚持党管干部与人大依法行使选举权相统一的原则，加强任免工作的法制化、制度化和规范化建设，认真履行法定程序，共依法任免国家机关工作人员59人。其中，任免区人大常委会工作人员6名，区政府工作人员11名，区法院工作人员16名，区检察院工作人员26名，为建设富裕、文明、和谐新岱岳区提供了坚强组织保障。

【人大信访工作】 区人大常委会坚持把信访工作作为听取民声、了解民意、化解社会矛盾的重要窗口和纽带，认真对待群众信访，热情接待群众来访，定期研判信访案件，妥善处理涉法涉诉、权益维护等各类诉求。共受理群众来信来访27件43人次，做到事事有着落、件件有回音，减少了越级访、重复访现象，维护了人民群众的合法权益和社会和谐稳定。

【检查、考察、调查活动】 区人大常委会对中华人民共和国《中华人民共和国科学技术进步法》《中华人民共和国传染病防治法》《中华人民共和国道路交通安全法》《中华人民共和国预算法》等法律法规的实施情况进行了调查和检查，提出改进意见和建议。区人大常委会组成考察调研组，对区政府“七五”普法和“六五”依法治理工作情况、2015年区级财政决算草案及2015年预算执行和其他财政收支审计情况、2016年上半年国民经济和社会发展计划执行情况及2016年上半年财政预算执行情况，区法院行政审判工作情况和区检察院行政检察工作情况，分别进行考察和调查活动，听取审议专题工作报告，并提出审议意见。区人大常委会先后对区文广新局、国资局、农机局、统计局、交通运输局进行了工作评议。

【代表建议办理】 ①区十六届人大五次会议期间，代表共提出建议、批评和意见32件。区人大常委会高度重视代表建议、批评和意见的办理工作，及时整理汇总并转交区政府办理。②加强对代表建议办理工作的督导落实，在年内开展两次集中检查。③加强与承办部门的沟通交流，对重点建议实施跟踪督办，督促承办部门改进工作方法，加快工作进度，提高建议办理的质量和效率。

【基层人大工作】 根据《中华人民共和国地方各级人民代表大会和地方各级人民政府组织法》《山东省乡镇人民代表大会工作若干规定》及有关法律法规，15个乡镇召开人代会，分别听取和审查政府工作报告，审议人大主席团工作报告，审查批准财政工作报告，并做出相应的决议。

（徐来松）

12月3日，区人大常委会主任宋海林（前排左一）调研全区经济社会发展情况 （徐来松 供）

编辑 龚继岳 校对 李 红

泰安市岱岳区人民政府

综　述

【重要决策、决定】 1月7日，区政府印发《关于实施城中村片区改造工作的意见》，提出用3～5年完成城市规划区内的城中村改造任务，将城中村建设成为功能完善、环境优美、生活方便的现代化社区。

1月29日，区政府印发《关于加快推进政府与社会资本合作模式的意见》，提出各级各部门要认识政府与社会资本合作的重要意义，结合各自实际，筛选、论证、实施一批PPP项目，促进经济社会又好又快发展。

3月7日，区政府办公室印发《关于规范区政府领导政务活动协调安排工作的通知》，提出为切实做好区政府领导政务活动的组织安排和协调服务工作，进一步规范工作流程，提高服务质量。

3月31日，区政府印发《关于促进慈善事业健康发展的实施意见》，提出到2020年，全区基本建立起可持续的慈善资源供给体系、全方位的慈善政策保障体系、专业化的慈善行业自律体系、多层次的慈善事业监管体系，慈善事业对社会救助体系形成有力补充，成为加快建设富裕文明和谐新岱岳的重要力量。

4月8日，区政府办公室印发《关于进一步规范公文处理工作的通知》，提出规范公文制发规格，严格公文报送程序，提高公文处理效率，提升公文处理质量。

4月13日，区政府办公室印发《关于进一步提高全区政府系统文稿质量的通知》，提出各乡镇（街道）、各部门要切实增强责任意识、大局意识，各司其职，密切配合，精心起草文稿；文稿审核要认真负责，严谨细致，一丝不苟，精益求精。要严把初审、修改、报送等关口，层层夯实责任，确保文稿质量不断提高。

4月13日，区政府办公室印发《关于进一步做好政务信息报送工作的通知》，提出政务信息是政府工作的“千里眼”“顺风耳”，是上情下达、下情上报的重要渠道，是科学决策的重要参考，是展示政府工作风貌和成效的重要窗口。要提高对政务信息促进政府工作发展重要性的认识，加强政务信息的报送工作，强化对政务信息工作的组织领导。

4月15日，区政府办公室印发《泰安

市岱岳区卫生和计划生育局主要职责内设机构和人员编制规定的通知》，提出根据市委、市政府《泰安市岱岳区人民政府职能转变和机构改革方案》（泰委〔2014〕221号）和区委、区政府《关于岱岳区人民政府职能转变和机构改革的实施意见》（泰岱发〔2014〕17号），组建泰安市岱岳区卫生和计划生育局（挂泰安市岱岳区中医药管理局牌子），为区政府工作部门。

5月27日，区政府印发《关于全面深化新时期爱国卫生工作的实施意见》，提出开展环境卫生整洁行动，打造健康宜居城乡环境；推进疾病预防控制行动，做好重大疾病综合防控；实施健康行为干预行动，提升人民群众健康素养；开展健康城镇创建行动，强化爱国卫生工作支撑。

6月21日，区政府办公室印发《泰安市岱岳区城市公立医院综合改革实施方案》的通知，提出到2017年，现代医院管理制度初步建立，医疗服务能力明显提升，就医秩序得到改善；医院医药费用不合理增长得到有效控制，卫生总费用增幅与本地区生产总值的增幅相协调；群众满意度明显提升，就医费用负担明显减轻，城市公立医院药占比（不含中药饮片）总体降到30%以下，百元医疗收入（不含药品收入）中消耗的卫生材料降到20元以下，总体上个人卫生支出占卫生总费用的比例降低到30%以下。

6月23日，区政府印发《关于加快现代保险服务业的实施意见》，提出健全完善保险体系，提升社会保险水平、拓宽三农保险领域，提升支农惠农效能发挥保险服务功能，促进经济提质增效升级、着力营造现代保险服务业的优良发展环境。

8月31日，区政府印发《第三十届泰山国际登山节期间岱岳区有关活动安排总体方案》的通知，提出以“传统”“亲民”和“聚集人气、扩大影响”为宗旨，全面整合产业资源，充分发挥岱岳区旅游文化的优势和影响力，组织开展丰富多彩的旅游、文化、体育活动和务实高效的经贸合作业务，全面展示岱岳区得天独厚的自然环境、和谐共荣的社会环境，将泰山国际登山节打造成世界了解岱岳区的窗口、招商引资的平台、游客和市民的欢乐大舞台。

9月6日，区政府印发《关于机关事业单位工作人员养老保险制度改革的实施意见》，提出要根据机关事业单位工作人员养老保险制度改革的实际需要，加强社会保险经办机构能力建设，适当充实力量，提供必要的经费和服务设施。社会保险经办机构应做好机关事业单位养老保险参保登记、缴费申报、关系转移、待遇核定和支付等工作。要按照国家统一制订的业务经办流程和信息管理系统建设要求，建立健全管理制度。由省级统一集中管理数据资源，实现规范化、信息化和专业化管理，不断提高工作效率和服务质量。

10月12日，区政府印发《关于加快发展体育产业促进体育消费的实施意见》，提出到2025年，基本建立布局合理、优势突出、特色鲜明的体育产业体系，体育产品和服务更加丰富，体育消费需求愈加旺盛，体育产业实现跨越式发展，总规模超过全市平均水平。

10月13日，区政府办公室印发《关于积极推进分级诊疗制度建设的通知》，提出按照上级要求，2016年，选择30种慢性病、常见病作为突破口，开展分级诊疗工作，县域内就诊率达到90%左右。2017年，基本建成分级诊疗服务体系和体制机制，居民2周患病首选基层医疗卫生机构的比例达到70%以上，并按照山东省《常见疾病分级诊疗指南》和工作进度要求扩大至110种慢性病、常见病实施分级诊疗。到2020年，全面实施分级诊疗。

10月17日，区政府办公室印发《关于加快泰山国际特种设备智慧谷建设的通知》，实施产业扶持政策，设立产业发展扶持引导基金建设投融资平台，实施人才激励政策，落实保障措施。

10月29日，区政府印发《关于切实做好2016年退役士兵接收安置工作的通知》，提出退役士兵安置是一项重要政治任务，是“双拥”工作的重要组成部分，也是构建和谐社会的重要内容。各级各有关部门和单位要切实提高思想认识，加强组织领导，严格执行政策，采取有力措施，做好退役士兵安置工作。

12月2日，区政府印发《泰安市岱岳区落实〈水污染防治行动计划〉工作方案》的通知，提出坚持绿色发展，牢固树立“尊重自然、顺应自然、保护自然”“山水林田湖是一个生命共同体”“绿水青山就是金山银山”的生态文明理念。

12月31日，区政府印发《泰安市岱岳区全民健身实施计划（2016—2020年）》的通知，提出到2020年，全区城乡居民体育健身意识进一步增强，健康素质主要指标进一步提高，每周参加1次及以上体育锻炼的人数达到53%以上，经常参加体育锻炼人数达到40%以上。全民健身公共服务体系不断完善，全面建成覆盖城乡的全民健身设施体系、组织体系和健身指导体系，全民健身赛事活动广泛深入开展，体育消费需求更加旺盛。

【政府调研】 年内，区政府研究室围绕文稿起草和调查研究两大任务，履行文以辅政职能，完成各项工作任务。先后完成区十六届人大五次会议政府工作报告、全区经济工作会议、半年经济运行分析会议等综合性会议，以及财税、安全、外经贸等专题会议、

5月1日，区委副书记、区长张韧（前排左二）等区领导督导市场管理工作 （王旭 供）

重要会议、重要公务活动场合的领导讲话、汇报、致辞等各类文字材料240余篇，制发了《关于进一步规范公文处理工作的通知》《关于进一步提高全区政府系统文稿质量的通知》等文件。开展调研活动，组织政府调研20多次，1篇调研报告上报省政府优秀调研成果，8篇上报市政府系统优秀调研成果。完成上级部门调研接待及材料报送、交流等工作。

【电子政务与政府信息】 区电子政务办公室创新工作举措，政府网站运维工作成效明显，成为岱岳区宣传工作、政务公开、便民服务的重要平台，全年共在网站发布信息1.4万余条，政府网站影响力和辐射作用日益增强，通过全国、省、市网站抽查工作。确保全区机关办公综合系统的正常运行，全年共下发各类文件、通知等政务资料3000余件。全区政府信息公开工作走向规范化、制度化轨道，共公开政府信息7400余条。配合做好全市统一信息公开平台的开发、试运行等工作，已有20余个区政府部门使用信息公开新系统。全力做好各类会议的会务保障工作，共组织收听收看和转播国家、省、市电视电话会议60余次，做好会议室多媒体播放100余次。先后完成对区政大楼一楼东会议室、九楼会议室的更新改造，确保满足电视电话会议要求。

【应急管理工作】 以打造“岱岳应急”品牌为目标，强化举措、加大力度，夯实基础、健全机制，全区应急管理工作取得新成效，岱岳区在全市年度考核中一直名列前茅。①应急值守工作。落实24小时值班和领导带班制度，保障了全区政务政令畅通。区政府办公室坚持经常性视频调度各乡镇、街道和两园区值班工作情况，促进了全区应急值守工作开展。②应急信息报告。落实节假日、重要节点及敏感时期值班工作“日报告”“零报告”制度。加强微博、微信、网络媒体等舆情监测分析，随时掌握、及时应对突发事件线索和重要敏感信息。③应急管理队伍。调整充实区政府应急管理队伍，加强水旱灾害、地质灾害、安全生产事故、突发卫生事件、突发环境事件、突发安全事件等应急救援队伍建设，夯实了应急管理工作基础。④应急预案演练。修改完善应急预案，实战演练应急预案，提高预案的针对性和实用性。共组织区级大型应急演练11次，举行各类生产安全事故应急救援演练280多场次，在全区各中小学开展防火、防震等各类安全应急演练750多场次。⑤宣传教育培训。根据区政府办公室《关于公布2016年应急知识宣传教育培训计划的通知》要求，各级各部门认真开展了各类应急知识宣传教育培训，区政府应急办牵头组织了区委党校干部应急管理系列知识培训班、区政府应急管理专家座谈会议和全区雷电、地震、洪水和消防知识系列专题讲座，都取得了很好的效果。⑥隐患排查管控。开展消防用电、餐厅食堂、取暖锅炉、接送学生车辆、地质灾害隐患等专项检查30余次，督促整改安全隐患380余处。⑦风险预测预警。对重点时段、重点区域、重点行业，适时开展突发事件趋势分析、风险研判，会商应对措施，做到了早防范、早准备、早消除。通过文件、电子屏幕、手机信息和微信，及时发布天气预报等信息，提高了预防工作实效。⑧应急管理场所。区乡建设地震避难场所20处，80%的村（社区）建立了地震避难场所；建成或在建人防工程8处。新增区级应急管理示范点19处，有效发挥了示范点的示范引领和辐射带动作用。

【区直机关事务管理】 围绕区委区政府工作大局，抓住“管理、保障、服务”的工作主线，在完成创城迎审、强化节约型机关建设，完善公共资源交易等工作的同时，重点实施了机关公车改革，并取得成效。①选定车辆服务企业。按照《泰安市岱岳区党政机关公务用车制度改革实施方案》，通过公开招标方式选择部分汽车租赁公司，改革适合公务出行的市场化交通定制服务。②为便于机关工作人员来往区政中心与市政中心工作，开通了区政中心与市政中心直达通勤公交。③保障过渡期内班车运行。因岱岳区原在岱庙东侧与泰山区同在一院办公，工作人员大部分住在老城区。过渡期内，尚未领取交通补贴的工作人员将继续免费乘坐班车上下班，对已领取车补的工作人员严格按照班车运行成本收取乘车费用，切实保障工作人员上下班。④选定车辆服务平台车辆并有效保证车辆的正常运行。

【创城迎审工作】 着力岱岳文化广场绿化升级改造，提升岱岳新形象。组织绿化施工队伍对文化广场进行绿化升级改造，提升绿化景观效果，美化广场周边环境，增强广场服务功能，把岱岳文化广场建设成岱岳区的窗口名片。以“春、夏、秋、冬”为设计主题，本着“草铺地、乔遮阴、灌点缀、灯亮化”的原则，营造出岱岳文化广场“春花含笑、夏绿浓荫、秋叶硕果、冬枝傲雪”的四季色彩丰富、绿意盎然的景观效果。投资近4万元，对广场及院内树木进行了修剪整形和补植，共修剪整形景观松62株、龙爪槐24株、大型景观球5个，补植雪松3株、樱花5株、法桐12株。投资6000元维修了树木夜间景观灯，广场及区政大楼面貌焕然一新，提升了岱岳区新形象。投资近两万元，撤除了地埋式中转站，填埋了地坑，购置了45个标准垃圾桶，确保顺利完成文明城市创建工作。

【节约型机关建设】 牢固树立绿色发展的理念，贯彻落实中央八项规定，履行推进、指导、协调、监督全区公共机构节能工作职责，把节约型机关建设引向深入。开展节能宣传活动，宣传《中华人民共和国节约能源法》和《公共机构节能条例》；加强公共机构节能工作的信息沟通和工作协调，建立健全公共机构节能工作联络员制度，认真开展能耗调查和统计工作，及时上报相关数据；制定公共机构节能工作实施方案和节能措施，确保节能工作顺利开展。

【日常管理保障服务】 全年为区委区政府及各部门提供各类会议服务千余次。保证了区政大楼水电暖各类设施的正常运转。为区直机关干部职工提供优质饮食服务，生活服务满意率达95%以上，实现了“零事故、零伤害”的安全目标。

（王　旭）

外事侨务

【概况】 年内，全区外事侨务工作以服务全区经济社会发展为主线，坚持“以人为本，外事为民，为侨服务”的宗旨，进一步解放思想，创新思路，加强统筹协调和科学管理，积极推进外事侨务工作，在服务招商引资，归侨侨眷权益维护、困难侨眷救助、海外交流等方面发挥了积极作用。1人获得“2016年度全省侨务工作先进个人”荣誉称号。

【组织领导】 成立全区外事工作领导小组，负责全区外事侨务工作的组织领导和协调。进一步健全领导机制，建立外事工作联席会议制度，针对外事工作面临的新形式、新任务，早着手、早布置、早谋划，对工作中的具体问题认真思考、科学分析，积极协调有关部门单位形成部门联席会议制度，进一步强化对外事工作的掌控。

【接待与出访】 成功接待由国侨办及市外侨办组织的“2016年海外华裔青少年中国寻根之旅夏令营”活动，接待韩国国中学师生50名，与岱岳区学生进行了文化及娱乐交流。贯彻落实中央八项规定，做好因公出国管理工作，严格计划管理，按照“因事定人，人事相符”的原则，正确执行限量管理规定，提高资金使用效益，保证外事工作顺利进行，全年共办理10批次19人出国手续，涉及欧洲、北美、澳洲等发达国家和地区，开展了富有成效的招商引资、招财引智等活动。

【捐赠与救助】 争取“应善良”基金会捐赠项目，全年，累计争取“应善良”基金会捐助学校11所，有效解决了困难和偏远地区儿童入学难问题。到下港镇走访困难侨眷2户，每户送去1000元现金及面粉、食用油等。落实全区侨务扶贫工作会议精神，与各乡镇（街道）、村（社区）对接，准确掌握困难侨眷第一手资料，做到准确、详细。配

7月26日，省侨办、市外侨办、区委区政府及有关部门领导一同参加在祝阳镇举办的“上海应善良基金会”捐助祝阳镇姚庄小学教学楼竣工奠礼

（王旭　供）

合各级党委、政府实施精准扶贫、脱贫，将救助资金真正发放到困难侨眷、归侨家庭，使侨界困难群众早脱贫、奔小康。

【人才工作】到全区各乡镇（街道）、园区、企事业单位进行调查摸底，以调研其所在国家、从事职业等为主要内容，对全区归侨侨眷知识分子整理调查资料，建立健全人才档案信息库，年末人才库人数达到73人。

【权益维护】为基层、企业、公民、社会团体做好服务工作，全年解决涉侨问题30余件；对区内企业外方来华技术人员，按照外事管理流程，审核相关的资料、手续，确保万无一失，全年办理各项业务26件。

（彭　丽）

【概况】 2016年，政务大厅各窗口共办理各类审批服务事项223.5万件，累计组织税费收入36.8亿元，为优化经济发展环境做出了应有的贡献。区公共行政服务中心有全额事业编制人员9名，内设5个科室。中心及窗口单位先后获得山东省服务标准化示范单位、全市行政审批服务工作先进单位、市级文明单位、青年文明号、巾帼示范岗等荣誉称号。

【政务大厅窗口设置】 政务大厅位于区政务服务中心综合楼，分布在3个楼层，其中，二楼大厅为人力资源和社会保障服务区；三楼大厅为国地税联合办税服务区；四楼大厅分为建设项目报建服务区和社会事务和农业综合服务区。年末，共有进厅部门43个，其中常驻部门26个，非常驻部门17个。常驻窗口工作人员150名，进厅各类事项285项。2007年3月成立党委，2016年8月成立党工委，有中共党员41名，分设4个党支部：社会事务和农业综合服务、法人登记服务和建设项目报建服务党支部，同时监管大汶口石膏工业园、青春创业开发区、国土资源局政务大厅3个分中心，并对两园区报建服务中心实施业务指导和工作监督等。

【政务服务改革】 2008年以来，区委、区政府决定将“两集中、两到位”改革作为“法治岱岳”建设的重要内容之一，各部门设立行政许可科，将部门许可事项、非许可事项和初审上报事项集中到行政许可科，行政许可科人员及政务事项整建制进入政务大厅集中办公。为进一步提升依法行政水平，实施集中监督管理，岱岳区新建成总面积2800平方米的政务大厅，配置电脑、办公桌椅，新上查询系统、考勤系统、广播系统、监控系统，更新了网络设施设备和审批软件等，为创建全市乃至全省一流政务大厅提供了坚实的基础。

【提高政务服务效率】 ①对依据区政府公布的审批服务事项，及时与区直相关部门对接、清理和调整，力促审批事项“应进全进”。

区政务服务中心管理办公室三楼政务大厅（陶双 摄）

②优化审批服务流程，对企业注册登记设立专门服务区，实行五证合一；对基本建设项目审批，采取并联审批、压茬办理的办法，区级权限审批总时限整体提速57%。③对列入市、区级的重点项目，在协调做好项目报建审批服务的同时，对符合条件的项目，提供代办跟踪服务，有力支持落户岱岳区各大企业的快速发展。④乡镇便民服务体系不断完善。各镇（街道）把便民服务中心建设纳入政府党委政府议事日程，通过新建、扩建等方式，改善便民服务场所条件。各乡镇便民服务中心共计进厅部门180个，进厅事项437项，配备工作人员489人；建立村级便民服务点573个，专职或兼职配备为民服务代理工作人员728人，初步形成镇村便民服务网络，为方便百姓生产生活起到了重要作用。

【提升政务服务质量】 ①进厅事项公开化。通过网上发布、印制服务指南、通讯录、制作展板、发放明白纸等多渠道、全方位公开政务大厅服务内容、相关法规、规章制度、管理办法等，实现进厅事项公开化。②办事流程网络化。加强政务服务网上平台建设。按照"互联网+政务服务"的要求，进一步加强市县政务服务网上平台建设，加快推进省市县三级互联互通，实现政务服务全市一张网运行，让数据多跑路、群众少跑腿。③投资代理全程化。强化投资代理服务职能，对重点项目实行全程代理服务，不断完善联席会审和现场集中、勘验模式，探讨和拓展逐级服务代理新体制，推行为民服务代理制，实现投资代理全程化。④窗口服务标准化。以依法行政和制度建设为前导，以岗位量化考核为手段，以党建文化建设做保障，以评先树优为助推力，全面提高服务水平，实现窗口服务标准化。

【规范窗口考核管理】 ①强化制度管理。区政务服务中心先后制定和修改完善《政务服务中心学习制度》《窗口及工作人员考核管理制度》《关于贯彻落实首问责任制、限时办结制、责任追究制的实施方案》等多个制度，用制度规范窗口工作人员行为。②丰富活动载体。开展"打造满意窗口，争当服务标兵""窗口服务提升年""转作风、强服务、提效率、树形象"等活动，先后邀请相关专业人员进行服务礼仪知识、普通话知识培训和示范观摩教学，组织全体党员干部到第一书记驻扎村奉献爱心等活动，提高政务大厅窗口工作人员的整体素质和业务能力。③开展“挂牌亮诺先锋行动”，实施“支部成员包保党员和联系窗口工作人员制度”及《政务大厅“党员先锋岗”考核评选办法》《十佳窗口评选办法》等措施。④推行量化考核。利用大厅工作日志、周通报、月评比、季总结、年总评等方式，对窗口部门和窗口人员实施考核，形成完善的考核激励体系。通过现场巡查、及时调度、客户回访、电子监察等形式加强对各窗口审批服务行为的监督。

（陶　双）

招投标监督管理

【概况】 2016 年，完成各类招投标活动 317 宗，预算金额为 3.76 亿元，成交金额为 3.26 亿元，节约财政资金 4997 万元，节支率 13.3%。

岱岳区招投标监督管理办公室成立于 2008 年 7 月，为全额事业编制的正科级事业单位，内设 5 个职能科室。年末，实有工作人员 13 人。7 月 9 日，岱岳区招投标交易中心更名为泰安市公共资源交易中心岱岳分中心，二级事业单位。

【推进依法监管】 ①经区委、区政府决定，全区农村产权交易中心和区属事业单位（含差额、自收自支事业单位）使用非财政性资金购置国有资产项目，全部纳入交易中心统一集中交易、依法监管，扩宽了招投标交易中心工作职能，实现了资源的合理、有效配置。②聘请了法律顾问，促进依法行政和科学决策、民主决策，增强法律监督力度。③升级并开通“岱岳区公共资源交易平台网站”和手机平台，走上公共资源招投标活动进入电子化、科学化运行轨道，实现政府采购、国有产权交易、建设工程交易等全程网上监管。

【完善监管制度】 ①严把招投标“交易制度关、交易程序关和事后监督关”，将“标前审查”“现场堪验”作为实施招投标的重要程序，执行财政投资评审制度、招标项目预决算审计制度、国有资产入库备案制度和“R+1”协议供货电子化采购，对技术参数复杂的医疗电子设备采购项目实施专家论证

6 月 10 日，区招管办每周业务工作会议　（杨瑞冬 摄）

机制，提升评标质量。②实施代理机构综合考核制度;入库备案制度和不定期约谈制度。对越级代理、不按法定招标程序招标、不遵守法定时限及其它违法违规行为进行严肃处理，促使招标代理走上规范化轨道。③建立实施项目经理证押证制度、施工合同备案管理制度，创新实施投标单位签订“响应招标文件承诺书”。对中标后无正当理由不与采购人签订合同的，将其列入“黑名单”，在一定期限内限制其投标，并给予网上公示的处理，使违规企业“一处受罚，处处受制”。

【强化内控机制】①推动政府购买公共服务工作，开展贯彻“政府与社会资本合作（PPP）项目”，研究试行“政府采购专管员制度”，提高部门内部监督管理水平。②完成省、市评标专家库的安装和升级工作，通过“盲选”共抽取包括济南、济宁、莱芜等地367人次参加评标工作，确保评标质量。③对中介机构实行综合考核管理制度、诚信管理制度和不定期约谈制度，对其进行初级等级评定和专业评分，同时创新开展采用综合评审法、合理低价法等评审办法，保证了项目质量和建设进程。

（彭　静）

编辑 龚继岳　校对 李　红

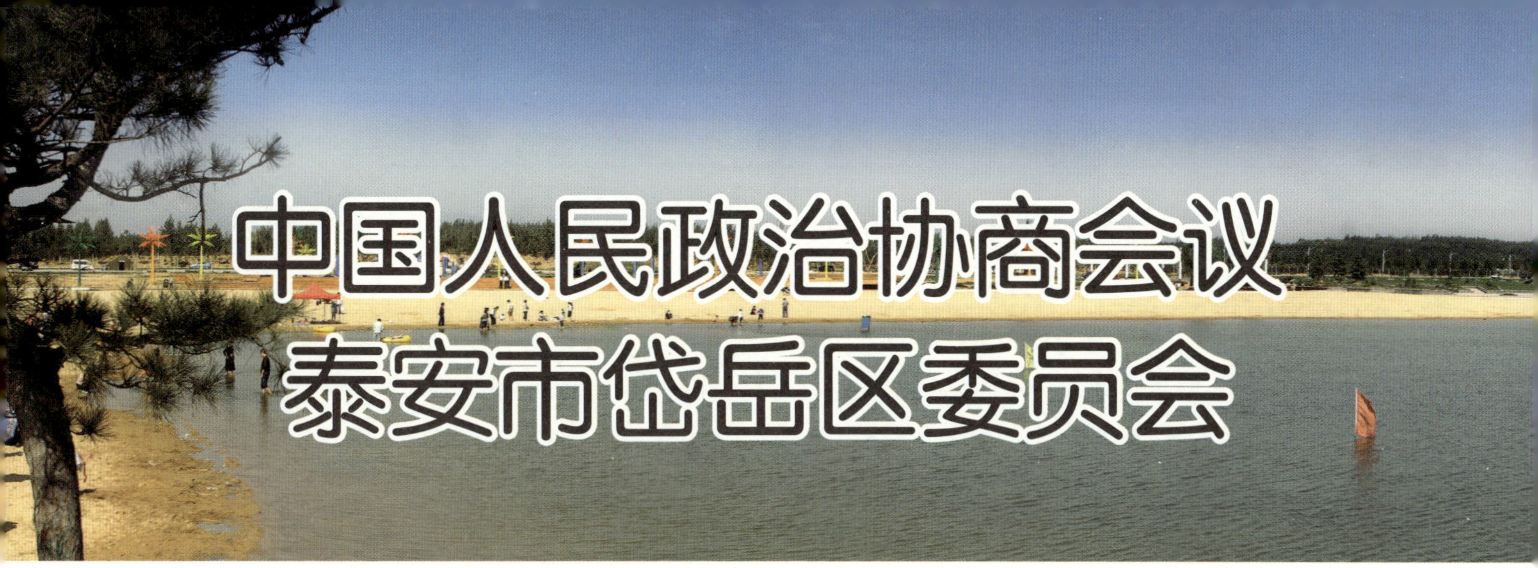

中国人民政治协商会议泰安市岱岳区委员会

综　述

【概况】2016年，区政协召开常委会议3次，开展重点协商13项，提出协商意见建议80多条，组织专题调研2项，专项视察8次，转交62个承办单位办理提案106件，继续在全区政协系统开展“双为双争”（为岱岳发展做贡献、为人民政协添光彩，争当优秀政协委员、争创政协工作先进单位）活动，向省、市政协报送社情民意信息70多条，被省政协评为“全省政协宣传工作先进集体”，编发《岱岳政协信息》10期，推荐50名委员参与区直部门年度工作评议。省级文明单位称号顺利通过验收。

【区政协十二届五次会议】3月13—16日，区政协十二届五次会议在泰城举行。政协第十二届泰安市岱岳区委员会第五次会议应出席委员329名，实到318名。会议听取和讨论了中共岱岳区委书记王永征的讲话，听取和审议了政协第十二届泰安市岱岳区委员会常务委员会工作报告和提案工作报告。与会委员列席岱岳区第十二届人民代表大会第四次会议，听取并讨论了《政府工作报告》。大会收到提案120件、大会发言材料15份，10名委员作大会现场发言，5名委员作书面交流发言。委员围绕岱岳区经济社会各领域的改革发展，建言献策，提出意见建议。会议通过了提案审查情况的报告和大会决议，大会闭幕时，黄东葵作了重要讲话。

【区政协常委会议】 年内，区政协召开常委会议三次。

十二届十六次常委会议 3月4日举行。黄东葵主持会议。会议分别听取区政府负责人就《政府工作报告（征求意见稿）》的起草情况和基本概况的通报，审议召开区政协十二届五次会议有关事项，审议《政协第十二届泰安市岱岳区委员会常务委员会工作报告》和区政协2016年工作要点（讨论稿）、《政协第十二届泰安市岱岳区委员会常务委员会提案工作报告（讨论稿）》《关于全区电子商务发展情况的调研报告(讨论稿)》《区政协“双为双争”活动表彰决定（草案）》，审议有关人事事项。

十二届十七次常委会议 3月15日举行。

黄东葵主持会议。会议审议通过提交委员讨论的有关事项，审议通过《区政协十二届五次会议提案审查情况的报告（书面）（草案）》，审议通过《区政协十二届五次会议决议（草案）》。

十二届十八次常委会议　7月28日举行。赵平明主持。会议听取区政府关于全区上半年经济运行情况的通报，审议《区政协关于全区美丽乡村建设情况的调研报告（讨论稿）》。黄东葵在会议结束时讲话。

委室工作

【协商民主】贯彻中共中央对协商民主的新要求，制订年度协商工作计划，探索实行“现场调研视察、听取情况介绍、组织座谈协商、形成意见建议、及时反馈通报、加强督导落实”的协商模式。对美丽乡村建设、物流园区建设和解决中小学大班额问题、加快薄弱学校改造升级进行专题协商；对土地开发利用、基本公共卫生服务、环卫一体化、环境保护和为民实事办理进行对口协商；对质量监督检查、医养一体化进行界别协商；对中小微企业转型升级、贫困家庭脱贫解困、农村土地流转进行提案办理协商。

【调研视察】紧扣区委、区政府工作中心，围绕重点工作开展专题调研 2 项，专项视察 8 次。形成的专题调研报告，经区政协常委会议审议通过后报送区委、区政府，区委、区政府主要领导予以批转，转化为推动工作的具体措施。

专题调研　先后开展了全区美丽乡村建设情况和加快全区物流园区建设专题调研。其中，美丽乡村建设情况调研，在全面了解现状、深入分析不足、充分借鉴外地经验的基础上，提出 6 条对策建议。加快全区物流园区建设专题调研，因职能统属等原因，转为政协全会提案。

专项视察　围绕区委中心工作和群众关心的热点、难点问题，组织政协委员开展视察活动，建言献策。先后就土地利用、基本公共卫生服务、环卫一体化、环境保护、质量监督检查、提案办理、医养一体化和中小学解决大班额问题工作组织开展专项视察 8 次，组织住区省市政协委员视察为民实事办

11 月 11 日，区政协主席黄东葵（前排左二）带队考察城乡公交一体化建设情况　（邵夫兵　摄）

理一次，提出意见建议70多条，及时向有关部门反馈通报，促进了惠民政策的落实和民生事业的发展。

【提案工作】全面做好提案的征集、整理、交办和督查工作。区政协十二届五次会议共立案提案106件，其中确定重点提案12件。区委、区政府及时召开提案交办会，安排部署提案办理工作。对重点提案继续推行“政府分工副区长领办、政协分管副主席督办、政府督查室和区政协委室跟踪督察”的重点提案办理模式，促进了委员意见建议的落实。在提案办理相对集中的区卫计局，召开提案办理集中面复座谈会，组织委员视察办理现场、集中进行答复、面对面反馈意见，推动了建言成果的有效转化，受到提案人一致好评。落实区委将视察和提案工作纳入科学发展观考核的要求，细化考核方案，创新督导机制，严格实施考核，推动了提案办理工作的制度化、规范化。在区电视台开办“提案追踪”系列报道专栏，选择对部分重点提案办理落实情况进行追踪采访，在黄金时段分期播出，扩大了提案办理工作的影响力。

【文史宣传工作】召开全区政协系统文史宣传工作会议，印发《关于进一步加强文史工作的意见》，强化推进措施，提升文史宣传工作水平。在市级以上媒体刊发新闻稿60多篇，向省、市政协报送社情民意信息70多条，被评为“2016年度全省政协宣传工作先进集体”，2人被评为先进个人。完成《记忆大汶河》、政协史志、抗战史料、抗战老兵事迹等材料的征集整理，共270多篇，100多万字。

【“双为双争”活动】把开展“双为双争”活动，作为十二届区政协全面履职工作的平台和抓手。①科学定位，明确标准。立足“在岗位、在平时、在经常、在中心、在民生”的“五在”活动，规定了政协组织要健全一套制度机制、每季度开展一次学习活动、每季度开展一次调研视察活动等“七个一”，以及政协委员每年要参与开展一次专题调研视察等活动、撰写一件有影响的提案、参加一次扶贫济困公益活动、创建一个实业或引进一个项目等“十个一”的活动内容和要求，明确了活动的方法步骤，建立了活动纪实制度和检查考核制度，统一印制了基层政协组织和政协委员活动纪实簿，随时记录活动开展情况，并作为年终检查考核的主要依据。②强化措施，扎实推进。将“双为双争”活动作为政协工作的总抓手，列入年度工作计划，制定具体措施，加强督导调度，推动活动深入开展。③创新形式，丰富内容。创新活动形式，丰富活动内容，增强了活动实效。房村镇、山口镇、下港镇等政协工作室开办网站、帮助苗木种植户网上营销、召开矛盾纠纷协调会；农口委员联络组探索网上议政活动；满庄镇政协工作室与大汶口工业园委员联络组联合建立帮贫助学基金；综合口、宣传口等政协委员积极开展“助残、助困、助学”活动，均受到群众普遍赞誉。活动开展以来，累计帮扶20多个村、800多户、2700多人，捐款总额达300多万元。

【自身建设】 区委将政协工作列入重要议事日程，定期听取情况汇报，及时研究解决工作中的重大问题。①区政协修订《区政协常委会关于加强自身建设的决定》《提案工作条例》等13项规章制度，规范程序、明确职责，提升了政协工作制度化、规范化、程序化水平。②基层政协组织实现全面覆盖。对乡镇（街道）政协委员联络室提出了“有牌子”“有场所”“有人员”“有设施”“有经费”“有制度”“有档案”等“七有”建设标准，18个乡镇（街道）政协委员联络室全部达标。召开了乡镇（街道）政协工作座谈会，采取以会代训的形式，进行业务培训，部署工作任务。定期组织对基层政协联络室建设情况进行督查，全部达到规范化建设要求，得到省、市政协的充分肯定。③与政协委员的联系沟通得到全面加强。建立区领导联系政协委员制度。区两办下发文件，将全体区政协委员纳入区各大班子领导联系范围，形成了全覆盖、立体化联系机制。区领导深入基层走访委员，让委员了解党委政府的决策部署和经济社会发展情况，做到“上情下达”；同时，委员们积极向各级党委、政府反映社情民意和群众诉求，为科学决策提供参考。建立关心和联系政协委员长效机制。制定出台加强委员联系工作的意见，建立“主席—常委—政协委员联络室（组）—委员”联系网络，组织开展“委员大走访”活动，了解委员履职情况，倾听意见建议，帮助解决工作生活中遇到的问题和困难，进一步密切了与委员的联系。

（宗　文）

编辑 龚继岳　校对 李　红

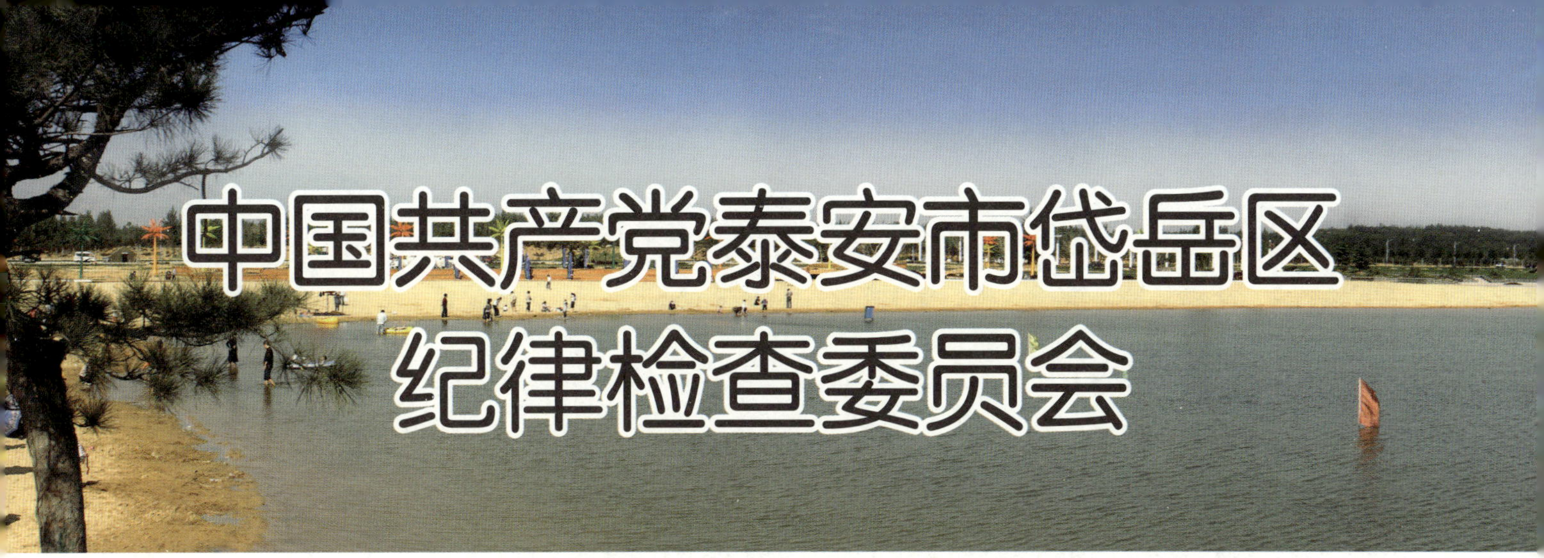

中国共产党泰安市岱岳区纪律检查委员会

综　述

【概况】2016年，区纪委深入贯彻落实十八届中央纪委六次全会和省、市纪委十届七次全会精神，聚焦主责主业，坚持把纪律规矩挺在前面，把握运用“四种形态”，不断强化监督执纪问责，层层传导压力，党风廉政建设和反腐败工作取得新的成效。

【重要会议】1月29日，中共泰安市岱岳区纪委十二届八次全体会议召开。传达学习市纪委十届七次全会精神，回顾总结2015年全区党风廉政建设和反腐败工作，部署2016年工作任务。区委书记、区人大常委会主任王永征出席会议并作重要讲话，区委常委、区纪委书记徐永涛代表区纪委常委会作工作报告。

纪检监察

【制定出台“两个责任”清单】将责任厘清摆上台面，以此为抓手推动责任有效落实。在全区各级党委、纪委层层签订全面从严治党主体责任书、监督责任书，公开承诺，夯实责任。深入开展落实“两个责任”约谈活动，对86个部门单位及17个乡镇（街道）120名党政主要负责人、36名纪委书记（纪检组长）全部进行约谈。扎实开展述廉述责，12名区党政领导班子成员、2名乡镇党委书记和2名区直部门主要负责人分别向区纪委全会进行了述廉述责，并接受委员评议质询。出台党风廉政建设责任追究办法，有54名党员干部因“两个责任”落实不力被问责。

【派驻专项巡察工作】派驻专项巡察工作开展以来，共开展6轮55个单位巡察，发现各类问题374个，问题线索60个，组织处理、纪律处分13人，诫勉谈话33人；责成部门单位整改各类问题374个，建章立制408项。强化上级纪委对下级纪委的领导，落实“两个提名”考察办法，会同组织部门提名考察多名乡镇（街道）纪（工）委书记、副书记，派驻纪检组长、副组长。

【监督检查】紧盯“四风”问题新动向新

5月26日，区委常委、纪委书记徐永涛（左排三）与部分区直部门负责人进行廉政谈话 （刘茂森 供）

表现，创新监督检查方式，实行监督检查“区域负责制”，通过区乡联动、分组划片对乡镇（街道）和区直部门开展监督检查。充分运用信、访、网、电以及税收票务系统等科技手段发现问题线索，查处隐形变异“四风”问题。典型问题公开曝光，形成常态、形成震慑。全区共立案查处违反中央八项规定精神问题61起，处理91人，给予党纪政纪处分59人，组织处理32人，全区通报曝光典型问题18起32人。

【纪律审查】 强化信访受理服务纪律审查工作，坚持问题线索统一管理、分类处置、集中排查、快查快结，对反映党员干部的信访举报材料和问题线索进行全面梳理，建立台账，实行定期销号管理。加大对上级交办、领导签批及实名举报、双向承诺件的查处力度。转变执纪审查方式，查清查实违纪事实，按“六大纪律”类别，用纪律的语言立体揭示党员干部的违纪性质，将17个乡镇（街道）划分为三个办案协作区，实行乡镇案件查办常委联系包保制，推行案件联查、上下联动、乡镇异地交叉办案，盯上靠上帮助乡镇分析问题、研究线索、审查案件。实行案件查办责任书制度，一案一签，夯实案件查办人员责任。区纪委共受理群众信访举报991件，立案查处案件343起，结案327起，自办案件234起，给予党政纪处分341人。核查省委巡视组交办各类问题133个，其中立案审查13起，党政纪处分19人。加大换届监督风气力度，区纪委共回复党风廉洁意见征求函333人次。全面排查清理严重违纪涉嫌违法党员，移送司法机关前未作出纪律处分，以及被判刑党员未受到党纪处分的问题，共追加党纪处分47人，其中开除党籍23人。

【党风党纪教育】 ①组织学习党风党纪条例和准则。坚持学考，全区1200名党员干部参加德廉和党风党纪知识测试。②开通“岱岳纪检”微信公众号，搭建纪检与党员干部群众互联互通平台，定期推送党规党纪理论文章，进一步畅通信访举报、监督新渠道。③宣传推广大陡山村原党支部书记苏庆亮勤廉典型，同时组织观看《岱岳警钟》及《蜕变的人生》，用身边事教育身边人。④纪律规矩，关口前移，强化经常性的约谈提醒、谈话函询，制定《函询工作办理暂行规定》《诚勉谈话办理暂行规定》《关于加强党风廉政建设责任追究的实施办法（试行）》等文件，在常和长、严和实、深和细上下功夫，切实把抓早抓小落到实处。⑤聚焦群众关注度高、反映强烈、普遍存在的“四风”和腐败问题，督促相关部门开展专项整治。以查办重点问题线索为切入点，组织精干力量，重点督导中央和省市纪委交办信访件的查处情况，确定有重复访和信访问题多的重点村53个，现场研判，精准督导，对侵害群众利益的党员干部重拳出击。⑥对农村低保救济、“三资”管理、危房改造等领域开展专项监督检查。全区共开展专项整治事项104项，查处侵害群众利益的不正之风和腐败问题321起，党政纪处分192人，组织处理147人，通报曝光24起42人。

【队伍建设】强化领导责任，督促区纪委领导班子成员列出责任清单，逐级厘清责任，并作出郑重承诺。先后开展“纪检监察大讲堂”“警示教育”“岗位大练兵”等活动，强化党性党风党纪教育。采取以案代训、专题培训、交流培训等措施，对纪检干部进行全面培训，干部队伍整体素质进一步提升。坚持严管就是厚爱，注重日常管理监督，对干部严格要求、严格教育、严格管理、严格监督。严格落实“一岗双责”，抓好分管领域的党风廉政建设工作，确保不出任何问题。完善系统内部监督工作办法，强化自我监督，严明党的纪律规矩，筑牢纪律底线，用铁的纪律打造忠诚干净担当的纪检监察干部队伍。

（刘茂森）

编辑 龚继岳　校对 李 红

民主党派和工商联

中国国民党革命委员会泰安市岱岳区支部委员会

【组织与思想建设】2016年，中国国民党革命委员会泰安市岱岳区支部委员会（简称民革岱岳区支部），有党员19名，支部设主委1名、副主委1名、委员3名。全年召开支部全体党员会议4次，开展理论学习活动，提高政治觉悟，先后学习《中华人民共和国反分裂国家法》《民革章程》《中国共产党中央关于进一步加强中国共产党领导的多党合作和政治协商制度建设的意见》。通过学习更加坚定了广大党员的政治责任感和历史使命感，提高了党员履行职能的质量和水平，明确了今后工作目标。

【参政议政】 支部中2名政协委员履行职责，参政议政。向市政协提交提案2篇，向岱岳区政协会议提交提案2篇。向省民革报送社情民意信息2篇。2名委员分别被区国土局和监察局聘为特约监察员。

【社会服务】 支部组织部分党员2次到下港乡上里村进行慰问老年人活动，共带去慰问品价值1万多元；8月，全体党员积极响应民革市委的号召，为对口救助东平沙河站镇贫困学生，捐款5000元。主委参加各种义诊20多次，每周五到徂徕卫生院指导胃镜操作。

中国民主同盟会泰安市岱岳区支部委员会

【组织与思想建设】2016年，中国民主同盟会泰安市岱岳区支部委员会（简称民盟岱岳区支部），有盟员37名，支部设主委1名、副主委2名、委员4名。岱岳区支部被评为山东省民盟庆祝中国民主同盟成立75周年先进基层组织、泰安民盟先进基层组织。1人被评为山东省政协宣传工作先进个人、山东省政协社情民意信息工作先进个人、民盟山东省委参政议政工作先进个人，1人被评为山东省民盟社会服务工作先进个人，7人被评为泰安市优秀盟员，1人被评为泰安市学科带头人、泰山名师，2人先后获得国家级说课比赛一等奖、省级研究课题优秀成果一等奖、市教学先进个人。年内，开展“坚持和发展中国特色社会主义学习实践活动”，学习中共十八大和十八届三中、四中、五中、六中全会及习近平总书记系列重要讲话精神，学习《中国共产党领导的多党合作和政治协商制度建设的意见》《中国民主同盟章程》以及各级会议精神，进一步激发广大盟员的爱国热情和民族自豪感，坚定社会主义信念，增强与中国共产党肝胆相照、荣辱与共、风雨同舟的决心。

【参政议政】 ①提交高质量提案。向市区提交提案、建议12件，其中4件被列为重点提案。②做好社情民意工作。向省市区各级报送社情民意58条，有22条被省政协采用上报全国人民政协；有16条被民盟山东省委和民盟中央采纳。③做好盟务宣传工作。在省《联合日报》《泰安日报》《泰安政协》等各类报刊发表信息20篇。④参与民主监督。3人被聘为岱岳区教育局特约教育督导员和特约国土资源监察专员。

【社会服务】 ①尊老爱幼传递爱心。2月1日，进行“老盟员走访慰问”活动，送上新年礼品和祝福，传递爱心加深友谊。②开展扶贫和送温暖活动。赴化马湾乡、下港镇开展“企业+农户手拉手扶贫送温暖”活动，为当地群众送去扶贫项目，并免费传授手工编制手艺。③开展联谊活动。3月8日，支部组织全体女盟员开展“庆三八关爱女性”座谈会，邀请岱岳区妇幼保健院的专家作保健报告。

中国民主建国会泰安市岱岳区支部委员会

【组织与思想建设】2016年，中国民主建国会泰安市岱岳区支部委员会（简称民建岱岳区支部），有成员19名，支部设主委1名、副主委2名、委员2名。2016年，岱岳支部共有3名会员被民建市委会评选为优秀会员，3家会员企业被评选为优秀会员企业。年内，以学习贯彻落实中共十八届五中、六中全会精神为主线，加强对会员的思想教育。组织会员通过自学、集体学习等形式，全面准确、深入系统地学习宣传会议精神，把广大会员的思想和行动统一到中央和省委、市委的要求上来，深化政治共识，坚定理想信念。

【参政议政】会员共向市区人大、政协提交建议、提案6件，涉及食品安全、科技平台建设、医疗等多个方面。

【社会服务】会员单位山东腾达文化发展有限公司，3月，向泰安三中捐赠图书5000册，赞助其春季运动会奖品等3万余元；同月，向道朗二中捐助3万元，助其开展春季文化艺术节；5月，向粥店中学捐赠图书2000册，价值达4万元。会内法律工作人员利用专业知识救助弱势群体，年内对5起案件实施法律援助，开展法律咨询公益服务4次，涉及交通事故、故意伤害等多领域。

中国民主促进会泰安市岱岳区支部委员会

【组织与思想建设】2016年，中国民主促进会泰安市岱岳区支部委员会（简称民进岱岳区支部），有成员26名，支部设主委1名、副主委1名、委员3名。2016年，1人荣获泰安市教学管理先进个人、全区迎接国家卫生城市复审暨城乡环卫一体化嘉奖荣誉称号，1人荣获中国资源综合利用协会科学技术三等奖。年内，组织全体会员先后学习中共十八届五中、六中全会、习近平总书记系列重要讲话和民进中央主席严隽琪讲话精神，统一思想、深化认识，坚定信念，进一步夯实会员思想建设基础。

【参政议政】 向区统战部递交“民主党派基层组织建设现状、存在的问题及解决途径”等调研报告。3名党员分别被区审计局聘为特邀审计监督员，被区地税局聘为特邀地税监督员，被区教育局聘为特邀教育监督员。

【社会服务】 向下港镇维拓希望小学捐赠图书300余册，建立“爱心书屋”。10月，到下港镇上里村，对全村80岁以上老人进行慰问，为他们送去米、面、油等节日礼品。

中国农工民主党泰安市岱岳区支部委员会

【组织建设】2016年，中国农工民主党泰安市岱岳区支部委员会（简称农工党岱岳区支部），有成员24名，支部设主委1名、副主委3名、委员3名。上半年，有3名党员经过市、区农工党支部及区统战部考察，正式成为支部的成员；将2名素质好、层次高、代表性强的入党申请人作为积极分子，为发展党员后备力量奠定基础。3名党员分别被区有关部门聘为特约审计员、国土资源监察专员、国税监察员。

【服务社会】①送温暖，走访慰问老党员，为他们送去慰问品及节日的问候。②奉献爱心，到市福利院看望孤残儿童，为孩子们送去用党员自发捐助的钱购买的生活必需品、儿童玩具等。③助力全区扶贫攻坚工程，组织泰安市第一人民医院专家医生赴下港镇上里村开展“同心义诊健康扶贫”活动，为贫困山区群众送医送健康。④发挥岗位优势，深入开展法律服务免费咨询和援助活动10余件，接受免费法律咨询300余人次，为广大群众普及了法律知识。

中国致公党泰安市岱岳区支部委员会

【组织与思想建设】2016年，中国致公党泰安市岱岳区支部委员会（简称致公党岱岳区支部），有成员23名，支部设主委1名、委员5名。2016年，新发展4名党员。年内，坚持每月召开一次支部委员会议，每季度召开一次支部党员会议，2016年共组织政治学习、民主生活会、联谊交流学习等活动8次。

【参政议政】以“加快发展新兴服务业”作为调研课题，有针对性地提出改进服务发展的意见和建议。在区政协第十二届五次会议上，致公党支部提出集体提案：《关于加快“一带一廊”发展的提案》，被列为五次会议的1号提案。李云提出的《关于加强小餐桌管理的建议》受到了承办单位的高度重视。2016年共有3名党员分别被聘为区特约监察员、地税监察员、教育督导员。

【社会服务】发挥致公党大陆山科技服务基地这一平台，为当地茶农服务。开展智力帮扶，利用道朗镇同心书屋、黄前镇红河村农家书屋，购置农村种植、养殖等书籍，帮助当地群众科技致富。

九三学社泰安市岱岳区支社

【组织与思想建设】2016年，九三学社泰安市岱岳区支社（简称九三学社岱岳区支社），有社员18名，支部设主委1名、副主委1名、成员1名。年内，参加各级统战部门和市委会的各项会议，利用微信群，对习近平总书记系列重要讲话和各种会议精神及时传达学习，使全体社员在思想认识上和政治觉悟上与党的方针政策保持高度一致。

【参政议政】年内有1名社员被聘为九三省委社情民意信息员，先后上报市区政协会议《壮大泰山中草药，打响泰山名药品牌》等社情民意信息、提案11篇，为市区经济社会发展提出很有参考价值的意见建议。社员宋文康报送的《情系九三学社，青春激昂勇担当》工作交流被《齐鲁社刊》采用。4名社员被聘为岱岳区特约监察员。

（冯克涛）

岱岳区工商联合会

【概况】2016年，区工商联合会贯彻落实中央和省、市、区委拓展工作会议，紧扣“两个健康”（非公有制经济健康发展和非公有制经济人士健康成长）工作主题，在加强会员组织建设，主动参政议政的同时，开展扶贫、维权及创先争优各项工作取得了一定成绩。区工商联被中华全国工商联评为“全国五好县级工商联”。

【组织建设】扎实推进“五好（领导班子好、会员发展好、商会建设好、作用发挥好、工作保障好）”县级工商联创建工作，加强商会和会员队伍建设，坚持会员数量与质量并重。年末，全区发展2005家，其中企业会

3 月 11 日，区工商联召开主席、会长联席会议　（戚汝斌　供）

员 1562 家，个人会员 338 家，团体会员 5 家。①走访基层商会。重点了解商会重点亮点工作、骨干会员基础信息、专职办公地点确定等情况，17 家乡镇（街道）商会配备了专职工作者、办公电脑和网络全覆盖。②会员队伍建设。建立了基层商会会员名册，及时清理部分搬迁、失联会员，发展信息金融、科技环保、文化创意等方面的新会员，使会员结构更加合理。③基层培训。组织召开了区工商联会员信息专题培训，17 家乡镇（街道）商会相关数据录入基本完成。④换届筹备工作。成立换届领导小组，走访 17 个乡镇（街道）和园区，研究制订《岱岳区工商联（总商会）换届工作实施方案》，收集代表和执委候选人信息，归纳汇总推荐名单，建立电子档案。

【参政议政】引导督促区工商联系统中的人大代表、政协委员参加市、区“两会”，并就全区经济社会发展中一些亟需重视解决的热点、难点问题，向市、区“两会”提交各类议案和提案 37 件，发放“非公经济人士参政议政调查问卷”，对代表人士参政议政情况进行摸底，建立并逐步完善人大代表、政协委员参政议政数据库。深入非公企业，走访执委和会员企业共 102 户，引导担任省市区人大代表、政协委员的非公有制经济人士围绕社会关心的难点和热点问题，开展调查研究，撰写政协提案 23 件。

【精准扶贫】①制定和细化实施方案，运用产业扶贫、商贸扶贫、就业扶贫、捐赠扶贫、智力扶贫等途径，助力脱贫攻坚。②组织开展多家民营企业与 82 个省市级贫困村结对帮扶活动，召开全区民营企业“百企帮百村”示范点经验交流会，打造“百企帮百村”精准扶贫工作品牌。③扶贫成果显著，年内全区有 19 家企业为相关贫困村捐资捐物达 186.9 万元，设置扶贫产业项目 20 个，安置贫困人口就业 400 人。

【法律服务工作】联合区委政法委、区人社局等涉及民企法律服务的单位，开展“法律进民企”活动。区检察院制定《泰安市岱岳区人民检察院关于服务非公有制经济发展的“八项措施”》，搭建“凝心、暖心、爱心”三心平台；区法院深入贯彻“调解优先、调判结合”原则，灵活采取“放水养鱼”策略，注重以案释法，通过法律咨询、法律培训、法律指导、司法建议等方式，提高了经营者和职工的法律意识。

【创先争优】制定下发《关于以“守法诚信、坚定信心”为重点，在非公有制经济人士中深入开展理想信念教育实践活动的实施方案》，明确教育实践活动的主要内容和载体，整合各方资源，彰显地区特色，以提升青年企业家素质，积聚工商界新生力量作为重点，加强年轻一代非公有制经济人士教育培养，团结培养一批政治觉悟高、发展能力强、社会形象好的青年企业家，推进了非公经济人士“信念、信任、信心、信誉”四信体系建设。

（戚汝斌）

编辑 龚继岳　校对 李　红

人民团体

岱岳区总工会

【概况】 2016年，全区各级工会围绕中心，履职尽责，勇于创新，争先创优，在工会组织建设、职工技术创新、协调劳动关系、服务职工群众等方面取得新成效。尤其是加强基层工会组织有效覆盖。开展农民工入会集中行动，完善企业法人数据库，推动工业园区工会建设。工业园区直接或间接在所辖乡镇成立了总工会或工会组织，强化小微企业聚集地工会联合会的建立。全区辖基层工会815个，涵盖2980个单位，在册工会会员4.97万人。区总工会获得2016年度山东省“富民兴鲁”劳动奖状，省级文明单位。

【开展职工技术创新竞赛活动】 各级工会共组织各类竞赛活动90余项，参与职工2.3万人，共获得各类科技革新、创新成果260余项，评出技术标兵和技术能手1400多名。先后开展宣传活动12次，推广好经验、好做法41项，举办现场会、推进会1次；命名6个区级高技能人才创新工作室，分别给予3000元的资金补助。

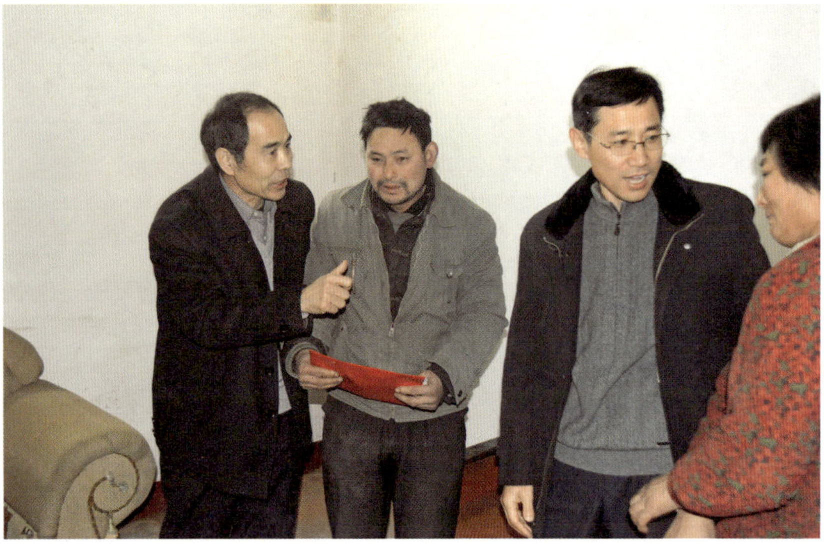

1月17日，区总工会负责人走访慰问困难职工　（岳文强　供）

【协调劳动关系】 推行工资集体协商，先后召开全面推进工资集体协商的推进会、调度会，对工资集体协商指导员进行培训，完善工资集体协商规范文本，培养一批工资集体协商典型，加强对协商的调度督查，维护了职工权益。全区签订工资专项集体合同620份，覆盖企业808家（企业单独签订491家、区域工会签订22家、行业签订 15 家），签订率为 91.5%，涵盖职工 3.01 万人；汽车销售、餐饮服务、房产建筑行业协商覆盖率均在 89.2% 以上；各乡镇（街道）、园区区域协商覆盖率 90.2%。企业集体合同签订率达 93.5%；企业职工工资年均增长 10.4%。把厂务公开民主管理纳入全区科学发展观考核体系和党风廉政建设责任体系，制订工作规划和年度工作计划，使厂务公开民主管理制度化、规范化和法制化。国有企事业单位厂务公开和职代会建制率达 100%，规模以上企业厂务公开和职代会建制率达 90%。组织开展“两个条例”学习宣传活动，印发《山东省厂务公开条例》和《山东省企业职工代表大会条例》明白纸 4000 份，动员各级工会印制宣传明白纸总计 4.5 万份，举办知识讲座 30 余场次，举办了基层工会主席培训班，乡镇（街道）园区和部分规模企业职工培训率达 85% 以上。

【开展安全生产活动】 开展“查身边隐患、保职工安全、促企业发展”群众性安全生产活动，悬挂宣传标语 15 幅，印发倡议书 5000 余份，张贴宣传标语 3000 余条。开展安全生产培训 1400 多次，培训职工 3.9 万余人。发动职工“自主查”，查出安全隐患 1145 项，企业已整改隐患 1026 项；聘请专家“深入查”排查企业 72 家，查处安全隐患 2230 余条，反馈企业整改近 1660 余条；配合部门“联动查”，参加检查人员达 700 多人次，动用车辆 126 辆次，检查企事业单位 705 家，查处事故隐患 7454 条，下达隐患整改通知书 626 份。

【送温暖活动】 元旦、春节期间争取资金 61.96 万元，救助困难职工 741 人。组织开展为创城一线职工送清凉活动，筹集经费 1 万余元，购买花露水、清凉油等物品慰问环卫职工 150 余人。开展“金秋助学”活动，为 33 名学子每人发放助学金 2000 元。实施困难职工脱贫解困和大病医疗补助，上缴补助经费 20 万元，为 20 人办理大病医疗补助，发放补助金 15 万元。为 15 名在档特困职工办理特困职工证，及时发放特困救助。

（岳文强）

中国共产主义青年团岱岳区委员会

【概况】 2016 年，全区有团委 35 个，团支部 791 个，团干部 791 名，共青团员 3 万余人。团区委设办公室、组织宣传部、社会工作部 3 个部室。

【改革与服务发展】 学习贯彻党的群团会议精神，举办岱岳区团干部培训班 1 期，培训学员 100 多人；全区 17 个乡镇、街道完成青年工作委员会建设任务，徂徕镇青工委、良庄镇“闪靓青春”联盟工作室等成为基层组织建设和作用发挥的亮点。

【基层组织建设】 ①协助团中央做好“常态化下沉基层工作”，20 多次深入基层，与青年座谈 400 余人次，解读中央精神 60 多次。②做好团干部联系青年“1+100”工作，团

5月4日，良庄镇青工委成立暨“青春之歌”五四文艺汇演
（刘春辉 摄）

区委机关专职团干部“1+100”系统均达到100分，各乡镇、街道团（工）委“1+100”联系青年系统均达到100分，全区平均100分。③下发《关于做好2016至2017学年团员发展管理工作的通知》和《基础团务手册》，2015—2016年度共发展团员1571人，2016—2017年度计划发展团员1164人。④推进“青年之家”综合服务平台建设，建设乡镇级平台11个。5月6日，团区委成立青年企业家协会。

【占领网络宣传阵地】①选拔17名团干部、辅导员、行业优秀青年，组建区级网评员队伍，并全部入驻中青华云系统。②落实团省委网宣值班任务，参加团省委、市委宣传部培训2期；开展“听党的话，做好少年”“我是共产主义接班人”“勿忘国耻，圆梦中华”等主题教育活动，青年网络文明志愿者集中发声60余次。③通过官方微信平台发起全区少先队员参与“雪日团队活动”大型图片网络展示活动，全区共7000余名青少年参与活动，上报主题照片7244幅。④推进“互联网+共青团”融合，设立“青春岱岳”公众号、“共青团泰安市岱岳区委”官博、“青年之声岱岳”“网上共青团岱岳”等平台，实现团网深度融合、团青充分互动、线上线下一体运行。⑤做好微博微信运用，全年发布信息314篇，粉丝量达2100余人，图文阅读量共计4万余人次。⑥建好用好“青年之声”平台，全年平台访问量65.42万次，提问量4014个，回答量3026个，点赞量945个，专家数27人。

【学校少先队工作】①开展“小手拉大手 共筑碧水蓝天”行动，引领少先队员参与活动，先后吸引4000个家庭参与“感悟自然·团队增色——雪日团队体验教育活动”，印制《自觉抵制燃放烟花爆竹倡议书》5100余份并发放到家庭中。②开展“传统文化在我身边——正月十五闹花灯”中华传统教育、“我爱绿色”植树等活动。③组织全区学校参加省“小手拉大手·共筑碧水蓝天”少年儿童环保创意大赛，向团省委推荐4份优秀作品。④推荐少先队辅导员典型上报，全区6名少先队辅导员获2016年度泰安市“优秀少先队辅导员”荣誉称号。

【希望工程工作】制订下发《岱岳区共青团青春扶贫行动实施方案》，打造统一部署、分工负责、层层推进、精准对接的工作格局。4月，发放团省委希望工程受助生助学金，帮扶1名贫困优秀生。8月“国酒茅台、国之栋梁2016希望工程圆梦行动大型助学活动山东省助学金发放仪式”在岱岳区举行，共帮扶救助贫困学生6名。暑假期间，以各乡镇、街道志愿者服务站为活动地点，开展“七彩假期”志愿服务活动，关爱留守儿童，进行学业补习、心理辅导、发放爱心衣物、完成微心愿等志愿服务活动，累计发送活动43次，完成微心愿80余个，捐赠物资价值2万余元。2月4日，团区委及金桥城公司爱心代表前往道朗镇爱心小学接洽爱心助学工作，并到贫困学生家庭中走访送温暖，给孩子们送去了书包、玩具等。4月，结合大众网“共建齐鲁百所爱心乡村小学图书室”大型公益活动的开展，为全区乡村20所爱心乡村小学图书室捐献图书，每所小学配备全新正版图书2000册。9月19日上午，联系双伟经贸有限公司爱心人士到化马湾乡王家庄小学草茨教学点，送去22套课桌椅及书包、篮球、排球等学习用品，还为3名贫困学生每人发放了1000元救助金，累计捐赠资金1万余元。10月11日，组织泰安市光合建筑有限公司、司家庄社区等11家爱心企业、社区、商家与贫困户开展结对子活动，走访帮扶60余户贫困户，发放帮扶资金1.5万元。12月24日，组织部分志愿者，为化马湾小学贫困学生送去40件羽绒服和围巾等，累计捐赠物资1.2万元。

（张咏琦）

【概况】2016年，全区有乡镇（街道）妇联工作机构17个，村（社区）妇代会668个，机关事业单位妇委会（妇工委）62个，私营企业妇女组织10个。区妇联机关工作人员8人，乡镇（街道）妇联主任17人、村（社区）妇代会主任668人。区妇联内设区妇女儿童工作委员会办公室、区妇女就业指导服务中心2个事业机构。年内，36个集体40名个人受到省、市表彰，区妇联被授予市级文明单位、全区迎接国家卫生城市复审暨城乡环卫一体化工作先进集体等荣誉称号。

【妇联组织阵地建设】按照《泰安市妇联关于在基层妇女组织中开展选聘兼职妇女干部工作的实施方案》的部署要求，组织各乡镇、街道全面开展扩大基层妇联组织成员工作，均完成聘任工作；加强乡镇（街道）妇联专项工作经费的监管，规范工作经费管理使用；加强“妇女之家”和妇女儿童家园建设，完善服务功能。在全区4个省级妇女儿童家园开展了寻找妇女儿童最喜爱的家园项目活动，提高妇女儿童家园活动水平；加强家庭教育工作阵地建设，评树家庭教育先进典型，有1个单位被评为泰安市家庭教育工作先进集体，3人获得泰安市家庭教育先进个人荣誉称号，3个站点获得市级留守流动儿童活动站称号。工作作风建设。以“两学一做”学习教育和“双联双增”密切联系群众活动为契机，结合开展“巾帼心向党 · 扬帆新征程”教育活动，加强思想政治建设，增强党员的党性修养，常态化开展“下基层、访妇情、办实事”活动，密切与妇女群众的联系，促进队伍作风转变、效率提升。

【组织妇女参加经济建设】技术技能培训活动。深化“万名妇女技术技能培训”活动，加强与职能部门合作，将畜禽养殖、林果苗木、手工编织、电子商务、“互联网 +”等方面的实用技术纳入服务“菜单”，开展“菜单式”培训，全区举办培训班 151 场次，培训妇女 2.03 万名；举办 4 期精准扶贫巾帼家政培训班，为 600 余名妇女进行育婴知识等方面的家政服务培训，并免费组织参加家政服务员证考试，帮助贫困妇女提高致富技能。巾帼创业就业行动。与区人社局联合开展“春风行动”活动，组织专场招聘会 2 场，提供就业岗位 2000 多个，免费服务 600 人，成功介绍 160 名妇女就业，60 名妇女参加了创业培训班，自主创业成功女性 10 名。1120 名妇女被推荐到家政服务领域就业。发动妇女融入“互联网 +”新趋势，助推 300 余名妇女实现电商就业创业。推荐优秀项目参加全省优秀女性创业创新项目产品征集评选，1 个项目被评为省十大优秀妇女创业创新项目。抓好小额担保贷款工作，与区就业办协调，全年共为 138 名妇女发放小额担保贷款 1380 万元，为 2 家企业成功申请省级巾帼创业贴息扶持。不断推进巾帼创业“村村通工程”暨女性安康“百十万工程”，联合中国人寿保险公司岱岳区支公司举办精准扶贫暨巾帼创业“村村通工程”培训班，来自 8 个乡镇的妇联主任和 286 名村妇代会主任，32 个省级贫困村、50 个市级贫困村妇代会主任参加培训。全区有 185 名妇女报名参加政保服务专员队伍，帮助她们增加收入，开辟了新的就业渠道。巾帼扶贫脱贫活动。岱岳区是全市唯一争取到省妇联“百企联百村巾帼脱贫行动”结对帮扶项目的县市区，争取项目 10 个，帮扶资金 200 余万元。承办了省妇联、省扶贫办联合举办的“山东省巾帼居家创业就业脱贫行动签约仪式”，开展结对帮扶活动。10 个省女企业家、10 个巾帼文明岗与区 10 个省级贫困村、10 户贫困户签订帮扶协议，结成帮扶对子。巾帼收入倍增、“巾帼建功”活动。引导广大妇女广泛参与“创业创新巾帼行动”，培育国家级“妇”字号龙头企

3 月 7 日，市妇联在岱岳区司家庄社区文化广场开展“男女平等基本国策宣传月 ·‘三八’妇女维权周活动”，举行“反对家庭暴力 · 共建和谐家园”万人签名活动 （王丽 摄）

3月29日，省规划终期监测评估督导组到岱岳区天平街道大陡山村检查妇女儿童“十二五”发展规划实施情况　（王丽 摄）

“最美孝德”家庭。①开展“最美家庭讲家风”事迹报告会24场次，推选“最美家庭”74个，其中13个上榜。②开展“新农村、新生活”培训36场次，培训3845人。③开展“中国梦、青春梦、我的梦”征文活动，收到征文60多篇。④组织4个文艺节目参加2016年鲁·喀“维汉一家亲”结对联谊活动。⑤参与以“百万家庭亲情一线牵”为主题的“恒爱行动”公益活动和“鲁喀爱心牵手行动”，组织爱心妈妈编织43件毛衣支援新疆喀什地区岳普湖县的少数民族儿童。

业1个，省级“妇”字号龙头企业、合作社、示范基地、农家乐8个；创建省级巾帼居家创业就业脱贫行动大姐农家乐2家、大姐工坊1个、示范基地1个；培养各级巾帼增收带头人30余人，创建各级巾帼文明岗177个。发动各级巾帼文明岗与低保户、贫困妇女结成帮扶对子，开展“岗户结对帮扶”活动，采取巾帼文明岗与贫困妇女“1对1”或“1对X”的扶贫模式，通过走访慰问、技能培训、健康查体等方式关爱帮扶，共结帮扶对子157对，帮扶钱、物等价值8万余元。

【培优树先】 培树先进典型。开展“三八”红旗手、“三八”红旗集体、五好文明家庭、巾帼建功标兵、巾帼文明岗等优秀妇女典型的评选表彰工作。2户家庭被评为第一届山东省文明家庭、1户家庭被评为首届山东省“最美孝德”家庭、2户家庭被评为泰安市“最美书香”家庭、4户家庭被评为泰安市

【维护妇女儿童合法权益】 救助贫困母亲活动。争取市妇联15万元爱心款项，救助满庄、道朗、天平共300名贫困母亲；发动各乡镇、街道救助贫困母亲1353人，救助金额43.72万元。对上争取全国妇联和省妇联“两癌”专项救助金13万元，救助13名“两癌”贫困母亲，实现了“两癌”贫困母亲系统中建档立卡贫困人员救助全覆盖。“九九”重阳节期间，走访慰问结对帮扶的31位70岁以上的贫困老人，送去价值1万余元的特制花生油和面。关爱帮扶贫困儿童。争取到省妇联、代傲表计（济南）有限公司5万元爱心款，捐助下港镇中心小学图书5000册，用于“代傲安康图书馆”建设。争取到省妇联、省儿基会“音乐之声我要上学”助学项目资金共12万元，用于资助100名贫困留

守儿童以及贫困家庭中品学兼优、积极向上的儿童完成学业，每人每学年救助400元，连续救助三年。争取到市妇联、鸢都文化交流中心5万元爱心款，为道朗镇房庄幼儿园60名儿童捐赠了60套爱心玩具。妇女儿童权益保护。发挥“12338”妇女维权热线和妇女维权服务站的作用，做好妇女来信来访工作。全年受理来电、来访70余件，处结率100%，满意率100%。结合重要节日和节点，举办“男女平等基本国策宣传月·‘三八’妇女维权周活动”，举行了“反对家庭暴力·共建和谐家园”万人签名。依托“平安家庭”创建、广场舞前宣传、巾帼志愿者入户等多种形式，宣传《中华人民共和国反家庭暴力法》《中华人民共和国妇女权益保障法》等法律法规，发放宣传材料5000余份。不断优化接访模式，建立《区妇联领导干部妇女维权接访制度》，制定接访安排表，实行“周一领导接访日”制度，提高领导干部维权水平。开展“建设法治中国·巾帼在行动”法制宣传进社区、进家庭活动，举办维权干部培训、“平安行·你我他”道路交通安全知识培训等20余场次，培训妇女2000余名。关爱留守妇女、留守儿童工作。完善留守妇女邻里互助网络，提升互助组工作覆盖率。深化留守流动儿童关爱行动，扩大留守流动儿童活动站建设。举办了“手拉手关爱留守儿童心连心呵护祖国花朵暨泰安市三英幼教机构沐浴阳光·七彩童年”春季运动会，组织300余对家长和儿童开展了亲子活动。为20名留守贫困儿童发放学习用品，在三英技校设立留守流动儿童活动站，给全区留守儿童增加了一个活动场所，对她们进行精神关爱。发动各乡镇、街道关爱救助儿童95人计5万余元。

【推进妇女儿童规划有序实施】 通过省、市妇儿工委对区妇女儿童“十二五”发展规划实施情况的终期监测评估检查，安排检查现场1个。做好新规划起步工作，启动实施“十三五”妇女儿童发展规划。加大农村妇女“两癌”检查工作力度，区财政投入经费200万元，与区卫计局、区妇幼保健院密切配合，在一个半月的时间内完成乳腺癌检查21541人，宫颈癌检查18529人，超额完成市妇联分配的任务目标，得到广大妇女群众的欢迎和支持。

（王 丽）

岱岳区文学艺术界联合会

【概况】 2016年，按照“肩负文艺工作千金重担，铸就文联事业璀璨华章”的工作目标，制定“讲原则、守规矩、甘担当、走程序、顾大局、比奉献”的工作思路，加强对各协会的指导和管理，加强协会建设，制定章程制度，切实发挥各协会职能作用。作协、音协、书协、美协、摄协五大协会走向规范化、制度化、科学化发展轨道。已拥有正式注册会员800余人。其中，2名协会会员被吸收为岱岳区政协委员，3名协会艺术家被评为区级拔尖人才，1名协会会员被市委宣传部、

11 月 26 日，区文联组织书画家在泰山文化珠宝城举办主题笔会
（张建平 供）

市文联授予“德艺双馨”艺术家荣誉称号。

【文艺精品】 2 名作家签约山东省重点作品扶持和定点深入生活项目。长篇小说《阳光中的向日葵》获省委宣传部和省作协联合举办的“中国梦”长篇文学作品征文活动的二等奖。报告文学《通向天堂的电话》获山东文艺出版社、大众网、《山东文学》联合主办的“阳光下的风”征文报告文学类三等奖。短篇小说《一园子清香》荣获“十艺济南 · 传承”文学征文大赛二等奖。第三届泰安市东岳文学奖获得大面积丰收：中篇小说《鳗鱼》获一等奖，长篇小说《二手男人》、长篇小说《雾里红尘》、短篇小说《二叔》获三等奖；原创歌曲《大美岱岳》MV 荣获音乐类二等奖、散文集《静读时光》获三等奖。

【创建艺术展示平台】 成功举办“泰山新湖绿园”杯岱岳区第二届歌手大赛；先后在徂徕镇、角峪镇、山口镇、区直机关、英雄山中学、交警岱岳区大队等乡镇和单位举办“家训励人书画连心”暨书画名家走基层活动；举办以“唱支山歌给党听”为主题的庆祝建党 95 周年广场文艺晚会；举办“书画向阳 · 大美岱岳”书画展；举办“学楷模、比奉献”主题书画交流活动；举办“两学一做”主题书画交流活动等。在区职教中心、大陡山村等 8 个基层单位设立文联创作基地。

（张建平）

岱岳区科学技术协会

【概况】 2016 年，区科协立足“四服务一加强”工作职能，扎实推进《科学素质纲要》实施，加强自身建设，服务企业创新发展，筹建区级学会组织，各项工作在全市科协系统排名第一。5 个基层组织、8 名科技工作者分别受到国家、省、市级表彰。在泰安市优秀自然科学论文评选中获一等奖 3 个、二等奖 3 个、三等奖 4 个。开展农村专业技术职称评审，推荐上报高级职称 6 人、中级职称 11 人。

【全民科学素质工作】 起草《泰安市岱岳区全民科学素质行动计划纲要实施方案（2016—2020 年）》，确定到 2020 年全区公民具备基本科学素质比例达到 11.5%，明确了区直各成员单位任务目标，素质工作纳入区对乡镇（街道）的年度经济社会发展综合考核。

6 月 2 日，区科协举办科技专家惠民行动暨订单式科普巡回讲座（薛岩 摄）

【科学普及】 邀请扶贫专家到下港镇、夏张镇、角峪镇开展订单式科普巡回讲座；在粥店街道的过驾院、李家庄等社区开展卫生保健和防火防灾知识讲座，先后举办科普讲座、科普进社区、科普宣传活动22次，展出卫生健康、环境治理、疾病防控、科学生活等展板 135 块，发放科普挂图 2500 张、科普图书 1.2 万册、明白纸 3 万份。

【青少年科技活动】 启动女童保护专项行动，为 2000 多名女学生讲授自我保护知识。暑假期间，在粥店、过驾院等社区开展机器人科普活动，组织青青农场等科普基地与泰师附校等中小学校联合开展学生第三课堂活动。协调组织学生参加全国青少年信息学奥林匹克联赛以及全市青少年航模竞赛、机器人竞赛和科技创新大赛等赛事，在市级各类竞赛中，获得一等奖 3 个、二等奖 18 个、三等奖 39 个。

【基层组织建设】 马庄镇农经作物研究会、徂徕镇许家庄林果蔬菜研究会被市农技协会表彰为全市先进农技协，3 人被表彰为全市农技协先进工作者；山口镇被省反邪教协会表彰为三星级“科学 · 关爱 · 和谐示范乡镇”；岱岳区实验中学被省科协表彰为第五批山东省科普示范学校；满庄镇曼华庄园科普基地、天平街道谢荟分别获得“全国科普惠农兴村先进单位”“全国科普惠农兴村带头人”称号，并获得奖补资金 20 万元、5 万元。

12 月 8 日，区科协在如意科技有限公司开展产学研活动（薛岩 摄）

【服务企业科技创新】 协调泰山学院、服装学院等驻泰高校与如意科技、立邦活塞等企业开展产学研深度合作。组织一开电气等企业参加全省大众创业万众创新活动。7 月 6 日在全市率先开展“网络版科技信息”推广应用，29 家规模企业采用了“双创专利科技信息系统”。牵头成立了山东（泰安高新区）海智工作基地岱岳区海智工作站，开展海归人才和国际专家的引进工作。

（薛　岩）

编辑 龚继岳　校对 李　红

法治·军事

综　述

【平安岱岳建设】 2016年，落实省综治办、省公安厅《关于完善立体化社会治安防控体系建设三年规划》部署，构建以“天网工程”为依托，以治安“巡防工程”为支撑，打防管控综合施策、网上网下高效联动的立体化治安防控体系。深化“天网工程”建设，加大社会资源整合力度，在应用上由治安防控向社会治理发展。创新实行治保主任驻所联勤工作机制，深化治安“巡防工程”，推动治安巡防向社区、村居和机关、企事业单位延伸，实现对各类治安区域全覆盖。持续保持严打高压态势，开展社会治安综合治理“冬春季攻势”、打击侵财类犯罪比武竞赛活动、打击农村黑恶霸痞等专项行动，震慑犯罪，增强群众安全感。年内，全区共破获刑事案件945件，同比降低3.1%，抓获刑事案件犯罪嫌疑人486人，同比降低16.35%，追回网上逃犯142人，同比增长2.16%。全区无命案乡镇（街道）达到15个，占88.24%；无刑事案件村居达到289个，占43.26%。完善反恐工作体系，加强值班备勤，健全反恐专门机构和应急处突队伍，实现24小时武装巡逻、值班备勤常态化。

【社会综合治理】 加强基层综治工作平台建设，全面推进政法综治信息化建设，完善社区网格化管理，把社会治理各项措施落实到基层。构建多元矛盾化解机制，健全人民调解、行政调解、司法调解为主体，民间调解为补充的大调解工作体系，排查各类矛盾纠纷3468件，调处成功3436件，预防民转刑案件8起，防止集体上访案件33起。稳妥处置信访突出问题，制定《岱岳区治理进京非访实施意见》，加大非访处置力度，依法打击处理非访人员34人次。加大平安救助力度，扩大平安救助范围，救助困难群众6户，救助金额7800元。加强对重点群体的服务管理，形成教育、帮扶、矫治、管理的长效机制。全区累计接收社区服刑人员998人，增加安置帮教人员299人，安置率100%，重新犯罪率为零。开展人口、房屋服务管理工作，加强重点行业管理，落实寄递物流制度，在全国率先推出BS架构的寄递物流业治安管理信息系统（简称“寄递通”），加强了对寄递物流行业的治安管控。

【服务发展大局】参与创建国家文明城市、迎接国家卫生城市复审工作，牵头开展全区法制环境创建和环境综合整治工作，组织22个部门对违法建筑、露天烧烤、环境污染、占道经营、市场管理等问题开展联合执法、集中整治，拆除乱搭乱建、占道硼厦1210处、6.8万平方米，清理广告牌匾1799块，依法取缔无证烧烤业户80家，城区形象明显提升，为全市创城迎审工作做出贡献。为改善山区生态环境和群众生活环境，牵头开展山石资源综合整治工作，共整治山石企业32家，山石资源综合整治累计征缴8355.5万元 。

（邓　伟）

法治政府建设

【概况】2016年，区政府法制办围绕建设法治政府的目标任务，结合实际，健全完善依法决策机制，提升制度建设质量，强化行政执法监督，全面落实推进依法行政工作。

【决策服务】开展重大行政决策合法性审查工作，完善依法决策机制，规范决策流程，对属于重大行政决策范围的事项，一律进行合法性审查，保证了政府决策合法有效。积极参与城市环境综合整治、城市建设等工作，在创城迎审、招商引资、旅游环境整治、信访事项处理、城市噪声治理等重大涉法事务中，履行监督协调职能，提供法律咨询服务。

【政府法律顾问制度建设】建立完善政府法律顾问制度，充分发挥律师和法律专家在依法行政工作中的作用。聘请区政府法律顾问参与政府决策，聘请了蓝天律师事务所、岳首律师事务所的8名律师作为政府法律顾问，参与论证政府决策中涉及的民事、经济、行政等涉法事务，为政府依法决策提供了法律保障。2016年，组织部分区政府法律顾问审查以区政府名义及部门名义签订的合同120余件。保证了政府决策合法有效，为本地经济社会发展发挥了重要作用。同时，加强制度建设。 严格执行规范性文件统一登记、统一编号、统一公布制度。开展2010年年底前制定发布的规范性文件集中清理工作，共清理区政府规范性文件116件，保留48件、废止68件，为全区进一步深化改革、推动经济社会持续健康发展提供了有力制度保障。

【行政执法监督协调】①行政执法监督。贯彻实施《山东省行政执法监督条例》，加强公正执法、文明执法工作，强化执法监督。加强对行政执法人员的管理。对2016年12月底已到期的650个行政执法证进行了年审，并清理过期未年审山东省行政执法证20余个，提高行政执法人员的法律素质和工作能力，推进行政执法规范化建设。②行政执法服务保障。配合编制部门做好权力清单、责任清单的制定公布及合法性审核，推动区政府及其部门进一步转变职能、简政放权。

【行政复议应诉】①行政复议应诉能力建设。发挥律师和政府法律顾问的作用，律师和区政府法律顾问参与行政复议案件和行政诉讼案件的办理工作，为行政复议案件和行政诉讼案件的处理提供法律咨询和服务。②行政复议工作。注重运用调解、和解手段化解纠纷，提高了行政复议案件的调解结案率。区政府共收到行政复议申请23件，受理案件22件，办结22件。③行政应诉工作。依法办理区政府行政应诉案件13件。

（杜秀秀）

【概况】 2016年，区司法局围绕中心，服务大局，推进“法治岱岳”“平安岱岳”建设，抓好法治宣传教育、基层基础工作和干部队伍建设，为全区经济社会持续健康发展提供了良好的保障。全区各级调解组织共受理各类矛盾纠纷3468件，调处3468起，调处率100%，调处成功3436件，成功率99.1%，防止群体性事件和集体上访33起，涉及279人，防止民转刑案件8起，涉及23人；共受理符合条件的各类援助案件390件，结案331件，挽回经济损失510余万元；接待咨询985人次，其中来访354人次，来电631人次；共组织各级机关干部法治培训班10余期，培训机关干部4400余人次；各类学校共举办法治讲座230余场次，受教育学生达26万人次。年内，共有2人被表彰为2011—2015年全省普法依法治理工作先进个人；5个集体和9人被表彰为2011—2015年全市普法依法治理工作先进集体和先进个人。

【法治宣传】 做好“六五”普法经验总结，全面启动“七五”普法工作。①开展内容丰富、形式多样的宣传活动。利用横幅、标语、展板、图片、发放宣传资料、解答法律咨询、以案说法等形式，广泛宣传《宪法》《人民调解法》《未成年人保护法》《法律援助条例》等法律法规。②开展以进机关、进乡村、进社区、进学校、进企业、进单位为主题的“法律六进”活动，组成三个普法讲师团，制作《法治之光耀岱岳》普法宣传片，通过典型案例分析，以案释法。③做好“六五”普法总结，启动“七五”普法工作。制定完成全区的“七五”普法规划和2016—2020年依法治区规划。11月25日区人大常委会第43次会议作出《关于在全区公民中开展第七个五年法治宣传教育的决议》，审议通过《泰安市岱岳区2016—2020年依法治区规划》。12月9日区委、区政府转发《关于在全区公民中开展法治宣传教育的第七个五年规划的通知》。8月19日，迎接区人大视察组对全区“六五”普法、依法治区决议执行情况的检查验收。

【基层基础工作】 ①司法所建设。落实市司法局关于进一步加强基层基础建设的指示

2月3日，区司法局举办法律下乡宣传活动　（李蕾　摄）

精神，统一部署规划，全区司法所普遍拓展办公用房（基本都达到了4～5间），规范办公秩序，统一制作上墙制度版面，有了外观标识。年末，全区已建设社区（村）司法行政工作室40个。已建立的司法行政工作室基本达到了有1～2间办公室，配合司法所开展普法宣传、矛盾纠纷化解、法律咨询和与特殊人群谈心谈话等。②社区矫正。全区累计接收社区服刑人员1060人，其中，2016年接收198人，已解除矫正613人，在矫447人，全部实现有效管控。其中对55名重点人员，纳入手机定位监控管理。截至10月，共接收社会调查委托757件。③安置帮教。坚持做到与回归人员及时交流衔接、登记造册、建档帮教、妥善安置等，做到了衔接、帮教、安置、管理规范到位。全区累计在册刑释解教人员978人（接收刑释人员437人，接收矫正转入541人），其中年内共接收刑释解教人员239人，安置率100%，重新犯罪率为零。④监督管理。发挥区基层法律服务工作者协会作用，通过组织指导，充分授权，推行协会行业自治，使全区基层法律服务所和基层法律工作者的管理工作逐步走向自我管理、行业自律的良性发展轨道。全区注册基层法律服务所26个，注册基层法律工作者130人。下半年配合市司法局统一考试，录取13名人员补充到基层法律工作者队伍。

【人民调解工作】　每月召开矛盾纠纷排查调处工作协调会议，分析全区矛盾纠纷的总体情况，研究可能引发重大治安问题和群体性事件的隐患苗头，并实行“零报告”制度。全区共有人民调解员2942人，其中专职调解员1132人。通过对全区矛盾调处资源的整合，建立起以区矛盾调处中心为龙头，乡镇（街道）人民调解委员会为纽带，村级人民调解委员会和行业性调解组织为末端的“金字塔”调解组织网络。统筹解决工作推进过程中的协调联动、效力衔接等问题，优化矛盾调处力量，对矛盾纠纷及时分流，促进了矛盾纠纷的多元化解。

【法律援助】　创新法律援助服务模式，扩大法律援助工作的覆盖面。①强化宣传教育和办案质量。利用“三八妇女节”“3·15”消费者权益日等特殊节日，通过发放明白纸、悬挂条幅、设立咨询站，现场解答人民群众关心的热点、难点、疑点问题，扩大法律援助工作的社会影响。建立以质量为导向的案件管理制度，通过公开投诉电话、回访受援人意见、加强与受援人沟通交流等形式，了解承办案件情况和服务质量，增强办案力度，对案件及时进行跟踪监督，提高办案质量，提升人民群众对法律援助工作的满意率。②健全便民服务长效机制。建立困难群众资料库，推动法律援助便民示范窗口建设。降低法律援助门槛，扩大法律援助范围，全面推行基层法律援助工作站“一站式法律援助服务”模式，不断扩大法律援助工作的覆盖面。③维护老年人合法权益。开展老年人法律服务和法律援助工作，动员律师、公证员和基层法律服务工作者进村入户开展老年人法律服务和法律援助工作。

【公证业务】 开展争创“零投诉、零错证、零上访”公证员和公证质量专项检查活动，开展管理规范年建设活动，严格受理、审查、质检、审批、出证制度，提高公证质量和服务水平，提高公证公信力。向银行领域拓展业务，共办理各类公证3461件，其中民事类1673件，经济类603件，涉外类1185件，办证件数比2015年同期增长34.6%。共办理法律援助73件，受援人数200余人，免收公证费3万多元。跟进全区重点工作，进行全程现场监督公证，做好法律服务。

【律师业务】 全区执业律师共40名，担任政府、企事业单位等常年法律顾问28家，办理刑事案件66件、民事案件319件、行政案件25件、非诉讼案件2件、仲裁案件4件、法律援助案件38件，咨询代写法律文书2952件，参加公益事业和社会活动320人次。

【队伍建设】 开展“两学一做”学习教育工作，全面从严治党落实到基层党支部。落实全面从严治党党组主体责任，落实党风廉政建设主体责任，从严正风肃纪。实施“双联双增”工程，入户走访，密切党群干群关系。招录公务员1名，政法干警试点班学员2名。

（贾慧霞）

【概况】 2016年，全区公安系统完成各项安保维稳任务；开展一系列严打整治斗争，先后破获多起大要案件、系列性案件；扎实推进立体化治安防控体系建设，完成“天网工程”二期建设，完善治保主任驻所联勤、保洁员一岗双责等群防群治工作机制，全区刑事发案同比下降10.9%。泰安市公安局岱岳区分局有民警364人，下设3室、6个大队、12个派出所及两个内设机构。年内，被山东省文明委表彰为“省级文明单位”，大汶口派出所被省人社厅、省公安厅表彰为“全省公安系统先进集体”；19个单位、32人受到市级以上表彰。

【维护社会稳定】 ①安全保卫维稳。完成各级“两会”、G20峰会等安保维稳任务。②反恐处突能力建设。实施指挥长机制，建

10月14日，全区治保主任联勤现场会　（张瑞鑫　供）

成合成作战中心，进一步完善反恐处突布局，建成辐射全区、随时响应的反恐处突体系，将反恐处突队伍打造成尖刀队伍，在应急处置、维稳安保及创城等工作方面发挥了重要作用。③信访维稳。做实公安信访工作，化解多起疑难信访案件，分局纪检信访科被评为“全国公安信访窗口示范单位”。

【平安建设】　年末，全区无命案乡镇（街道）达到15个，占88.24%；无刑事案件村居达到289个，占43.26%。共抓获各类逃犯98名，其中抓获历年逃犯11名，抓获10年以上逃犯3名，市级通缉令逃犯4名已全部抓获。①严打侵财犯罪。通过开展社会治安综合整治“春雷行动”、打击多发性侵财类犯罪比武竞赛活动及打击盗抢骗专项行动，共打击处理侵财犯罪嫌疑人178人、逮捕65人、起诉58人，打掉团伙16个。②命案侦破工作。共发生现行命案3起，破获3起，破案率100%。先后破获了良庄镇“9·15”故意杀人案、大汶口镇“10·30”故意杀人案、下港“11·9”故意杀人案三起命案，实现了命案全破。③打击新型犯罪。共破获电信、网络诈骗案件38起，抓获犯罪嫌疑人11人，提请逮捕5人，挽回金额27万元；止付案件102起，止付成功62起，止付金额113万元。④严打经济犯罪。共立各类经济犯罪案件24起，破23起，抓获犯罪嫌疑人37人，其中，刑事拘留19人、提请逮捕20人、移诉66人，抓获上网逃犯25人，挽回和避免经济损失上亿元。其中，面值近37万元的假币案是建国以来泰安市破获的最大假币案，被中国人民银行总行认定为2016年全国最大的一起新版假币案。⑤禁毒工作。破获涉毒类刑事案件24起，包括省厅督办目标案件2起，抓获各类涉毒违法犯罪嫌疑人107人，缴获冰毒10.43千克，禁毒工作走在了全省、全市前列。⑥打击食药环境犯罪。深入开展“2016食药打假利剑行动”和打击环境犯罪“蓝天”战役、“清水”战役，对突出问题高发的重点领域和犯罪集中的重点区域开展集中打击整治，共立案28起，采取刑事强制措施6人，移诉6人，提请逮捕4人，没收非法所得60万元，捣毁“黑窝点”“黑市场”5个，行政拘留15人。

【社会治安】①打击黄赌。办理全市第一起利用出租式公寓进行卖淫嫖娼案件，刑事拘留2人，提请逮捕1人，治安拘留5人。破获“5·6”网络赌博案，刑事拘留13人，提请逮捕11人，扣押及冻结资金460余万元。②环境整治。集中对光彩大市场、粥店辖区工地等城乡结合部复杂区域开展环境整治，共排查流动人口1.17人，出租房屋4638间，“九小”场所1227家；加强辖区内276家旅馆整治，对不按规定登记旅客信息、一人登记多房、不按规定使用旅店业信息系统的情况逐一进行核实。③摸排管控。对各类治安重点人员进一步加强摸排管控，对列入管控、可能影响社会治安的肇事肇祸精神病人，明确管控责任，落实管控措施。针对掌握的治安重点人，逐一建立档案，制作台账，采集身份信息、DNA、指纹、照片等基本信息，明确了管控责任人，建立了“五包一”责任制，确保重点人员不漏管不失控。④民爆物品管理。开展危爆物品整治，落实危爆物品管理措施，加大涉危、涉毒、涉爆单位的技防、人防、物防和犬防设施进行全面检查，审批、备案程序。共完成办理特行、剧毒化学品、群众性大型活动审批等业务82次；保安备案7家，备案人员35人；启用民报系统网络服务平台，实现爆炸物品购买运输的网上审批流程。⑤寄递物流业治安管理信息系统建设。采集全区寄递物流业基础信息共计10万余条，全部数据与市局情报信息平台实现了导出对接，直接服务实战。⑥推行“云技术”高清监控网建设。运用乡镇、村级互联网安装数字云监控，实现有互联网的地方就能通过电脑、手机等介质查看实时视频、视频回放，使技术更好的在服务与实战中得以利用。

【消防管理】①“九小场所”（小学校、小医院、小商场、小餐饮场所、小旅馆、小歌舞娱乐场所、小网吧、小美容洗浴场所、小生产加工企业）综合整治。全年共排查九小场所6877家，督促整改火灾隐患或违法行为1.5万余处，临时查封8家，对3家存在重大火灾隐患的单位由区政府集中进行挂牌警示、督办。②推进微型消防站建设。以“救早、灭小和3分钟到场”扑救初期火灾为目标，依托配有消防控制室的安全重点单位建立起“有人员、有器材、有战斗力”的微型消防站。全区45家重点单位建立了微型消防站，6个社区建立了社区微型消防站。③推广独立式感烟探测器安装工作。3月18日，在光彩大市场举行了独立式感烟报警探测器免费发放活动，在全区养老院、敬老院、中小学校、幼儿园进行推广安装，同时将安装独立式火灾报警探测器作为办理开业前检查、消防验收备案等消防手续的前置条件。已推广安装独立式感烟火灾报警探测器2915个，为29家消防安全重点单位消防控制室安装消防维保监督管理系统。

【管理服务】①保驾护航。成立全区重点项目安保维稳工作指挥部和6个分指挥部，重点项目建设到哪里，警务工作就跟进到哪里，为经济建设保驾护航。②创新工作。应对信息化、动态化社会治安新常态，创新研发了寄递物流业治安管理信息系统、网约车管理平台、“叮咚开锁”APP，并投入使用，方便了群众。③执法规范化建设。抽调办案单位民警到法制室跟班学习，让民警转换角色，通过培训、讲座、案卷评比等多种方式，加强对执法办案规范化、接处警工作规范化、办案程序及涉案财物管理等内容培训，提高执法质量和执法水平。跟班学习有200人次，考评案件559起。

（姚继海　张瑞鑫）

检　察

【概况】 2016年，区检察机关按照“干在实处、干出实效、走在前列”的总要求，依法正确履行职责，全面加强自身建设，各项工作取得新的进展。岱岳区人民检察院内设20个部门和6个派驻乡镇检察室。检察干警104人，其中检察员69人、助理检察员1人、书记员2人、司法警察11人。先后被省检察院评为“无违法违纪、无责任事故”检察院，被省档案局授予全省档案工作科学化管理“先进单位”，被泰安市委、市政府评为全市社会管理综合治理先进单位，被泰安市检察院授予特别贡献奖。

【惩治和预防职务犯罪】 立案查处职务犯罪案件26件26人，其中县级干部1人，科级干部3人。查办工程建设、土地承揽领域贿赂案件13件13人、税务系统贪污贿赂案件5件5人。落实惠农扶贫领域职务犯罪预防，做好警示教育进党校工作，开展警示教育23场次。在第二届全国检察机关惩治和预防职务犯罪年度报告评选活动中，岱岳区检察院的2014年度报告被评为“百优”年度报告，是全市检察机关唯一获此殊荣的基层检察院。

【刑事犯罪检察】 依法批准逮捕各类刑事犯罪嫌疑人132件182人，提起公诉273件477人。打击严重影响社会治安和侵害群众财产犯罪，起诉“两抢一盗”等多发性侵财犯罪92人，起诉寻衅滋事、聚众斗殴等扰乱社会秩序犯罪84人。严厉打击破坏市场经济秩序犯罪，起诉金融诈骗、假冒注册商标、非法吸收公众存款等犯罪113人。落实宽严相济刑事政策，对犯罪情节轻微或者证据不足的，依法不批准逮捕4件6人。办理各类信访案件177件237人，保持多年无赴省进京上访案件。

12月7日，全省检察机关基层检察院建设工作会议观摩岱岳检察院现场　（谢一恒　摄）

【诉讼监督】 加强刑事诉讼监督，监督立案10件18人，监督撤案8件10人，追捕22人，追诉25人。开展“破坏环境资源和危害食品药品安全”两个专项立案监督活动，监督立案生产销售有毒、有害食品案1件1人。加强民事行政检察监督，受理民事行政监督案件54件，提请抗诉和提出再审检察建议3件，办理执行监督等各类监督案件49件，收到再审采纳裁定书10件、改变判决书1件。加强对刑罚变更执行的监督，出席法院减刑、假释庭审11次，审查泰安监狱呈报减刑、假释1172人，监督收监判处实刑未交付执行罪犯5人。

【司法规范化建设】 加强案件流程监控，发出办案期限预警49次，结案审核533件，对其中不符合结案要求的37件要求办案人员补送更正。开展案件质量集中评查6次，评查案件396件，查出问题90余个。向区人大常委会专题汇报民事行政检察工作，组织“检察开放日”活动，接受工作监督。

【信息化建设】 深化大数据应用，建成智慧电子检务中心，开发的检察官助手被省市院确定推广应用。建成新境界互动平台，实现与检察事务服务“一站式”网上网下资源共享，办理网上律师预约、案件查询、法律咨询等业务45件；发布微博2550条、微信2920条，获山东省“最具影响力检察头条号”十佳。

【基层基础建设】 立足区域经济和社会发展现状，打造“惠农检察室”“泰山生态保护检察室”“产业园区检察室”和“大汶河环境综合整治检察室”，以特色法律服务保障特色产业和区位发展。派驻检察室受理职务犯罪线索6件，移交后立案4件；移送民事行政检察监督线索8件；接待群众来访27件31人，下巡访80次，提供法律咨询67次，开展各类预防警示教育和法律宣传13场次；“信息超市”录入各类信息23.4万条。

（张华山）

法　院

【概况】 2016年，岱岳区人民法院围绕“让人民群众在每一个司法案件中感受到公平正义”的目标，坚持司法为民公正司法，充分发挥审判职能作用，维护社会大局稳定，促进社会公平正义，保障人民安居乐业。全年共新收各类案件8100件，旧存1476件，审、执、结8151件，案件结收比超过100%，结案标的额31.58亿元。全力化解各类矛盾与纠纷，为经济社会发展提供了有力的司法保障和服务。岱岳区法院诉调对接中心正式挂牌启用，进一步完善多元化纠纷解决机制，全面推进诉调对接工作。完善诉讼服务中心，整合诉讼服务职能，实行“一站式”诉讼服务，实现诉讼服务升级换档。岱岳区人民法院内设16个机构和天平、满庄、汶口、徂徕、范镇、山口6处人民法庭，共有干警146人，其中员额法官60人。先后荣获“全市社会

7 月 18 日，邀请《泰安日报》小记者参观区法院 （胡一 摄）

管理综合治理先进单位”“信访维稳工作先进单位”等称号，1 人荣获最高人民法院颁发的“全国模范法官”称号。

【刑事审判】 ①发挥刑事审判职能，依法审结各类刑事案件 301 件，判处罪犯 496 人，其中判处五年以上有期徒刑 22 人。②保持对严重刑事犯罪高压态势，依法审结抢劫、强奸等严重暴力犯罪和盗窃、诈骗等多发侵财犯罪案件 136 件，判处罪犯 201 人，营造良好治安环境。③落实宽严相济刑事政策，依法对 286 名被告人判处非监禁刑。④建设少年圆桌审判法庭，妥善审结未成年人犯罪案件，完善未成年人轻罪记录封存、社会调查等制度，有效维护未成年人合法权益。

【民事审判】 ①发挥民事审判职能，化解与群众生产生活密切相关的各类民事案件 2602 件。②强化对妇女、儿童、老人权益保护，审结婚姻家庭、继承、赡养等案件 943 件。③妥善化解涉农纠纷，审结土地流转、农业承包经营权等案件 94 件。④采取先予执行医疗费、诉前保全肇事车辆等措施，依法维护受害人的合法权益，及时审理道路交通事故赔偿等案件 495 件。⑤坚持“能调则调、当判则判、调判结合、案结事了”的原则，把握判案的时机和方式，多途径解决纠纷，促使当事人自觉服判息诉，调解撤诉结案 777 件。

【商事审判】 ①围绕转方式调结构、项目建设等全区重点工作，完善服务保障举措，妥善审结与经济发展密切相关的商事案件 2627 件，标的额 16.22 亿元。②营造公平有序交易环境，激发和释放各类市场主体活力，依法审结买卖、加工承揽等案件 438 件。③注重保护合法的民间借贷和企业融资行为，依法制裁高利贷等不法行为，妥善审结金融借款、民间借贷等案件 1072 件。

【行政审判】 ①依法保护行政相对人的合法权益，监督支持行政机关依法行政，妥善审结行政诉讼案件 78 件。②推动落实行政机关负责人出庭应诉，负责人出庭应诉率达 60% 以上，畅通案件沟通协调渠道。③强化行政争议的实质性解决，促进行政机关完善行政行为，引导行政相对人正确认识权利义务，行政诉讼案件和解撤诉 19 件。④深入行政机关开展座谈、举办讲座，提升行政执法能力，助推法治政府建设。⑤完善行政联席会议，定期通报行政审判情况，强化运用法治思维与法治方式，促进依法行政，推进法治岱岳建设。

【执行工作】①贯彻最高法院基本解决执行难工作部署，提高执行信息化水平，规范执行行为，穷尽执行措施，加强信用惩戒，依法执结各类案件2210件，标的额13.37亿元。②执行指挥中心建设，着力打造“上下一体、行动迅速”的指挥系统，强化与相关部门的执行联动，整合执行资源，完善执行威慑机制，切实维护法律权威，惩治违法行为，实现当事人权益。③推行失信被执行人名单，通过微博、电视以及传统媒体立体式曝光，向社会公开“老赖”信息，压缩失信被执行人的生存空间。构建“一处失信，处处受限”的信用监督、警示和惩戒机制，向相关部门通报失信被执行人名单，在融资信贷、招标投标、高消费等方面进行限制，督促履行义务，助推社会诚信体系构建。

【司法服务】①推进立案登记制改革，确保有案必立，有诉必理。②推进诉讼服务中心建设，为当事人提供诉前审查、立案指导、法律咨询等“一站式”服务。配备电子触摸屏，设立电子档案，开通庭审录音录像查询系统，保障了当事人的知情权和监督权。③开展律师代理申诉制度，在立案大厅设立专门的律师办公室，聘请资深律师负责解答当事人诉讼、申诉方面的法律疑难问题。④举办法制宣传活动，普及法律知识，通过送法进学校、进军营、进社区等方式，解决人民群众最关心、最直接、最现实的法律问题。

【司法公开】①落实审判公开原则，依法应当公开审理的案件，一律公开审理，全年约1.2万名群众旁听庭审。②深化审判流程、执行信息、裁判文书司法公开“三大平台”建设，全面及时公开各类司法信息。③落实生效裁判文书上网制度，在中国裁判文书网公布生效裁判文书6210份，将案件事实认定、裁判说理、法律适用，置于人民群众的监督之下。④规范人民陪审员参审监督形式，一审普通程序案件陪审率100%，人民陪审公信度和司法公信力显著提升。⑤组织法院公众开放日等活动，邀请社会各界代表860余人次走进法院，增进了解与互信，架起法院和人民群众沟通互动的桥梁。

（孙　浩）

【概况】2016年，区人民武装部坚持以习近平总书记系列重要讲话精神为统领，深入贯彻落实各级党委全会精神，牢牢把握改革强军主线，坚持举旗铸魂固根本、聚焦打仗强能力、深化整顿正风纪、依法治军保稳定的工作思路，坚持科学统筹，创新求实，加强思想政治建设、战备训练、征兵工作、后勤保障等方面工作，年度各项任务圆满完成。

【思想政治建设】贯彻习近平总书记系列

重要讲话精神，以改革强军为主题，组织开展“坚定改革强军意志，投身改革强军实践等教育实践”等活动。共组织党委中心组学习12次，累计24个学习日。紧紧围绕强化党委班子和干部部队建设，进行“学党章党规、学系列讲话、做合格党员”学习教育。组织党支部书记和党小组长进行业务培训，开展党员承诺践诺，召开专题民主生活会，强化全体党员的党章意识、忠诚意识、纪律意识和廉洁意识。全面彻底肃清郭伯雄徐才厚流毒影响、推进党风廉政建设和反腐败斗争专题教育，召开专题组织生活会对12个重大是非问题进行讨论辨析，人人进行对照检查，开展民主评议党员，进一步纯正思想作风。山东省军区检查组给予高度评价，人武部机关党支部被泰安军分区表彰为先进机关党组织。

【战备训练】 聚集能打仗、打胜仗真抓实备，完成人武部机关和军分区作战值班系统建设。扎实开展岗位大练兵活动，参加泰安军分区、山东省军区各类比武考核6人次，取得优秀成绩。落实战处置突发事件等非战争行动预案16项。加强重要时期和节日战备工作，严格落实战备教育、战备值班和请示报告等制度。突出维稳处突、防火救灾等任务分队训练。1～12月，拉动民兵应急分队完成神州十一号飞船与天宫二号发射应急搜救演练和发射备勤等各类工作任务5次，拉动民兵1100余人。发挥民兵信息员队伍作用，建立通信网络，及时掌握辖区社情、火情、汛情，共接收上报、处置信息65起，发放奖励16人次3000余元。

【征兵工作】 坚持早入手、早筹划、早准备抓好征兵工作。开展征兵宣传，在各乡镇、辖区各高校成立征兵宣传工作领导小组，利用春节、小长假等时机，层层包保，走村入户，发放应征青年联系卡6000余份。及时召开征兵工作业务会、驻地高校班主任征兵动员会，扎实开展兵役登记、直招士官、定向培养士官政治考核和大学生士兵初检初审工作。执行中央军委国防动员部廉洁征兵规定，逐级签订《廉洁征兵责任书》，组织体检复检、役前训练，确保廉洁征兵质量效果。共完成若干名新兵征集任务，其中大学生若干人（大专以上学历若干人，高校新生若干人），高中（职高）学历若干人。组织新兵部队回访，确保和促进新战士安心服役、稳心尽责。

【后勤保障】 落实党委理财、联审会签制度，重大开支、年度预算都由党委研究决定安排。迎接山东省军区财务大检查，对检查中指出的3项问题进行及时整改。加大营区硬件设施建设，先后投入15万余元安装卷帘门、起降杆、伸缩门等安全防护设备，更换隐形纱窗、防护网、围栏，对办公楼内消防管道进行升级改造。后勤战备训练和各项保障任务完成圆满。

（孟凡福）

人民防空

【概况】 2016年，全区人防工作以贯彻落实鲁发〔2015〕20号文件、泰发〔2016〕20号文件精神，推进人民防空改革发展为统领，以有效提升人防综合防护能力和服务经济社会发展能力为目标，以完善人防指挥通信体系、健全防护工程体系和加强人防训练演练为重点，推进人防建设与经济社会融合发展；贯彻落实《人民防空机关“准军事化”建设标准》，组织开展政治理论和业务技能培训学习，适应信息条件下军事斗争及人民防空准备工作的需要，各项工作均完成年度目标任务。区人防办被省人力资源社会保障厅、省军区司令部、省人防办表彰为“全省人民防空先进集体”，被市人民防空工作军政联席会议表彰为全市县级人民防空工作先进单位。

【疏散演练】 ①全面修订完成区、有关乡镇（街道）两级人民防空袭方案。②根据《防空袭方案》要求，按照“一中心、三部门”设置，建立人民防空联合指挥机构，落实机构编成，明确职责任务。调整完善区级人防专业队伍，落实人员编成。③完成区国防动员委员会交办的全区国防动员潜力调查任务。梳理调整区各重要经济目标单位，建立健全相关档案。成功组织9·18警报试鸣活动，城区警报音响覆盖率100%。联合区教育局、有关学校组织在校师生开展4次防空防灾疏散演练。

【指挥通信体系建设】 ①组织实施年度“两防一体化”警报通信网设施设备新增和改频升级工作。②全面完成北斗导航定位系统、第三代军用短波通信电台建设任务。③按计划推进实施区属人防地面指挥中心（区政府应急指挥中心）升级改造工作。④开展人防机动指挥通信车和小型信息采集车机动拉练6次，实地检验机动指挥系统应用、连通性能。

9月18日，区人防办开展防空防灾应急指挥车拉动训练（姚传华 摄）

【人防工程建设】 ①作为区重点建设项目决策委员会成员单位，参与区重点建设项目的研究、报建和审批。②落实“以建为主、以收促建”原则，规范防空地下室建设管理和易地建设审批，确保区辖范围内各类新建民用建筑防空地下室应建尽建，防空地下室易地建设费应收必收。③完成“泰安天房美郡国际城项目人防工程修建性详细规划”的审核、批复及专家论证会论证工作。

【工程质量安全监管】①按照人防工程建设规范要求，加强在建人防工程质量监督，实现对人防工程质量和安全监管全面覆盖。②组织开展10余次工程质量监督检查跟进巡视。③完成“泰山秀水湾”等3处人防工程的竣工验收或主体验收工作。④抓好人防系统安全生产，完善安全监管责任体系、制度体系和预案体系，实现人防安全生产形势持续稳定。

【行政执法】对区辖范围内在建民用建筑项目实施人防执法巡查网格化管理，开展拉网式执法巡查，组织执法巡查4次，现场检查多个新建民用建筑项目人防审批办理情况，分别登记在册，分类处理。加强人防执法与人防行政审批的衔接配合，共同督促结建项目及时开工建设，易地建设项目按时足额缴纳人防规费。

【宣传教育】组织开展人防宣传教育示范学校、示范社区和示范企业创建活动，全区共建成6处标准化、规范化的市级人防宣传教育示范单位，并通过市人防办验收。巩固在校学生人防知识普及教育，组织全区11所初中学校、6500余名学生开展人防知识教育，授课率、受教率、考试及格率均达到95%以上。完成区委党校年度中青年干部培训班人防知识授课任务。结合5·12防灾减灾日、9·18警报试鸣日，在机关、社区、学校组织开展系列人防宣传教育活动。

（贾一民）

编辑 龚继岳　校对 李　红

经济管理

发展和改革

【概况】 2016年，全区实现生产总值415.9亿元，增长7.2%。完成地方财政一般公共预算收入16.5亿元，同口径增长11.1%。完成固定资产投资427.4亿元，增长10%。社会消费品零售总额实现179.7亿元，增长8.3%。一、二、三次产业结构调整为14.2 ∶ 41.1 ∶ 44.7。粮食总产量48万吨，实现丰产丰收；规模以上工业增加值比上年增长5%；进出口总值13.5亿美元；城镇和农村居民人均可支配收入分别达到2.99万元和1.38万元，分别增长7.7%和8.4%。区发展和改革局由局机关、2个一级事业单位（区重点建设项目办公室和区服务业办公室）、1个二级事业单位（区资本市场发展办公室）、1个副科级行政单位（区铁路办公室）和1个股级事业单位（区信息中心）组成。全局实有人员35人，其中行政13人，事业22人。

【简政放权】 承接落实市发改委下放行政审批事项2项，优化审批流程，最大限度地缩小审批、核准和备案范围；强化投资项目在线审批监管平台管理，建立健全管理制度，确保平台运行顺畅。根据泰安市车改领导小组对岱岳区公车改革实施方案予以批复，出台《泰安市岱岳区党政机关公务用车制度改革实施方案》，召开全区公务用车制度改革会议，全区各级党政机关在编在岗的县（处）级及以下公务员、参公管理人员和机关工勤编制人员先行参加本轮改革，实际参改车辆总数444辆，保留各类车辆合计256辆。严格执行补贴标准，县处级正职1040元，县处级副职960元，乡科级正职650元，乡科级副职600元，科员、办事员和机关工勤编制人员500元。

【计划编制】 完成《泰安市岱岳区国民经济和社会发展第十三个五年规划纲要（草案）》和《关于泰安市岱岳区2015年国民经济和社会发展计划执行情况与2016年国民经济和社会发展计划（草案）的报告》，经区十六届人大五次会议审议通过。2016年经济社会发展主要预期目标为：生产总值增长8%左右；地方财政收入增长11%左右；固定资产投资增长12%左右；社会消费品零售总额增长10.5%左右；城镇、农村居民人均可支配收入分别增长 8%、9% 左右；城镇登记失业率控制在 3.5% 以内；人口自然增长率控制在 7.2‰以内；全面完成上级下达的节能减排任务。

【重点项目】开展“招商引资和重点项目建设质效提升年”活动，紧扣区域拉动力、行业竞争力、财税支撑力“三强”标准，高标准策划项目、引进项目、建设项目，抓好区级重点骨干项目建设，组织好项目建设检查考核，落实“五个一”帮促措施，协调解决项目进展中存在的突出问题，聚力推进重点项目建设。泰山玻纤三线四线、润恒冷链物流等 16 个市级重点建设项目完成投资 67.4 亿元，完成年度计划的 115.8%，全部完成投资计划，其中 11 个项目超额完成投资计划。15 个市级前期推进重点项目全部办理立项手续，其中老爷车博物馆等 5 个项目投产运营或试运营。34 个区级重点项目完成投资 83.7 亿元，其中泰山国际汽配城、朗瓦光伏发电等 30 个项目完成形象进度。

【服务业】贯彻落实国家和省市区加快服务业发展的政策措施，优化服务业发展环境，全区服务业保持平稳较快的发展态势。2016 年，全区实现服务业增加值 186.1 亿元，同比增长 8.7%，服务业增加值占 GDP 的比重达到 44.7%，同比提高 1.4 个百分点。完成服务业固定资产投资 288.7 亿元，同比增长 46.1%，占全社会固定资产投资的比重为 67.6 %。全区有规模以上服务业企业 99 家，同比增加 14 家，实现营业收入 28.5 亿元，同比增长 11.5%。接待游客 1961 万人次，实现旅游收入 27.76 亿元，分别增长 22.56% 和 33.46%。泰山青春创业电子商务产业园、泰山钢材电子商务产业园、鎏光溢彩电商产业园、泰安领英创业跨境电商产业园等四大电商产业园区初具规模。年内引进金融机构 25 家，培育地方金融组织 15 家，实现税收 1.7 亿元，同比增长 39.3%。驻区银行业金融机构存贷款余额达到 524.8 亿元、312.4 亿元，分别增长 7%、25%。房地产业健康发展。完成开发投资额 34.1 亿元，增长 17.6%；在建施工面积 347.48 万平方米，增长 26.3%；竣工面积 132.72 万平方米，增长 46.9%。

【固定资产投资】完成固定资产投资 427.4 亿元，比 2015 年增长 10%。全年核准、备案项目 388 个，总投资 337 亿元，完成 20 个单位项目报建手册审批工作。泰山玻璃纤

国际食品交易中心　（史新滢 摄）

维有限公司年产 2×10 万吨无碱玻璃纤维池窑拉丝生产线项目，完成投资 25.1 亿元，建设生产车间、研发中心及公用工程等设施；引进配合料、电助熔、直接纱拉丝机、合股纱拉丝机、经编机等 280 台（套）进口设备，购置烘干炉、水处理、制氧、配电等 76 台（套）国产设备，已建成投产。泰安润恒现代农副产品冷链物流产业园项目，主要建设金融商务区、国际物流综合体区（包括国际食品交易中心、自动化立体冷藏库、自动化立体保鲜库、配电房氨机房）粮油交易库存区（包含粮油交易中心和粮油高温库）。本年，已完成 27.9 亿元，金融商务区 1—6# 楼主体结束，果蔬交易中心 1—8# 楼具备交付条件，9—26# 楼单体结束；国际食品交易中心基本完成；综合库主体结束；电子商务配送中心 1—3# 楼主体完成 50%；仓储配送中心主体完成 40%。泰山花海项目，主要建设花海、小岛景观和具有异域风情的 9000 平方米婚纱摄影基地，已完成投资 5.8 亿元，基本建设完成。

（王国峰）

国有资产监督管理

【概况】2016 年，全区国有资产监督管理工作围绕“国资监管上新水平、国企发展上新台阶”，强化全区行政事业单位国资管理，依法履行出资人职责，不断提升国有资产监管的能力和水平。年末，监管国有企业 7 家，年末国有资产总量 4.55 亿元；全区行政事业报表单位 188 个，资产总额达到 49.75 亿元。区国资局先后被评为全省国资监管工作先进单位，全省企业国有产权管理工作先进单位，全市国资监管信息工作先进单位，全市企业国有资产统计工作先进单位，市级文明单位等 30 余项荣誉称号。

5月20日，区国资局开展“两学一做”学习教育工作座谈会（刘虎 供）

【资产统计】 完善统计工作机制、提高统计数据质量，开展统计数据分析应用，促进监管企业提升经营管理水平。部署安排 2016 年度国有资产统计工作，对区属国有企业的财务报表聘请中介机构进行审计，对企业填报的资产统计报表进行审核、汇总、分析后上报。年末，经统计全区纳入统计上报范围的 4 户国有企业资产总额为 35.64 亿元，比年初增加 29.55%；负债总额 34.64

亿元，比年初增加 32.72%；所有者权益总额 1 亿元，比年初减少 28.57%；国有资本及权益总额为 1.05 亿元，比年初减少 27.08%。

【资产产权登记】 通过对权属企业进行摸底调查、完善档案材料、严格录入程序、加强系统管理，做到应登尽登，完成权属企业产权登记历史数据的系统录入工作。年末，登记企业总户数 13 户。所登记企业中包括监管企业 9 户，非监管企业 4 户。其中，一级企业 8 户，二级企业 5 户。

【企业管理】 落实中央《关于煤炭行业化解过剩产能实现脱困发展的意见》，根据省市区安排，对山东红旗矿业有限公司于 2016 年 10 月底予以矿井封闭。

【资产处置】 按照“统一上交、资产评估、公开拍卖、收益入库”四步流程，进行阳光操作，实现国有资产处置收入的最大化。2016 年，公务用车公开拍卖款 285.37 万元，超出起拍价 103.88 万元；单位房改房处置款 55.97 万元；资产报废残值 14.22 万元，全年实现资产处置收益 355.56 万元。

【资产日常管理】 实施资产“三账一体”管理、产权证统一管理，推行“账、表、卡相统一”的精细化管理，将监督管理贯穿行政事业单位资产日常管理的全过程，提高资产的使用效益。山东省国资委充分肯定了此做法，在全省系统内推广。

（刘　虎）

国土资源管理

【概况】 2016 年，全区国土资源系统履行新的职责定位，贯彻落实国土资源管理法律法规及上级决策部署，各项工作取得了新进展、新成绩。泰安市国土资源局岱岳区分局是泰安市国土资源局的派出机构，担负着全区土地资源、矿产资源和测绘管理三项职能。正科级行政机关，设正科级事业单位 1 个，正科级参照公务员法管理事业单位 1 个，副科级事业单位 3 个，17 个国土资源所，内设行政科室 14 个，全系统共有干部职工 210 人。区国土资源分局连续 10 年保持“市级文明单位”称号，先后被表彰为“全省年鉴工作先进集体”“ 2011—2015 年全市普法依法治理工作先进集体”“全区服务经济发展先进单位”和“全区民生服务工作先进单位”。

【土地资源管理】 ①保障经济社会发展用地。全年上报各类建设用地 3606 亩，批回 3277 亩，办理建设用地审批、转让 3568 亩，有效保障了 104 国道改线、青兰高速、大汶河开发、大班额改薄、太阳部落等国家和省、市、区重点建设项目用地。②严守耕地红线。全区耕地保有量 103.04 万亩，基本农田保护面积 96.09 万亩，超额完成市政府下达的保护目标任务。泰城城市周边永久基本农田划定已完成，并经省国土资源厅、省农业厅批复，全域永久基本农田划定正在推进。同时，加快推进土地整治，立项高标准基本农田建

4月21日，国家土地督察济南局局长张璞（前排中）到岱岳区督察，区委副书记、区长张韧（前排右一）陪同　　（王品堂　摄）

设项目6.12万亩，完成高标准基本农田建设项目11个7.35万亩。范镇土地综合整治已完成省级终验，农用地整治面积1426.34公顷，新增耕地69.21公顷，项目的规划设计、工程质量走在全市前列，省验收组给予充分肯定。③土地储备出让。全区储备土地15宗1514亩，出让土地15宗1476亩，实现政府收益1.07亿元。其中，寻求省土地储备中心的合作支持，争取列入省级储备计划篮子，成功与省土地储备中心合作储备山口镇土地1050亩，争取到位资金4100万元。协调争取市储备中心储备资金2600万元，用于全区土地储备，缓解储备资金的不足压力，为城市发展和基础设施建设提供保障。④节约集约用地。严格落实市政府《关于进一步加强节约集约用地管理的意见》和《泰安市国有建设用地批后监管办法》，对用地项目投资强度、开竣工时间、亩均税收、违约责任进行审查，加强批前、批中、批后全程管理，年内新增监管项目用地17宗、面积1846亩。⑤土地执法监察。国家土地督察济南局对岱岳区进行土地例行督察，区委、区政府制订《2016年土地例行督察工作方案》，成立领导机构，对所有问题图斑逐一制订整改方案，全部予以整改，通过国家土地督察济南局的验收，并给予高度评价。开展2015年度卫片执法检查，全区违法占用耕地4.89公顷，违法占用耕地比例为2.34%，所有违法用地全部立案查处，实现“零通报、零约谈、零问责”目标。⑥基础业务工作。开展2015年度土地变更调查，完成区级耕地后备资源调查评价、耕地质量等级调查评价和基准地价更新，并通过验收。修改、调整天平、北集坡、满庄、良庄等乡镇、街道土地利用规划面积2426亩，优化用地空间布局，留足了发展空间。办理各类行政诉讼案件13件、听证4次，办理民生事项623件。

【矿产资源管理】　①矿产资源监督管理。贯彻落实矿产资源开采登记管理、矿业市场准入制度、储量登记管理、“三率”指标考核等制度。对36处矿山企业进行采矿权年检，年检率、合格率100%。贯彻泰安市国土资源局等五部门《关于进一步加强山石资源管理的通知》，巩固全区山石资源综合整治成果。严格采矿权审批、出让、发证等关口，出台《关于规范山石资源开发管理及规费征缴的实施意见》，出让采矿权11宗，收缴采矿权价款60.48万元，矿产资源补偿费

454.45 万元，采矿权使用费 0.6 万元。②矿产勘查储量。新立岱岳区南留地区地热普查和岱岳区新宅子地区岩盐矿普查项目 2 处，完成马庄鲁源岩盐和泰山玉玉石矿资源储量的核实。③地质灾害防治及地质环境保护。贯彻落实矿山地质环境治理方案和建设用地地质灾害危险性评估制度，将矿山企业地质环境保护情况纳入矿山年检内容，强化源头管控，有效改善矿区地质环境，收取矿山地质环境治理恢复保证金 438.44 万元。出台《2016 年度地质灾害防治方案》，聘请 3 名省级专家组成地质灾害防治专业分队，形成政府主导、各部门分工负责和群众广泛参与的地质灾害防治体制机制，对全区重点隐患区域进行深入细致的排查、巡查。开展地质灾害治理和搬迁避让，实施项目 6 个，已完成 4 个。对化马湾乡双泉村滑坡和祝阳镇二王庵村地面塌陷开展了应急调查。组织实施了长城岭和龙湾省级地质公园建设，已基本完工。

【测绘管理】 ①开展岱岳区“十三五”基础测绘规划的编制，成立了区“十三五”基础测绘规划编制领导小组，通过收集资料、归纳整理、专家论证，完成全区“十三五”基础测绘规划的编制，为全区基础测绘的发展明确了目标方向。②完成新版《岱岳区地图》编制、印刷、出版，提升了测绘地理信息工作对全区各项事业的支撑和保障作用。③加强测量标志管护，落实测量标志管护经费，建立测量标志巡查台账，与执法大队建立联合执法制度，加大测绘执法巡查检查。④强化测绘市场监管，开展全区地图市场专项检查，确保测绘市场健康有序发展，维护了良好的测绘市场秩序。利用 8·29《中华人民共和国测绘法》宣传日，加大测绘法律法规和相关知识的宣传，进一步增强社会各界测绘法制意识。

（朱方林）

工商行政管理

【概况】 2016 年，区工商行政管理局（下称“区工商局”）内设科室 8 个，直属局 2 个，直属事业单位 3 个，派出机构（工商所）18 个，全局共有行政编制人员 160 人，事业编制人员 17 人，工勤人员 4 人。围绕市场主体建设与监管、商标建设、消费维权、文明城市创建等重点工作，营造“五个环境”，实现“五个突破”，即，营造良好的营商环境、市场环境、消费环境、工作环境和党风政风环境，在激发市场活力、事中事后监管、创新维权、队伍素质提升和作风转变上实现新突破。

【市场主体建设】 深化商事制度改革，简政放权，合理分流注册登记业务，将 100 万元以下有限公司的登记权下放工商所，进一步落实注册登记便利化措施，激发市场主体投资创业热情。10 月 1 日，实施企业和农民专业合作社“五证合一、一照一码”改革。企业和农民专业合作社向工商一个窗口提交一套材料，即可领取加载营业执照、税务登记证、组织机构代码证、社会保险登记证和统计登记证等信息的营业执照。12月1日，实施个体工商户营业执照、税务登记证“两证合一、一照一码”改革。全区市场主体持续激增，年内新增各类市场主体8453户，总数达到4.3万户，注册资本（金）578.11亿元。其中，企业8386户，注册资本（金）506.41亿元；个体工商户3.32万户，资金数额27.56亿元；农民专业合作社1419户，出资总额44.14亿元。

6月9日，在全国文明城市创建工作中，执法人员现场执法（陈超 供）

【商标建设】 推广“5S商标服务体系”，加快“品牌岱岳”建设，《“品牌岱岳”建设实施三年规划（2014—2016）》提前完成。7月29日，泰石岩棉有限公司的“泰石”商标被认定为“中国驰名商标”。年内，新注册商标918件，商标总量为3024件，总量列全市第二，注册量和增幅连续3年列全市第一、全省前列。其中，中国驰名商标3件，山东省著名商标17件，地理标志证明商标8件。

【信息公示与市场监管】 组织市场主体开展信息公示工作。2015年度企业、农民合作社和个体户的年报率分别为80.98%、90.4%和63.17%，共有1.02万户市场主体被列入经营异常名录。①加强市场监管，开展非法集资整治专项行动，对91户投资担保类企业进行专项检查。②加强农资市场和成品油市场监管，查办农资案件7件，对82家加油站建立动态监管台账，组织抽样检测成品油样品126份。③查办格式合同案件，检查经营合同47份。④加强网络监管，突出线上线下一体化监管，累计完成市场主体搜索数3116户，检查网店158户，查办网络违法案件5件。⑤全局共办理案件158件，其中一般程序案件50件，简易处罚案件108件，无行政复议和行政诉讼案件。

【消费维权】 共处理消费者投诉举报605件，办结率100%。“3 · 15”国际消费者权益日纪念活动期间，以“新消费、我做主”为主题开展“放心消费在岱岳”活动，组织进学校、进农村等“六进活动”，在光彩大市场设置宣传栏、假冒伪劣展台，开展“公共服务行业消费者满意度调查”活动，提升消费者消费维权能力。活动期间共发放资料3000余份，解答咨询70余人次，处结消费投诉40余起，为消费者挽回经济损失8万余元。

【文明城市创建】牵头市场环境创建组开展全国文明城市创建工作，共出动执法人员5460人次，车辆480台次，检查规范督导经营业户1826户，向农贸市场、商场超市经营业户发放各种资料、问卷600余份。长城农贸市场的工作成果在全市工作调度会议上受到表扬。

（陈　超）

物价管理

【概况】2016年，泰安市物价局岱岳区分局在编人数16人，下设6个科室。被《中国经济导报社》评为“全国价格宣传工作先进集体”，被泰安市委组织部“五化五星”服务型党组织创建活动评为“三星级党组织”，连续14年被泰安市文明办评为“市级文明单位”。

【价格调控】年内，在开展价费监管与价格服务的同时，重点开展价格调控工作，建立了32个价格监测点，形成了点多面广的价格监测网络。将全区范围内农副产品、生产资料、城市居民日用工业消费品、成品油等180余种商品或服务纳入监测范围，向上级报送价格监测数据586份，监测分析56篇，发布各类价格信息104篇次；依托银座6家大型超市，稳步推进平价商店建设，平价商品由过去的32个品种增加到45个，让利消费者51.77万元。

【价费监管】对龙潭路、东岳大街及火车站站内及周边所有经营单位及经营户进行市场价格行为综合整治，共走访经营单位和经营户1000余户，发放宣传材料和提醒告诫函1000余份，承诺书800余份，发放标价签10万余张，并将所有经营单位和经营户基本信息录入电脑存档。对太阳部落、盐海神汤、徂徕山温泉城和刘老根大舞台等旅游景点门票价格的公示情况及景区内零售商品明码标价情况进行检查，发放宣传材料、提醒告诫函1000余份，承诺书800余份，免费发放标价签10万余张。对光彩大市场的明码标价开展综合整治，共走访经营户800余户，发放明码标价宣传材料800余份，发放标价签2.3万余张。开展价格与收费专项检查，共查处违法案件27件，实施经济制裁17.10万元，全部上缴国库；对国家、省出台的涉及企业收费以及有关取消、降低、

3月15日，区物价局到光彩大市场开展价格宣传工作（邱风凯　供）

暂停、减免征收的各项价费政策执行情况进行检查，共查处违法案件 1 件，实施经济制裁 2.2 万元。完善价格监督举报机制，受理价格咨询及投诉 207 件，协调退还用户 1.5 万元，其中受理“12358 电话”及网站投诉 75 件、市物价局转办 56 件、直接来电来访 14 件、岱岳区民生服务热线及网站咨询投诉案件 62 件，回复办结率和群众满意率均达到 100%。

【价格服务】 审核并受理临时停车位、物业收费咨询、备案 26 件、办理民办幼儿园收费登记 22 件。对彩山水库、小安门水库泰城供水价格的构成进行了监审，开展“农户种植意向”“农户存粮情况调查”“农户购买农资情况调查”“特色农业调查”四项专项调查，撰写调查分析报告 4 份。巩固价格认定工作，办理各类涉案物品价格认定案件 211 件，其中刑事案件 177 件，民事案件 21 件，纪检案件 7 件，涉案总金额 600 余万元。

（邱风凯）

【概况】 2016 年，区质监局突出抓好质量强区建设、特种设备安全和质监法制工作，夯实质量、标准化和计量工作基础，完成区委、区政府和市局下达的各项工作任务。区质监局内设监督与法制科、质量科、特种设备安全监察科、标准计量科和办公室四科一室，下设稽查队、计量测试所两个事业单位。编制 47 人，在岗人员 42 人。先后荣获省级文明机关，省级卫生单位，全省质监系统行风建设先进单位，泰安市安全生产先进单位，全市质监系统绩效考核先进单位，全市质监系统宣传信息工作先进单位等称号。

【质量强区工作】 ①在山东省质量强省及名牌战略推进工作领导小组办公室印发的《关于 2016 年度山东名牌产品认定结果公告》中，岱岳区 5 家企业 5 个产品被认定为山东名牌产品（鲁普耐特集团有限公司生产的“鲁普耐特”牌碳纤维绳，山东岱岳制盐有限公司生产的“东岳”牌食用盐，“明佳”牌 360 度高精度标签在线检测系统，泰安金飞虹织造有限公司生产的“泰山御锦”牌泰山御锦，山东宏康机械制造有限公司生产的“宏康”牌数控开卷矫平剪切生产线），是近年来荣获山东名牌数量的最好成绩，实现“十三五”名牌战略推进工作开门红。②开展企业卓越绩效管理培训，组织企业参加省局组织的中小企业质量品牌提升培训，共培训 86 家企业 100 余名企业负责人，进一步提高了全区企业质量意识。③以迎接市政府质量考核工作为契机，形成区领导挂帅，区质监局牵头，全区 10 余个部门参加的质量强区工作协调推进机制，确保质量考核工作取得优异成绩。

【特种设备智慧谷建设】 落实全区特种设备智慧谷建设工作的部署，履行特种设备智慧谷建设领导小组办公室职责，完成 2016 首届泰山国际特种设备展览会核心区、2016

中国特种设备检验协会里理事会以及“泰山智慧谷杯”第二届全国特种设备检验检测机构乒乓球比赛的承办工作，为泰山国际特种设备智慧谷建设创造有利条件。

【特种设备安全监察】 ①按照“属地监管与分级监管相结合、以属地监管为主”的原则，与各乡镇、街道沟通协调，建立工作协调机制，组织开展日常巡查，构建“横向到边、纵向到底、不留死角”的安全生产责任网格化体系，形成社会关注、地方党委政府高度重视、质监部门强化监管、企业自律的良好社会氛围。②通过政府购买服务的方式，聘请16位市特检院的技术专家，提供专业技术支持，在压力容器、锅炉、电梯等特种设备专项整治以及生产单位日常监督检查中，发挥重要作用。③专项整治。先后开展起重机专项整治，锅炉、压力容器专项整治，气瓶充装单位的监督检查，生产单位、使用单位日常监督检查，电梯安全检查，游乐设施大检查等6次专项整治行动，累计检查设备1500余台套，消除隐患210余处，有效保障全区特种设备安全运行。③突出应急演练。在山东联合农药有限公司、泰山盐化有限公司举行2次危化品泄露事故应急救援演练，锻炼应急救援队伍实战能力。

【标准化工作】 天平街道大陡山村，按照“美丽乡村”建设规范，以“科学规划布局美、村容整洁环境美、创业增收生活美、乡风文明身心美”为标准，通过省级“美丽乡村”标准化试点验收，成为全省新标准颁布以来首家通过验收的乡村。同时，山东省联合农药有限公司、泰安鲁普耐特塑料有限公司、山东明佳科技有限公司等3家企业参与国家标准及行业标准的制定，其中，山东省联合农药有限公司参与国家标准1个、行业标准8个。

【计量工作】 开展安全防护用计量器具备案工作，对寄递物流行业专项整治、“一机、二器、四表”计量专项检查、餐饮超市计量专项监督检查，对区文广新局关于在新闻、出版、电视领域使用法定计量单位的检查、对医疗机构专项计量监督检查等。

【行政执法】 ①强化监督抽查，开展证后监管，工业产品获证企业管理水平有新提高。②加大行政执法力度，确保消费安全和特种

3月7日，区质监局执法人员在生产厂家现场检查电热毯
（刘怀健 供）

设备安全。③开展专项整治和执法打假行动。检查各类单位200余家次，检查各类产品30余类、特种设备1000余台（套），办理调查案件16起，受理消费者投诉近100起，办结率达100%，为消费者挽回经济损失50万元。④妥善处理职业打假人的申诉举报，化解矛盾和纠纷。受理、处理“12365”和民生热线投诉举报近100起，处结率100%。特别是及时处置1起群体性投诉案件，化解了群体性上访的苗头。成功调解1起四川普格县养窝镇安木脚村农民吴某夫妇的上门质量申诉案件，涉及金额24万多元，为其挽回损失17.5万元。⑤做好行政审批、许可改革等方面的工作，完成人大政协提案办理、行政执法、重点工业产品信息报送等工作。

（刘怀健）

食品药品监督管理

【概况】 2016年，区食品药品监督管理局组织开展食品药品各类检查，建立并实施质量安全追溯管理体系，推进诚信体系建设，实施规范化监管所示范创建工程，开展创建省级食品安全城市和全国文明城市工作。年末，全区共有102家食品生产企业，持证食品经营单位2401家，学校食堂98家；药品批发企业7家，药品零售企业350家，中药饮片生产企业1家，药包材生产企业1家，医疗器械生产企业2家，三类医疗器械经营企业61家。该局内设10个职能科室，机关核定行政编制19名，工勤人员编制2名。下辖1个事业单位，为岱岳区食品药品稽查大队，事业编制21名。设立乡镇（街道）食品药品监督管理所17个，为区食药局派出机构，核定行政编制85名，实有行政编制工作人员51人。全系统共有工作人员91人。

【日常监管】 ①食品生产环节。组织开展肉制品、桶装饮用水、食用植物油塑化剂、乳制品等专项检查，检查食品生产企业90余家，下达责令整改24份，抽检样品37个批次。年内，办理食品生产环节一般程序案件15家，结案14家，移送法院强制执行1家。②食品流通环节。监督食品经营者履行食品进货查验、索证索票等义务，开展羊肉及其制品、网络食品经营、食用农产品、食品摊贩等专项检查，完成各级抽样561个批次，应对诉讼2件，行政复议5件。③餐饮服务环节。以全区学校食堂和幼儿园小饭桌为重点，对98家学校食堂进行了检查；完成了“两会”、高中考、特种设备理事会及乒乓球赛、天颐湖音乐节等多次重大活动保障；开展守护舌尖安全整治行动、黄前水库水源地整治、网络订餐平台及网络食品经营专项检查、旅游景区餐饮服务单位专项检查，先后抽取食品样品58个批次。④药品医疗器械监管环节。以打击制售假冒伪劣药品、医疗器械和非法生产、经营、使用药品、医疗器械的违法行为作为稽查工作重点，组织开展疫苗专项检查、药品零售企业专项整治、装饰性彩色平光隐形眼镜（美瞳）专项检查、药品流通领域违法经营行为集中整治，检查17个乡镇的310多家单位，发现问题企业

160余家，查处各类药品医疗器械投诉举报12起，完成省市药品抽样110个批次，办理各类药械案件224起。⑤保健食品化妆品环节。制定保化经营企业索证索票和台账管理专项整治方案，以改善记忆类、增强免疫力、改善睡眠类、辅助降糖类、减肥类、抗疲劳类保健食品为监管重点，对经营使用的美白、祛斑、祛痘以及防晒类等特殊用途化妆品合法情况为重点进行检查，先后出动人员450余人次，车辆186台次，检查保化经营单位300余家。

【省级食品安全城市创建】 开展创建省级食品安全城市工作。①根据市、区统一安排，分别召开创建省级食品安全城市动员会和创建全国文明城市动员会，分解落实创建责任，分片包干创建任务，将创建工作与食品安全监管工作结合起来，共同部署落实。②对接粥店、天平两个街道，统一订制宣传标语，设立宣传橱窗，张贴标识、标语，刊登科普知识，在各生产经营门店配制公益广告，利用广告牌、电子显示屏、LED屏、道路中央隔断、桥体等，高密度悬挂、张贴食品安全宣传标语，营造了浓厚的创城氛围。③对创建工作开展情况及时进行调度、分析、总结，制定相应措施，特别是对涉及的食安委成员单位，进行协调，创建工作稳步、有序开展，取得明显成效。④先后迎接省、市政府督察组的现场督察，得到上级领导肯定。

【建立并实施质量安全追溯管理体系】 在白酒（河套酒业）、食用油及油脂制品（金冠宏、益海嘉里）、肉制品（亚圣、丁丁）等生产企业，推进追溯体系建设，督促企业加强生产过程控制，建立食品安全追溯制度，确保食品生产质量可追溯。

【开展信用分级分类管理试点】 经市局批准，区食药局自2016年1月1日至2017年12月31日开展食品药品生产经营全领域信用体系建设试点，组织召开动员会，制订总体方案，明确各个环节的分工，并制定符合实际操作性强的信用等级评价方案，严格落实“黑名单”制度，各所具体负责辖区内食品药品安全信用信息的归集、信用评价、信息修复、信用等级确定和向区食药局报送基础数据，及时更新各类企业信用档案，确保记录的信用信息规范、准确、完整和及时，具体实施对

9月8日，省“守护舌尖安全”整治行动督查组到岱岳区督查
（刘大伟 摄）

食品药品生产经营企业的分类管理。

【实施规范化监管所示范创建工程】开展监管所“四室一窗口”（办公室、快检室、储物室、档案室、服务窗口）建设，按照《执法基本装备指导标准》，加大监管所建设经费投入，向当地党委、政府争取办公场所，更新、配齐执法装备，健全完善监管职责、管理制度、工作程序，通过公开招考给监管所配置人员，已有粥店、天平监管所人员配置已达到编制数额要求。通过集中招标采购，给监管所配备食品药品快检设施设备，帮助硬件达到标准的监管所建成食品药品快检室。通过打造规范化监管所，以示范创建引领推动全部基层所逐步实现规范化建设。

（刘大伟）

5月27日，省安监局副局长赵卫东（前排左二）检查岱岳区矿山企业（刘勇 供）

安全生产监督管理

【概况】2016年，全区安全生产工作牢固树立安全发展理念，坚持抓源治本，严密防范，严格落实安全生产责任制度，通过深入开展安全风险防控、隐患排查治理、安全教育培训、强化基层基础建设等工作，查处各类安全隐患1.6万余处、立案21起，安全生产保持持续稳定的良好态势。岱岳区被省政府安委会表彰为“全省安全生产工作先进区”。

【安全生产责任落实】①深化党政同责。按照属地管理和三个必须（管行业必须管安全、管业务必须管安全、管生产经营必须管安全）的要求，在全市率先成立由区委书记任主任、区政府区长任常务副主任，区委有关领导、区人大分管负责人、区政府各位副区长、区政协分管领导任副主任的区安全生产委员会。成立由分工副区长任主任的17个专业委员会，逐级落实安全生产责任制，“党政同责、一岗双责、失职追责”责任体系得到有效落实。②继续实行“零”指标控制和“一票否决”制度，对完成安全生产目标任务的乡镇（街道）、区安委会成员部门，发放奖励资金34万元。③实行跟踪督导、月度考核制度，对各乡镇（街道）考核11次，对5家安全管理不到位的企业实施黄牌警告，否决“重合同守信用”企业1家。

【安全生产隐患排查】 根据不同时期安全生产特点，组织开展企业主体责任全面落实年、企业主体责任落实专项执法检查、安全生产隐患大排查快整治严执法集中行动等专项整治活动，狠抓区域风险防控和隐患排查。其中，由区安监局牵头，组织区质监局、消防大队、岱岳供电部等部门，先后在17个乡镇（街道）、2个园区开展“安全生产大会战”活动，先后历时8个月，检查企业726家，查处安全隐患7169条。通过进行商谈、研判，按照分级属地的原则，全面开展区域、行业和企业三个层面的安全风险预判，深入查找风险点、薄弱环节和突出问题，各级各行业主管部门和企业排查安全风险点316类，1.3万项。对查出的安全风险点本着“网格化、实名制、信息化”的原则，全面落实分级分行业管控责任和措施，各乡镇（街道）、园区以及各行业分别建立安全管控台账。绘制区域安全风险红橙黄蓝分布图，对228家重点行业涉及的466个风险点实现电子标注。

【安全执法监察】 综合运用政治、行政、法律、经济、市场等五大手段，督促企业落实主体责任，创新安全监管执法模式，先后开展“零点夜查行动”“四不两直”突击执法检查，及时排查各类安全隐患。取缔非法违法燃气充装点60家，依法查处非法加油点10个、医药化工生产窝点1个、非法经营危险化学品企业1家。严厉打击烟花爆竹非法经营行为，立案8起、行政拘留12人。

【安全生产基层基础建设】 ①安全生产基层队伍建设。全区19个安全生产执法中队均达到标准化水平，乡镇（街道）、园区安全监管执法人员达到86人。在全区666个村（居）设立了村级安全检查员。安全生产基层监管不断得到拓展、延伸和强化。②扎实推进非煤矿山攻坚克难工作，关闭非煤矿山企业7家。③加快化工行业转型升级步伐，对化工企业实行安全环保评级和综合评价，除现有的化工园区项目外，园区之外不再新上化工项目，运用安全环保节能倒逼机制，推动化工企业集中进入专门的化工园区。关停危险化学品企业3家。④满庄镇、大汶口工业园专门拿出资金，采取“以奖代补”的形式，对辖区内30家小微企业安全管理实行由中介机构“托管”，切实解决了企业安全管理“断档”问题。⑤泰山盐化工、联合农药、鲁能石膏矿、中联水泥等企业实施科技兴安战略，投入资金4000多万元，通过聘请专家查隐患、改善生产工艺、机械化减人等措施，不断提高企业本质安全水平。

【安全生产宣传教育】 组织开展“安如泰山”科学预防体系建设。市政府分别于4月、8月在岱岳区召开全市“安如泰山”科学预防体系创建月督导会议。岱岳区在天平街道池子崖建设“安如泰山安全文化主题公园”，印制《岱岳区安全文化手册》，开展安全文化“进机关、进企业、进社区、进校园、进农村、进家庭”的“六进”活动，培育塑造富有吸引力、感染力和趣味性的“安如泰山”安全文化品牌。通过开展安全生产月、安全知识讲座等活动，强化安全生产宣传教育和人员培训，培训各级党政领导干部、企业负责人和安全管理人员、村（居）负责人 2.3 万人（次）。全区 125 家企业达到 3 级及以上安全标准化水平，12 家企业被授予市级“安全文化建设示范企业”荣誉称号，1 家企业被评为省级“安全文化示范企业”，7 个班组被评为市级安全生产优秀班组。

（刘　勇）

【概况】　2016 年，全区审计工作重点对政策措施落实、预算执行、经济责任、政府投资、资源环境进行审计，统筹完成好上级交办的审计事项，推进审计监督全覆盖，发挥审计的服务和保障作用。全年共组织实施审计项目 38 个，累计查出违规及管理不规范金额 8.59 亿万元，促进增收节支 6233.5 万元，提出改进工作的意见建议 78 条，移送违纪违规案件线索 1 条，呈报审计要情 2 篇，被区委、区政府评为“科学发展先进单位”。

【跟踪审计】　重点对社会救助、养老服务业、小微企业、重大水利工程、农村人口饮水工程、贸易流通、企业社会投资 7 个方面的财政金融政策落实情况进行跟踪审计。根据省审计厅和市审计局的安排，开展精准扶贫政策落实情况审计调查、保障性安居工程跟踪审计和城镇普通中小学大班额情况跟踪审计，审计结果为各级领导决策、各单位改进工作提供了依据。

【财政审计】　做好对区本级年度财政预算执行和其他财政收支情况审计与税收征管情况审计，扩大监督范围，加强对重要领域、重点部门的延伸审计力度，对区水务局、区商务局、区文化广电新闻出版局、区环保局 4 个单位的年度预算执行和其他财政收支情况进行审计。在把握总体情况的基础上，重点关注各项财政改革措施的落实情况，关注财政资金的安全和使用效益，着力揭示财政资金在管理、分配、使用等方面存在的突出问题，提出改进建议，审计的宏观性、整体性、建设性进一步增强，审计结果报告和工作报告得到区人大、区政府的肯定。在对区商务局等单位审计中，形成《岱岳区慈善协会内部控制管理亟需加强》和《关于进一步加强我区农村电子商务资金管理的工作建议》2 篇审计要情呈报区领导。加强慈善协会内部控制管理的审计要情被区政府主要领导批示，区政府出台《泰安市岱岳区人民政府关于促进慈善事业健康发展的实施意见》；加强农村电子商务资金管理的审计要情被区商务局采纳，出台《泰安市岱岳区电子商务精准扶贫资金使用方案》。

【经济责任审计】　贯彻落实中央两办规定及其《实施细则》，不断完善经济责任审计工作的方式方法和范围内容，统筹审计力量，创新组织方式，突出权力与责任两个重点，关注执行国家政策、科学民主决策、经济管理、依法行政、廉洁自律等方面责任履行情况，为干部使用管理和权力运行监督提供了有力支持。根据区委组织部委托，开展领导干部经济责任审计项目16个；根据市审计局授权，完成了房村镇和范镇2个乡镇党委书记的任期经济责任审计。

【政府投资审计】 健全政府投资审计监督的体制和机制，重点关注在建重点工程项目的跟踪审计和完工项目的工程决算审计，强化对投资计划管理各环节的审查，将审计监督贯穿于政府投资项目的全过程，促进提高投资管理水平和资金使用效益。做好高铁拆迁项目的跟踪审计，2016年审定金额2.84亿元，出具审计意见单14份；完成区政府交办的山东龙岳创业投资有限公司2014年1月至2016年6月资产负债及损益审计和2016年首届泰山国际特种设备展览会审计。派出5名业务骨干，协助省审计厅审计组开展区直部门单位建购职工住房专项审计调查，审计结束后，按照省审计厅审计组反馈意见和区委、区政府要求，协助开展问题整改，取得了阶段性成效。

【自然资源资产离任审计】 结合房村镇镇长经济责任审计，试点开展自然资源资产离任审计工作，出具独立的自然资源资产责任审计报告。在试点工作基础上，根据市两办印发的《关于开展领导干部自然资源资产离任审计试点工作的实施意见》要求和区委领导安排，研究制定符合岱岳区实际的领导干部自然资源资产离任审计实施意见，指导工作开展，逐步建立经常性的审计制度。

（孟　强）

统　计

【概况】 2016年，区统计局围绕全区中心工作和年初确定的各项任务目标，主动为全区经济社会发展提供优质统计服务。在开展常规统计的同时，加强基层基础建设，并取得成效。区统计局连续9年被评为全省统计系统文明单位，泰安市文明单位，在县市区统计工作全面考核评比中获得第一名，被表彰为2016年度先进县市区统计局。

【常规统计】 严格数据质量控制，强化数据审核认定。完成各项周期性统计报表以及新能源产品情况调研、重点能源消费企业调查、“103030”工程监测、主要行业生产景

11月4日，山东省统计局党组书记、局长潘振文（左三）调研岱岳区企业统计工作　　（董涛　摄）

气调查、部门统计工作调研等工作，切实做好“四上”企业新增退出工作。优化统计改革创新，高标准推进统计制度改革，完成行业划分变动后的季度GDP核算工作，完成5000万元以上项目结转及法人（项目）入库工作，严格执行能源生产和销售统计制度，持续推进服务业统计改革，开展电子商务平台交易情况季度调查，完成星级企业验收工作。加大执法检查力度，针对中央专项巡视反馈的“数据造假、以数谋私”问题，成立6个统计执法检查组，在全区统计系统开展专项治理工作，在全区范围内进行划片、分组抽签检查，同时完善执法人才库。

【基层基础建设】 开展“统计基层基础建设提升年”活动，成立“基层基础建设提升年”活动督导小组，实行包保责任制，先后召开全区统计基层基础建设提升年现场交流会、东片区现场座谈推进会等多次会议，以实地参观、经验交流、通报等形式，以点带面，全面夯实统计基层基础。加强对联网直报企业的指导力度，促使企业严格按照规范化要求建立台账、完善档案等基础资料，全区共有96人获得统计从业资格证并按时参加统计继续教育，做到持证上岗。

【筹备农业普查】 第三次农业普查是2016年全年的工作重点，成立岱岳区第三次农业普查领导小组，开设农普办公室，充实农普工作人员。对各乡镇、街道农业普查“四落实”情况进行了多次督导调研，确保乡镇高度重视农业普查工作，确保有机构、有人员、有经费、有办公条件。抓好农业普查培训工作，组织各乡镇、街道普查工作人员参加省、市农业普查方案培训，在满庄镇开展农业普查试点工作，以现场教学的方式对普查流程进行演示，分批次对各乡镇、街道统计站长和普查员进行进一步轮训，确保普查方案、普查流程的熟练掌握。开展农普宣传活动。泰安市第三次农业普查宣传周启动仪式在岱岳区举行，推动农普知识、普查流程等在全社会的推广，为提升农业普查工作的影响力营造良好的普查氛围。

【统计服务工作】 落实全区经济运行情况通报制度，多次在区政府相关会议上对全区经济运行情况进行通报，在年度科学发展综合考核以及每季度投资项目考核工作中提供客观真实的统计数据。做好分析撰写工作，共撰写各类统计分析78篇，其中3篇得到区领导批示，并根据分析内容召开相关部门经济运行调度会议；撰写统计工作信息118条，及时通报统计工作内容，发挥“参谋助手”作用。加强统计专业知识培训，举办统计业务知识培训班，组织统计人员开展统计法知识测试，提升统计系统工作人员业务水平。抓好统计继续教育工作，保证了乡镇（街道）、园区、“四上”企业统计人员按时参加统计继续教育。

（李国青　王　震）

编辑 龚继岳　校对 李　红

农 业

综 述

【概况】 2016年，全区农业增加值达到59.1亿元，增长4.8%；农村居民人均可支配收入1.38万元，增长8.4%。粮食播种面积97.85万亩，总产48万吨，单产490.6公斤。蔬菜面积65.13万亩，总产246.4万吨，单产3783.3公斤。完成彩山水库灌区节水改造工程、国家农田水利项目县一期工程等6项重点水利工程建设。完成造林1.79万亩，肉蛋奶总产量达25.8万吨，农机总功率达到103万千瓦，蚕茧产量连续十六年位居全省第一位。全区有机、绿色、无公害农产品认证面积分别新增5000亩、1万亩、2万亩，达到8万亩、47万亩和60万亩，注册农产品商标380件，地理标志证明商标达到8件，位居全市前列。

【农村经济运行管理】 加快土地、林场、水域滩涂等确权颁证步伐，建成区级农村产权交易中心和乡镇交易平台，推进土地经营权、林地所有权、水域滩涂养殖权等有序流转，建立多路径的利益联结机制，稳步发展适度规模经营。全年完成农村土地承包经营权确权登记颁证村625个、面积83.2万亩；完成水域滩涂养殖使用权确权颁证3.1万亩；实现林权抵押贷款2.24亿元。农村产权交易平台共办理产权交易260件，交易金额2800万元，盘活农村资产980余万元。集中力量对农民专业合作社违规吸储放贷、超范围经营等行为进行了集中整治，有效规范农民专业合作社运营。全年立案4起，关停违规合作社20家，清退代办人员160人，减少吸储规模1.8亿元，收回逾期借款7800余万元。供销社系统改革不断深入，全年新建商贸中心2个，为农服务中心2处，新增营业网点11个，新增营业面积2.25万平方米，实现销售收入5000万元，土地托管服务面积达到12万亩。

【种植结构调整】 以提质增效为中心，加快种植结构优化调整步伐。蔬菜及食用菌面积65.13万亩，总产246.4万吨。新认证无公害农产品基地1万亩，绿色食品基地2万亩，有机食品基地0.5万亩。祝阳镇获山东省“一村一品”示范村镇称号。

【农产品质量监管】 推动“三品”、标准化基地建设，泰安圣华茗茶有限公司、泰安青青家庭农场有限公司等10家龙头企业带动的标准化基地获得“省级农业标准化基地”称号。加强质量安全检测，2016年对全区10个蔬菜重点乡镇进行定量抽检600个样品，抽样合格率保持在99%以上。严格落实“两项制度”“分片包干责任制”和农药经营备案制度，积极开展“联合农资打假”“农资打击夏季百日行动”“农药及农药使用专项治理”“守护舌尖安全”等专项行动。出动执法人员440人次，共检查农资经营网点89个；送检化肥15个；检查农药批发商15个，农资经营店150家，农药品种280个；通过备案准入的农药品种816个次，涉及农药生产企业54家；通过执法监管，规范农资市场秩序，杜绝了假冒伪劣农资和禁用农药的销售与使用。

【新型农业经营主体培育】 坚持把新型农业经营体系建设作为推进农业规模经营的重大举措，强化引导扶持，规划发展，家庭农场、农民合作社等为代表的新型经营主体快速发展。年内，新增农民合作社194家，在工商部门登记注册的农民合作社累计达到1425家，其中国家级示范社3家、省级14家、市级47家；新增家庭农场164家，总数达到311家，其中市级家庭农场示范场11家。培植农业龙头企业，壮大群体规模。全区新上规模以上农业龙头企业10家，总数达到142家，其中省级、市级农业产业化龙头企业分别达到8家、75家。农业龙头企业实现销售收入199亿元，利税9.9亿元。

【农业科技创新与推广】 以提高农业科技进步贡献率为目标，引进示范推广新技术12项，新品种11个。以新型职业农民培育和行业关键技术培训为重点，构建农业科技人才大培训格局，累计培训新型农民5.16万人次。获省农牧渔业丰收奖1项，评选产生市级农牧渔业丰收奖3项。

【生态休闲农业建设】 推广水肥一体化、清洁生产技术，实施耕地质量提升、秸秆综合利用试点县等项目，提高化肥、农药、秸秆利用率，农作物秸秆综合利用率达到87%，测土配方施肥技术推广面积100万亩，成功申报岱岳区红河谷生态旅游有限公司为山东省生态休闲农业示范园区，岱岳区徂徕镇许家庄为果蔬专业合作社，岱岳区中青松石农业科技有限公司为第一批省级生态循环农业示范点。

【农村基本政策落实】 实施耕地地力保护补贴，以小麦种植面积为依据进行补贴，发放补贴资金4547.38万元；实施种粮大户、种粮家庭农场补贴73.69万元，小麦、玉米、花生、日光温室政策性农业保险面积53.72万亩，市级以上财政补贴资金566.74万元。

【农业特色产业】 以全区农业产业结构调整为契机，发展特色产业集群，培育“名特优”农业品牌，打造特色产业。实施泰山茶产业和“泰山南麓”葡萄酒产业发展规划，泰山茶种植总面积达到1.1万亩，发展茶企业16家，合作社15家，建成精品茶园5处；酿酒葡萄种植总面积达到2400亩，完成酒堡建设4处，葡萄酒建设产能达到200万升。新发展农业精品园场10家，总数达到76家。新申请“泰山花海”“武岳香”等农产品商标47件，总量达到450件，“三品”认证总面积达到115万亩，农产品地理标志证明商标达到8件，总量居全市前列。

【农业招商】 把做好农业招商工作，作为增强农业农村工作发展活力和后劲的重要措施。建立定期通报制度，对农口各部门及各乡镇（街道）农业招商和对上争取工作情况进行通报，有效推动工作开展。共引进农业产业化新项目19个，到位资金2.8亿元；新增家庭农场126家，总数达到273家。

【特色旅游资源培育】 深挖特色旅游资源，先后推出“泰山人家·春天里峪”、泰山天鹅湖、青青农场等乡村旅游品牌产品。共创建省级旅游强乡镇8个、省级旅游特色村13个、省级农业旅游示范点11个，“好客人家”星级农家乐42家，乡村旅游接待游客1314万人次，实现旅游收入17.3亿元。建成国家级休闲农业与乡村旅游示范点4个、省级农业旅游示范点24个、区级休闲农业与乡村旅游点160个，农家乐、采摘园等300余处。

【农业信息化建设】 发展以农村淘宝项目为代表的“互联网＋现代农业”发展模式，初步构建起岱岳品牌农业快速营销网络，实现了“网货下乡”和“农产品进城”的双向流通。创建省级农业科技园1处，新建农村淘宝服务站点25家，总数达到68家，进入全省农村淘宝十强县，林果苗木网上交易额达到1000万元。

【美丽乡村项目建设】 对全区626个城区外行政村进行精准识别，建立村庄分类台账，明确建设标准和相关部门的责任分工，在注重传统村落保护，凸显特色村落亮点的同时，进一步提升全区美丽乡村建设水平。推进全区美丽乡村建设的精准提升工作，以项目建设带动面上工作开展，全年，对上争取美丽乡村建设项目11个，项目资金290万元，全区美丽乡村覆盖率达到40.42%，农村公路总里程达到2957.1公里。

【农村民生事业】 坚持公共资源向民生薄弱环节倾斜，农村教育、文化、医疗、卫生等水平进一步提升，各项社会事业协调发展。全年完成新型职业农民培训2.74万人次，落实秸秆综合利用资金1300万元，新增节水灌溉面积2.5万亩，治理水土流失面积17.1平方公里，发放农机具购置补贴1349.90万元，完成深松整地10万亩。新建学校19所，改扩建学校98所，新建、改扩建幼儿园120所，发放低保资金4014万元，农村最低生活保障标准达到3600元，发放五保供养资金1255.6万元，五保供养标准达到5000元。

（候智涛 张玉荣）

种植业

【概况】 全区粮食播种面积97.85万亩，总产48万吨，平均亩产490.6公斤；油料作物面积8.46万亩，总产2.51万吨，平均亩产296.3公斤；棉花播种面积0.59万亩，总产0.049万吨，平均亩产84.4公斤；生麻面积0.017万亩，总产0.0027万吨，平均亩产165.2公斤；中药材种植面积0.066万亩；蔬菜及食用菌播种面积65.13万亩，总产246.4万吨，平均亩产3783.3公斤；瓜类种植面积1.93万亩，总产5.8万吨，平均亩产3000公斤；其他农作物播种面积0.3万亩。

【粮食生产】 年内，粮食播种面积97.85万亩，其中小麦播种面积41.6万亩，总产19.71万吨，平均亩产473.8公斤；秋粮56.25万亩，28.3万吨，平均亩产503.3公斤。建设粮食高产创建示范方2.5万亩。

6月1日，新疆农业考察团考察岱岳区小麦生产　（张玉荣 供）

【蔬菜生产】 全区蔬菜及食用菌面积65万亩，总产245万吨，单产3770公斤，有机蔬菜面积6.8万亩。实施了现代农业生产发展资金果菜产业项目。

【茶业生产】 全区茶园种植面积达到1.1万亩，其中可采摘茶园1万亩。全年泰山干茶年产17.5万公斤，实现产值1.2亿元。

【植物检疫】开展农业植物检疫宣传活动，累计开展宣传、咨询17次，出动宣传车22台次，发放宣传资料、生产技术知识明白纸等1.2万余份。举办培训班2次，培训人员450余人次；开展检疫性有害生物和重大植物疫情调查防控，先后出动120人次，分别对200个冬暖式大棚、20万亩陆地大田作物开展扶桑绵粉蚧、瓜类果斑病、黄瓜绿斑驳花叶病毒病、梨枯梢病和玉米褪绿斑驳病等疫情普查；开展检疫登记管理。执行检疫程序，依法办事，对申报的制种单位小麦制种田进行产地检疫，产地检疫面积1.26万亩；签发植物检疫证书22份，受理各类种子调运检疫申请4批次，共签发调运检疫证书4份，调出各类种子12万余斤。

【农作物病虫害防治】 区内病虫草害共发生682.5万亩次，

防治678.5万亩次，占发生的99.41%，比2015年提高0.9个百分点。其中，病害发生174.5万亩次，增加9.5万亩次；虫害发生332万亩次，增加0.7万亩次；杂草发生176万亩次，增加8万亩次。通过防治，共挽回粮食损失9.6万吨，油料0.35万吨，蔬菜52.52万吨。①病虫害监测预警。完善县级有害生物监测预警与控制区域站和乡村基层测报点相结合的监测预警网络，组织全区监测预警技术培训，提高测报人员的素质。规范开展病虫害系统大田普查，加强对小麦、玉米、蔬菜、花生等作物病虫害的规范调查，突出对条锈病、赤霉病、麦蚜、玉米二点委夜蛾、黏虫等突发性、暴发性、流行性重大病虫害的监测预警。全年编发周情况汇报25期，病虫情报16期，模式电报10期。②病虫害防控。针对麦蚜、条锈病、赤霉病、玉米二点委夜蛾等，在防治关键时期及重点区域，通过组织现场技术指导和发布技术意见等方式，指导农民适时开展防治，严防突发性、迁飞性、流行性重大病虫暴发成灾。全年共发布技术意见19次。③推进专业化统防统治。发展壮大植保合作社、植保协会、农资经营大户等专业化防治组织。年末，有植保专业化防治组织30个，其中工商局登记注册19个，从业人员1000余人，装备植保机械1950台，统防统治面积122万亩次。④推广植保绿色控害新技术。加大以杀虫灯、性诱剂、色板诱杀为主的理化诱控等多种绿色防控技术的推广应用，建立以小麦、玉米、西红柿等作物的核心绿色防控示范区。开展农作物病虫害绿色防控新技术试验。充分利用网络、宣传车、农村广播、培训班、印发宣传资料等形式，宣传安全使用农药的知识，逐步减少农药的使用量，降低施药对环境的污染。

茶溪谷5000公斤茶叶设施种植基地　（王艳霞　供）

（张玉荣）

【“泰山茶溪谷”茶】　泰山茶溪谷位于泰山西麓道朗镇境内三缶山之阳，东距泰山10公里。据史载，公元773年，有周游神州的唐大历年间高僧引南方茶种植，并获得成功，种植面积达到500余亩。此茶香高味浓、叶厚耐泡、汤绿明亮。因品质优良数量有限，成为当地请客送礼之佳品。2016年，由山东泰安岱峰茶叶专业合作社申请，国家工商行政管理总局批准，此地所产茶产品的商标为“泰山茶溪谷”。

（李　磊）

农业综合开发

【概况】 2016年农业综合开发工作成效显著，竣工验收9个2015年度项目，完成投资3777万元，其中财政资金2315万元。建设高标准农田0.8万亩，扶持农业龙头企业2家，农民专业合作社5家。新开工2016年度立项项目12个，其中土地治理项目5个，产业化经营项目7个，总投资4073万元，争取上级财政资金2800万元。

【土地治理项目】 2016年完成2015年度土地治理项目2个，分别为良庄镇0.5万亩高标准农田建设项目、角峪镇0.3万亩高标准农田建设项目，完成投资897万元，全部为财政资金，建成高标准农田0.8万亩，有力地改善了项目区生产条件，提高了农业综合生产能力。新开工2016年度土地治理项目5个，总建设规模1.81万亩，总投资3072万元，财政资金2329万元。分别为“房村镇0.66万亩高标准农田建设项目”“山口镇东碾疃村0.3万亩高标准农田建设项目”“夏张镇王士店村0.2万亩高标准农田建设项目”“泰安徂徕山汶水生态农业科技有限公司0.45万亩高标准农田建设项目”“泰安盛华春农业开发专业合作社0.2万亩高标准农田建设项目”。

【产业化经营项目】 完成2015年度产业化经营项目7个，总投资2816万元，其中财政资金1418万元，分别为泰安市嘉元生物工程有限公司的“3000吨有机蔬菜生产扩建项目”、泰安市四季丰利经贸有限公司的“420吨双孢菇标准化生产基地新建项目”、泰安市岱岳区绿洲养猪专业合作社的“4000头生猪繁育基地扩建项目”、泰安市永乐蔬菜专业合作社的“1000吨蒜粉加工新建项目”、泰安市和谐特种动物养殖专业合作社的“1

夏张2000亩高标田地涵工程　　（王艳霞 供）

万只良种狐繁育扩建项目”、泰安市方泰良苑蓝莓专业合作社的“岱岳区7800公斤设施蓝莓示范基地扩建项目”、泰安市岱岳区荣发林果专业合作社的“8万公斤设施大大樱桃示范基地新建项目”。开工建设2016年度产业化经营项目4个，总投资601万元，财政资金242万元。分别为泰安市合盛养猪专业合作社的“2000头生猪养殖基地新建项目”、泰安市茶溪谷农业发展有限公司的“岱岳区5000公斤茶叶设施种植基地新建项目”、泰安市御廷茶叶专业合作社的“3万公斤茶叶种植基地扩建项目、泰安市金冠宏油脂工业有限公司的“1万吨牛羊风味油加工新建项目”。

【项目建设管理】 严把项目入库筛选和评审。①对照当年项目申报指南，对项目申报单位的资质情况、经营状况、管理状况、法人社会形象等各种标准及入库项目的市场潜力、竞争优势、建设方案、效益情况、辐射带动能力等进行考察论证，确保入库项目的质量，提高申报项目的针对性和准确性。②聘请5名专家对项目进行严格的初审，对项目必要性、可行性，建设方案的合理性、先进性，项目预期效益的可靠性等方面进行把关。③加强项目管理与培训。为提高申报项目的质量和保证项目的规范及顺利实施，对已经入库的项目申报单位，召开由项目单位管理人员、财务人员参加的培训班，保证了项目建设没有出现违规问题。④强化日常督导检查，确保财政资金的安全使用，提高了社会经济效益。农业综合开发项目建设取得良好的经济和社会效益。通过高标准农田建设项目的实施，解决制约农业生产的主要障碍因素，建成“田成方、林成网、路相通、渠相连、旱能浇、涝能排”的高标准农田，改善农业生产基础条件，增强农业发展后劲，促进粮食稳产增产和农民持续增收。⑤在产业化项目上，坚持开发、基地、龙头、产业“四位一体”，围绕全区的特色产业，扶持竞争力、带动力强的龙头企业和合作社，推行“企业＋基地＋农户”“企业＋合作社＋农户”等多种产业化经营模式，采取集中扶持、连续扶持的方式，提高农业的组织化程度，培植壮大蔬菜、桑蚕、蓝莓、大樱桃等优势、特色产业，有力地带动农民增收。建管并举“三化”管护。区农业开发项目工程良好率达到90%以上，农田林网成活率、保存率90%以上，保证项目区项目工程的持续良好运行。为确保档案规范、真实、完整，区办对每个项目都建立一套完整的档案，每个项目单位也按照《山东省农业综合开发档案管理办法》的要求，按立项申报类、项目实施类、竣工验收类对档案进行分类整理，每类档案编制档案目录，标注立卷人、立卷时间、保管期限。开发办也与项目单位签订目标责任书，明确各自的责任和义务；与先建后补项目单位签订承诺书，化解项目管理风险。⑥对土地治理项目，从区办到乡镇、村，实行包保责任制，包片人员监督监理单位，督促项目建设单位按期完成项目建设任务。

（王艳霞）

扶贫开发

【概况】2016年，全区坚持把扶贫工作作为第一民生工程，实施“种植、养殖、加工、旅游、光伏、电商”综合驱动，加强社会力量扶贫。年初，共有省级贫困村32个、市级贫困村50个；贫困人口1.8万户、3.22万人。累计投入专项扶贫资金2415万元，实施扶贫产业项目114个，吸纳社会帮扶资金物资合计1941万元，发放金融扶贫贷款2394万元，整合涉农资金6435万元，实现32个贫困村销号摘帽、2.1万人脱贫，占总数的67%。在扶贫项目实施上，实行统一考察论证、统一质量标准、统一检查验收的“三统一”管理。年末，扶贫产业项目全部建成验收。区扶贫办公室内设6个组，核定编制10名，其中行政编制3名，事业编制7名。中央电视台、人民日报、大众日报等媒体先后宣传报道岱岳区行业社会扶贫、教育扶贫、旅游扶贫、巾帼扶贫等方面的典型做法。

1月21日，全区扶贫开发工作会议召开（金文 供）

【扶贫开发信息综合平台】 扶贫工作重点抓牢业务培训、农户申请、入户调查、民主评议、公示公告、建档立卡“六关”。在入户调查和省定贫困线基础上，识别贫困户，共清退不符合条件家庭或人员4496户、8931人。年末，新纳入3969户、7972人。在扶贫动态调整和信息采集录入工作中，把好“民主评议、核实认可、公示核查、公告销号”四个关口。共退出贫困人口1.2万户、2.1万人，新纳入89户、180人，加上上年贫困户数实有贫困人口6090户、1.06万人。以建档立卡信息为基础，建立“精准扶贫证”，填写基础信息、帮扶责任人等内容，并将区镇村精准识别、帮扶等资料归档立卷，构建起“户有证、村有册、镇有档、区有网”的扶贫开发信息综合平台。

【多方位扶贫】年内，扶贫工作着力于4个方面开展。①依托全区特色产业基础，结合镇村资源优势，以挂靠大企业、嫁接老项目、培育新基地为手段，进一步提升种养加等产业的规模和档次，带动贫困人口增收脱贫。132家农业龙头企业示范带动6300户贫困户年均增收1200元。1380家农民专业合作组织和家庭农场带动4500余户贫困户脱贫。引进就业门槛低、工作方式灵活的加工企业126家，累计带动2600名贫困户脱贫。②“光伏+扶贫”。抢抓国家政策机遇，引进集中式光伏发电项目，总投资3亿元，装机量30兆瓦，年输送电力3750万千瓦时，带动道朗镇拉马洼村等4个省级贫困村脱贫，吸纳167名贫困人口就业增收。先后建设分布式光伏发电项目44个，总容量813千瓦，受益贫困群众1335户2871人。③“电商+扶贫”。以泰山青春创业电子商务产业园等四大电商产业园为依托，先后引进阿里巴巴、趣购商城等40余家知名电商企业，建成“雅共供销”服务站35家，发展农村淘宝村级站点66家。先后举办各类电商培训班、培训会26期，培训电商人才1100人，帮助贫困户850人就业，人均年收入3.5万元以上。④“旅游+扶贫”。培育“泰山人家、山水田园”乡村旅游品牌，各旅游景区和乡村旅游点优先安排贫困户参与农事、保洁等工作，直接带动贫困地区1.2万人就业创业，带动2200名贫困人口脱贫。

【统筹使用扶贫资源】整合资金6435万元，把贫困村基础设施建设作为精准扶贫的重要内容。为贫困村摘帽、贫困户脱贫提供保障。先后改造贫困村公路51.4公里，建设旱涝保收田3400亩；投资955万元，实施32个农田水利项目，解决贫困村农田水利设施、饮水安全等问题；投资2700万元，完成32个省级贫困村电网整体改造任务；改造危房692处，实现贫困户危房改造全覆盖；区财政拿出扶贫资金160万元，与省级下拨的金融扶贫资金414万元捆绑使用，贷款规模达3000万元，分别向经营主体和贫困户发放“富民生产贷”和“富民农户贷”。全区共发放金融扶贫贷款2394万元，其中“富民生产贷”2350万元，“富民农户贷”44万元，经营主体带动贫困户484人，并与贫困户签订帮扶协议。

【社会扶贫】开展“百企帮百村”“巾帼居家创业就业脱贫行动”、同心助力脱贫行动及雨露计划等系列活动。全年吸纳社会帮扶资金物资合计1941万元，帮助贫困村75个，贫困户4800户。其中，通过雨露计划等累计资助贫困学生623人，帮扶助学资金217万元。开展走访活动594次，累计投入资金总数1398万元，惠及贫困群众2.92万人。

（全　文）

【概况】2016年，区林业系统推进集体林权配套改革，完善林权流转交易平台，同时，取得成效。以依法治林为保障，突出造林绿化、林业产业、资源保护、林业改革、精准扶贫等工作，全区完成造林1.79万亩，森林覆盖率达43.2%，林业产业总产值达66亿元。森林保险投保面积12.94万亩，保费51.74万元，保险金额1.03亿元，森林保险理赔金额26.6万元。林权抵押贷款9000万元，林权抵押面积160.8公顷，林权抵押贷款累计额2.24亿元。发放林权类不动产证6本，林权发证面积57.53公顷。发放采伐证302份，采伐林木蓄积1.25万立方米。发放木材运输

证1879份，木材经营加工许可证16份。查处违法破坏林地案件8起，涉及林地面积0.83公顷，罚款金额5.63万元。创建各类示范基地园区等26处，推广新技术5项，引进各类林木良种5个，举办各类林农培训班165期、培训林农1.06万人次。区林业局内设7个科室、3个站室，下设一级事业单位1个，二级事业单位1个，编制为91人，实有76人。在第十三届全国林产品交易会上，“泰山”板栗、“金羊山”核桃、“金羊山”核桃油被评为金奖，“西友”栗仁、“惠和”细木板被评为银奖。徂徕镇许家庄为民果蔬专业合作社被评为“山东省林业示范社”，天平街道大陡山村被评为“山东省生态文明示范教育基地”，区林业局被评为“山东省林业信息宣传先进单位”“市级文明单位”。

【造林绿化】 开展城区绿荫、山区灭荒、绿网提升和绿美乡村四大见绿行动，集中实施城区绿色空间、荒山造林、绿色廊道、森林镇村、河湖湿地景观林、破损山体植被恢复等生态绿化工程。全区完成造林1.79万亩，占年计划111.9%，新建和完善高标准农田林网2.6万亩，占计划的173.3%。完成三边绿化99.4公里，其中，重点道路绿化79.9公里，河道绿化18.5公里，铁路绿化1公里。全民义务植树175万株，占计划的100%；中幼林抚育完成6万亩，占计划的100%。新发展特色经济林0.9万亩，产量32万吨，新增苗木花卉面积0.2万亩。完成板栗、梨、葡萄、山楂果品监督抽检和风险监测175批次，抽检合格率达99.5%。规模以上林业企业52家，其中市级农业龙头企业28家，省级林业龙头企业4家。林业专业合作社新增52个达到319个。林下经济产业基地达10.5万亩。注册国家地理标志证明商标3个。

【森林防火】 区政府投入100万元组建30人森林消防专业队伍，配置运兵车2辆，消防车1辆及其他森林防火装备。区内另有15个重点防火单位。组织实施《森林防火责任标准体系》和《森林防火工作标准体系》，在防火关键期，坚持分线交叉督导、分片包干巡查，同时，狠抓森林消防队伍、扑火装备和物资储备“三项建设”，清理重点火险部位林下可燃物，做好森林抚育间伐，加快水灭火工程和防火隔离带工程建设。投资

1月12日，森林防火演练 （马文民 摄）

268 万元，购置森林防火智能林业卡口设备、森林消防摩托车等森林防火设备。投资 240 余万元，更新灭火机、油锯、高压充气泵等防火设备。对上争取资金 10.8 万元，在下港镇、黄前镇修建防火瞭望台 2 座，建设防火检查站 3 处。同时，印发森林防火明白纸 10 万份，制做预警信号旗 1000 余面，新设立永久固定森林防火宣传警示牌 260 块。年内，未有中大程度火灾发生。

【林业有害生物防控】区内设立 2 处市级、5 处区级林业有害生物测报站，确保了第一时间发现、第一时间上报、第一时间除治。飞防工作。为推进飞防工作的开展，区政府与各乡镇（街道）签订飞防责任书 17 份，印发《飞防通告》1.5 万份。飞防期间，安排专人盯靠在现场。抓好飞防药物加注、飞行航线制定、次生灾害规避、飞防资金筹集及招投标等关键环节，确保飞防工作安全有效、万无一失。全年完成飞防面积 50 万亩有害生物除治。年内，新发生虫害—日本松干蚧。开展林业有害生物普查工作，设调查线路 4 条，布设 52 个调查点，其中固定观察点 6 个，采集病虫标本 522 号份，天敌标本 9 号份，制作病虫标本 40 套。国有谷山林场组织进行死树清理并采购打孔油药机 30 台、背负式高射程喷雾喷粉机 5 部、氧乐果 5 吨，完成打孔注药林木面积 600 亩。启动对松林的三项普查，共调查出枯（病、冻）死松树 2357 株，取样送检 60 余份，购买松褐天牛诱捕器 200 个。对以美国白蛾、杨小舟蛾、杨扇舟蛾为主的重点林业食叶害虫，采取“错时飞防”。

5 月 26 日，人工防治病虫害　（赵永军　摄）

【林业经济】林业专业合作社达到 52 家，国家级示范社 1 家。新增经济林面积 0.9 万亩，完成计划的 112.5%。新增苗木花卉面积 0.2 万亩，林下经济产业基地达 10.5 万亩。突出特色经济林、花卉苗木和林下经济，房村韩家寨村发展设施油桃栽培，产值 11.8 万元；角峪镇岳家庄村，通过设施栽培和运用新技术，发展葡萄种植，成功举办第一届葡萄采摘节。全区拥有林业地理标志证明商标 3 个，占全市的 60%。区内林果苗木网上交易额达到 160 余万元，销售各类苗木约 11 万余株。新引进林果优良品种 5 个，推广林果新技术 5 项，培育林果品牌 28 个。邀请山农大、省果科所、泰山林科院、省林科院的专家教授举办大樱桃、板栗、核桃、葡萄、黄金梨及花卉苗木技术培训班165期，培训林果农1.06万人次。年末，包装策划的“104国道新线干道绿化与综合利用”“泰山药用植物园建设与生态旅游开发”“祝阳镇玫瑰油深加工项目”“化马湾乡玉林生态林果示范园建设项目”“良庄镇高胡庄现代农业生态园区建设项目”等5个项目已列ppp项目库，并对接齐鲁制药、容大医药、口山路一带的绿化大户等相关企业，分别达成投资意向。芝峰庄园林业生态园建设项目落地，天地园艺、华夏农林扩规发展，共完成投资1800万元。

7月22日，市委副书记、市长李希信（左三）调研黄前水库防汛情况，区领导张韧（右三）、袁义明（右二）等陪同（吴文昊 供）

【林业扶贫】①实施林业产业扶贫。贫困村新发展桃核、大樱桃等经济林950亩，中草药400亩，规范发展林果专业合作社18个，新增林业注册商标15个。②实施林业科技扶贫。在贫困村举办培训班，培训林果农942余人次。搞好帮扶村扶贫，确立大黑山羊养殖、花生种植加工、光伏发电产业扶贫项目，对接相关部门争取扶贫项目资金272.8万元，实现村级和贫困人口收入双增加。

（孙启金）

【概况】2016年，全区共完成水利投资3.68亿元，到位市级以上无偿资金2.33亿元，比上年增加2325万元。改善恢复灌溉面积4.34万亩，发展高效节水灌溉面积2.53万亩，治理水土流失面积20平方公里，征收水利“两费”1936万元，完成水产品产量4085吨。水务局内设14个科室，3个二级事业单位。核定编制共计68人，实有80人。彩山水库灌区节水改造工程连续三年评为省级优质工程。国家水土保持重点县一期工程—黄前水库上游石屋志小流域综合治理工程通过工程法人验收及政府验收，评定为优良等级。

【水利扶贫】实施水利设施扶贫和产业扶贫项目，争取扶贫资金2165.5万元。项目涉及28个贫困村（省级贫困村17个，市级贫困村11个），帮助796名库区贫困人口脱贫，有效改善了群众生产生活条件。

【抗旱防汛】争取抗旱应急调水项目。角峪镇唐庄坝和房村镇小寺水库抗旱应急调水项目通过竣工验收，完成投资1135万元，改善灌溉面积8000亩。严格落实行政首长负责制，加强山洪灾害防治预警体系建设，修订完善防洪抢险预案，强化防汛隐患治理，落实防汛抢险队伍、器械和物资储备，严格防汛值班纪律，构筑起安全可靠的防汛体系。科学应对“7·19”“7·21”特大暴雨，7月19—23日，黄前、下港、祝阳、山口遭遇持续强降雨，最大点雨量达到651毫米（黄前镇政府雨量站），黄前水库最大入库流量达到1130立方米/秒，为建国以来黄前水库流域最大降雨量。区防指全面启动防汛应急预案，全力抢险，在确保全区防汛抢险无人员伤亡、无水库溃坝、无重大财产损失的同时，各类蓄水工程安全平稳蓄水，汛末水利工程蓄水量1.58亿立方米，黄前水库蓄水6176万立方米，可满足泰安城区2年供水需求。

7月22日，黄前镇大北岭水库（小②型水库）出现险情，区水务局组织人员抢险　（吴文昊　供）

【农村饮水工程】启动实施农村饮水安全巩固提升（农村供水消毒设施配套）工程建设，争取省级财政补助资金28.5万元，公开招标采购HCL-100型次氯酸钠发生器16台套、HCL-200型次氯酸钠发生器3台套，用于7个镇19个联村供水站的消毒设施配套建设。

【水利工程】联合区财政、组织部门指导17个乡镇（街道）完成市级“强村固基”农田水利工程97处，争取市级补助资金590万元。新增、恢复、改善农田灌溉面积2.79万亩，97个村4.8万名农民群众受益。实施国家农田水利项目县一期工程，投资2971万元，改善恢复灌溉面积2.5万亩，受益群众3.9万人。胜利水库一期、二期工程全面完成并通过市局组织的瀛汶河、石汶河拦河闸除险加固工程竣工验收。在不影响施工与供水的前提下，引蓄水5100万立方米，确保了创城和工业园、工农业、生态用水。三期工程胜利渠段除险加固正在加速推进。

【水利“两费”征收】整合水行政执法力量，成立东、南、西三大片区“两费”征收小组，分解落实工作任务，加强执法人员学习培训，规范执法行为，严格规费征收标准。征收到位水利“两费”1936万元（水资源费1831万元，水土保持补偿费105万元），比2015年增长47.4%。

（李　强）

畜牧业

【概况】2016年，全区畜牧业产值占农业总产值的31%。各类规模养殖场发展到1300多家，畜牧专业合作社达327家，国家级、省级标准化示范场21家，省市级龙头企业13家，畜产品加工企业14家，饲料生产企业19家，兽药生产企业3家。是现代奶业示范县、生猪调出大县、高效特色畜牧业示范县、国家级“粮改饲”示范县和秸秆养畜示范县。全区奶牛存栏5.5万头、生猪出栏51.9万头、羊出栏53.7万只、家禽出栏1314万只，肉蛋奶总产量达25.8万吨，饲料年产量达55万吨。病死动物无害化处理中心建成运营，被列入首批山东省现代畜牧业示范区，全国“粮改饲”试点项目顺利实施。岱岳区畜牧兽医局有3个局属事业单位和6个内设科室。编制48人，实有人员47人。

【特色养殖】突出奶牛、奶山羊（两白）及泰山黑猪、泰山大黑山羊(两黑)和有机蜂蜜(特色）发展。因地制宜推进观光旅游畜牧产业发展，引导天鹅湖珍禽养殖、金凤岭生态养殖、三喜奶山羊养殖、安康生态乳业逐步从单一养殖向深度加工和观光休闲功能转变，初步实现“三次产业”融合发展。

11月6日，天鹅湖珍禽养殖园大雁放飞现场　（李万富 供）

【项目建设】建成全市首个病死动物无害化处理中心。该项目占地20亩，投资3000余万元，设计日处理病死动物30吨，通过处理生产高档生物肥和粗油脂，承担泰山区、岱岳区、高新区和泰山景区的病死畜禽无害化处理工作；实施全国“粮改饲”试点项目。岱岳区“粮改饲”重点是玉米青贮，支持青贮专用玉米和苜蓿等饲草料种植，引导牛羊养殖从籽粒饲喂向全株青贮饲喂适度转变；牛羊养殖场承包农户土地连片种植优质全株青贮玉米，开展“粮改饲”和种养结合模式试点，带动秸秆循环利用和转化增值，促进粮食、经济作物、饲草料三元种植结构协调发展。

【畜牧业扶贫】对有养殖意愿的994户贫困户制订相应的帮扶计划。争取国家“粮改饲”试点项目扶贫资金200万元，用于扶贫开发，惠及贫困户112户，贫困人口193人。成立畜牧兽医技术专家服务队，开展农民实用技术培训活动，满足群众在技术上的需求。

抽派技术骨干，对所包贫困村、户进行现场面对面指导，帮助贫困户全面掌握养殖实用技术、疫病防控知识等，不断提高养殖技术水平。年内，入场入户100余次，帮扶指导500余人。

（李万富）

农业机械

【概况】 2016年，全区农机总功率103万千瓦，农机固定资产总值达6.8亿元，拥有大中型农用拖拉机4400台，小麦联合收割机1787台，玉米联合收获机1297台，花生联合收获机械20台，玉米全贮、青贮、黄贮等畜牧机械11台。工商注册的农机合作社73个，合作社从业人员1154人，固定资产1.3亿元，农机总值达8285万元。粮食作物机械化率达92%，设施农业的机械化率达61%，花生主产区的全程机械化率91%，茶叶、生姜、大蒜等经济作物机械已逐步推开，农业综合机械化水平达到83%。年末，区农业机械管理局内设5个科室，下设3个事业单位。实有在编在岗人员25人。

【农机购置补贴】 争取农机购置补贴资金1350万元，补贴各类机具546台（套），受益农户达427户。其中大中型拖拉机261台，收获机械207台，耕整地机械58台，畜牧水产养殖机械11台，其他类机具9台。实现农机具购置补贴工作“三个百分之百”（补贴资金100%用于农民购机，资金结算率达到100%，完成补贴任务100%）。

【农机推广与管理】 把农机推广工作和农机购置补贴工作结合起来，引导农民和农机生产经营组织购买先进适用、安全可靠、环保节能的新技术、新机具，提高全区农机装备水平。抓好小麦联合收割机、花生覆膜播种机、玉米直播技术和保护性耕作等技术更新推广工作。做好玉米贴茬直播机械化技术的试验、示范推广工作，完善区级试验示范基地。规定凡中标参加年内农机深松作业的农业生产经营组织必须加装深松智能监测仪，深松作业远程信息化监管系统的使用，为推广土地深松智能化监控作业打下了良好基础。完成农机深松作业10万亩，并及时兑付土地深松补助资金400万元。新发展19家工商注册的农机专

7月8日，开展农用植保无人机专项统计工作　（刘承涛　供）

8月29日，全市玉米青贮收获机械化暨秸秆综合利用作业现场会在岱岳区召开　（徐冠勇　供）

业合作社，全区农机专业合作社总数达到73家。

【农机安全检审】完成拖拉机、联合收获机的检审工作，全年检审拖拉机、联合收获机6650台，车辆挂牌1800台、办证1560人。开展安全生产大检查，与交警联合执法，上路执法检查拖拉机3100台次，联合收割机910台次，纠正违章650人次，排除农机安全生产隐患360处，签订农机安全生产责任书5000份。简化办理农机证件手续流程、免征行政事业收费，5月1日起免费办理所有牌证。

（刘承涛）

编辑·校对　李　红　钱国庆

工业·信息产业

工业综述

【概况】 2016年，全区工业经济实现平稳运行，组织实施“中国制造2025”战略。突出转型升级、提质增效，推进工业“结构高质化、发展融合化、制造智能化、市场网络化、经营现代化、节能绿色化、生产安全化、资本优良化”，工业经济保持平稳发展。全区规模以上工业企业实现增加值同比增长5%，全面完成市政府下达的节能降耗和淘汰落后生产设施目标任务。泰安市岱岳区经济和信息化局（简称区经信局）是区直工业和信息化的综合管理部门，内设10个职能科室，工作人员31人。连续七年获“市级文明单位”称号。

【工业经济运行管理】 全区规模以上工业企业205家，共实现主营业务收入369.3亿元，同比下降6.7%；利税36.1亿元，同比下降1.8%；利润28.3亿元，同比下降9.7%。工业用电量累计完成17.1千瓦时，同比增长10.5%。实现主营业务收入过亿元工业企业98家，其中过10亿元4家；实现利税过千万元的工业企业达到74家，其中过5000千万元13家。开展规模工业企业发展调研活动。区经信局分成3个调研组开展“下企业、摸实情、解难题”调研活动，对100余家规模以上工业企业进行了调研，掌握企业运行情况，找出存在的问题，对企业发展提出了工作建议。实施大企业培植计划。重点培植的18

山东岱岳制盐有限公司　（董砚敏　供）

家企业实现主营业务收入137.7亿元，利税21.3亿元，利润18.1亿元，三项指标占全部规模工业企业的比重分别达到35.8%、53.3%和58.2%。强化监测调控。对市级20家和区级重点30家重点监测规模企业运行情况进行分析，监测各行业经济运行情况，及时把握经济运行态势，增强工作的超前性和指导性。

【技术创新】加强企业技术创新政策的宣传和引导，鼓励企业利用技术中心研发新技术，开发新产品，提升产品科技含量。2016年，全区共实施科技创新项目12个。山东阳光新材料科技有限公司被市政府授予创新型企业称号。

【工业化和信息化】全区信息技术软件企业实现主营业务收入2208万元，信息技术制造业企业实现主营业务收入3.5亿元。重点推进“两化”（工业化和信息化）融合贯标试点，通过政策引导，积极做好平台搭建、资金扶持、人才培养等工作。跟踪调度重点项目。确定中联水泥智能工厂试点示范项目，联合农药10000吨/年农药制剂智能化加工项目，泰峰农牧机械厂9F系列农牧机械产品电子商务，容大医药数字信息化物流建设，以及明佳科技液态食品生产线全程智能管控技术研发与应用5个互联网工业试点示范项目，总投资额4.8亿元。液态包装智能检测系统研究与应用项目列入省“两化”融合专项行动计划。支持第三方电商平台建设。乙丁网络有限公司、北铭网络科技有限公司两家企业完成电子商务交易额1020万元，电子商务交易服务收入268万元。开展“两化”融合贯标试点。确定泰安中联水泥有限公司为“两化”融合管理体系贯标试点企业。推进落实“两化”融合管理体系贯标工作，促进信息技术在企业生产、销售全过程的广泛应用。

【智能制造】智能制造装备产业体系初步形成。信息技术深度嵌入的智能装备和产品方面，山东明佳科技有限公司的液态包装智能检测系统研究与应用，泰安鼎鑫冷却器有限公司的LED节能自循环冷却器项目，泰安中联水泥有限公司的水泥智能工厂试点示范项目等均达到先进水平。

【重点行业管理】按照国家《产业结构调整指导目录》对照重点行业，加快推进茧丝绸产业发展，有效提升茧丝绸行业发展质量和水平。按照《山东省煤炭工业局关于确保完成2016年化解煤炭过剩产能工作目标的通知》，山东红旗矿业有限公司红旗煤矿报请区政府批准，列入2016年度关闭计划，10月31日完成封井工作，11月21日通过岱岳区组织的初步验收，11月25日通过泰安市煤炭局组织的联合验收，12月9日通过山东省煤炭去产能领导小组组织的联合验收。

【节能降耗】全面完成市政府下达的节能降耗指标。推广普及重点节能技术。实施山东前田热能年产2600台节能高效热能设备、泰山泉全自动酿酒设备生产等5个重点节能技术改造和产业化项目建设。山东泰安山锅集团有限公司等3家企业列入市级节能专项资金扶持，奖励资金84.4万元。道朗镇第二中学、泰山菁华双语学校等5所学校通过省太阳能集热系统专项资金项目验收。泰山石膏股份有限公司等8家企业列入省《千家企业节能低碳行动实施方案》。泰山盐化分公司通过能源管理体系认证。推进循环经济示范。实施循环经济重点工程，推行清洁生产，树立循环经济典型。泰安中科环保有限公司等3家企业列入市级循环经济产业链典型案例。抓好资源综合利用、清洁生产。组织泰山石膏、鲁邦大河热电实施煤炭清洁高效利用；组织泰山盐化、联合农药实施大气污染防治清洁生产技术改造项目，均达到预期效果。泰山石膏有限公司被评为“2016年度省级资源综合利用先进单位”，泰山泉酿酒设备有限公司被评为“2016年度泰安市节能先进单位”。

【安全监管】与监管企业签订《安全生产目标责任书》，组织开展“打非治违”“大快严”等活动；定期进行检查，督促企业修改、完善安全生产标识牌、警示标语及规章制度，使安全生产进一步制度化、规范化，为企业安全生产提供保障。境内有山东银光民爆器材销售服务有限公司岱岳分公司和新疆燎原机器厂泰安射孔弹厂2家民爆企业，其中新疆燎原机器厂泰安射孔弹厂2015年停产搬迁，2016年拆除完毕并通过省国防科工办验收；有鲁皖线、聊泰线、宣宁线、冀宁线、平泰线和泰青威线6条油气长输管线，途经5个乡镇130多公里。通过强化措施，落实责任，有力监管，所监管企业均实现平安运营。

【企业管理】全面提升企业家队伍素质和人才队伍建设。全区11项企业管理创新成果被审定为“泰安市企业管理现代化创新成果”，建成省级实训基地8家。年内，组织参加省、市举办的各类培训班18次，培训人员426人，2人获第十三届泰安市优秀创业企业家荣誉称号，1人获第十二届泰安市优秀企业家“好内助”称号。

【企业改制工作】推进泰安市饮料食品厂和泰安市龙华纸面石膏板厂的破产改制工作。协调解决泰山、泰岳石膏矿等破产企业的遗留问题，确保企业信访稳定。

（董砚敏）

·工业企业简介·

【山东岱岳制盐有限公司】该公司是山东省盐业集团公司控股的国家级食盐定点生产

山东岱岳制盐有限公司车间　　（董砚敏 供）

企业。2006年6月建成投产。2016年，主要生产精制碘盐、绿色食品盐、海藻系列盐、低钠盐、工业盐、融雪剂、盐洗化等系列产品，年设计制盐能力30万吨，实际达45万吨，是省内最大的精制食盐生产企业。公司生产设备均采用不锈钢等耐腐材质，部分引进美国、日本、瑞士等国进口设备，生产线运用DCS数字控制、五效真空蒸发工艺，产品质量稳定、工艺节能高效，相继取得ISO 9001质量管理体系认证、绿色食品认证。公司产品覆盖省内17地市，并开辟北京、天津、河北、吉林、辽宁等省外市场，创造了良好的经济和社会效益，公司被评为“省AAAA级劳动关系和谐企业”“省管企业文明单位”“省盐业系统先进单位”等。

【泰山石膏股份有限公司】 该公司纸面石膏板生产企业。2016年，年生产能力18亿平方米，石膏板护面纸30万吨，轻钢龙骨12万吨，装饰石膏板1亿平方米。公司拥有资产80亿元，39个（分）公司48条生产线分布于山东、山西等23个省（自治区）、直辖市。公司连续10余年产销量均居国内同行首位，同行业世界十强之一，并连年保持了30%以上的增长速度，产品畅销全国，石膏板国内市场占有率近50%，被业界誉为中国纸面石膏板行业的领跑者。泰山石膏被国家发改委确定为资源综合利用“双百工程”骨干企业，被工信部、科技部、财政部联合认定为国家首批“资源节约、环境友好”型试点企业，环保部倡导的“双绿色之星”企业，“国家级高新技术企业”。公司先后获“山东省清洁生产先进企业”“山东省循环经济示范单位”“山东省节能突出贡献企业”“全国节能先进集体”“山东省节能先进企业”及高新技术企业。“泰山”牌系列石膏板先后获得“中国名牌产品”“中国驰名商标”“中国环境标志认证产品”“中国绿色建材名优品牌”“中国建筑装饰协会信得过推荐产品”等称号，被建设部指定为“国家康居示范工程选用部品与产品”。

泰山石膏股份有限公司全国最大的6000万平方米生产线：Still067 （董砚敏 供）

【山东省联合农药工业有限公司】 该公司隶属中国农资集团，是国家定点农药生产企业，主要产品有吡虫啉、哒螨灵等原药，2-氯-5-氯甲基吡啶等中间体，另有百余种制剂产品。2016年，公司注册资金1亿元，建筑面积6万平方米，固定资产4亿元，拥有员工800余人。公司系全国最大的吡啶类原

山东省联合农药工业有限公司液体生产线 （董砚敏 供）

药生产企业，是“山东省安全基层基础先进企业”“十一五全国石油和化工行业节能减排先进单位”“泰安市农资质量先进单位”等，自主研发的新烟碱类杀虫剂技术被评为“泰安市科学技术三等奖”“岱岳区科学技术一等奖”；公司拥有发明专利8项，有效外观专利6项，拥有两大实验室、分析室、中控室等质量控制部门，是泰安市企业技术中心，共获得了12项发明专利，多个产品为评为山东省名牌产品，并通过质量、环境和职业健康管理体系认证。

【泰安如意科技时尚产业有限公司】 该公司是一家集时尚创意、科技研发、高端制造为核心的大型服装设计研发制造企业，是山东如意集团旗下企业。山东如意集团是中国纺织服装行业门类最全、产业链最完整的高技术纺织企业，拥有完整的毛纺服装产业链和棉纺印染产业链，拥有国家科技进步一等奖——“如意纺”技术为代表的核心技术和科技创新优势。产品涵盖羊毛、精纺呢绒、高档羊毛西装、棉花、牛仔面料、家纺、高性能纤维等。如意集团拥有国内A股和日本东京主板2个上市公司，20个全资和控股子公司。如意立足科技化、高端化、国际化、品牌化的发展方向，制定了包括采用资本合作、投资并购、产业联盟以及委托加工等方式的“走出去”战略，实现新一轮品牌国际化跨越式发展。

【泰山玻璃纤维有限公司】 该公司是中国专业从事玻璃纤维及复合材料制品研发、生

泰山玻纤生产车间　　（董砚敏 供）

产、销售的国有大型企业，注册资金24.29亿元。2016年，有员工7500人，主导产品无碱玻纤无捻粗纱系列等8大类1500多个品种产品，产品广泛应用于建筑、交通运输、新能源、石油化工、电子电器、压力容器、基础设施等国民经济各领域，远销美国、西欧、加拿大、中东、南非等70多个国家和地区。泰山玻纤现拥有67万吨生产规模，是省内最大，国内第二，世界三强企业，稳居国际、国内第一梯队，拥有行业唯一国家认定企业技术中心，创新能力在全国玻纤行业处于领先地位。公司拥有自主的大型无碱池窑、耐碱池窑、高强池窑、环保池窑设计和建造技术；拥有自主的高强配方、耐碱配方、环保玻璃配方、低介电玻璃配方等核心技术。自主研发新技术、新产品历年累计400余项，其中承担国家863计划3项、国家科技支撑计划1项、国际合作3项；20项产品被列为国家重点新产品；拥有153余项专利技术，其中发明专利12项，国际发明1项；获得省部级科技进步奖17项。2013年被工信部和财政部认定为“国家技术创新示范企业”。2015年被工信部授予“玻璃纤维智能工厂试点示范单位”，是全国46个示

范项目之一，也是玻纤行业唯一一家上榜的企业，CTG 被认定为中国驰名商标和山东省出口名牌企业。

（董砚敏）

【泰安鼎鑫冷却器有限公司】 该公司总投资 2 亿元，是生产汽车中冷器、铝质及铜质水散热器和油散热器等产品的专业化公司，设计生产规模为年产 100 万台。拥有 3 条现代化生产线，引进日本最新的 NOCOLOK 钎焊生产线，生产由 8 马力到 420 马力的三大系列 300 余种型号的产品，其中主导产品为中间冷却器、铜质散热器、铝质散热器、工程机械散热器，汽车空调附件、铝质机油散热器、钢质机油冷却器等。该公司已为济南重汽、二汽、陕西汽车集团有限公司、一汽无锡太湖汽车制造厂、郑州宇通集团、安徽华菱、包头北方—奔驰等厂家配套生产，并批量出口 VOLVO（沃尔沃）、SKANIYA（斯坦尼亚）等车型的中冷器，产品覆盖区域远至美国、加拿大及欧洲市场。2012 年，该公司与美国、日本共同研发的 LED 节能新型自循环冷却器，解决了 LED 灯具散热系统二次能耗的世界性难题。公司先后被确定为山东大学博士研究生社会实践基地、山东省高新技术企业、泰安市创新型企业、山东省高新企业技术中心，并与山东大学、上海理工大学、同济大学成立“联合研究所”。2016 年，实现税收 840 万元。

【新矿集团泰山盐化工分公司】 该企业是新汶矿业集团重点发展的八大支柱产业之一，采用世界先进的离子膜电解系统、蒸发片碱系统和 ICP 检测技术，主要生产设备、仪器引自日本、瑞士、德国和美国，烧碱生产、聚氯乙烯生产采用 DCS 自动控制系统。项目一期投资 11 亿元，生产能力为 10 万吨 / 年烧碱、10 万吨 / 年聚氯乙烯、5 万吨 / 年片碱、2 万吨 / 年液氯、2 万吨 / 年高纯盐酸、1 万吨 / 年三氯氢硅、1000 吨 / 年氯代正丁烷。2016 年，实现税收 2511 万元。

【优时吉博罗石膏建材有限公司】 该企业由财富 500 强美国 USG（优时吉）公司和澳大利亚博罗集团合资兴建。总投资 2.09 亿美元，分两期建设。一期完成投资 3000 万美元，建成 4.8 万平方米制板车间及年产 3000 万平方米石膏板生产线。该生产线采用德国格林策巴赫设备，实现绿色、安全、高效生产。项目二期计划新上年产 3500 万平方米高档石膏板生产线。达产后，生产能力达到 7000 万平方米。2016 年，销售收入 20 亿元，实现税收 623 万元。

（李志科）

中小企业

【概况】 2016 年，区中小企业局有工作人员 16 人，其中，参照公务员管理 13 人，事业编 3 人。围绕小微企业转型升级、产业集群做大做强、搞好四大平台服务开展工作。全区有个体工商户 3.32 万户，同比增长19%，注册资金27.56亿元，同比增长46.16%。私营企业达到8034家，同比增长28.75%；注册资金46.86亿元，同比增长38.11%；民营经济中小微企业完成税金22.01亿元，同比增长12.4%。

【小微企业】通过开展"四升计划"，全区1119家个体工商户和私营企业实现转型升级。其中，个升微1051家，微升小56家，小升中12家，转型升级力度不断加大。引导企业推行精细化管理，提升企业的研发和创新水平。年末，全区"一企业一技术"研发中心达到49家，"一企业一技术"创新企业达到22家；13家企业达到"五项奖"标准。为帮助企业开拓市场、减产能、扩大发展空间，先后组织企业中层以上人员，参加全省规范化公司制改制工作会议、全省中小企业管理培训交流会、第三届山东省互联网大会、广州2016第十三届中小企业博览会等会议和培训。

【产业集群】通过实施"126"壮大提升、龙头带动和拉链补链三大工程，培植省级重点产业集群1家，市级重点产业集群2家，创建品牌企业3家，实现拉链补链企业33家。年末，全区形成装备制造、纺织服装、新材料和新型建材、精细化工、压力容器制造、钢材加工配送、新能源、农产品加工、生物制药配送和输变电设备制造十大产业集群。其中，岱岳区装备制造产业集群成为省级重点产业集群。

【服务平台】全区中小微企业搭建起具备公共服务职能的"一个中心"和"四个平台"。一个中心即岱岳区中小企业公共服务中心，中心下设综合部等6个综合部门14个分类部门。四个平台即融资平台、培训平台、信息平台、创业辅导基地平台。其中，融资平台为25家小微企业开展"助保贷"业务。提供贷款1.39亿元，最少者100万元，最多者500万元；培训平台举办2016年度山东省中小微企业巡回大讲堂岱岳班，300余名中层以上企业管理人员参加电子商务培训；信息平台对中国中小企业山东岱岳网进行改版，重点加大服务方面版块，深层次为全民创业创新和企业发展提供政策、科技、项目等方面服务200余项；创业辅导基地平台其基地达到5家，创业辅导师3人。其中，省级创业辅导基地2家，市级创业辅导基地3家。

（龚继岳）

·中小企业简介·

【泰安青春创业电子商务产业园有限公司】该公司是集电商培训、创业孵化、办公交流、仓储物流、金融、外包、第三方服务为一体的综合电商、贸易、物流产业集聚园区，是团中央"泰安市青年就业创业见习基地"。截至2016年12月，培训、安排大中专毕业生、下岗职工、农民工和社会人员累计达2万余人。引进阿里巴巴农村淘宝、一达通、支付宝、中国网库等60多家知名电商企业入驻，就业人员500多人。其中，岱岳区农村淘宝项目是阿里巴巴“千县万村”全国林果种苗基地试点县之一，被阿里巴巴农村淘宝授予“2016年度山东十强县”。年末，已与泰山学院电子商务研究所达成战略合作意向，建设电商培训、电商实战、孵化训练基地。

（刘　强）

泰安青春创业电子商务产业园有限公司（刘强　供）

【泰石岩棉有限公司】 该公司是全国重点保温绝热材料生产基地，是国家工信部公布的第一批符合岩棉行业准入条件的企业，首家符合“绿色建材”三星级评价的岩棉企业，国家级高新技术企业，属国家战略性新兴产业。拥有玄武岩纤维岩棉生产线4条，年产能已达15万吨，是全国最大的玄武岩纤维岩棉制品生产企业，下辖沈阳泰石、安徽泰石两个全资子公司。行业内率先通过ISO 9001:2008国际质量管理体系、ISO 14001:2004国际环境管理体系、BS OHSAS18001:2007职业健康安全管理体系、ISO 50001能源管理体系及安全生产标准化企业认证，参加GB/T19686-2015《建筑用岩棉绝热制品》和JC/T2292-2014《建筑防火墙离带用岩棉制品》两项标准的起草制定工作。主导产品“泰石”牌岩棉系列制品为山东名牌产品，“泰石”商标为中国驰名商标。产品利用玄武岩、冶炼废渣为主要原材料，采用高压成球熔融化纤工艺制成，产品具有保温、隔热、节能、环保、防水、防火、隔音、抗震等多种功能，属于《国家建筑设计防火规范》强制和推荐使用的绝热保温材料，是各类民用、公用建筑高档保温首选材料，是国家政策鼓励发展的新型节能墙体材料。2016年年末，公司已在山东、河南、北京、甘肃、新疆、江苏、黑龙江、重庆等20多个省、直辖市、自治区取得新型墙体材料备案许可证。

（李　伟）

泰石岩棉有限公司生产基地　　（李伟　供）

【泰安汉威集团有限公司】 该公司专注于研发与生产市场导向型、资源节约型绿色产品，专业生产销售“动物营养品、精细化学品和聚氨酯新材料”三大系列产品，先后通过ISO 9001-22000质量管理体系认证、HACCP食品安全管理体系认证、FAMI-QS生产商操作规范体系认证、ISO 14001:2015环境管理体系、安全生产管理标准化体系认证；公司检测中心先后被认定为泰安市氯化胆碱及碘系列产品产业技术研究院、泰安市饲料添加剂工程实验室，并获得CNAS国家实验室认证。公司具有进出口业务经营资格。

泰安汉威集团厂区　　（刘宏运 供）

依托GHW集团国际化营销网络，在美国、俄罗斯、中国香港等地区设立了销售网络，服务全球客户，产品远销海内外几十个国家。2016年，销售收入突破5.01亿元，上缴利税952万元。公司先后被评为泰安市“明星企业”“管理先进企业”“纳税先进单位”“重点企业”“农业产业化龙头企业”，泰安市“专精特新”中小企业，山东省“专精特新”中小企业及国家级高新技术企业等。

（刘宏运）

【山东泰山华岳玻璃有限公司】 该公司拥有2.85毫米薄板钢化玻璃连续式、19毫米超长厚板钢化玻璃以及超长厚板夹层玻璃、平弯两用钢化玻璃、均质玻璃、连续式出口夹层玻璃、低辐射Low-E中空玻璃，丝网印刷玻璃及数码喷墨印刷彩绘玻璃生产线。与之配套的薄板全自动切割线、厚板自动切割线、磨边打孔生产线、直线磨、异形磨、数控钻孔机、水刀、加工中心、电动吸盘、航吊等冷加工设备一应俱全。通过了3C强制性产品认证、GB/T 19001-2008/ISO 9001:2008质量管理体系认证、欧盟CE认证、澳大利亚澳纽CM认证等，具有外贸进出口经营权。引进以色列奥普泰克彩绘玻璃生产线，生产目前国内高端市场需求的数码喷墨印刷彩绘玻璃及目前世界上节能效果最好的低辐射Low-E（单银、双银、三银）平（弯）节能中空玻璃。公司成立的玻璃深加工自动化设备事业部，专为同行量身定做高智能化玻璃深加工设备，并引入技术合作，具有独立自主知识产权。2016年，完成固定资产总投资4200万元，实现销售收入4434万元，上缴利税130万元。

（高 虎）

山东泰山华岳玻璃有限公司　　（高虎 供）

【山东宏瑞达电力设备有限公司】 该公司拥有各种先进的专业加工设备50余台套，其中硅钢片、纵剪线、横剪线、真空干燥罐、冲击电压发生器、信频发电机组、变压器性

山东宏瑞达电力设备有限公司　　（李雪慧 供）

能参数综合实验台等设备具有国内先进水平，是具有国内先进水平的科研中心和设备生产基地。2016 年，年产量 100 万千伏安，实现销售收入 2600 万元，纳税额 30 万元。节能产品 S13 型、SH15 型非晶合金油浸式变压器及 SCB11 型干式变压器，通过了国家节能产品质量监督检验中心的认定。“鲁一及图”变压器、调压器被认定为山东省著名商标。公司连续多年被评为“安全生产先进单位”。

（李雪慧）

电力供应

【概况】 2016 年，国网泰安供电公司岱岳客户服务分中心加快电网建设，供电服务水平不断提高。全年完成售电量 18.27 亿千瓦时，同比增长 12.55%。担负 50.78 万客户的生产管理和营销服务工作，供电区域面积 1750 平方公里，管辖公共线路 198 条，公变台区 3038 个。完成电网建设投资 3.16 亿元。

【安全生产】开展本质安全提升活动，强化停电检修安全质量管控工作，落实现场到位监督标准，规范设备典型倒闸操作流程，提高检修施工质量，实现作业现场“零违章、零意外、零伤害”。完成 109 条配电线路春、秋检工作，下达安全隐患整改通知书 22 件，制止外力破坏 14 处，清理树障 5.33 万株。开展迎峰度夏、度冬隐患排查治理，对线路重要节点部位、配电室安全隐患薄弱点进行测温测负荷，查处并处理危急隐患 127 处、重大隐患 241 处、一般隐患 448 处。

【电网建设】 完成 2016 年度电网发展诊断分析和“十三五”农网升级改造规划编制，提前完成 110 千伏夏张变电站扩建工程，同时 110 千伏祝阳、徂徕等变电站扩建工程稳步进行，有效缓解全区用电压力。完成 891 项中心村及中央专项有关工程等，新增轮换配变 724 台 /127.43 万千伏安，新建 10 千伏线路 200.4 公里，0.4 千伏线路 1527 公里，消除 518 台重过载配变，对 600 个台区进行防窃电改造，累计更换 4.05 万户、1.24 万只破旧计量表箱，治理低电压客户 7244 户，过电压客户 1.62 万户。完善 47 户专线客户

6 月 8 日，道朗供电所工作人员在麦场用电现场帮助村民检查临时用电安全

（刘建 摄）

基础资料，绘制了18条专线线路走向图。协调完成碧桂园、龙泉社区等22项小区配套和104国道、泮河大街、高铁新区等10项外部投资迁改工程。

【优质服务】 完成泰山学院等76项资产移交及力明职业学院、盛德新材料等重点项目，跟进工业园区用电市场，累计完成192项业扩项目的验收送电，新增容量14.57万千伏安。完成2次电价调整，电价政策执行到位率100%。推广电e宝、掌上电力等电子化渠道缴费服务方式，电费回收率100%。光伏发电精准扶贫，全部实行一证受理，并开展电动汽车充电站建设，服务公交汽车等电动汽车客户。

（王　全　姜　鹏）

·中国联通泰安市岱岳分公司·

【概况】2016年，该公司内设4个职能部门，下设17个乡镇营业厅，1个城区辅厅。在职人员107人。推进小区进线，融合业务发展力度。驻地网线完成了131个驻地网新建项目和16个乡镇180余处扩容项目的提报工作，持续开展了多批次的现场宣传营销工作，促进宽带及融合业务的发展，提升分公司在驻地网小区内的市场占有率；建设FTTH端口，改造ADSL，城乡居民宽带网速大大提高，一根网线同时上网、看电视、打电话，基本实现“三网合一”的全光网。以4G低端促量扩大农村市场份额。借众筹4.0终端订货大会的契机，做好终端拉动4G增长。继续做好融合业务的发展，带动4G业务。

【客户服务】 强化网络维护，提升客户感知。强化装维调度管控，稳步提升各项装维指标。主要实施安装维修人员技能提升，明确服务投诉以及装维工单责任落实考核机制，并通过集中和高压调度措施，实施重点区域和问题人员支撑和帮扶等措施，客户感知逐步得到提升。强化网络故障一点调度和响应机制，严控发生多站址以及C4方面的网络故障。同时开展送服务进社区，现场办公等便民服务。

【网络建设】 加大4G精品网络的打造，新建4G基站80余处，实现了城区、高速、高铁沿线、乡镇驻地及重点村庄4G覆盖。全部4G基站均具备150M以上传送能力。

（张　华）

·中国移动泰安市岱岳分公司·

【概况】2016年，该公司内设综合部、业务运营部、建设维护部、集团客户客户服务中心共4个职能部门，下设17个乡镇营业厅，3个城区辅厅。在职人员115人。根据考核指标集团4G客户发展、回归、聚类专线、综合接入业务、信息化收入等开展工作。截至6月底，集团内4G网络客户10万余户，回归他网客户775户，聚类专线新增2439户；专线月收入由年初的37.33万元提高到42.08万元，提升幅度12.7%；IMS固话月收入由年初的3.14万元提高到3.8万元，提升幅度21%；物联网收入由年初的2.79万元提高到35.76万元，提升幅度1180%。

【网络运营】 全年完成LTE四期行政村基站建设。至6月，新开通LTE基站73处、GSM基站5处，高铁沿线新增和改造完成2处，另外1处光缆已到位，等待铁塔公司新建基站装塔，实现4G网络乡镇驻地、高铁高速重要交通干线及90%以上村庄的全覆盖。

【客户服务】贯彻“客户为根，服务为本”的理念，打造“客户满意工程”。通过简化资费结构、优化资费体系满足不同用户群体的使用需求，严格落实实名登记、订购收费清晰透明等服务承诺，为客户提供更满意的服务。通过短信提醒、电话外呼、上门发放宽带服务卡等方式多频次跟进到期客户，全年全区端口实装率全市第一名，年客户续费率高于80%。年内，emos投诉接单279例，处理时长严格按照指标要求，无越级投诉出现。“5367191”故障处理及微信故障处理共计1.7万余个。400故障投诉电话自2015年年底开通以来，第一时间拦截并处理投诉及故障3300余个，降低了省级投诉数量。与客户经理保持密切沟通，及时了解客户的意愿与要求，做好与用户的配合工作，提升客户满意度。

（李　娜）

编辑·校对　李　红　钱国庆

商贸·旅游

商　务

【概况】 2016年，全区实现社会消费品零售总额179.7亿元，同比增长8.3%，总量和增幅分别列全市第4位、第5位；实现进出口总额13.49亿元，同比增长7.7%，其中出口12.71亿元、进口7741万元，总量和增幅分别列全市第4位、第3位；合同利用外资完成8.58亿元，同比增长69.6%，实际到账外资6609万美元，同比增长9.7%，总量和增幅均列全市第3位；完成对外承包工程营业额600万美元，境外投资协议额600万美元。

高虎庄大樱桃通过绿地头电子商务公司网销全国各地　　（刘华　供）

【商贸流通】 年末，三产经营业户达2.22万户，同比增长9%，比上年增加1848户，实现商贸流通业收入721亿元，同比增长10.3%；骨干流通企业对社会零信额的增长起到重要支撑作用，年末，全区限额以上企业达到220家，重点调度的银座商城、中石油等7家骨干流通企业实现销售额31亿元、同比增长3.4%，重点调度的泰山钢材大市场、泰安光彩大市场等7大重点市场实现交易额510亿元，同比增长5%；缴纳税金2亿元、同比增长10%。

【对外贸易】 年末，新增获权企业47家，有进出口业绩企业112家、增加10家。对外贸易逆势上扬，增幅比全市高12.8个百分点。骨干企业支撑作用凸显，进出口过500万美元企业12家，其中过千万美元企业7家，实现进出口9.63亿元，占全区任务目标的

71.4%，骨干企业带动纺织服装、农产品、机电产品、建材、绳网制造五大出口产业集群发展壮大。

【外资项目】 引进外资投资项目8个，合同利用外资总量列全市第2位，增长69.6%，增幅列全市第1位；实际到账外资总量和增幅均列全市第3位，资金到位率占52%，外资项目储备较足。高水平包装策划对外招商项目10个。

【对外经济技术合作】 以东南亚、非洲等“一带一路”沿线为重点，推动企业“走出去”。杰普石膏公司完成越南600万美元的分包项目，与埃及、印度分别签订400万美元石膏生产线调试项目。设立境外投资项目1个，现代塑料在美国投资建厂，是全区第一家境外投资企业，境外投资协议额600万美元，已完成投资50万美元。

【电子商务】 年末，有各类电子商务企业150家，个体网店2万余家，从业人员1.5万人，实现电子商务交易额148亿元，占全市总量的20%以上，同比增长34.5%，高于全市平均增幅9.5个百分点，在全市科学发展考核中列第一位。青春创业、泰山钢材、鎏光溢彩、领英跨境四大电商产业园初具规模，聚集电商产业发展日益显现。农村电商深入推进，新建农村淘宝服务站26家，累计达69家，网上交易额达到4020万元，列全省十强县。农产品上网成交社会效益突出，“三品一标”等农特产品网上交易额突破2亿元，带动1000余户贫困家庭增收。培育9个网销品牌，其中泰山日出酒业有限公司的“泰山元尊”系列酒，在阿里年货节期间总销量排名全国第一。山东北铭网络科技公司被山东省商务厅评为“省级电子商务示范企业”。全年共组织举办各类电子商务培训班35场次，累计培训人员3150余人次，培养电商带头人480余人，孵化开办了一批电商服务站和网店。

（刘　华）

商　业

【概况】 2016年，泰山商业总公司设办公室、政工科（挂计划生育办公室牌子）、财务科、审计科、统计科、安全生产监督管理办公室和业务科，工作人员11人。辖泰安市岱岳区食品公司、泰安市五交化大楼有限责任公司，共有员工1224人。完成商品销售额1.72亿元，同比增长11.6%；实现税金总额153万元，同比增加8万元；实现利润48万元，同比增长14.28%。

【项目建设】 五金公司为推进泰山农贸升级改造项目进度，成立项目建设筹备委员会，集全公司之力，谋最大公约数支持市场项目开发建设，同时成立项目推进小组，负责项目建设的各种手段，总公司全程靠上做工作，成立督导小组盯上工作，全力推进项目建设各项工作。年末，各项准备工作已基本就绪，通过区土地评审中心，对市场附属物评审认证。地块控制性详细规划方案已公示完毕，正在有条不紊地进行。

【市场管理】 在2015年对傲徕峰农贸市场升级改造的基础上，年内，统筹规划几类市口，增加门头房，比原市场增加经营面积500平方米，改善了市口不清、秩序混乱的市场环境，亦避免资产利用率不高、资源浪费的设计缺陷。为提高资产利用率，增加租赁收入，食品公司班子成员带头落实招商任务，发动全员招商引商，以商引商，通过采取强力措施，主动出击，市场总体利用率在90%左右，创历年之最，经济效益大幅度提升，全年市场收入165万元。

【生猪定点屠宰管理】 生猪定点屠宰管理贯彻执行《中华人民共和国食品安全法》《生猪屠宰管理条例》，加强食品站（点）经营管理，基础设施进一步健全完善，生猪进站屠宰率不断提高，食品卫生安全责任体系建设进一步规范完善，保证肉品生产、流通、销售环节全程可追溯，实现社会效益和经济效益的双丰收，企业可持续发展的能力明显增强。

【岱岳区食品公司】 1956年3月建立，地处东岳大街西段，总营业面积1631平方米，干部职工263人。1996年9月，建成泰安市傲徕峰商城，下辖农贸市场、商城招待所、凯旋门酒店。商城农贸市场建筑面积9000平方米，营业面积7000平方米，有营业门头36间，经营摊位200个，员工216人，销售收入1亿元，利税200万元。2010年，投资3000万元对傲徕峰商城二楼进行改造，成立锦岳快捷连锁酒店泰安分店，经营面积3800平方米，营业收入600万元，实现利税180万元。

【泰安市五金交电化工公司】 泰安市泰山五交化大楼有限责任公司对泰山五交化大楼进行招商，引进金桥服装城B座，投资1200万元，营业面积1万平方米，销售收入1.2亿元，实现税金200万元。2013年，对泰山五交化大楼有限责任公司所辖泰山农贸市场进行升级改造，被市政府列入2013年度重点项目工程。

（宗　军）

【概况】 2016年，全区粮食企业完成社会粮食销售21.29万吨，社会粮食收购35.68万吨，其中国有企业粮食收购5.88万吨，夏粮收购5万吨；实现销售收入1.32亿元。与中储粮等部门开展合作，代购代储小麦2万吨，省级储备小麦1.5万吨，跨省移库大豆8000吨。完成招商引资5000万元，对上争取450万元。2016年，区粮食局内设9个科室，下辖2个事业单位，共有在岗在编人员27人，其中行政编制16人、事业编制11人。获“2016年度市级文明单位”称号。

【粮食购销管工作】 全社会粮食企业累计实现粮食收购35.68万吨。指导国有粮食购销企业，发挥粮食流通主渠道作用，利用仓储容量大、网点多、地域广的优势，坚持夏、秋收购与常年收购相结合，定点收购与流动收购相结合，内购和外销相结合，并与中储粮等部门协调配合，开展互利合作，借助其资金优势，弥补自身不足，同时开展粮食行政执法提升活动，出动行政执法人员180余人次，检查粮食经营企业260余家，发现问题34项，督促企业整改，保证粮食流通市场平稳有序。

政府放心粮油店　　（李明　供）

【粮食仓储体系建设】 根据《岱岳区粮安工程规划》要求，提高粮油应急保障能力。对原有日加工能力60吨的生产机组，升级改造为日加工能力100吨。同时，应急配送中心建成品粮油仓库1200平方米；投资610万元，对6处重点收储库点的仓房设施进行升级改造，每口仓均增设环流熏蒸、电子测温、机械通风3项新技术，更换了保温门窗566个，维修仓顶9000多平方米；投资150万元，在原道朗粮所改扩建面条车间厂房及配套设施，推进主食产业化发展。

【放心粮油经营网络建设】 区粮食局按照“政府引导、市场运作、企业承办、财政扶持”的工作思路，争取上级支持，采取自建、加盟等形式，设立“放心粮油”店12家，营业面积720平方米，各网点全部按照要求做到店标、粮油配送、经营设施、价格公示牌、规章制度、服务承诺、监督电话、经营台账的“八统一”。店内主要经营各种面粉、杂粮、粮食制品和食用油，共8大类，490余个品种，经营网络建设已初见成效。为落实“政府放心粮油”监管机制，建立区粮油质量检测中心和冷储中心各1处，对政府“放心粮油”的进货、储存、加工、配送、销售等全过程进行规范化管理，把放心粮油工程打造成政府放心、百姓满意的民生工程。

（李　明）

供　销

【概况】 2016年，全区供销系统贯彻落实《关于深化供销合作社综合改革的决定》，围绕“三农”工作，推进供销合作社综合改革。新建商贸中心2个。争取到改革发展资金274万元。区供销社机关下设9个科室，在职人员15人。报送信息70余篇，被全国

8月29日，黄前供销社农产品展　（宁娟　供）

供销合作总社、省社网站、《泰安日报》、泰山网以及岱岳区各新闻媒体采用52篇。通过2016“市级文明单位”复审。

【基层重点建设与管理】①完善大汶口、夏张、房村供销社基层组织建设，保证各项为农服务活动开展。②以房村、良庄2处为农服务中心，托管土地面积12万亩，在农业生产中提供施肥、浇水、小麦收割等服务。③成立泰安市山之味农产品有限公司，将岱岳区特色农产品核桃、板栗进行深加工，提高产品附加值，产品远销广州、珠海等地。④成立山鸡养殖基地，该基地被山东省供销社农产品有限公司确定为鲁供山鸡标准化养殖示范基地，双方签订长期合作协议。⑤新建商贸中心2个：范镇新合作超市、岱岳区龙居园农产品展销中心。⑥安全统筹统保任务完成43万元。年初，与各基层社、区直企业签订安全生产目标管理责任书，执行领导班子安全生产“党政同责”“一岗双责”责任制，确保岱岳区供销社全年安全生产零事故、零损失、零伤亡。

【电子商务】成立岱岳区供销社系统首家涉农电商企业。以该公司为主体，在淘宝网等第三方平台开设“泰安景盛园林”网店、“山之味”泰山土特产网店，探索“（合作社）企业+基地+网店”的农村电子商务模式，扩大农产品电商交易规模。

【供销扶贫】利用供销社点多面广、深入基层的优势，开展社村共建，共计认领贫困户449户、774人。在扶贫资金还未到位的情况下，投资10万元为第三峪村和羊栏沟村50多户贫困户免费嫁接文玩核桃芽1000多个，帮助提高销售收入。

（宁　娟）

丝绸

【概况】 2016年，全区桑园面积1.8万亩，生产收购鲜茧2002吨，蚕茧收购均价42.95元/公斤（领先全省和全国收购价格），蚕农茧款收入8600万元，成龄桑园亩桑产茧平均收入5500余元，户均收入8500元，蚕茧产量继续居全省第一位且连续16年保持全省第一，蚕茧质量全国领先，单产、效益稳居全省领先水平。岱岳区丝绸公司内设3

个科室，下设13个乡镇蚕茧站，共有员工83人，其中机关科室人员12人，蚕茧站员工及内退人员71人。

【典型培植】 重点突出“省力化、高效益”的核心，推广机械化和轻简化系列技术和设施，重视先进典型的树立和挖掘，总结推广一批栽桑养蚕科技水平高、经济效益好的蚕桑重点乡镇、村、专业户的典型经验，提高典型示范样板引导和辐射带动作用。强化技术指导和服务，培植种桑养蚕专业户，引导农民实施土地转让、置换、出租，促进桑园成片规模种植，促进现有桑园得到有效利用，以此带动蚕桑产业的发展。

【抗灾救灾】 春季在小蚕共育分蚕后，全区桑园陆续遭受因防治蚜虫形成的大面积污染蚕中毒。农户集中在春蚕期打药治麦田蚜虫，苗圃、果树、蔬菜等亦频繁打药治虫，使用农药多是对蚕毒性较大的新型高效农药，污染了桑园，发生了大量不同程度的蚕中毒，严重者陆续死亡，轻者后期表现微量农药积累中毒的蚕死亡、不结茧等症状。相继中毒比较严重的是马庄、房村、汶口3个乡镇，共有25个村的720名养蚕户因中毒减产减收在240万元以上，蚕农损失较重。夏季高温灾害。林业飞防治虫结束较晚，被迫推迟夏蚕饲养，而遭遇了历史上少有的持续高温，造成蚕儿体质下降后期发病，影响了夏季生产。秋季雹灾。9月11日下午，夏张等乡镇遭受到了冰雹的袭击，3000余亩桑园受害，桑树受损严重者枝条上的叶片全部被砸碎脱落，近乎绝产，受灾户达500余户。岱岳区丝绸公司、茧站及时了解掌握各乡镇蚕的发育情况、中毒及受灾程度和进展情况以及蚕农的思想动态，安排技术员深入蚕户，做好技术指导，配合镇政府做好受灾蚕农的安抚、解释工作，消除蚕农的恐慌心理，稳定蚕农情绪，同时请农大专家到现场鉴定、指导，查找灾害源头，提出技术处理意见，减少蚕农损失。

【科技下乡】实施“科技下乡”活动和“蚕桑科技入户”工程，结合新型职业农民培训，强化技术培训。全年累计举办各种类型培训班156场次，培训蚕农8200人次，给养蚕户下发各类技术指导明白纸1.5万份。各乡镇蚕茧站技术员针对桑蚕季节性强的特点，实行集中培训与田间、农户、大棚现场指导的办法，向蚕农传授桑蚕科技知识。同时，针对当前农村养蚕劳动力不足的实际情况，重点突出“省力化、高效益”这一核心，推广桑树截枝轮伐、桑园黑地膜覆盖、新型回笼火墙加温灶加温、养蚕大棚内铺地膜覆土隔湿、方格蔟自动上蔟等5项实用先进省力高效的蚕桑生产新技术，引进推广切桑机、伐条机等新型机械化设备，依靠科技进步实现蚕桑增效，农民增收。

（刘艳芳）

烟草专卖

【概况】 2016年，全区烟草总销量2.43万箱，同比下降7.7%；销售收入完成5.6亿元，同比增幅1.56%。破获各类违法案件338起，同比增长1.2%；查扣各类违法流通卷烟383.84万支，同比上升98.56%。岱岳区烟草专卖局下设6个科室和4个管理服务站、1个专卖稽查大队、6个专卖稽查中队。从业人员113人，其中在职人员106人，离岗内退7人。

【烟草营销】 紧抓营销基础工作，重点开展品牌培育活动，优化卷烟品类布局，通过对辖区市场的调节引导，激发市场潜力，满足了不同客户的卷烟需求，经济运行呈现调整向好态势。全年总销量2.43万箱，销售收入完成5.6亿元。其中，细支烟销售572箱，同比增幅123.66%；鲁产一二类销售460箱，完成全年进度85%；鲁产百元以上销售2342箱，完成全年进度43%；销售毛利约1.38亿元，同比增幅8.91%，与同期基本持平。

【专卖管理】 围绕市场监管、内部监管、基础建设三个方面，抓内管、严肃查处违规经营行为，遏制假烟和渠道外卷烟流通反弹势头，有效规范内部生产经营秩序，持续提升市场管理水平，市场基础环境持续向好。破获各类违法案件338起，同比增长1.20%。查扣各类违法卷烟流通383.84万支，同比上升98.56%。其中，查扣假冒卷烟20.77万支，同比上升319.60%；查扣真品卷烟360.47万支，同比上升91.37%；查获卷烟总案值115.59万元，同比上升6.74%。其中，查获假冒卷烟案值28.37万元，真品卷烟非法流通案值85.45万元。罚没款11.48万元，同比上升76.67%。查获万元案件8起，拘留5人，逮捕1人，判刑4人，完成预选案件2起，市三级网络案件1起，国家局网络案件标准1起。

【企业管理】 ①加强干部队伍建设，继续加大对中层干部的考核、培训，不断调整管理服务站人员配置，合理利用考核方法，充分调动干部队伍的工作积极性和主动性。②继续推进职业健康安全管理体系，开展“安全生产月”活动，确保企业安全稳定运行。③加强财务预算管理，强化对成本费用的控制和监督考核，严格控制招待费、差旅费、办公费、打假经费等费用支出，切实把费用控制在预算范围之内。

（胡山君）

旅游业

【概况】 2016年，全区共接待游客1961万人次，实现旅游收入27.76亿元，同比分别增长22.7%和33.2%。新创建国家3A级景区3家，省级旅游特色村4家，省级农业旅游示范点2家，省级精品采摘园4

龙湾地质公园（区旅游局 供）

家，省级开心农场2家，好客人家星级农家乐6家；新增山东省休闲购物街区1处。第十四届山东省旅游商品创新设计大赛中获银奖1个，2016中国泰安（泰山）平安文化旅游商品大赛中获银奖3个，获铜奖1个。岱岳区旅游局微信公众号获得“华新地产杯第四届泰山网络文化传播奖自媒体类二等奖”。区旅游局内设办公室、规划发展科、市场开发科、监督管理科4个科室，下设区旅游执法大队，全局在职在岗15人。

·旅游开发·

【旅游规划编制】 在《岱岳区旅游发展总体规划》框架下，编制《岱岳区乡村旅游发展总体规划》，对全区23个村进行重点策划，对道朗镇二奇楼村、里峪村及黄前镇孟家庄村、徂徕镇郑家庄村等4个村进行规划。推进大陆山村、里峪村、泰山慢谷·长寿龙湾、孟家庄村、金泉山庄乡村旅游策划等规划设计。《大陆山村旅游总体规划》《泰安里峪村旅游策划及修建性详细规划》通过评审，黄前镇《泰山大寨乡村旅游规划》、祝阳镇《金泉山庄旅游规划》编制完成，道朗镇《泰山九女峰乡村旅游度假区总体规划》完成首轮汇报，《二奇楼古村落保护规划》正在编制。

【项目建设】 泰山天颐湖旅游度假区、太阳部落二期、里峪乡村旅游、化马湾龙湾风景区、曼华庄园共5个项目列为市旅游重点项目。泰山天颐湖旅游度假区项目，是山东唯一的太空飞行体验馆。度假区主入口景观、景观桥等已全部建设完成并对游客开放；千亩泰山花海已部分开放，摩玛梦想城婚拍基地、桔子水晶酒店正在建设装修中；停车场、游客中心、旅游厕所等基础设施完备，专业管理团队已入驻，宣传营销逐步展开，省级旅游度假区正在创建中，景区于10月1日试营业。太阳部落二期项目，文明之光、水龙王、旋转木马、碰碰车、百鸟园、地心历险、远古大战等项目均已正式投入使用。里峪乡村旅游项目，里峪村投资800万元进行景观打造，修建了滨水景观休闲带、大寨洞至山顶聚仙台的游步道3000米、里峪游客中心、旅游厕所及停车场等，配套完成旅游标识系统的建设安装工作；发展“泰山人家”农家乐26户，投资10万元聘请山东泰山规划设计院对26户“泰山人家”进行一户一品提升规划，已全部改造完成；

针对北京、上海等地的高端游客群体，里峪村重点打造“泰山人家·铂思民宿”进行接待，完成改造6套，2套正在改造中；打造民间作坊5处；投资15万元建设儿童体验乐园。化马湾龙湾风景区项目，完成旅游厕所、停车场、游客服务中心、景区防护栏，特色旅游广场等基础设施建设。曼华庄园项目，投资60万元完善景区内外部标识系统、停车场、游客中心、旅游厕所、内部道路等基础；投资300万新建温室大棚两个；葡萄酒酒庄内部地面、餐饮接待场所正在装修。

【招商引资】 参加“（北京）泰安经济合作洽谈会”“中国旅游投资促进会”“一带一路投资基金对接座谈会”等招商活动。邀请山东国信国际旅行社有限公司、山东云耕旅游发展有限公司等单位现场考察天颐湖、里峪等项目，策划旅游招商项目34个。泰山九女峰乡村旅游度假区项目与杭州赛石园林集团签订框架性合作协议、广东邵伟华信息咨询服务有限公司投资的华严寺风景名胜区项目、中天伟路投资的大汶口古镇保护性开发工程项目已签约落地并正在加紧建设。浙江森木神业股份有限公司投资的泰山花海项目、潍坊东盛集团有限公司投资的泰山世界古典汽车博览馆项目、豪霆汽车赛道项目（F3）、山东泰山普惠建工有限公司投资的沐丰苑项目已开业运营。为提升全区智慧旅游服务水平，区旅游局与安徽省远路信息科技有限公司签订了投资框架协议书，在辖区内旅游景点建设小鹿智游项目。

【市场促销】 参加央视“联合推介、捆绑营销”宣传活动，投放太阳部落宣传广告；参与国家旅游局重点打造的全方位宣传全域旅游的纪录片活动；参加“好客山东旅游攻略征集活动”；参与由央视（北京）娱乐传媒有限公司进行拍摄的山东十大文化旅游目的地品牌纪录片之《鲁风运河》，参与“国山之巅·岱岳之光”，新华社中国泰山大屏泰安市岱岳区城市形象展播活动。旅游企业促销活动。太阳部落推出一家只买一张票、60元大联欢、泰安居民30元优惠等活动；天乐城水世界举办“关爱劳模 温暖一冬”、面向全市教师开展免费体验等活动，推出康复旅游产品，将盐海神汤与体质监测强强联合，打造综合盐水漂浮、温泉养生、康体娱乐等多项功能于一体的健康疗养特色新产品；徂徕山滑雪场冬季开启滑雪盛宴，推出“雪季狂欢节”优惠活动。

【新媒体营销】 创新实施“1+X”多边融合发展模式，实施大众化、低成本、精准式、病毒式营销。加强与泰安旅游文化频道合作，打造泰安市岱岳区旅游局官方微信平台。加入山东省旅游微信联盟，拓宽旅游信息传播渠道，推动旅游微信平台的信息互推共赢，促进各成员之间资源共享，实现旅游推广宣传最大化。2016年岱岳区旅游局微信公众平台共发布信息425条，粉丝量达1.25万人次，多次进入山东省旅游政务微信影响力排行榜前50名。与家天下旅游集团签订框架合作协议，开通岱岳旅游专列，全面推介全区旅游产品。

【旅游商品开发】 参加由中国旅游协会旅游商品与装备分会作为支持单位，山东省旅游行业协会、泰安市人民政府主办的2016中国泰安（泰山）平安文化旅游商品大赛系列活动，平安福袋、泰山玉文创系列及景泰蓝泰山玉吊坠系列套装主题鲜明、具有纪念意义和鉴赏收藏价值，均获实物类银奖，区旅游局获优秀组织奖。

【乡村旅游】 以里峪村为龙头，重点打造九女峰乡村旅游度假区项目，围绕“泰山人家·休闲岱岳”的总体品牌，整合道朗镇北部山区村落、山地、林果、水系等多种资源，发展新业态产品；龙湾风景区成功创建国家AAA旅游景区，旅游道路及标识系统不断完善，旅游服务功能有效提升，带动附近的双泉、草洼、王家庄等村的农家乐发展；盛世仁和庄园葡萄采摘、葡萄酒文化和徂汶农耕产业园项目，成为泰山温泉城、徂徕山滑雪场等景区的有益补充；大陡山村不断完善乡村旅游服务设施，游客服务中心、餐饮会议中心、青少年户外拓展基地、炒茶体验基地、采摘基地、乡村足球场等均已投入使用，接待能力得到了进一步提高，创造了“乡村旅游＋体育＋教育＋农业”的模式。结合乡村文明行动、城乡环境综合整治、全省乡村旅游“十大人家”、乡村旅游“改厨改厕”和旅游厕所建改等工作，不断完善乡村旅游基础设施，共争取乡村旅游相关专项资金1538.6万元。注重品牌保护，注册“泰山人家”集体商标。制定“泰山人家”标准，在里峪村、大陡山村、双泉村铺开“泰山人家”示范点建设。

【旅游扶贫】 研究制订《岱岳区旅游局旅游扶贫工作实施方案》，通过扶持旅游资源较好的贫困村发展乡村旅游产业的方式，带动贫困地区区域经济发展、贫困农民脱贫致富的总体思路，依托“山东省旅游脱贫大数据库平台”，完成省旅游发展委员会确定的6个精准旅游扶贫村调查摸底工作，安排专人到扶贫村调研，指导完善贫困村的旅游及配套基础设施，制订发展乡村旅游的一揽子解决方案，“一村一策、一户一案”，开展乡村旅游项目建设，建设乡村旅游特色村，同时推进特色旅游商品的研发销售。争取省级专项乡村旅游扶贫资金60万元，累计直接带动贫困地区1.2万人、间接带动2万人就业创业，2200名贫困人口脱贫。在贫困村内修建旅游停车场5处，修建AA级旅游厕所3处，A级旅游厕所11处，旅游标识牌30余个。在道朗镇朱家洼村，建立“市民菜园”扶贫项目，整合土地，指导贫困户种植绿色、应季蔬菜助力脱贫。与杭州赛石集团签订合作框架协议，鼓励支持东西门、北张等泰山九女峰旅游度假区内的贫困村发展花园民宿，完善基础设施建设，开发神龙大峡谷。

【创新旅游营运模式】 创新投融资模式，投资28亿元，按照省级旅游度假区标准对天颐湖风景区进行全面升级改造。在项目融资方面，通过争取国家水库除险加固资金和水生态治理资金、区政府投融资平台

（泰安泰山大汶口旅游置业有限公司）和大汶口工业园投融资平台（泰安市天颐置业有限公司）联合向国家政策性银行融资、PPP模式（泰山花海、飞行体验馆项目）、国有平台公司独资（梦想小镇、桔子水晶酒店项目等）、民营公司独资（老爷车项目）等方式，解决了项目资金问题，推进了项目建设进度。千亩泰山花海、摩玛梦想城婚拍基地、世界最大的老爷车博览馆、全国最大的儿童职业体验中心梦想小镇、山东唯一的太空飞行体验馆等一批大项目投入运营；创新建管模式，为统筹兼顾、科学合理地开发建设管理好旅游项目，探索采取建管分离、委托运营方式，一方面保证项目建设进度，另一方面确保项目专业化运营，提高了旅游项目开发建设运营水平。在泰山天颐湖旅游度假区项目的建设开发中，大汶口工业园管委会、旅游局等部门组成规划建设指挥部，负责所有项目的规划建设验收，项目建成后整建制交付运营团队管理运营，每个项目都有专业运营团队。同时，为便于整体营销，成立山东泰山天颐湖旅游开发总公司，统管泰山天颐湖旅游度假区整体运营，统一品牌、统一宣传、统一营销。

【旅游特色】 ①旅游文化。太阳部落、大汶口古镇、泰山石敢当文化产业园、泰山世界古典汽车博览馆等项目充分发挥文化资源的旅游价值。②旅游农业。盛世仁和、曼华庄园、青青农场等精品采摘园，农事体验与观光旅游结合，做大农业观光休闲产业，全区省级旅游强乡镇达到8个、特色村13个。③旅游休闲养生。泰山温泉城充分挖掘温泉养生文化资源，建设国际性泰山文化温泉主题度假区泰山温泉城；旅游＋演艺娱乐。海新天街刘老根大舞台、第四届泰山音乐节、乡村旅游摄影优秀作品展、里峪村举办歌伦贝尔房车音乐发现之旅、音乐剧《紫石街》等一系列活动进一步提升旅游品质，丰富了文化内涵，增强旅游的核心吸引力。④旅游教育培训。建设国内规模最大的、唯一室内外结合的儿童职业体验主题公园——梦想小镇项目。青青农场与泰山学院、泰师附小等多所大中小学进行校企合作，成为泰安市的校外课堂基地。大陡山村探索“旅游＋研学教育”新模式，累计培训新型农民、入党积极分子、参观团等1万余人。里峪村成为山东师范大学传媒学院等多所高校、社会团体的教学实践基地，每年接待众多教学团队。太阳部落与山东农业大学共建实践育人基地，建立利用社会资源开展学社会实践活动的有效机制，将创新创业与实践体验活动紧密结合，培养广大学生的创新精神与实践能力，促进全面发展。⑤旅游体育。泰山天颐湖旅游度假区内的飞行体验项目是参观和体验于一体的综合性科技场馆。将飞行员用来训练跳伞的专用设备，与旅游结合，演变成为大众娱乐化设施，这一全新尝试，受到了年轻人极大青睐。大陡山村全国首家乡村高标准足球场投入使用，可以承接8人制、11人制等多种规模的足球赛事。泰山花海成为瑜伽爱好者的好去处，人在景中走犹如人在画中游，展示各种高难度动作，实现人与景的完美结合。同时举办天乐城景区盐浴瑜伽，徂徕山滑雪场雪地瑜伽展示。泰山温泉城打破淡季瓶颈，引入龙腾拓展与大陆山青少年拓展训练中心、天庭乐园小白杨拓展基地共同吸引了济南等周边城市众多团队来体验拓展。全区有拓展类项目的景区（点）、乡村旅游点达到十几处。⑥旅游民生。加快旅游基础设施和服务设施建设，不断提升和改善旅游环境。着力强化公共交通设施建设，全区A级景区实现公交无缝覆盖。着力提升乡村环境，结合城乡环卫一体化，村庄自然生态环境和居民生活环境显著提高。着力提升公共服务水平，在重点路段设置旅游景区导引牌和形象宣传牌，进一步增强了进入景区的便捷性，全年建成旅游标识牌41个、停车场14处。实施“旅游厕所革命”，新建、改建旅游厕所86座。太阳部落、泰山温泉城等景区针对泰安市民、不同区域、残障人士、特殊群体等实行票价钜惠政策，减轻游客经济负担，让广大群众得到实惠。泰山天颐湖旅游度假区实行无门票免费进入，游客可以根据自己的兴趣喜好，自由选择购票游玩项目，这种无门票入园的开放模式，是山东省内旅游景区中为数不多的景区之一。

·旅游资源·

【概况】 岱岳区旅游资源丰富，且交通便利，京沪高铁、京沪铁路、京福高速公路、104国道等均设有站点或出入匝道。区内文物古迹荟萃，有被誉为中华文明发祥地之一的大汶口遗址及萧大亨墓、泰山西御道遗址、无梁殿、齐长城遗址等名胜古迹闻名中外。泰山、徂徕山遥相呼应，天颐湖、天泽湖、黄前水库、天平湖、龙门湖、安门湖等自然风光灵秀俊美。民俗文化独具特色，娶亲、庙会、赶集、剪纸、日常耕种、收获等农事活动乡韵质朴。岱岳区确立了“依托泰山、错位发展”的旅游业发展思路，明确“泰山观光、岱岳休闲”的功能定位，围绕打造“泰山观光、岱岳休闲”旅游目的地目标，塑造旅游品牌，完善基础设施，提升服务功能，力促旅游与各行业融合发展，全域旅游发展初见成效，旅游综合竞争力明显提升。全区共有国家AAAA级旅游景区4家、AAA级旅游景区5家、AA级旅游景区1家，省级旅游强乡镇8个、旅游特色村17个、省级农业旅游示范点13个、省级精品采摘园12个，是全国休闲农业与乡村旅游示范县。天颐湖旅游度假区、太阳部落、天乐城旅游休闲区、新天街文化旅游广场、泰山温泉城、徂徕山滑雪场等景区集群呼应，成为游客假日旅游的重要选择，岱岳休闲旅游的魅力不断凸显。

【太阳部落旅游区】 该旅游区系国家AAAA级旅游景区。位于满庄镇境内。该项目一期工程于2013年建成开放，2014年二期项目建成开放，2015年完成三期项目规划。以大汶口文化为主线，以情景体验的形式，将史前文化和游乐项目有机融合，使远古文明的场景在游客面前真实展现，是中国首家体验史前文明的特大型文化主题公园。分为时光穿越、梦回大汶口、洪荒探秘、洪荒历险、情定大汶口、金乌古镇六大板块，由时

太阳部落景点之一　　（区旅游局 供）

空隧道、文明之光、地心历险、猿古大战、盘古狂叫、女娲补天、共工的愤怒、山洪暴发、洪荒漂流、高空斗牛、水龙王、远古大战、狩猎归来等 40 余个主题项目组成，运用现代化高科技手段，让游客走进古老的洪荒神话，亲身体验史前文化。

【泰山温泉城】 该温泉城系国家 AAAA 级旅游景区，位于徂徕山国家森林公园北麓。占地 40 公顷，规划建筑面积 15 万平方米，是集度假养生、商务休闲、生态旅游为一体的山地森林温泉旅游景区。分为温泉区、国际会议接待中心区、温泉度假酒店客房区、十大景观园区以及综合服务配套区 5 个功能区。其中，温泉区每天最大接待客容可达到 1 万人次，主要建设温泉综合服务楼、温泉露天园区和汤屋汤院区。温泉综合服务楼为整个温泉区的接待中心，主要配置有室内游泳馆、SPA 水疗馆以及一系列康体休闲娱乐设施，温泉露天园区以温泉综合服务楼为中心依山而建，山下为动感温泉区，设有海浪池、通天瀑布池、洞府鱼疗池、七彩儿童池等；山上为文化温泉区和养生温泉区，设有岱岳禅汤、独尊神汤、何首乌汤、墨玉泉、石板泉等 60 多个功能各异的温泉泡池；汤屋汤院区位于温泉露天园区的西侧，设有中式、日式、南洋式等 30 余栋汤屋汤院。泰山温泉城温泉出水温度 50℃左右，最大出水量为 3800 立方米 / 天。通过权威部门检测，景区内温泉水属优质天然高硫高纳的硅氟复合型医疗热矿水，温泉热水中富含对人体有益的微量元素，如：氟、溴、锶、锂、硼酸、硅酸、磷酸等，非常适合浴疗，经常在此沐浴，可以起到延年益寿的作用。

泰山温泉城一角　　（高玉芝 摄）

天乐城　　（区旅游局　供）

这里人们可以自然漂浮在水面上，一年四季尽享“盐海”奇景。

【天乐城旅游休闲区】　该休闲区系国家AAAA级旅游景区，位于满庄镇，总占地面积37公顷，是以盐文化、室内水上游乐和休闲养生为主题，与泰山文化及地方民俗特色完美融合，集商务会议、特色餐饮、康体娱乐、生态旅游、休闲度假于一体的大型综合旅游度假中心。天乐城休闲区主要建设有天乐城水世界、盐海神汤、田雨润华国际酒店、天乐城生态园、体质监测中心和快捷商务酒店。其中天乐城水世界总建筑面积26万平方米，系室内四季水上娱乐项目；田雨润华国际酒店按照五星级酒店标准打造，集商务会议、康体娱乐于一体，建筑面积4.2万平方米，内设中高档客房222间，拥有大中小型多功能会议室11个；盐海神汤以盐文化为主题，集盐海漂浮、泥疗、盐疗、温泉养生等多项功能于一体。在这里人们可以自然漂浮在水面上，一年四季尽享“盐海”奇景。

【岳海新天街文化旅游广场】　该广场系国家AAAA级旅游景区，项目位于岱岳区高铁商圈核心地带，总规划占地77.85亩。2011年被山东省委宣传部、山东省发展和改革委员会、山东省财政厅列为山东省重点文化产业项目。2012年被列为泰安市文化产业重点推进项目，2013年被市政府确定为重点建设项目。岳海新天街文化旅游广场主要建设以泰山刘老根大舞台演艺剧场为龙头，集文化艺术展览、特色文化饮食、文化休闲购物于一体的综合性文化旅游项目。产品形态涵盖：刘老根大舞台、齐鲁民俗文化街、休闲娱乐街区、高端品牌酒店、国际会议中心、特色品牌餐饮街等，项目以国际先进规划理念，打造集吃、住、行、游、购、娱于一体的全都市生活体验中心。

岳海新天街　　（区旅游局　供）

天颐湖旅游度假区　　（区旅游局 供）

【泰山天颐湖旅游度假区】 该度假区系国家 AAA 级旅游景区，位于满庄镇，规划面积 16 平方公里，水面面积 5.2 平方公里。2010 年 12 月被评为国家 AAA 级景区，2016 年景区按照 AAAA 级景区标准改造升级，10 月进入试营业阶段，构成“北登泰山，南游天颐”的旅游新格局。度假区成为“山水圣人”线上独具特色，适应不同人群，突出参与性、体验性、互动性、娱乐性的大型综合性旅游区。其中音乐喷泉东西长度 160 米、南北跨度 12 米；亲水式沙滩 3 处，约十多万平方米；儿童职业体验场馆梦想小镇，建筑面积 1.2 万平方米，设有 51 个职业体验单馆，60 多种职业体验，分为室内职业体验馆、室外职业体验区和外围休闲娱乐区三部分，国内规模最大、唯一室内外相结合的儿童职业体验馆；泰山花海项目占地 133 公顷，沿天颐湖东岸呈带状分布，以花卉观赏为主；飞行体验馆项目主要包括室内娱乐风洞飞行体验和表演、室内跳伞培训、模拟飞机驾驶娱乐和教学、餐饮娱乐和外场热气球观光等组成；摩玛梦想城婚拍基地位于天颐湖泰山花海项目南侧，摄影基地主体建筑面积 1 万多平方米，拥有国内最大的室内外婚拍实景；度假区设有游艇码头 5 处，购置大型游船和小型游船，并配置安全巡逻艇，可让游客尽情享受水上娱乐；泰山世界古典汽车博览馆以古典汽车收藏、陈列、演艺、科普为主题的博览馆，占地面积 47 亩，汇集 300 余辆来自世界各地的跑车、老爷车、军车等，其中，展有国内外著名汽车品牌中罕见的绝版之作。

【天庭乐园】 该乐园系国家 AAA 级旅游景

天庭乐园内的海盗船　　（区旅游局 供）

化马湾龙湾风景区　　（区旅游局 供）

区，位于城区西部、天平湖畔，占地面积0.2平方公里，建筑面积近2万平方米，建有休闲、娱乐、餐饮、儿童活动四大功能区。有美人鱼、空中飞舞、弯月飞车、滑草、滑沙、滑索、海盗船等娱乐设施，是泰安城西部休闲娱乐的主要场所。

【化马湾龙湾风景区】 该景区系国家AAA级旅游景区，位于徂徕山北麓的化马湾乡，由泰安市泰山长寿谷旅游开发有限公司投资建设，项目总投资1.2亿元，面积约110平方公里，是徂徕山国家森林公园的重要组成部分，融山、水、林、溪、湾胜景于一体，集奇、险、雄、秀一身，一年四季，景色各异。景区内地质遗迹极为丰富，有国内外著名的太古宙绿岩带—泰山岩群柳行组层型剖面，有新太古代阜平期蒙山超单元片麻状英云闪长岩、片麻奥长花岗岩等TTG岩系，系地学科普宝地。

【曼华庄园】 该庄园系国家AAA级旅游景区，位于满庄镇曹家寨村，由山东华颐旅游开发有限公司建设，占地面积2300亩，总投资1.6亿元。建设集餐饮住宿、休闲旅游、自由采摘、葡萄酒酿造等为一体的综合性休闲旅游项目。庄园以欧式风格为基调，将林果生产加工与农业生态观光旅游相结合，在景观布置及建筑格局上将地中海风格的色彩搭配与巴洛克

曼华庄园　　（黄治国 摄）

徂徕山滑雪场　　（区旅游局 供）

风格的建筑样式相融合，体现欧式庄园的造园特色。

【徂徕山滑雪场】 该滑雪场坐落于风景秀丽的徂徕山麓，是一家集滑雪、滑索、高尔夫、拓展、休闲娱乐、餐饮为一体的旅游景区。景区具备初、中、高级雪道4条，高山缆车1条，德国进口管式滑道1条，拖牵缆车3条，雪道宽120米、长800米，最高坡度30度，配备国际先进的造雪、压雪设备和完善的配套服务设施。雪场内设有雪上飞碟、狗拉爬犁等娱乐区，并为儿童开设了专业的滑雪场地，乘坐高山观光缆车可以近距离欣赏梅花鹿，真正做到了赏雪、玩雪、娱雪的全方位功能。景区春、夏、秋三季开设拓展训练、高尔夫练习场、高空滑索等娱乐项目。

【大汶口国家考古遗址公园项目】 该项目规划面积390公顷，涵盖大汶口遗址、大汶口古镇、大汶口明代古石桥等历史文化遗迹。一期工程主要建设三区（遗址公园门前服务区、遗址展示区和大汶口古镇区）、一带（滨河景观带）、一节点（大汶口文化博物馆）。其中，遗址公园门前服务区主要建设门前景石及标志性建筑、主题雕塑、广场水系、整个广场采用大理石面铺装、水系引入大汶河水、自入口的泰山石叠水而下，最终汇入最南侧的日火山雕塑流进大汶河；遗址展示区总面积30公顷，展示自1959年至2012年间先后4次考古发掘的墓葬189座、陶器3000余件等；大汶口古镇区，主要对大汶口古镇山西街等6个村进行保护性开发建设；滨河景观带主要建设1100米防护堤、景观绿化工程及文化墙工程；大汶口文化博物馆展示、陈列面积2600平方米，以文物陈列、图片展示、全息影像、多媒体演示、互动体验等形式，

大汶口遗址公园　　（区旅游局 供）

向公众展示距今6100—4600年的大汶口文化的起源、发展、内涵及其在中华文明史上的重要地位。

·节庆旅游·

【春节娱乐大拜年活动】 春节期间在岱岳区政广场及相关社区、村，开展民间锣鼓、秧歌、抬花轿、踩高跷、划旱船、舞狮大拜年等活动。

【第二届温泉滑雪节】 1月1日—2月22日徂徕山滑雪场、泰山温泉城举办第三届温泉滑雪节。有登雪山、滑雪接力赛、滑圈比赛、雪地拔河、家庭组比赛（拉圈跑）高水平滑雪表演等趣味滑雪娱乐活动，并举办大众杯滑雪比赛、冬季冬令营，滑雪培训班，温泉养生体验游。整合泰山温泉城、徂徕山滑雪场推出“享激情滑雪 沐泰山温泉”之旅100元特惠套票限量抢活动，尽享滑雪激情，享受各式各样的温泉泡池及各项娱乐项目。

【“好客山东·休闲满庄”新春花灯会】 2月8—22日满庄镇举办“好客山东·休闲满庄”新春花灯会。其间有赏花灯、文化下乡、现代歌舞演出、传统戏曲演出、地方特色文艺演出、马戏杂技演出、民间故事队展演、广场舞大赛、太阳部落花车巡游等丰富多彩的活动。

【里峪第三届香椿采摘节暨生态旅游推介会】 4月10—30日道朗镇里峪村开展里峪第三届香椿采摘节活动。体验采摘乐趣，游学结合，寻宝活动、环山路徒步活动、文艺演出以及旅游商品展销，给游客带来不一样的体验。

【“最美岱岳乡村行”摄影大赛】 首届“最美岱岳乡村行”摄影大赛，是由岱岳区旅游局与泰山摄影俱乐部联合推出的乡村行系列采风活动，拍摄时间两个月。在此期间，共有上百名优秀摄影家参与到“最美岱岳乡村行”活动中，将最美的乡村画面用镜头记录下来，用镜头聚焦旅游发展的新面貌。

【放河灯】 该项民俗系岱岳区非物质文化遗产。每年农历七月十五日在大汶口明石桥开展放河灯活动，将扎好的莲花河灯或用瓜皮放上蜡烛制作的河灯，放到河流中，飘飘摇摇随水西去。各式各样的河灯漂流在大汶河，十里河道，十里灯，形成一条火龙，映在水中，别具风景与情怀。

【徂徕山滑雪场第二届帐篷节】 9月11日徂徕山滑雪场举办第二届帐篷节。游客可以体验徂徕山滑雪场时空隧道，高尔夫，高山缆车观光，参观徂徕山特色产品，参与篝火晚会、相亲会、帐篷露营等活动。

【2016泰山音乐节】 10月3—4日在天颐湖沙滩举行泰山音乐节活动。爱乐团、2007《星光大道》年度总冠军杨光、中国内地创作型歌手熊汝霖、中文布鲁斯音乐第一人张岭、新生代原创歌手黄泳等强大阵容点亮音乐节。

· 旅游管理 ·

【旅游安全监管】2016 年，岱岳区旅游局强化安全监管工作，印发《2016 年岱岳区旅游安全生产工作实施意见》《岱岳区旅游安全生产科学预防体系创建实施方案》，完善泰安市岱岳区旅游局安全生产“一岗双责”工作制度，与各 A 级景区和乡村旅游点负责人进一步落实目标管理责任制。加强旅游安全应急管理工作，建立完善应急预案。加大对旅游法和新安全生产法的宣传、教育和培训力度。召开岱岳区旅游安全生产联席会议，对重大节假日期间安全生产作了全面部署和重点安排。定时组织开展旅游安全生产督查与排查工作，重点检查 A 级景区的食品安全、安全消防、娱乐设施等相关安全指标是否通过有关部门的验收合格。制定并向旅游企业公开《泰安市旅游行业安全检查工作手册》，对泰山天颐湖旅游度假区、太阳部落进行交通安全专项督导，对多家 A 级景区的火灾隐患进行排查。

【游客满意度提升】 以游客满意度调查为载体，着力解决突出问题。根据中国旅游研究院公布的游客满意度季度调查报告，不断发现新问题，研究新对策，持续提升游客满意度。开展旅游景区景点及周边市场秩序整治，对物价管理、环境卫生、旅游秩序等影响旅游满意度相关要素进行综合治理，优化旅游软环境，妥善处理各类涉旅纠纷。2016 年，接到旅游投诉 50 件，办结 50 件，群众满意率 100% 。

【A 级景区管理】 指导泰山天颐湖旅游度假区申报国家 AAAA 级旅游景区；曼华庄园、化马湾龙湾风景区申报国家 AAA 级旅游景区。完善各景区基础设施建设，加强景区复核检查和动态管理，按时上报国家 A 级景区监管系统相关信息。年末全区 A 级景区 10 个（其中 AAAA 级 4 个、AAA 级 5 个、AA 级 1 个）。

【旅游管理培训】 重视旅游人才队伍建设，全区旅游人才队伍素质提高。组织参加省旅游发展委员会举办的乡村旅游带头人赴省外精准交流、旅游质监人员、旅游执法人员等培训班；筛选资源条件好、发展欲望强的 21 名农场主、村支部书记参加省旅游发展委员会统一组织的赴西班牙、意大利、日本等国家和中国台湾地区学习乡村旅游活动；组织重点强乡镇、重点特色村负责人参加全省十大旅游目的地品牌和全域旅游培训；组织部分村赴省内各地、陕西袁家村等地进行考察学习；充分利用高等院校专家资源，举办全区 A 级景区创建培训班，为全区旅游业发展提供指导。

（李祥龙）

· 大汶口文化旅游发展管理中心 ·

【概况】2016 年，大汶口文化旅游发展管理中心完善了天颐湖周边基础设施，新建成运营旅游项目 3 个，建设项目共投入资金近

10亿元，其中旅游项目3亿余元，房地产项目4亿元，旧村改造项目2.6亿元。全年销售商品房320余套，面积4万多平方米，实现销售收入近3亿元，全年纳税3778万元。大汶口文化旅游发展管理中心下设3个科室，核定事业编制52人，在岗51人，被评为“市级文明单位”。

【旅游项目建设】泰山花海项目占地2000余亩，预计总投资6亿元。一期建成开放1000余亩，花卉面积达15万平方米，已投入资金1.3亿元。项目沿天颐湖东岸线呈带状分布，共由12个小岛组成，布局有玫瑰岛、风情岛、紫薇岛、精灵岛、栖凤岛、植物迷宫、百草园等众多特色各异的景点，种植有玫瑰、薰衣草、马鞭草、紫薇、福禄花、菊花、梅花、银枫等国内外60余种观赏花卉及景观植物。项目10月1日开始试营业，共吸引游客11万余人，收入门票220万元，二次消费收入110万元，综合收入330万元；飞行体验馆项目位于天颐湖度假区西北侧，主体占地约610平方米，建筑面积约2000平方米，体验馆高度22米。场馆以室内飞行表演观赏为主，室内跳伞飞行体验为辅，并设有飞机模拟飞行器，能感受真正的飞机驾驶体验。项目2015年下半年开工建设，2016年10月22日开始试营业；梦想小镇项目建筑面积1万平方米，包括室内体验馆、室外体验区和外围休闲区，设置51个单体场馆，提供医生、法官、消防员等65种职业体验，锻炼少年儿童动手能力，展示个人职业形象，是目前国内规模最大、唯一室内体验与户外景区紧密结合的儿童职业体验公园。项目2015年下半年开工建设，2016年10月1日开始营业。

【棚户区改造】老王府棚户区改造项目是中心承担的第二个旧村改造项目。老王府社区共有居民528户，1960人，旧村占地面积424亩。回迁项目位于老王府旧村址，望岳东路以东，迎胜路以西，灵山大街以南，老王府街以北，回迁占地面积77亩，总建筑面积13.6万平方米，项目预计总投资5.6亿元，建设17-27层的回迁楼10幢，1091套，规划全部528户居民的回迁入住。

（李　斌）

编辑·校对　李　红　钱国庆

财政·税务

财 政

【概况】 2016年，按现行财政体制，全区一般公共预算收入，加税收返还和各项转移支付补助，收入共计42.9亿元；减去当年一般公共预算支出36.5亿元和上解省、市级支出5亿元，结转下年支出1.4亿元。区财政局内设16个科室，下属事业单位10个，其中一级事业单位4个，二级事业单位4个，股级事业单位2个。在职职工130人，其中具有高级技术职称的3人、中级技术职称28人。通过“全省文明单位”复评检查，被市委、市政府表彰为“全市老干部工作先进集体”“泰安市优秀公务员集体”“四德工程建设先进集体”。

【财政收入】 全区一般公共预算收入完成16.53亿元，完成预算的100.1%，同口径增长11.1%。其中，税收收入完成14.56亿元，完成预算的101.3%，同口径增长12.4%；税收占一般公共预算收入的比重为88.06%，比上年同口径提高0.96个百分点；税收收入中，增值税3.31亿元，完成预算的96.3%，同口径增长71.5%；营业税2.69亿元，完成预算的102.9%，同口径下降21.1%；企业所得税1.73亿元，完成预算的210.5%，增长124.2%；个人所得税3714万元，完成预算的146.6%，增长62.8%；其他税收收入6.47亿元，完成预算的89.2%，下降2.4%；非税收入完成1.97亿元，完成预算的92.1%，增长2.9%。

2016年泰安市岱岳区一般公共预算收入统计表

表3　　　　单位：万元

预算科目	预算数	决算数	完成预算（%）	比上年增长（%）
收入合计	165133	165337	100.1	11.1
税收收入	143685	145591	101.3	12.4
增值税	34313	33051	96.3	71.5

续表 3

预算科目	预算数	决算数	完成预算（%）	比上年增长（%）
营业税	26142	26888	102.9	-21.1
企业所得税	8200	17260	210.5	124.2
个人所得税	2534	3714	146.6	62.8
资源税	5120	5065	98.9	12.3
城市维护建设税	7524	7108	94.5	6.2
房产税	5201	4299	82.7	-7.2
印花税	2812	2673	95.1	-0.8
城镇土地使用税	20013	18685	93.4	-4
土地增值税	14598	14261	97.7	7.1
车船税	1333	1930	144.8	58.1
耕地占用税	4523	2005	44.3	-46.2
契税	11372	8652	76.1	-13.5
非税收入	21448	19746	92.1	2.9
专项收入	8275	9277	112.1	25.7
行政性收费收入	8201	4678	57	-36.1
罚没收入	2268	1132	49.9	-32.5
国有资源有偿使用收入	2704	2746	101.3	24.5
捐赠收入	—	1913	—	214.6

【财政支出】全区一般公共预算支出36.5亿元，完成调整预算的110.2%，比上年增长4.9%。其中，一般公共服务3.46亿元，完成调整预算的129.3%；国防及公共安全9054万元，完成调整预算的104%；教育8.02亿元，完成调整预算的106.1%；科学技术409万元，完成调整预算的26.2%；文化体育与传媒4978万元，完成调整预算的143.9%；社会保障和就业8.07亿元，完成调整预算的100.1%；医疗卫生与计划生育5.48亿元，完成调整预算的103.1%；城乡社区事务及节能环保1.44亿元，完成调整预算的169.2%；农林水事务5.35亿元，完成调整预算的123.3%；交通运输8670万元，完成调整预算的122.3%；资源勘探信息4822万元，完成调整预算的112.1%；商业服务业及粮油物资管理事务3403万元，完成调整预算的259%；住房保障9940万元，完成调整预算的116.1%；金融、债务付息及援助其他地区等支出5421万元，完成调整预算的94.6%。

2016年泰安市岱岳区一般公共预算支出统计表

表4　　单位：万元

预算科目	预算数	决算数	完成预算（%）	比上年增长（%）
一、一般公共服务支出	26731	34554	129.3	19.4
二、外交支出	—	—	—	—
三、国防支出	184	148	80.4	-17.3
四、公共安全支出	8523	8906	104.5	3.1
五、教育支出	75642	80238	106.1	0.1
六、科学技术支出	1538	409	26.6	-73.1
七、文化体育与传媒支出	3460	4978	143.9	-9.0
八、社会保障和就业支出	80069	80657	100.1	2.2
九、医疗卫生与计划生育支出	53119	54763	103.1	5.9
十、节能环保支出	4884	5038	103.1	-65.0
十一、城乡社区支出	3600	9317	258.8	18.7
十二、农林水支出	43404	53509	123.3	43.5
十三、交通运输支出	7089	8670	122.3	-2.3
十四、资源勘探信息等支出	4300	4822	112.1	127.6
十五、商业服务业等支出	884	2683	303.5	62.8
十六、金融支出	621	401	64.6	31.0
十七、援助其他地区支出	300	291	97.0	15.5
十八、国土海洋气象等支出	480	35	7.3	-96.3
十九、住房保障支出	8565	9940	116.1	-29.1
二十、粮油物资储备支出	430	720	167.4	86.5
二十一、预备费	3000	—	—	—
二十二、其他支出	2500	2911	116.4	-18.9
二十三、债务付息支出	1830	1783	97.4	329.6
二十四、债务发行费用支出	—	—	—	—
本年支出合计	331153	364773	110.2	4.9

【保障民生】　全区一般公共预算中民生支出31.1亿元，占一般公共预算支出的比重为85.3%，各项民生政策得到较好落实。推动教育改革发展，落实义务教育经费保障机制，推动解决城镇普通中小学大班额问题，安排学校建设资金5882万元，开工校园建设项目18个。支持社会保障和就业工作，深化医药卫生体制改革。居民养老保险基础

养老金发放标准、重度残疾人护理补贴分别由每人每月 85 元、60 元提高到 100 元、80 元。农村低保标准由每人每年 3400 元提高到 3600 元。农村五保户集中供养、分散供养标准分别由每人每年 5200 元、4000 元提高到 6200 元、5000 元。居民医疗保险政府补助、基本公共卫生服务补助标准分别由每人每年 380 元、40 元提高到 420 元、45 元。强化脱贫攻坚投入保障，拨付 2635.6 万元，推动实施 97 个产业扶贫项目。推进城乡协调发展，拨付 5918 万元支持一事一议、美丽乡村、农村公共维护等项目实施。

【财源建设】 争取到位各类转移支付资金 16.1 亿元，同比增长 14.2%，保障了全区重点项目和社会事业发展资金需求。争取地方政府债券转贷资金 4.48 亿元，减轻政府债务利息负担。指导帮助企业争取省级提质增效项目、智能制造和标准化及新模式项目等专项资金 8128 万元。拨付 2.7 亿元，支持现代农业示范区项目、农业开发项目等支农项目实施。继续推进中小企业过桥还贷资金市场化运作，先后为山东泰山温泉旅游开发有限公司等多家企业提供过桥还贷资金 1.1 亿元，缓解企业融资难、融资贵问题。推进政府和社会资本合作（PPP）模式，储备入库 PPP 项目 54 项，环卫产业园、青春创业园污水处理厂等10个项目列入省财政厅推介项目，青年都会等 11 个项目列入发改系统推介项目，城乡环卫一体化、天颐湖水生态环境综合治理项目获批省级和国家级示范项目。

【财政管理】 构建透明财政，全面公开政府预决算、部门预决算和“三公”经费预决算，主动接受社会监督。推进“营改增”试点，按照统一部署，将建筑业、房地产业、金融业和生活服务业纳入“营改增”范围。控制一般性支出，落实会议定点管理制度，制定文件，将差旅住宿费等标准规定予以细化和具体，确保厉行节约有章可循。盘活用好财政存量资金，强化预算约束，加大预算统筹力度，集中资金优先用于稳增长、保民生等重点领域。全区通过集中支付系统支付资金 17.2 亿元，其中，直接支付 16.4 亿元，直接支付率 95.5%；完成政府采购预算金额 3.8 亿元，节约资金 4997 万元，节支率 13.3%；完成财政投资评审项目 123 个，评审总额 5.8 亿元，审减率 5.7%。开展涉农惠农资金专项整治、乡镇财政资金监管专项检查，提高资金使用效益，促进了财政规范运行。

（李玉江）

住房公积金管理

【概况】 2016 年，住房公积金管理以对欠缴的机关事业单位进行督促催缴，落实乡镇教师缴存比例调增和区财政供养人员增资后公积金补交及企业增人扩面为重点，展开工作。年末，欠交公积金已基本到户，乡镇教师缴存比例得到相应提升。被市管理中心表彰为“2016 年度住房公积金管理工作优秀单位”“2016 年度住房公积金信息宣传工作先进单位”。

【住房公积金征收工作】 公积金归集3.08亿元，是年计划的164%，比上年增长71%。主要完成3项以下工作：①对欠缴机关事业单位进行督促催缴，下半年欠交公积金已基本到户。②落实乡镇教师缴存比例调增和区财政供养人员增资后公积金补交工作。年末，乡镇教师缴存比例由10%调整到12%，并一次性补交了增资对应公积金部分。③做好企业增人扩面工作。新增光明电力、宏科工贸等37家开户企业，为1684名职工建制开户。

【住房公积金贷款工作】 共发放公积金贷款2.52亿元，占年计划的210%，比上年增长140%。面对年初房贷下降趋势，到辖区内10余家房地产开发公司联系座谈情况，宣传住房公积金贷款政策。新增麓秀易居、绿地云水谣、大展鸿府、开元盛世和园等近10家按揭合作楼盘，为全区缴存职工公积金贷款提供了便利条件。在贷款规模不断增大的同时，严把风险关，严格审核程序。加强贷后管理，对经常逾期贷款人，建立催收管理名单，采取各种措施，借款人主动结清逾期贷款本息，消除了风险隐患。

（李鸿睿）

【概况】 2016年，全区纳入国税系统管理的纳税人1.41万户，全年完成税收11.14亿元，其中完成区县级收入4.61亿元。区国税局下辖12个机关科室、1个直属机构、1个事业单位，8个基层分局，在职干部职工206人。获得山东省富民兴鲁劳动奖状。深化法治国税示范点建设，落实税收法制员工作办法，对基层税收执法行为严格审核把关，加强法制宣传教育；开展行政审批制度改革“回头看”，组织开展规范性文件审查和税收执法督察；依托过程痕迹化管理平台加强税收痕迹化管理，有效降低税收执法风险；调整内控机制建设工作机制，规范税收执法和内部行政行为。开展税务稽查，查促管新模式，开展重点税源税收检查，实现稽查成果的增值利用；推行规范进户执法工作；推

4月16日，国家税务干部在太阳部落宣传税法　（李博　摄）

进国地税联合稽查。

【税收征管】①征管体制改革。融合上级纳税服务、税收征管、出口退税、国地税合作“四个规范”，编写《税收征管服务一体化操作手册》。②税收风险管理持续深化。推进以风险管理为导向的税收征管新模式，完善“构建税收风险一体化新格局”的理念，形成“三化四式两展开”的工作新思路。③税收一体化管理初显成效。针对营改增后建筑、房地产行业税收管理中的难点，开展建设项目税收一体化管理，制定推行《建设项目税收一体化管理办法》。④各税种管理提质增效。加强成品油、白酒、金银首饰等消费税管理；认真开展福利企业、重点行业税收检查；运用团队式管理模式，开展大企业税收风险管理试点工作；加强国际税收管理，加大非居民企业风险和反避税管理力度。加强出口退税管理，建立出口企业动态分类管理机制，对一类企业实行“先退后审”办法，进一步加快了退税进度。

【营改增扩围】完成建筑业、房地产业、金融业和生活服务四大行业户管移交、信息确认、发票发放、税控发行、纳税申报以及宣传培训、舆情防控等各阶段、各环节重点工作，确保了2895户试点纳税人顺利开票、顺利申报。自5月1日起，四大行业改征增值税累计新增2.53亿元。

【国地税合作开展工作】①联合健全工作机制，实现信息高度聚合。联合成立国地税合作工作领导小组，联合签发合作意见，联合印发贯彻落实合作规范工作意见，共同确定联席会议工作机制、重要情况通报机制、数据信息共享机制、合作考核评价机制等工作机制。②联合组建办税服务厅，实现服务融合。6月，建立国地税联合智能办税服务厅。设置16个人工窗口，选派人员23人（其中国税10人、地税13人）。③联合开展税收征管，实现执法适度整合。国地税之间定期交换征管信息，开展管查合作，提高税收征管水平和效率。加强对营改增纳税人后续管理，构建建设项目一体化税收管理格局。联合开展纳税评估和稽查，减少重复检查，减轻纳税人负担。

【办税服务】①推进便民办税春风行动。开展“上门送服务—纳税人大走访”活动，累计走访纳税人1.24万户，发放宣传资料8.68万份，发放调查问卷7374份，征集各类意见建议7类78条。在国家税务总局的满意度调查活动中，岱岳区在全国414个县级单位中名列第127名。②升级改造办税服务厅，拓展智能服务功能。推广“互联网+”自助办税，建立2个24小时自助办税服务厅和2个分局自助办税服务点。全年发售各类增值税发票67.45万份；代开增值税金额1.33亿元，发售定额发票5634余本。③做好纳税人权益维护工作。对纳税人提出的诉求进行调查、落实、处理，并及时回访，全年处理“12366”“12345”工单201条；拓展纳税人税收信用，深化数据推广应用，联合建行市中支行推出“税易贷”服务，累计批复授信客户 19 户，解决中小微企业融资难题。

【年度税收分析】①税收规模扩大。全年共完成税收收入 11.14 亿元，税收总量首次突破 10 亿元。较上年同期增加 4.66 亿元，增长 71.83%，增幅在全市 6 个县市中居首位。其中，完成区县级收入 4.61 亿元。②增值税主体地位不变，税种结构进一步优化。增值税全年入库 7.1 亿元，占全部国税收入比重 63.71%，较上年下降 3.96 个百分点。企业所得税全年入库 3.46 亿元，占全部国税收入比重为 31.04%，比 2015 年同期增长 9.76 个百分点。增值税主体税种地位不变，但在全部收入中的比重略有下降，增值税税负进一步降低，税种结构进一步优化，有利于实体经济恢复发展和结构调整升级。③第三产业增长迅速，税收产业结构明显改善。2015 年，全区第二产业、第三产业的占比分别为 65.72%、34.23%；2016 年，全区第二产业和第三产业的占比分别为 60.34%、39.59%。第三产业比重明显上升，占比接近四成。④区县级收入规模攀升，税收比重增加。受营改增扩围和增值税预算分配比例调整政策拉动因素的影响，全年完成区县级收入 4.61 亿元，增收 2.77 亿元，同比增长 151.14%，区县级收入占国内税收收入的比重超过四成。⑤区域税收剪刀差扩大，乡镇间增长不均衡。国税收入全年超过 1 亿元的乡镇有 4 个，另有 7 个乡镇收入低于 1000 万元，增幅超过 66% 的乡镇有 5 个，另有 7 个乡镇出现负增长。⑥落实税收优惠政策，减税效应充分发挥。在落实增值税转型改革、营改增扩围、小微企业税收优惠等税收政策的同时，全面贯彻车辆购置税政策调整等一系列新增结构性减税政策。全区累计落实出口免抵退税、结构性减税及减免税金 4.54 亿元。

（韩遥遥）

地方税务

【概况】2016 年，组织各项收入 11.73 亿元，同比增收 1.32 亿元，增长 12.7%；其中：中央级累计入库 9664 万元，同比增收 2378 万元，增长 32.6%；区县级累计入库 10.77 亿元，同比增收 1.09 亿元，增长 11.2%。泰安地方税务局岱岳分局（简称地税岱岳分局）内设

5 月 15 日，地税岱岳分局、高新区国税局在光彩大市场设立咨询站，联合开展“营改增”主题税法宣传活动　　（安效华 供）

10个科室，下设7个中心税务所。现有干部职工202人，在职干部职工164人。先后被授予“省级文明单位”“全省地税系统六好基层单位”“全省地税系统基层建设优秀单位”“全省地税系统先进集体”“省级卫生先进单位”“省特级档案室”“泰安市政风行风建设示范窗口”“泰安市工人先锋号”“服务科学发展先进单位”“人民满意单位”“政风行风建设先进单位”等荣誉称号。稽查局1名工作人员入选“国家税务总局税务稽查人才库”。开展“最美税务人”培养工作，分局1名工作人员被省局评为“最美税务人”。

【税政改革】 强化法治观念，严格依法依规治税，依法抓好企业所得税汇缴工作、年所得12万元以上个人所得税申报管理工作、境外支付非居民税收管理工作、辖区内外籍人员税收管理等多项治税工作，在全省率先做到了督察内审实体化。先后接受市区审计局对地税岱岳分局2015年度税收政策执行、税收征管情况、税收计划完成、财务收支情况等方面的审计，同时，延伸审计至天平、直属、粥店、光彩、满庄、汶口管辖的18个企业。

【征收管理】 落实《征管规范》、抓重点环节管理、完成征管改革、深化国地税合作，征管水平得到全面提升。在市地税局组织的年度绩效考核中，分局征管工作位居全市第一。与国税局沟通，组织召开了国地税合作联席会、国地税合作工作调度会，对合作规范2.0版中的44项合作事项进行系统梳理讨论，从服务深度融合、执法适度整合、信息高度聚合等方面入手，理顺合作程序，实现与现有工作的有序对接。

【税收执法】 强化对税收执法权的监督制约，提高收入质量防范执法风险，9月18日，市地税局下发关于转发岱岳分局《关口靠前系统着力推进县域督察内审实体化》的通知，把岱岳分局督察内审的好经验、好做法在全市地税系统进行了推广。开展税收执法督察工作，建立起执法有记录、过程可监控、结果可核查、绩效可考核的良性循环和持续改进机制。10月27日，市公安局岱岳分局派驻泰安高新区国税局、市地税局岱岳分局联络机制办公室正式挂牌成立，在实现多部门信息共享、合力打击涉税违法犯罪活动、打造和谐税收环境方面发挥重要作用。

【办税服务】 年内，对10个办税服务厅进行合并重组，实现征收单位人员全部集中到中心所办公，开展《便民办税春风行动》，走访企业为入鲁企业送政策并协助办理贷款；开展“问需求、优服务、促发展”活动，发放5000余封《致纳税人和社会各界的一封信》和3000余份调查问卷；对全局5000余户企业进行纳税信用等级评定，评定A级企业300余户。及时处理12366及12345政府承办单，共处理100多起咨询及投诉。完成营改增中纳税服务的各项准备工作，完成区政务服务中心办税服务厅的全面升级改造，把区政务服务中心打造成了智能化自助化的国地税联合办税服务厅，被授予省级"巾帼文明岗"和"泰安市女职工建功立业标兵岗"荣誉称号。

【基层建设】 分局基层建设形成自己的工作特色，打造出了自己的品牌亮点，直属征收局在征管基础、强化欠税清缴、加强涉税信息分析比对、深化重点税源管理等方面成效显著。粥店所在做好零散税收的征收管理、及时堵塞征管漏洞、降低执法风险等方面总结出新的经验和做法。天平所在做好收入分析、加强资源税的征管、抓好营改增企业的营业税清理工作、个人所得税征管等方面成绩突出。山口所在小微企业管理、个税扣缴系统客户端的推广、税收风险任务核实反馈等方面走在了全局前列。范镇所在全面落实税收优惠政策、加强与财税部门沟通协调、依法治税等方面表现突出。

（安效华）

编辑·校对 李 红 钱国庆

金融

综述

【概况】 2016年，全区金融机构和地方金融组织47家（按纳税口径统计56家），其中：银行业机构15家（按纳税口径统计22家），存款余额524.8亿元，增长7%，贷款余额312.4亿元，增长25%；保险业机构9家（按纳税口径统计11家），保费收入3.2亿元，增长10%；证券业机构1家，新增开户数3610户、达到1.74万户，累计交易额320亿元；小额贷款公司2家及2家分公司，资产总额4.48亿元；民间融资机构13家，资产总额13.3亿元；典当行7家，资产总额1.85亿元。全区普惠金融发展规模达到260.37亿元，增长12.5%；金融业实现税收1.7亿元，增长41.4%，高于全区税收增速29个百分点。泰安市岱岳区金融工作办公室（以下简称区金融办）内设职能科室4个，核定事业编制10人，在岗在编9人。获得“市级文明单位”荣誉称号。

【政银企合作和招商引资】 ①推介发布项目。提报市级政银企合作项目62个，项目覆盖全区工业、服务业、民生、教育、城市建设、城乡一体化等领域；及时汇总有融资需求的项目纳入全区动态重点项目库并向金融机构推介发布。②信贷投放。全年重点项目及中小企业新增信贷资金近60亿元，增长50%；“建行助保贷”和“中银银政通宝”业务向全区中小企业提供信贷支持4908万元、累计达到1.55亿元。③招银引保。引进紫金财保泰安中心支公司、渤海财保泰安中

6月3日，区金融办在下港镇小安门村宣讲有关金融知识

（闫晶晶 供）

心支公司2家金融机构落户岱岳区，并开业运营。

【金融改革和普惠金融】①农村信用社银行化改革。区农信联社成功改制岱岳农商银行并挂牌运营。②农村金融综合改革。向乡镇、农村及社区新投入农民自助服务终端31台，达到396台；电话和银联POS机分别达到1216台、1350台，农村金融服务需求水平有效提升。③小额贷款保证保险。引导保险机构开展小额贷款保证保险业务，缓解小微企业、“三农”和城乡创业者担保难题，为650万元的小额贷款提供了保证保险。④金融扶贫。引导银行机构发放“富民农户贷”和“富民生产贷”小额扶贫贷款2394万元，带动脱贫人口524人。

【化解企业资金链风险】①摸清底数。及时掌握企业资金链风险扩散的整体脉络和传导路径，搭建全市首个金融信息平台系统，建立资金链风险管理台账和监测预警机制，做到提前防范、提前介入、提前研判、提前化解。②综合施策。与存在资金链风险企业债权银行积极沟通，引导不新增担保条件、不增加财务负担，避免出现单方面抽贷、压贷现象，寻求快捷、灵活、高效的解决方式消化吸收风险；推动泰安泰山大汶口旅游置业有限公司成功参股泰安市融资担保有限公司，借助泰安市融资担保公司融资担保功能，逐步缓解企业融资担保难题。③分类施策。接洽有意向合作企业探索以并购重组方式化解泰山核电资金链风险；促推市金控集团与广大化工开展投资合作；帮扶科诺型钢对接埠内外客户拓宽市场、释放产能；协调岱岳农商银行给予岳海集团贷款支持；协调市金控集团给予资金链风险企业，帮扶企业整合优质资源走出困境。④推进实施政府引导的过桥还贷市场化运作模式。全年累计为企业提供市场化过桥资金1.07亿元、贴息10.19万元。

4月20日，泰安岱岳农村商业银行股份有限公司创立大会暨第一次股东大会召开（窦广 摄）

【企业融资】①“新三板”（新三板，指由中国证监会、科技部发起和组织，并经国务院批准设立的专为国家级科技园区非上市科技公司提供的代办股份转让平台）挂牌融资。山东前田热能技术股份有限公司在“新三板”挂牌，全区“新三板”挂牌企业达到2家；山东综艺联创包装股份有限公司在“新三板”市场融资1000万元。②规范化公司制改制。

集中资源优先支持企业改制，全年新增改制企业22家、达到35家，完成5年（2015-2019）改制任务的46.7%。③培育上市、挂牌后备资源企业。重点培育60家，其中上市后备资源8家、“新三板”挂牌企业52家。④培训与操作性指导。召开岱岳区2016年度推动企业利用资本市场加快发展培训会议，对40余家企业进行专题培训；组织13家企业参加全市期货服务实体经济专题培训会议；择优选择7家企业高管参加全省债务融资工具培训班；组织企业参加中欧所上市研讨会、港交所业务推介会、金融支持实体经济座谈会等培训交流会议。⑤政策扶持。梳理市区两级政策，编订发放《关于鼓励企业规范化公司制改制和利用资本市场加快发展的政策简介》；落实企业对接资本市场奖励政策，拨付企业“新三板”挂牌市、区奖励资金172万元。⑥资本市场要素。成立联审工作组，分析研究拟落户岱岳区的各类资本市场要素可能引发的风险，形成“层层把关、共同审核”的风险防范机制；对促进经济社会健康发展且风险较小的，准予工商注册登记。推动全市首家文化旅游产业投资基金管理机构落户岱岳区。

【地方金融组织】①资金投放。引导资金投放向小微企业及“三农”倾斜，年末，全区地方金融组织投资余额16.2亿元，盛鼎民间融资登记服务公司累计对接成功借贷登记业务1135笔、交易金额2.3亿元，成为缓解小微企业及“三农”融资难的重要力量。②规范发展。向全区地方金融组织统一制作并悬挂了“监督方式”和“自律承诺”公示牌，提高风险防范和自我规范意识；采取现场检查与委托中介机构相结合的方式对地方金融组织合规经营情况检查审计，并配合上级主管部门对小额贷款公司和民间资本管理公司上年度经营情况开展分类评级工作。③农村合作金融。2家农民专业合作社获得信用互助业务试点资格认定书。

【防范和打击非法集资】①宣传防范。向各乡镇（街道）、园区和行业主（监）管部门累计编订印发打击非法集资宣传页18万份，制作宣传版面6幅，通过微信平台“岱岳微视角”编发3期防范和打击非法集资的报道和文章，通过区电视台《岱岳金融》栏目播放省打非办制作的宣传影片《欲望陷阱》28次、3类揭示消费返利骗局的宣传片21次，在黄金时间持续滚动播放宣传标语124次。②防范处置机制。定期组织召开打击和处置非法集资工作会议，分析形势、研究对策，部署维护金融稳定和打击非法集资等方面工作；制定下发《关于加强和完善打击和处置非法集资信息统计报送工作的通知》，将工作常态化、制度化；梳理各级政策文件，编印下发《泰安市岱岳区打击和处置非法集资工作文件汇编》，确保各级各部门在打击处置非法集资工作中及时学好、用好、用足政策。③互联网金融风险专项整治。成立区互联网金融风险专项整治工作领导小组，协调人行泰安市中心支行、泰安银监分局和市保险业协会派出骨干人员帮助指导开展互联网金融风险专项整治工作；制订《泰安市岱岳区互联网金融风险专项整治工作实施方案》，列出整治对象和内容、提出整治措施和步骤，明确整治责任和方法；组织召开全区互联网金融风险专项整治工作会议，对工作机制和责任进行了部署；印发《关于印发第一批互联网金融机构参考名单的通知》，重点排查P2P网络借贷、私募基金及股权众筹机构；印发《关于加快互联网金融风险专项整治摸底排查阶段工作的通知》，重点对互联网保险、第三方支付、通过互联网开展资产管理及跨界从事金融业务的机构及地方金融组织和有关机构涉及互联网金融风险情况进行全面摸底排查；印发《关于印发泰安市岱岳区互联网金融风险专项整治清理整顿工作实施方案的通知》，稳妥有序推进互联网金融从业机构和业务活动的清理整顿工作。

（闫晶晶）

银行业

·中国工商银行泰安岱岳支行·

【概况】2016年，该行辖营业网点2个、支行营业室1个，职工62人。坚持以客户为中心，以市场为导向，积极拓展市场，优化客户结构，增强资金实力，提高资产质量，外抓业务开拓，内抓内部管理，经营业绩不断提升。实现拨备前利润4850万元，实缴税金554万元，在全市系统内考核第三位，被省妇联授予“巾帼文明岗”荣誉称号。

【存、贷款业务】年末，人民币全部存款余额20.2亿元，较年初增加3.5亿元，日均余额19.1亿元，较年初增加2.5亿元。其中新增日均资产1万元以上客户997户，增长71%，列全市系统内第1名，公司存款时点增量全市系统内排名第4位，日均增长全市系统内排名第2位，各项贷款余额11.6亿元，较年初减少2.7亿元。其中：公司贷款较年初减少3亿元，个人贷款较年初增加5146万元。

【渠道建设与优质服务】所辖网点均投产智能化设备，进一步提高了客户办理业务的效率，建设文明规范服务网点，支行营业室被省妇联授予“巾帼文明岗”荣誉称号。

【风险管理】做好清收处置不良资产工作。通过压降、收回潜在个人风险客户贷款20户，金额近550万元；压降、收回潜在法人风险贷款客户3户，金额1200万元。

【内控案防工作】年内，通过与岱岳区人

12月6日，工商银行泰安分行领导到岱岳支行营业室检查指导工作　（李忠海　供）

民检察院联合开展法制宣传月活动，加强员工行为动态管理，开展“两学一做”学习教育，进一步增强了全行员工制度意识、责任意识、风险意识和合规意识，合规经营、按章操作的理念已深入人心，各项业务操作更加规范化，有效地防范了操作风险。

（李忠海）

·中国农业银行泰安岱岳支行·

【概况】2016 年，该行为农行泰安市分行下属精品单点支行，在岗员工 22 人。支行业务经营攀升，效益明显提升，在服务地方经济发展的同时，加强内部建设及精神文明建设，履行社会责任，被泰安市总工会授予“工人先锋号”，被市文明办评为“市级文明单位”，多次获评农行系统“年度先进单位”“三化三铁达标单位”“三化三无一退出达标单位”“四无一创建达标单位”等荣誉称号。

【存款业务】年末，各项存款余额 14.70 亿元，较年初增加 4.6 亿元，其中个人存款余额 6 亿元，较年初增加 8400 万元，对公存款余额 8.7 亿元，较年初增加 3.76 亿元。

【贷款业务】各项贷款余额 2.69 亿元，较年初增加 5572 万元，其中个人贷款余额 1.82 亿元，较年初增加 6068 万元，对公贷款余额 8705 万元，较年初减少 496 万元。

（田　彬）

6 月 26 日，农行工作人员街头宣传金融知识（田彬 供）

·中国建设银行泰安市中支行·

【概况】2016 年，该行内设 4 个机关部室和营业室、七里新村分理处、泰山大街分理处、市政广场分理处，中心医院分理处 5 个营业网点，有在职员工 91 人。年末，该行各项贷款余额 8.81 亿元，为全区重点支持项目新增贷款 3 亿元，累计发放个人贷款 5 亿余元，办理公积金贷款 6300 余万元；存款余额 27.44 亿元，实现税收 552 万元。先后获得“建行山东分行先进支行”“山东省分行青年文明号”“山东省现金管理示范点”“山东省银行业普惠金融示范单位”“泰

10 月 28 日，区金融系统青年支持创新创业金点子和好项目评选活动（董传元 供）

安市文明单位”“泰安市银行业协会文明示范网点”“泰安市工人先锋号”“建行泰安分行四好班子”等荣誉称号。

【金融创新转型】重视金融创新转型工作，在产品创新、智慧银行、电子银行等方面均取得成效，被评为“山东省银行业普惠金融示范单位”。产品创新方面，推出专门为中小企业服务的“五贷一透”产品，业务部1人在10月举办的首届泰安金融青年支持创新创业金点子和好项目评选活动中荣获二等奖；智慧银行方面，在所有营业网点安装了全功能智慧柜员机，并推进鲁通龙卡(ETC)、家园龙卡、云闪付、龙支付和校园E路通等；电子银行业务方面，手机银行、网络银行、个人短信、新开账户电子银行同步率等各项指标均居泰安分行前列，东顺集团善融商务平台全省交易量位居第一。

【金融文化建设】该行始终把金融文化建设放在重要位置来抓，取得优异成绩。①狠抓社会主义核心价值观教育，确立了“崇德尚能、务实创新、合规敬业、发展共赢”十六字行训，释放行风正能量；②加强合规文化建设，开展“合规管理提升年”及“合规创价值 岗位建新功”最美建行人主题活动，实现“合规建行、人人践行”；③开展金融文化研究，《商事制度改革对信贷文化的影响及对策》《基层银行管理创新管见》在《中国金融文化》杂志发表；④开展丰富多彩的文体活动。该行1人在2016年4月山东金融文联暨金融作家协会成立大会上当选为山东省金融作家协会理事。

（董传元）

·中国银行岱岳区支行·

【概况】 该行辖内含3个内设部门，下辖4家支行。2016年，有在职员工70人。获得泰安分行“服务园区发展先进单位”“2016年度文明优质服务开门红流动红旗”“2016年中国银行山东省分行基层先锋”等称号。

【存款业务】该行人民币各项存款余额23.17亿元，实点存款较年初新增1.09亿元，日均存款较年初新增1.9亿元，完成分行计划的127%，全辖排名第二位。日均存款其中人民币企业存款时点较年初下降3547万元，人民币储蓄存款较年初新增1.45亿元。外币存款较年初新增341万美元，其中个人外币存款较年初新增381万美元，完成分行计划的616%。

【贷款业务】年末，该行人民币贷款余额18.28亿元，较年初新增3351万元，新增列

4月7日，中行邀请区公安局网络大队工作人员到行讲座（石贵东 摄）

全辖第2位。其中，公司贷款余额8.37亿元，较年初新增2993万元，列全辖第1位，个人贷款余额8.87亿元，较年初新增3455万元，全年实现个贷投放2.65亿元，个贷余额和个贷投放额均列全辖第一。

【支持民生】 在泰安首届婚博会开幕现场，为泰安如意授信余额4.8亿元，投放到位资金3.8亿元，促进了企业项目的落地投产；携手新东方教育集团成功举办海外留学讲座活动；成功签约“泰安国际特种设备智慧谷战略协议”。

（石贵东）

·泰安岱岳农村商业银行·

【概况】 该行是在泰安市岱岳区农村信用合作联社基础上改制组建并经中国银行业监督管理委员会批准设立的股份制商业银行。2016年，注册资本10.2亿元人民币，内设13个职能部门，1个分中心，1个营业部，下辖53个营业网点，在岗人员661人。先后荣获“省级文明单位”“青年文明号”“支农工作先进单位”“文明诚信金融单位”“文明规范服务示范单位”“全省治安保卫工作集体二等功”等荣誉称号。

【存款业务】 年末，各项存款余额177.38亿元，较年初增加18.12亿元，增幅11.38%。

【贷款业务】 各项贷款余额102.64亿元，较年初增加5.88亿元，增幅6.07%；实现各项收入10.88亿元，同比增加1980万元，实现经营利润3.64亿元，同比增加1100万元；全年缴纳税收8080万元，同比增加2697万元，增幅50.1%。资本充足率12.61%，拨备覆盖率150.85%。

（孔　凯）

【概况】 2016年，驻区保险公司9家（按纳税口径统计11家），其中，财险公司8家，寿险公司1家。全区保险从业人员309人；保险业保费收入3.2亿元，同比增长10%，其中，财产险收入2.3亿元，同比增长7%，人身险收入8995万元，同比增长20.7%；理赔支出1.19亿元，同比下降26%，其中，财产险理赔支出1.13亿元，较2015年同期减少4383万元，人身险理赔支出600万元，较2015年同期增加200万元；保险业实现税收3299万元，增长52.5%。

【行业发展】 保险业呈现良好发展态势，机动车商业险和机动车交强险保费收入2亿元，理赔支出7159.3万元，维护了社会治安和稳定；安全生产责任险、校园责任险、食品安全责任险等责任险保费收入1341万元，理赔支出132.25万元，化解社会矛盾纠纷更加有效；意外险保费收入1192.5万元，理赔支出302.1万元，对社会基本医疗保险的拾遗补缺作用日益突出；小麦、玉米、能繁母猪和公益林等政策性农业保险保费收入1153.5万元，理赔支出788.3万元，增强了三农抵御自然灾害的能力；“银龄安康工程”已为38万余老年人提供了意外伤害风险保障，累计赔付1万余人；保险扶贫扎实开展，风险保障、经济补偿、资金融通等功能得到充分发挥。聚焦保险服务实体经济功能，针对小微企业和“三农”融资抵押担保不足的问题，探索开展小额贷款保证保险试点，将小额贷款保证保险打造成为企业融资的“连心桥”。2016年，为7笔计650万元的小额贷款提供保证保险业务。6月17日，区政府印发《关于加快发展现代保险服务业的实施意见》，意见指出“健全完善保险体系，提升社会保险水平；拓宽三农保险领域，提升支农惠农效能；发挥保险服务功能，促进经济提质增效升级；着力营造现代保险服务业的优良发展环境”。

【服务质量】保险机构坚持服务创新，改进和提升服务能力，建立起以服务规范、信息披露、服务承诺为主要内容的保险服务体系；加大保险产品透明度，规范产品销售行为，避免销售误导；创新服务手段，采用GPS智能系统、APP智能应用程序、微信平台等网络工具，提高服务效率，缩短理赔时限。

·中国人寿保险股份有限公司泰安市岱岳区支公司·

【概况】该公司内设经理室、综合部、个险销售部、银行保险部、团体业务部，培训部6个部，是中国人寿的县级分支机构。2016年，辖乡镇营销服务部10个，城区营销服务部3个，员工30人，保险代理人800人。公司为个人及团体提供人寿、意外和健康保险产品，涵盖生存、养老、疾病、医疗、身故、残疾等多种保障范围，全面满足客户在人身保险领域的保险保障和投资理财需求。全年，实现总保费8995.81万元，在岱岳区寿险市场占据第一的实力地位，领先同业主要竞争对手10余个百分点。

【业务发展】 按照省市政府关于健全老年人保险保障制度的要求，与老龄委联合推出为老年人提供意外伤害风险保障的“银龄安康”工程，全年，全区投保老年人总数达4.66万人，年末，赔付1万人次。该工程累计参保人次达38万余万人，风险保额达650万元。2014年，响应省妇联提出的全省妇女健康保障工作开展要求，独家开办“女性安康防癌及意外伤害保险”，受到社会各界一致好评。至2016年年末，与计生协合作开展计划生育手术意外险项目，共有1万人次在该公司参保100万元。开展“学生平安保障”工程。年末，有160所学校参保，全年投保学生总数达4.4万人，年赔付支出320万元，年均赔付人次大约0.6万人次。

【培训育才】推行“机制引才、制度用才、培训育才、环境留才”的人才强司战略，坚持“以人为本”的用人理念，培养素质优良的员工队伍和销售队伍。新招聘大学生5人，拥有管理人员30人，拥有保险代理人800人，引导万众创富，大众创业。通过开展多种形式的职业教育培训，新增近350人就业，解决和分流一部分社会富余人员，缓解了日益紧张的就业压力，为维护社会稳定做出了贡献。

（张　丽）

·中国人民财产保险股份有限公司泰安市岱岳支公司·

【概况】2016年，该公司实现主营业务收入2585万元，增长21%，承担各类风险195亿元，赔付支出1672万元；年上缴税收625万元，其中代缴车船税526万元，占全区整个财险行业的三分之二。开办险种主要有车辆保险、企业财产保险、人身意外保险、责任信用保险、农业保险五大类。下设山口、大汶口、良庄、区直光彩4个保险营销服务部（属五级机构），并实现属地纳税。

【业务发展】农业保险具有灾害面积大，范围广、受灾时间集中的特点。承保全区能繁母猪、育肥猪、奶牛、林木保险等政策性保险，收取保费407万元，赔款609万元，减灾减损作用明显，实现财政补贴资金投入的最大效应。创新开展牛奶价格指数保险，收取养殖户保费67万元，到期支付牛奶价格指数保险赔款267.5万元，起到避免奶贱伤农，平衡了市场运行。

【客户服务】车辆保险是公司主要的经营险种，全年保费收入1771万元，占公司业务收入的70%，赔付支出850万元，较2015年增长20%，为客户代办和免费办理车辆年审，缓解了客户审车难问题。改造职场，优化环境，打造服务客户新形象，推动向以客户为中心的全面转型。

（季明刚）

·华安财产保险股份有限公司泰安中心支公司·

【概况】2016年，该公司累计保费收入2547.83万元，增长79.98%；市场份额1.67%；累计处理案件1722件，支付赔款621.57万元；上缴代缴各类税金216.73万元。

【业务发展】组建信用保证保险团队，开办政银保、小额贷、保单贷等信用保证险业务，全年共计提供担保额1156.2万元，为43家中小微企业解决了融资难问题。4月起，相继设立东平、新泰2家县级分支机构，有效扩大业务覆盖范围。创新产品，扩大影响力，如针对社会扶老人问题，推出了华安扶老人险，为解决电信诈骗、银行账号被盗问题，推出了资金账户损失险等，取得良好的社会影响，为保险业创新险种提供了经验。

【客户服务】“比出险客户的亲人早到三分钟”是公司对所有投保客户的承诺，年初即开通“华安车险”微信理赔平台，为华安车主提供更加简单便捷的理赔服务平台。公司在岱岳区多个乡镇设立咨询中心，为当地居民车险投保、咨询、理赔，提供更加方便快捷的保险服务。打造“服务质量提升年”品牌，新增查勘车多台，增配人伤查勘员，使用手机查勘、微信理赔、闪赔等方式，不断提高服务时效。实现全年零投诉、零上访，客户满意度不断提高。

（王其海）

编辑 · 校对　李　红　钱国庆

交通·建设·环保

公路管理

【概况】2016年，全区公路通车总里程达3081.46公里，公路密度为176公里/百平方公里，行政村通油路（水泥路）率为100%，17个乡镇（街道）实现公交线路全覆盖，基本形成城乡一体、内通外联、标准适度、结构合理的交通运输网络。岱岳区交通运输局下设9个职能科室，1个一级单位，2个二级单位，17个乡镇交管所。核定编制156人，其中行政编制12人、事业编制144人，实有在职干部职工187人。荣获“2016年度全市交通运输系统安全生产泰山杯”奖杯。

【公路网建设】完成农村公路改造93公里，完成投资1.15亿元。其中，编制完成省、市11个贫困村39.9公里的农村道路建设规划，完成扶贫道路建设8公里。推进“四好农村路”建设，统筹农村公路改造升级、优化结构和网络化发展，提升农村公路通达深度。新104国道改建工程于10月12日正式全线通车，项目实施期间，共完成土地征用2227亩，清理苗木38.7万株，拆迁看护房246处，住宅、正规房屋140处。青兰高速西段完成农用地清表任务，项目正式开工建设。济泰高速项目完成选址，正式组织实施。

【农村公路养护管理】 完成养护投入570万元，对孙茌路、姚下路实施坑槽挖补3000余平方米；修复姚下路路肩600余米，孙茌路路肩7000余米；孙茌路灌缝2.62万米；对姚下路、麻羊路、港营路、大徐路、旅游路等县道水毁严重部位进行了抢修工作，确保道路安全畅通。加大路政巡查频率和力度，结合公铁沿线路域环境综合整治活动，整治路域环境613公里，拆除公路沿线两侧破房残墙175余处、广告牌匾900余块，迁移集市贸易3处；查处路政违章案件10起，清除各类路障2000余立方米。

【农村公路安全生命防护工程】开展“农村公路安全生命防护工程建设年”活动，加大人力、物力、财力投入，强化组织领导，细化工作责任，实行定期调度、巡查督导、评比公示、约谈问责等推进措施，推进农村公路安全生命防护工程高标准实施。自2015

年工程启动以来，累计完成投入9955万元，整治县乡道路总里程434公里，共画设标线275公里，安装波形护栏4.6万米、警示设施1.8万处、标志标牌2503处、黄闪灯518处，行道树涂白20万余株。

1月14日，岱岳区东部六乡镇开通公交仪式　（刘立强 供）

【城乡公交建设】 坚持科学规划，协调推进“城乡公交优先发展”战略。1月14日，角峪、范镇、祝阳、山口、黄前、下港6个乡镇同时开通公交线路；1月15日，良庄镇开通公交线路。至此，全区17个乡镇（街道）全部开通公交线路，共建设完成15处乡镇公交枢纽站，369处站亭（牌），累计投放新能源、清洁能源和纯电动公交车171部。乡镇公交线路实现全覆盖，每年可为城乡居民节省出行费用5000多万元。

【交通运输市场管理】 加强交通法制建设，开展执法评议考核，强化执法监督检查，对不规范执法行为及时作出限期整改。规范审批程序，受理行政许可申请5件，审验运输车辆2970辆，受理业户注销申请129件，办结率保持100%。全区专业运输企业达到74家，个体运输业户1294家，营业性运输车辆达到3249吨，年实现货运量1693.33万吨，货物周转量114594.65万吨公里。规范驾培管理，新增驾校一所，办理教练车新增业务130余辆，年审教练车500余辆，办理更新教练车90余辆，全区机动车驾驶员培训学校达到11家，教练车570辆。结合山石资源整治规范提升年活动，完善了满庄、范镇、天平、道朗四个片区监控网络，始终保持路面执法高压态势，累计检查运输车辆1.9万辆次，依法查处违章运输车辆2680余辆。

【交通运输安全管理】 明确主管部门、管理机构、企业主体“三个责任”。强化安全宣传教育，发放道路交通安全资料3000余份，在干线公路的重要路段、附属设施等显著位置上粉刷、喷绘宣传标语850平方米。开展了“春运安全治理”“打非治违”“冬季安全隐患大排查大整治”“道路运输平安年”“七类重点车辆、七种违法行为专项治理”“十一节前安全检查”“安全生产月”“冬季安全生产大检查”等专项行动，加大道路运输、水上运输、公路养管等重点领域、重点环节的安全监管力度。加强应急管理，完善公路交通突发事件应急预案、公共卫生事件交通应急预案、车船交通工具预防重大传染性疾病处置预案，先后开展危险品运输、水上运输安全事件应急演练，全系统各项安全生产指标均低于上级下达的预控指标。

（刘立强）

【概况】2016年，全区公路系统坚持养护管理、路政执法、工程协调和民生服务“四位一体”，全面提升了管养路段公路服务质量。全年，路政巡查里程近19万公里，处理路政事案28起，收取赔偿费30万余元。投入小修保养资金230万元。岱岳区公路局内设14个科室，下辖北水峪、角峪、北迎、梨园4个公路管理站。有干部职工258人，其中局机关40人。

【高速公路建设】12月26日，济泰高速公路泰安段正式开工建设。济泰高速主线全线长55.8公里，其中岱岳区段全长24.88公里，占地3466.9亩；黄前12.99公里，占地1087亩；山口8.61公里，占地1580亩；徂徕3.28公里，占地799亩，是国家高速公路网重要组成部分。采用双向六车道高速公路标准建设，路基宽度为34.5米，设计速度120公里/小时，涝坡枢纽路段采用设计速度100公里/小时。

【干线公路建设】104国道泰安绕城西线改建工程。该工程是市委、市政府重点交通建设工程，起于济南市长清境内G104界首桥北约400米处，经岱岳区粥店、天平、夏张、满庄4个乡镇办事处26个自然村，在满庄镇西河北东并入现104国道，总长26.654公里，均在岱岳区境内，该工程设计时速80公里/小时，双向4车道沥青路面，按一级路标准设计，共设有大桥2座、中桥5座、小桥2座、互通立交3处、分离式立交3处、天桥4座、涵洞77个、平交道口45处，总投资11.2亿元。该工程自2013年5月立项，2014年10月1日开工建设，2016年10月9日竣工验收，同年10月12日正式通车。104国道泰安绕城西线改建工程，使泰安城区向西扩展100平方公里，优化路网结构，有效缓解泰城交通压力，保障人民群众安全便捷出行。

【养护管理】 抓好公路日常养护和小修保养。投入小修保养资金230万元，对大河路、泰东路、莱肥线、枣徐线加大日常保洁力度，泰城周边主要通道出入口通行环境显著改善。抓好专项工程质量和施工进度。水泥路面破碎板处治工程、水泥路面灌缝工程、沥青路面坑槽挖补工程等共投入资金计533万余元。完成各项应急抢险任务。冬季除雪防滑出动人员198人次，撒防滑沙222立方米，融雪剂20.5吨，保证山区公路的安全畅通。夏季防汛期间24小时应急值守，7月19—21日的大暴雨，造成济临路、明泰路、莱肥路的涵洞、桥梁八字墙冲毁，桥梁护坡冲毁、掏空，道路、防护挡墙、排水沟冲毁。区局紧急安排施工队伍对水毁项目进行修复，投入资金92万元，出动应急车辆4台，运输车辆8台次，挖掘机8台次，抢险人员48人，累计清理路面塌方、落石、淤泥27处，约9473立方米，清除倒伏的路树39株，确保安全畅通。公路站建设方面，对所有公路站进行了整理维护，增设更新大小看板13块，达到布局合理、设施适用、环境整洁、方便生活的目的。

【路政执法】为切实保障公路安全，优化公路执法环境，遵循“统一管理、分级负责、依法行政”的原则，依法加强公路管理，提高路政管理水平，保障公路的完好、安全和畅通。开展公路路政宣传日、宣传月活动。多种形式开展宣传，设置汽车东站和G104收费站两个固定宣传咨询点，悬挂条幅、摆放看板、发放宣传材料，利用车载扩音设备播放公路和桥梁保护方面的法律、法规，解答群众咨询，征求群众建议。加大巡查频次和执法力度。路政巡查里程近19万公里，处理路政事案28起，收取赔偿费30万余元，办理行政许可50件，收取国有资产资源有偿使用收入15万元。清理广告牌798块，拆除违法非标5块，清理摊点308处，清理堆积物160处，清理乱搭乱建58处，处理“96660”民生热线等举报、交办事件12起，案件查处率、破案率、回收率均达到98%以上。加强路政执法人员教育培训。并严格遵守交通部“五个规范”、路政巡查制度、行政处罚自由裁量权，规范执法队伍建设和路政事案、行政处罚、行政许可标准、流程。遵守中央八项规定，杜绝“吃拿卡要”，文明执法，热情服务，全年未发生违规违纪行为。

（薛建明）

【概况】铁路线路 *京沪高铁* 北由界首入岱岳区境内，经粥店办事处、天平办事处向南，由大汶口镇南境进入宁阳境内。始建于2008年4月，2011年7月竣工通车，境内全长35.1公里。

京沪铁路 北由界首站入境，经粥店街道向南进入泰山区财源街道，进入泰山站。出泰山站后经泰山区徐家楼乡南境进入北集坡，由大汶口镇南境进入宁阳境内。岱岳区段全长29.76公里。1908年动工修建，1910年9月竣工通车。原为单钱，1958年改造为复线。

辛泰铁路 东始胶济线辛店站，向西延伸至京沪铁路泰山站。东由莱芜市马庄进入岱岳区范镇，向西入泰山区邱家店镇。岱岳区段全长2千米。1958年动工兴建，1959年3月停工，1970年复工，7月1日建成通车。

泰肥铁路 由泰山区财源办事处七里埠村入境，经天平街道、道朗镇向西进入肥城。岱岳段全长17公里。1960年1月修建，1962年10月竣工通车。

火车站 *泰安站* 位于京沪高铁线上，坐落于泰城西岱岳新城区粥店街道卧虎山东侧，西侧临靠京福高速公路，隶属济南铁路局济南西站。车站主要设计风格取意于中国古代三大宫殿式建筑之一的宋天贶殿的结构布局。泰安站中心里程为465千米＋768米。距济南西站58千米＋660米，距曲阜东站70千米＋388米。站房位于线路东侧，面向城市。车站设正线2条，到发线4条，到发线有效长度为650米，1、2股为正线，3股、5股为下行到发线，4股、6股为上行到发线，2条牵出线，1条安全线，道岔15组，北边9组，南边6组。站区南北长1.93公里。设450×12×1.25米岛式中间站台2座。站台间设12米宽旅客地道2座。泰安站建筑面积9626平方米。其中，候车室面积3308平方米，售票厅681平方米，出站大厅580平方米。共设有4个站台、13个售票窗口（含1个爱心服务售票窗口、9个自动售票窗口）、5台自动取票机、8台进站检票闸机、6台出站检票闸机。6部自动扶梯、4部无障碍垂梯。车站设商务座VIP休息室，专人为持商务票的旅客提供服务。2011年7月1日正式通车，从最早的接发列车42列，至2013年发展到70列，客运量从建站全年发送135万人，到2013年全年发送200万人。列车运行图实行日常、周末和高峰三种运行图。

大河站 位于京沪铁路线上，坐落于泰城西粥店办事处境内，四等站。

北集坡站 位于京沪线路线上，坐落于泰城南北集坡办事处境内，四等站。

云亭站 位于京沪铁路线上，坐落于泰城南大汶口镇境内，四等站。

大汶口站 位于京沪铁路线上，坐落于城南大汶口镇境内，四等站。

天平店站 位于泰肥铁路线上，坐落于泰城西天平办事处境内，四等站。

鱼池站 位于泰肥铁路线上，坐落于泰城西道朗境内，四等站。

范镇站 位于辛泰铁路线上，坐落于泰城东范镇境内，四等站。

桥梁　隧道　**铁路大桥** 京沪高铁有8处

高铁泰安站全景　（李红　供）

铁路大桥，京沪铁路线有 5 处铁路大桥，辛泰铁路有 3 处铁路大桥，泰肥铁路境内无大桥。

立交桥　有泰肥铁路与徐济公路粥店岭立交桥，辛泰铁路与济新公路范镇立交桥。

隧道　境内京沪高铁共有隧道 3 座：凤凰台隧道，全长 1168 米；六郎隧道，全长 185 米；金牛山隧道，全长 1905 米。

2016 年，泰安高铁站旅客发送 319.2 万人，到达 320.5 万人。为了有效缓解进站广场道路交通堵塞现象，泰安市政府于 2016 年 10 月对车站出站口进行施工改造，实行送站车辆和进站车辆分离。

（韩倩倩）

城乡建设

【概况】 2016 年，全区住房和城乡建设以推进新型城镇化建设为主线，完成各项工作目标和重点任务，城乡面貌大幅改观。年末，城区建成区面积 29 万平方公里，城镇化率 59.76%。乡镇建成区面积 60.65 平方公里。累计完成拆迁户数 2040 余户，拆除各类房屋面积 51 万平米，安置村民 400 套回迁楼，面积 3.6 万平米，发放补偿资金 2 亿。15 个城中村改造稳步推进，3754 户（套）棚改任务，全部顺利开工。全区实现建筑房地产税收 8.45 亿元，绿地云水谣、润恒现代农副产品冷链物流产业园、鲁商城市综合体、金融商务区、安徽大厦等项目的建设加快推进。全区 8 个乡镇完成总规修编并通过市政府批复，基础设施配套逐步完善，完成 1350 户危房改造，完成农村改厕 1.4 万户。

【城区道路建设】 ①学院路北段（环山路——东岳大街）建设工程。 2016 年，学院路北段和桃花源路两条道路列入市级重点建设项目。 该路段长 1200 米，红线 30 米，工程投资 3000 万元，主要工程内容包括征地、道路、雨水、污水、路灯、绿化及交通设施等。征地拆迁涉及高王寺、枣行 2 个社区、87 户，拆迁面积大约 2.4 万平方米。截至 2016 年 12 月，该路段工程图纸设计已完成，其他相关建设手续正在完善中，同时现场拆迁工作不同程度展开，北段结合旧村改造正在积极腾空道路用地。②桃花源路建设工程 。 南起泰山大街，北至环湖路，该路

8 月 19 日，全区农村改厕推进会议　　（江志新　供）

段长约2200米，规划红线50米，红线外侧有条件处增设绿化带，项目总投资约2.27亿元。建设内容包括道路、雨水、污水、路灯、绿化及交通设施等，年末，前期准备工作已经完成，桃花源路现已经进入工程实施阶段。该路建成后，将直接连接高铁新区与旅游经济开发区，成为连接城区西部2个重要发展组团的又1条交通要道，对于改善人居环境、增强城市综合承载能力、带动地区经济社会发展、加快泰安城市化进程具有重要作用。

【村镇建设】 坚持以新型城镇化、农村新型社区和新农村建设为重点，树立服务意识，强化工作措施，全力推进小城镇建设工作进程。①规划建设。全区15个乡镇，其中14个建制镇，1个乡，603个行政村，人口85.12万人，地域面积1495.65平方公里，建成区面积60.65平方公里。满庄镇、大汶口镇、山口镇、范镇、祝阳镇、夏张镇、道朗镇、房村镇8个乡镇总体规划已通过市政府批复。农村新型社区规划139处，已有97处开工建设，入住人口近10万人，其中实现集中供热社区6处，使用管道燃气社区8处。②小城镇建设。全区村镇建设总投资达21.53亿元；农村住房建设完成5518户，总投资4.09亿元，同比增长13.6%；建成供水管道726.85公里，集中供水覆盖率达95%以上；建成污水处理厂1处，建成农村新型社区污水处理设施23处，新铺设污水管网65.36公里；新修、维护乡镇、村级道路736万平方米；新增绿化面积265万平方米；新建镇驻地公厕22处，新增镇驻地及村级公园、健身场所67处。③危房改造。坚持危房改造与精准扶贫相结合，争取危房改造任务1350户，危改数量连续两年居全市第一，争取中央和省、市各级扶持资金2448万元，其中，解决省级、市级贫困村中符合危房改造条件的贫困户398户，解决区扶贫办建档立卡的贫困户200户。④农村改厕。坚持“政府主导、市场运作，因村制宜、注重实效，因势利导、示范带动，先易后难、政策扶持”的原则，逐步铺开全区农厕改造。区农村改厕任务量为1.4万户，已全部完成，总投资约1700余万元。

【施工图审查】 执行施工图审查制度，规范施工图审查行为，实施施工图审查登记备案制，未经施工图审查或者审查不合格的，未经建设行政主管部门备案的工程不得开工建设，为建设工程质量把好关。全区共督办施工图审查建设项目57个，面积237.4万平方米。

【招投标管理】 坚持“公开、公平、公正和诚实信用”的原则，规范招投标操作流程，监控招投标活动的依法规范运行。监督完成招投标项目117项，建筑面积372.2万平方米，中标总造价14.5亿元；办理直接发包备案项目26个，面积43.5万平方米，合同价4.6亿元。

【施工许可管理】 规定所有新建、改建、扩建工程项目必须取得施工许可后方可开工建设。对未经批准或手续不全开工建设的，依法责令停工，并追究建设单位及法定代表人的责任，对参与建设的施工、监理等单位，责令限期整改，整改期间暂停企业和项目负责人、总监理工程师承接新的工程项目。新建项目全部实现网上一体化平台申报审批和发放施工许可证书，审批并发放建设项目施工许可证书50个，建筑面积43.4万平方米。执法检查涉及建设工程94处，单体172处，建筑面积106万余平方米，下达责令停止违法行为通知书105份，封停工地48处。

【施工质量安全管理】坚持“百年大计，质量安全第一”方针，加大对全区在建工程质量安全监督检查力度，确保工程质量安全。共监督工程455个建筑面积487万平方米；工程竣工验收208个，建筑面积135万平方米，办理备案工程71个，建筑面积32.6万平方米，建筑工程质量稳步提升。安全监督检查新开工地137个，单体490个，面积410万平方米；监督检查跨年度工地70个，172个单体，120万平方米。下达安全隐患整改和扬尘治理通知书470份，停工通知书195份，提出整改意见7400余条。行政处罚5家强行施工单位，罚款7万元。建筑扬尘得到有效控制，建筑工地基本达到防尘治理目标要求，全区安全形势持续稳定。

【绿色建筑、创建精品工程】鼓励企业发展绿色建筑、创名牌、树品牌，推进全区绿色建筑发展，提升建筑工程质量安全水平和企业信用水平，增强企业市场竞争能力。泰山新兴园小区，建筑面积17.19万平方米，被评审为国家二星级绿色建筑标识项目；天房美郡国际城温德姆酒店，建筑面积6.4万平方米，从立项开始就严格按照绿色建筑要求实施，并按照绿色施工科技示范工程开工建设，正在积极申报国家建筑最高奖“鲁班奖”；创建省级优质结构工程2个、市级优质结构工程16个、创建省级安全文明优良工地4个、市级安全文明优良工地10个、市级文明小区3个。

【房屋征收与安置】①京沪高铁新区南片区。对影响基础设施建设等任务的粥店办事处六郎坟、小堰提、堰北村、堰东村、堰西村等村住宅进行了搬迁，完成搬迁并拆除2000余户村民，拆除房屋建筑面积50余万平米。组织高铁核心区400余户村民平价房分房工作，安置回迁房400套，面积3.6万平米，高铁核心区的安置工作基本完成。②财源街西段工程（中央商务区）。区指挥部任务基本完成，已进入扫尾工作，承担800余户的拆迁档案整理工作基本完成。③万官大街、青兰高速等工程。万官大街征收工作已基本完成，涉及区两处房屋征收工作都已达成征收意向，1处已签订征收协议。青兰高速涉及40余户的住宅及3处国有土地征收的工作，年末，该项工作正处对接。

【职工培训】以岗位培训和职业技能培训为抓手，加强建筑职业培训，提高建筑业从业人员素质，增强全区建筑企业的市场竞争实力。全区建筑业企业关键岗位人员、建筑民工职业技能培训600余人，“三类人员”岗位培训和年审698人（次），建造师职业资格注册、延续、变更和注销等68人，房地产企业从业人员岗位资格培训200余人。

（江志新）

城乡管理

【泰安市城市管理行政执法局岱岳区分局】 成立于2004年5月，隶属于泰安市城市管理行政执法局（市城市管理局），接受泰安市岱岳区委、区政府和泰安市城市管理行政执法局双重领导。2015年，依据《泰安市人民政府关于加强泰城长效管理的实施意见（试行）》泰政发〔2015〕20号）文件规定，管理范围调整为市级管理31条道路中的环山路、东岳大街、泰山大街、灵山大街、泮河大街、长城路、佳苑路、望岳东路、望岳西路、迎胜南路。2016年，共查处一般程序案件25件，结案案件19件，罚款12.45万元，简易程序案件611件，罚款1.22万元，市容共计罚款13.67万元。对辖区内无审批手续及审批期限届满的落地广告开展整治，共拆除落地式广告14块，面积共计1200余平方米。分局下设粥店、天平、旅开、高铁、满庄5个执法所，实有在岗人员26人。

市容环境秩序管理 分局深入巩固创城成果，提高市容管理标准，贯彻落实长效管理机制。开展“除陋习、治六乱”整治行动。重点整治环山路西段路南乱搭乱建、广告牌匾设置杂乱等档次较低的问题，打造靓点路段。共拆除户外广告251块9000平方米，拆除乱搭乱建77处5000平方米，取缔占道经营3400处，清理店外经营1200处、乱拉乱挂1000处，清理乱堆乱放10车次；劝阻规范不文明行为600人次，暂扣乱堆杂物6车次。

户外广告管理 分局按照“统一标准、统一要求、统一规格、协调一致”的设置要求，加强大型户外广告的管理。坚持从源头进行控制和统一管理，做到标准统一、美观整洁，设置规范、档次提升。日常执法工作中加强巡查，采取高压态势严控大型户外广告的设置和查处力度，确保了违法大型户外广告设置零增量。

露天烧烤管理 2015年，分局创城迎审工作中岱岳区辖区范围内露天烧烤均已迁入烧烤园，辖区内无露天烧烤经营行为。2016年，为巩固整治成果，采取层层分级、包保

9月26日，拆除环山路乱搭建铁皮屋　（郝成国　摄）

到人的管理机制，定人定岗，对辖区进行全方位监控。同时，加强动态巡查，对露天烧烤等违章行为一经发现，坚决予以取缔；强化与岱岳区城管局、粥店街道办事处、天平街道办事处的协调，积极参与联合执法行动，加强对露天烧烤经营行为的整治力度，确保无新增露天烧烤。

校园周边环境管理　分局坚持“依法管理，文明执法，热情服务”的原则，把校园周边环境整治工作作为提升城市建设和管理工作的重要任务；通过发放倡议书，借助报纸、电视、网络等新闻媒体开展宣传教育，倡导广大市民参与到城区校园周边环境整治工作中来，共同抵制不文明行为；教育和引导经营业户规范经营，在全社会营造维护校园周边环境秩序的良好氛围。采取集中整治与专人巡查相结合的方式，打破常规执法作息时间，在上学、放学高峰时段定人、定岗，杜绝学校周边存在的流动摊点、店外经营、占道经营、乱堆乱放等违章行为。

优化服务树形象　拓展群众参与渠道，动员群众参与城市管理工作，按照工作部署，全年先后三次组织大学生开展城管志愿者文明劝导活动。高铁泰安站作为泰城西部对外的重要窗口，分局抓住这一优势，利用“五一”“中秋”“十一”等节假日，在高铁广场设立便民服务点，为外来游客服务，宣传泰山和城管执法工作，展现泰安行政执法人员的良好形象，受到市民和游客的赞誉。岱岳区满庄镇辖区太阳部落、天乐城和天颐湖景区3处景点是镇重要旅游项目，是园区支柱产业之一。节假日、小长假高峰时一天车流辆5000余台，旅客有2万余人。分局积极加大景点周围保障，清理流动商贩、乱停乱放，为游客提供良好的旅游环境。

（房　岩）

【泰安市岱岳区城市管理局】　围绕全区工作目标，细化任务，强化措施，狠抓落实，主要在市容市貌管理、环境卫生管理、数字化管理、公用事业管理四个方面进行有效管理，城市管理工作有了新突破。区城市管理局是主管全区城市管理和城市综合行政执法工作的政府直属事业单位，加挂岱岳区城市管理综合行政执法局牌子，内设7个科室，下辖4个事业单位，实有干部职工86人。先后获得“省级卫生先进单位”“市级文明单位”等7项荣誉称号。

城市管理　全年开展联合执法28次，整治店外经营占道经营2190家，拆除乱搭乱建91处，规范固定广告标牌、没收落地广告牌匾2963块。进行集中清理行动127次，警告店外经营2977户次，清理马路流动商贩1900多人次，取缔露天烧烤摊点6家，没收烧烤炉及炉架18个，督查烧烤摊位126家。规范“九小”行业及店外经营、占道经营397户；治理乱堆乱放物流经营户17家；清理落地广告1355块；规范农贸集贸、物流邮寄、奇石花卉市场19处；整治餐饮油烟排放、工地机械噪音污染81处；清理小区乱栽乱种1600余平方米。在违法建设处置上，坚持“严控增量、消化存量”的工作目标，建立健全预防违建巡查工作制度，对违法建设持续保持高压态势。查处违法建设

11 月 2 日，拆除违建现场　（杨琳琳 摄）

案件 177 宗，违建面积约 45.64 万平方米；出动执法人员 3919 人次，动用大型挖掘机 75 部、装载机 51 台、专用渣土清运车 71 辆，依法拆除违建 104 处，拆除违建面积 7.84 万平方米，退还耕地 37.3 亩，维护了城市规划工作的严肃性和权威性。在市规划局组织的规划执法考核中名列前茅。

乡镇管理　区城市管理局在对乡镇层面，贯彻重心下移、属地管理的原则，城市综合行政执法大队设立 5 个中队，采取中队划片包保乡镇（街道）的模式，下移监管重心。强化街道（乡镇）在城市管理、乡镇在农村环境管理中的基础地位，粥店、天平 2 个街道办事处，设立城区管理办公室，其他 15 个乡镇设立城镇管理办公室，负责本辖区内城市（城镇）管理工作。社区、村层面，发挥社区、村在城市管理的基础性作用。城市范围内实行网格化管理，设立 2 个网格，7 大片区，每个网格和片区聘请网格管理员，由网格管理员对本网格市政道路、环境卫生、园林绿化、违法建设情况进行监控。乡镇每村设置 1—2 名协管员，对本村进行监控管理。

环境卫生管理　在 2015 年与北京桑德集团实现 PPP 合作的基础上，督导桑德公司加大投入，强化管理，促进了环卫管理工作的数字化、机械化和规范化。公司对全区 120 余辆作业车辆安装 GPS 定位系统，在 2.7 万个生活垃圾收集桶植入监控芯片，即时传送生活垃圾收集情况，实现生活垃圾日产日清；购买 27 台新型环卫车辆，增加人力三轮车 3000 辆、垃圾桶 1 万个，购买斜跨式割草机 27 台、微耕机 5 台，提高了全区环卫基础设施水平和环卫工作质量。落实对乡镇（街道）、保洁企业实行双线百分制考核，加大监督考核管理力度，形成制约机制，推动了城乡环境的不断提升。全区环境卫生群众满意度调查排名逐年提高，年内，6 月和 12 月两次全省城乡环卫一体化民意调查，岱岳区在 132 个县市区排名 13 位和 19 位，两次都名列全市第 1 位。该项目也被纳入国家第三批和省第二批 PPP 示范项目，济南天桥区、威海文登市、济宁任城区等地分别到岱岳区进行学习交流，为省级以上领导视察或全市综合性工作提供现场 10 次。

数字化管理　按照“高标准建设、高密度覆盖”的要求，投资 69 余万元，占用办公面积 60 余平方米，建设完成区级城市管理数字化平台与市指挥调度中心、桑德环卫管理云平台，区政务应急信息中心及街道数字平台实现了无缝衔接并正常使用。利用数字化平台，坚持“每半月一次案件分析通报制度”，实时指出在日常工作中存在的漏洞和薄弱部位，为各相关职能部门（单位）、办事处加强城市管理指示整改方向。全年共接收市、区各类案件8926件，已结案件8677件，结案率97.2%，在提高城市管理效率、提升城市形象、服务市民群众等方面发挥了重要作用，提升城市管理数字化、信息化和科学化水平。

公用事业管理　强化日常监管。加强绿化和公用设施巡查。开展园林绿化和公用基础设施巡查80余次，发现处结各类问题300余件。加强基础设施建设。将全区污水和排水管网建设纳入了市级改造计划。实施泮河西路绿化改造，全年新增绿化面积1.3万平方米、开展道路、路灯等基础设施维护100余处，进行园林修剪养护21.7万平方米，提高城市园林绿化和基础设施养护管理水平。解决公用事业突出问题。为解决前期燃气安全疏于管理的问题，组织全区燃气安全生产隐患大排查活动2次，聘请燃气相关领域的专家，对全区范围内燃气供应企业进行了拉网式排查，共查出隐患点163处，下达限期整改通知书36份，取缔违法经营商贩63家，燃气安全隐患得到有效处置，得到市住建局、城管局和公用事业管理局领导的充分肯定。

（解玉帅）

房产开发管理

【概况】　全区房产管理和住房保障工作取得新进展。房产交易管理规范有序，全面推行存量房买卖合同网上签约备案，加强房屋租赁备案管理；物业行业管理逐步纳入正规，强化对物业服务企业的管理，认真解决物业纠纷；落实房屋使用安全主体责任，做好危房整治工作；保障房实物分配与租金补贴并行，最大限度解决了全区中低收入家庭住房问题。岱岳区房产管理局内设10个职能科室，下设房产交易监理中心。岱岳区住房委员会办公室属一级事业单位，与局合署办公。全局共有在编在岗干部职工64人。

【房屋登记和交易】　全面推行存量房买卖合同网上签约备案工作。依据泰安市人民政府办公室《关于泰安市区不动产登记职责和机构整合的实施意见》和泰安市国土资源局、泰安市房产管理局《关于泰安市区不动产统一登记与房屋交易和产权管理工作衔接办法》规定，房管局停止办理登记业务，将职能划转到不动产登记机构，房管局保留交易管理职能。

【物业行业管理】　完成14家物业服务企业的初审工作。对资质复审不合格的，责令其限期进行整改。完成大河小区、开元小区、天平花园及东岳小区、老王府小区、过驾院小区等9个老旧小区的改造工作，总建筑面积45.33万平方米，涉及117栋楼、户数4021户，投入资金4981.9万元。负责全区范围内保修金的收取、核算、退还、使用审核等工作。共解决处理民生热线及各类物业投诉680件，比2015年同期增长95%，均按时答复。指导大河小区、开元小区及苹果园小区等小区业主委员会的成立。

9月8日，区房管局向公租房申报家庭发放选房通知书（杨冬云 摄）

【房屋安全管理】对全区范围内31处存在安全隐患的房屋，进行现场勘查，及时督促房屋产权人或使用人对房屋进行安全鉴定，根据鉴定结论，采取相应的解危措施，保证房屋住用安全。建立“泰安市城市房屋安全档案信息管理系统”，录入信息共计2858条，总建筑面积118万平方米。做好特殊时期的房屋安全管理工作。

【住房保障】在全市保障房分配中，经过审核，共报送市局低收入家庭1003户，市局确认无误后，于7月31号在市电视台摇号分房。经摇号，有680户申报家庭取得选房资格；惠丰园小区二期经适房经2015年12月30日摇号，共中号207户，完成了选房分房工作。全年共发放住房租金补贴182万元，保障1015户申报家庭的生活需求。开展市区公共租赁住房保障资格复审工作，所有信息录入市房产局内网，涉及电脑安装住房保障系统。已有4个乡镇安装住房保障系统，复审工作正在有序进行。

【创新物业管理模式征收物业质量保修金】为明确全区商品房保修期内物业的保修责任，及时处理物业保修期内质量投诉和纠纷，经区房管局积极与市房产局协调，市房产局同意区房管局自2月1日起，负责全区范围内物业质量保修金的收取、核算、退还、使用审核等工作。为此区房管局充实物业管理办公室工作人员，聘请专业人员进行业务培训，同时投资30万元新建机房、购置电脑和打印机等办公设备。共办理9笔业务，其中3笔收取质量保修金489万元，其余6笔系建设单位购买工程质量责任险。此项制度的实施，维护了业主的合法权益，促使开发企业和施工企业对保修期内出现问题的房屋进行维修和维护，业主因质量问题的投诉大为减少。

（王承峰　焦丽丽）

环境保护

【概况】 2016 年，全区二氧化硫、二氧化氮、PM10、PM2.5 均值为：28.42 微克 / 立方米，39.83 微克 / 立方米，95.75 微克 / 立方米，57.50 微克 / 立方米，与 2015 年同期相比，二氧化硫、PM10、PM2.5 分别改善：5.80%，15.95% 和 10.74%，二氧化氮同比恶化 2.36%，改善幅度和平均值居全市前列，环境空气质量综合指数居全市第一。区环保局被市局授予“市级文明单位”“落实机关党建工作目标先进单位”等荣誉称号。

【污染减排】 全区工业 COD、NH3-N 、二氧化硫、氮氧化物排放量分别为 529.57 吨、30.72 吨、2740.18 吨、2038.41 吨，比 2015 年分别削减 2.3%、2.7%、5.4%、5.4%，全面完成上级下达的约束性指标减排任务。严控污染新增。落实“先算后审”“倍量替代”“上大压下”等制度，全年排污总量前置审批新建项目 16 个，确保增产减污，加大减排项目现场检查力度，监督企业正常运行治污设施，发挥减排效益。加大农业源污染治理。开展规模畜禽养殖污染整治行动，养殖场修建储粪池、晾晒棚、尿液池，缓解农村畜禽污染。

【环境质量治理】 深入推进“蓝天工程”。以责任书和存在问题为导向，实施定期调度、检查和问题清单等工作制度，在全区各有关单位的通力配合下，形成“控煤、除尘、净烟、绿化”的大气污染防治模式，大气环境质量得到持续改善。①清洁能源建设。制订《泰安市岱岳区能源消费总量控制和煤炭消费减量替代工作方案》，将 13 万吨的煤炭减量任务落实到各有关乡镇（街道）及重点企业。发展新能源产业，泰安朗瓦集团 30 兆瓦地面光伏电站已于 2016 年 6 月底并网发电。②绿色屏障建设。岱岳区全年农作物种植总面积 190 万亩，年生产秸杆总量为 74.2 万吨，秸秆可收集量 63.77 万吨，利用量为 55.82 万吨，利用率达到了 87.5%。全区森林覆盖率 43.2%。油烟整治。城管等部门对辖区内露天烧烤每周进行一次检查，进行全面整治，城区内已无露天烧烤行为。④城市扬尘污染治理。区住建

1 月 22 日，区环保局在大汶口工业园排查污水管网 （赵和祥 摄）

局分两个检查组对城区及周边建筑工地进行拉网式检查和循环监督检查，共检查建筑工地143个，下达整改通知书135份，提出安全隐患及扬尘整治意见2100余条，对28处建筑工地实施了停工处理。⑤环保专项整治。开展全区山石资源整治。区政府针对山石污染反弹问题，专题下发了《关于对全区山石加工企业依法实施断电的通知》，对全区正在生产的25家山石企业实施了断电措施。按照“整改完成一家，验收一家，恢复供电一家”的要求，对山石企业颗粒物污染问题进行彻底整治，一度被群众信访举报的山石加工粉尘污染问题得以有效遏制。⑥工业达标提升。全区40多家排气单位实施山东省大气污染物综合排放标准第三时段限值，5家单位实施超低排放。⑦燃煤锅炉淘汰。岱岳区禁燃区范围内共排查新发现各类燃煤小锅炉（灶）21家，已全部完成淘汰或改造，降低锅炉蒸吨负荷26.4蒸吨。⑧重污染天气应对工作。冬季，共启动重污染天气蓝色预警6次，黄色预警1次，橙色预警3次。⑨流域综合治理。建设上泉、大汶口湿地工程，编制岱岳区水污染防治控制单元达标方案，纳入治理项目22个。

【生态环境建设】①农村环境综合整治。整区推进开展了农村环境综合整治工作，涉及17个乡镇、街道70个整治项目，其中争取国家环保专项资金3340万元，用于45个整治项目的建设，用于农村饮用水保护、畜禽养殖污染治理、生活污水处理。②生态示范建设，积极开展生态乡镇创建，申报了范镇等9个省级生态乡镇。③生态文明宣传教育。联合区普法办、区法制局以法制宣传月、行政执法监督等主题形式，在岱岳广场、市区商业中心举办法制宣讲活动；与市环保局、粥店街道办事处联合举办纪念第45个世界环境日活动；在光彩大市场、粥店社区等现场开展宣传咨询活动，向群众分发宣传材料，普及科普知识；组织乡镇（街道）在城乡显要位置、商业区、道路两侧、各种公众场所，设置大型户外环保广告牌20处，设置宣传橱窗、宣传栏40处，悬挂宣传横幅90条；组织区环保志愿者进行环保倡议、环保签名和授旗仪式，并开展环保志愿者行动，以身体力行的方式进行环境保护宣传，提高公众环境意识。

【环境安全管理】①环境应急管理。根据预案备案管理办法指导企业开展应急预案修编，对涉危涉重企业开展风险评估、应急物资调查、预案修编并组织进行专家评审，经资料审核后予以备案，全区共完成企业预案备案31家；利用安全生产月组织企业开展应急演练，10月参加全市环境应急演练暨监察监测技术比武；落实值班值日制度，按时完成突发环境事件分析报告；有效提升了环境风险预防与应急处置能力。加强环境安全执法检查，对重点化工、涉重企业进行安全隐患排查，及时消除环境安全隐患。②固体废物管理。区环保局、公安分局联合开展打击涉危险废物环境违法犯罪行为专项行动，同时对重点危险废物产生及经营单位15家进行考核，对存在问题及考核不达标的企业监督整改，确保危险废物规范管理、依法处置。开展固体废物和危险化学品调查，指导并督促企业进行系统填报，完成66家企业的数据填报工作。

【环境执法规范化建设】①行政审批改革。下放审批权限，加快审批时效，全年审批建设项目192个、环保竣工验收项目43个。加大政务服务中心窗口的授权力度，全年办件量235件，窗口被行政服务中心评为“十佳窗口”。加强建设项目审批管理，严格竣工环保验收。开展清理整顿环保违规项目专项行动，清理完成环保违规项目23个。②执法监督。1月1日起，全区建成网格化环境监管体系，整合管理资源、提升监管效能、消除监管盲区，形成政府组织实施、环保部门统一协调、相关部门各负其责、全社会广泛参与的环境监管大格局。推进监管重心下移、力量下沉，实现环境监管执法全覆盖。网格划分坚持属地管理、分级负责、无缝对接等原则。区政府为二级网格，乡镇（街道）和工业园区为子网格。乡镇（街道）和园区建立三级网格，以行政村、社区为子网格。网格运行以来，各级各部门认真履职尽责，加强环境监管，依法查处各类环境违法问题，有效改善全区环境质量和生态文明建设。

【环境监测】完成对重点污染源、饮用水源地、地表水断面、空气环境、土壤环境、环境噪声等日常监督监测和应急监测任务。全年取得人工监测数据1600个，监督性监测数据600个，其他应急监测、验收、信访及委托监测等1000个。督促7家省控以上重点企业开展全指标性自行监测，并及时向社会公开监测数据。

【生态文明建设】①优化工业结构，淘汰落后产能。以国家水泥工业产业发展为依据，在综合考虑论证布局规划的基础上，对全区5家企业水泥磨机产能进行了置换改造工作。共淘汰磨机10台，全区产能总量控制在464万吨。②节能减排。“十二五”期间，全区万元GDP能耗累计下降17%以上，规模以上工业万元增加值能耗累计下降35.2%以上。“十二五”期间COD排放量降低12.54%、氨氮排放量降低12.93%、二氧化硫排放量降低23.11%。③城乡环境面貌有效改善。2015年成功创建3个省级生态乡镇，2016年申报9个省级生态乡镇。集中式饮用水源水质达标率100%。加强绿化建设，全年城市绿化覆盖率达到44.85%。④生态恢复与水土保持。共治理水土流失面积23平方公里，水土流失治理率达到76%，2015年复垦农用地面积12.68公顷，新增耕地面积12.68公顷，“三区两线”可视范围破损山体治理率达到60%。⑤农村环境保护。2016年秸秆产生量70度万吨，综合利用率达到87.5%。乡镇生活污水处理设施建设比例达到86.67%。乡镇生活垃圾收集、转运和处置体系建设比例达到90%，乡镇生活垃圾收集、转运体系已基本构成。年末，备案规模化养殖场、养殖小区67家，规模化畜禽养殖场粪便综合利用率达到89%。2015年7月至2016年全区实施农村环境综合整治，整区推进，连片治理，对110处农村饮用水源地进行整治保护，新建成18处生活污水处理站。

（赵　影）

编辑·校对　李　红　钱国庆

招商引资·经济园区

招商引资

【概况】 2016年，全区新签约重点项目56个，合同引资额325.8亿元。新开工重点项目63个，实际到位资金42亿元，比上年增长20%。其中：新开工过亿元项目33个，投资过10亿元项目8个，比上年增加1个。岱岳区经济合作局下设9个科室，实有工作人员24人。

【重点项目】 全区新签约重点项目56个，合同引资额325.8亿元。其中，投资过亿元项目40个，已开工项目22个。远大住宅工业有限公司投资11亿元的联强远大住工装配式住宅生产线、山东岱岳制盐有限公司投资10亿元的年产120万吨精制盐、乐叶光伏能源山东分公司投资10亿元的乐叶光伏发电、启迪桑德环境资源股份有限公司投资6亿元的泰安市环卫产业园、泰安国豪新能源科技有限公司投资2亿元的3350万安时/年石墨烯电池等18个项目已经签约。年末，泰山玻璃纤维有限公司投资6亿元的60万吨超微粉、山东泰安新华印务有限责任公司投资6亿元的山东新华数码印务城签约项目正处签约阶段。全区开工重点项目63个，其中投资过亿元项目33个，项目建设梯次推进。年末，海纳宏源有限公司投资70亿元的泰安金融商务区项目、中天伟路投资有限公司投资15亿元的大汶口古镇项目、武汉远大住工投资6亿元的远大住工装配式住宅项目、中国农资集团投资4亿元的中农联合生物科技产业园三期扩规项目、润恒现代农副产品冷链物流产业园、六星国际汽车生态文化产业园、泰山玻纤2×10万吨第四条生产线、泰山玻纤铂金漏板制作及玻纤制品检测中心等项目正在建设；天津房地产有限公司投资8.6亿元的温德姆酒店已封顶正处外部装修；北方车辆有限公司投资4.8亿元的北方车辆汽车文化产业园项目已基本建设完成；潍坊东盛市政公路有限公司投资10亿元的泰山世界古典汽车博览馆项目已建成并投入运营。

【项目结构优化】 招商项目及建设项目以提升招商引资项目质量为重点，突出结构优化，项目向金融业、现代农业、先进制造业、新兴产业、节能环保、现代服务业等重点领域集群发展。新开工先进制造业、新兴产业和节能环保项目21个，商贸流通和现代服务业项目40个，现代农业项目2个。新开工建设的泰山金融商务中心，与已建成的光大银行、建设银行、浦发银行、太平洋保险、阳光财保、中信万通证券等53家金融及类金融企业集聚发展，初步形成岱岳金融聚集区。新签约项目三次产业比例为5∶25∶70，新开工三次产业比例为2∶32∶66，产业结构进一步得到优化。在结构优化中，服务业与商业地产保持强劲势头。①旅游业。全区拥有天乐城、泰山温泉城、太阳部落、岳海新天街4家国家AAAA级景区，天庭乐园、天颐湖风景区2家国家AAA级景区。年内，旅游收入25.96亿元，比上年增长33.5%，泰山世界古典汽车博览馆、泰山花海、梦想小镇、大汶口国家考古遗址公园等一批大型旅游项目竣工运营。②文化产业。大汶口国家考古遗址公园已建设完成，大汶口古镇开发项目正在加快建设。同时，依托山口、黄前、下港、徂徕山周边等乡镇优美的自然生态资源，洽谈了一批影视基地和养老养生项目。在商业地产业中，鲁商城市综合体、世界500强绿地集团投资的绿地公馆、云水谣、开元盛世·和园、开元盛世·智园、枣行社区城中村改造、杜家庄城中村改造、上旺城中村改造等一批大型商业地产及棚户区改造项目正在加快建设。

【会展招商】 举办杭州、宁波、台州项目推介洽谈会，依托商会的资源和影响力，扩大在长三角地区的合作交流。先后承办“泰山世界古典汽车博览会”“泰山国际特种设备展览会核心展区”“中国制造业与互联网融合发展（泰山）2016峰会”、2016年首届海峡两岸“中华民族敬天祈福”大典、“好客山东·休闲满庄”新春花灯会、化马湾乡大樱桃采摘节、“泰山智慧谷杯”2016年中国特种设备检验协会乒乓球比赛等展会活动。并抢抓2016年首届泰山国际特种设备展会机遇，集中开展特种设备会展专题招商活动，承办该展览会核心展区。该核心展区面积3000平方米，展示主题为“泰山特展、智慧特检”，集中展示了泰山智慧谷规范沙盘、智慧谷发展规划纲要、智能制造、机器人技术、省市特种设备产业发展规划、高校科研院所科技成果。同时，开展特种设备安全节能知识宣传教育、项目签约、科技信息发布等活动。在“泰山国际特种设备智慧谷”战

10月20日，2016首届泰山国际特种设备展览会泰山特展　　（方远葵 供）

略合作签约仪式上，集中签约10个项目，与山东特检集团、齐鲁工业大学、中科院山东技术转移中心等10余家单位达成合作意向。

【组织企业参展参会】 ①组织发动6家企业参加2016年矿山机械展，其中特装展位2个，标准展位4个。②在泰山国际特种设备展核心展区中，组织16家企业参展，其中室内展出13家，室外展出3家。室外展出全部为特装展示。③邀请北京、上海、杭州、宁波、太原、义乌等地30家相关企业单位参加2016年中国泰安会展合作洽谈会暨首届“会展+旅游”泰山论坛。

【对外联络】 全区8个驻外蹲点招商小组加强对外联络。①组织开展驻点区域招商活动，共建立重点联系人610余人，对接世界500强、国内行业100强、央企和上市民企等企业350余家。②邀请北京傲世诺德国际展览有限公司、中外铭展国际展览（北京）有限公司、上海轩辕会展有限公司、浙江国际会展业协会等各地会展类主办企业31家到泰安参加“2016中国泰安会展合作洽谈会”。③加强与各地工商联、商会、协会等组织的联系对接，邀请上海市科技成果转化促进会、上海中安谷集团、上海百强企业联合会、深圳山东商会等各地商会协会组织、企业客商到岱岳区实地考察30余次，在有效加强岱岳区对外宣传力度的同时，与部分商会及协会确定战略合作关系。

【优化服务】 ①印制《天泰新材料项目推介册》《旅游项目推介册》、岱岳区对外推介PPT，经济洽谈会PPT等宣传材料。②开展商会工作，服务会员单位。组织商会会员企业参加国际、国家或省贸促会展会、各种培训等活动约40次。③通过政府网站、公共查阅点、政府公报和其他渠道或形式推介岱岳区经济发展及其良好的投资环境。④通过投资服务窗口平台，帮助外来客商办理工商注册及营业执照、机构代码、税务登记证等审批手续。同时，协调处理客商投诉等事宜，实现与客商企业交流常态化，做到全年客商零投诉。

【2016年岱岳区重点招商项目签约仪式】 9月7日，“2016泰安市岱岳区重点招商项目签约仪式”在岱岳区举行。中共岱岳区委书记王永征，区委副书记、区政府区长张韧，区委副书记刘兆泉、区政协主席黄东葵，区人大常委会主任宋海林，区委常委、纪委书记徐永涛等区党政领导人和33家企业的39位企业代表，16家银行及其他金融机构负责人参加签约仪式。此次招商活动期间，共签约招商引资项目30个，合同引资额93.4亿元。

（方远葵）

【概况】 该开发区成立于2000年4月，时称泰山经济技术开发区。位于泰城西部城乡结合部，规划面积39.6平方公里。其中，位

于泰安市城市规划范围内面积为9.87平方公里；已建成面积7.28平方公里。2003年，改名为泰山青春创业开发区。2006年，该开发区经国家发改委审核、省政府批准成为省级开发区，定名为“山东岱岳工业园区”。2012年，据省政府鲁政字〔2012〕259号文，更名为“山东岱岳经济开发区”。2016年，开发区设党工委、管委会，下设“六局一办”，即人力资源局、财税局、招商局、建设局、经济贸易发展局、社会事业局、党政办公室，共有在编人员79人。年末，园区注册纳税企业780家，其中，规模以上工业企业54家。拥有国家“863”计划项目3个、国家火炬计划项目5个、国家新产品计划项目2个。拥有高新技术企业40家，其中国家级5家、省级13家、市级22家。拥有省级研发中心5个、市级研发中心18个。拥有国家专利581项、山东省名牌产品10个、山东省著名商标8个。实现税收3.5亿元。其中，纳税过千万元的有绿地置业、容大医药、碧桂园、中富兴泰4家企业。纳税达百万元的企业48家。实现地方财政收入2.2亿元，比上年增长4%。完成固定资产投资106亿元，比上年增长3.05%。

【基础设施建设】 随着落地项目增多，可利用土地急剧减少，年末，园区内可建设用地中，扣除已建成面积7.28平方公里及村庄并基础设施用地0.88平方公里，剩余的可安置项目土地仅剩2580亩，且土地较为分散，难以集中利用，造成土地资源闲置，亦影响基础设施建设。年内，该开发区开展基础设施建设，优化投资环境。全年共签订各类工程合同30项，合同金额7453万元。其中，新建道路11条，完成水泥砂铺设道路10公里，混凝土主路面铺设7.5公里，续建硬化道路10公里，架设桥梁和板涵8座，改造河道及排水沟4条，共计1.4公里，铺设污水及燃气等各类管道1000余米，绿化道路0.48公里。

【招商引资与项目建设】 ①招商引资。抓住京津地区产业转移、特种设备展览会举办、PPP项目建设高峰、电子商务发展及传统工业转型升级等五大契机，调整招商重点和领域，先后邀请启迪桑德、国药控股、上海医药、恒大、阿里巴巴、葛州坝电力、乐叶光伏能源、中国特种设备检验协会等知名企业和行业协会到园考察投资，招商取得成效。全年签约项目17个，合同引资额67亿元，实际到位资金14.3亿元，实际利用外资1692万美元。洽谈推进项目21个，其中奥特莱斯文化商贸、鑫国集团高端医疗器械及生物医药、特种设备职业技术学院（齐鲁工业大学泰安分校）、木吧家居电商产业园4个项目正处签约阶段。针对土地指标紧张的实际，盘活闲置资产，引进宝盛新材料、海马汽车、宏腾电器、泰盛保险、神州汽车等29个“短、平、快”项目，均实现年内引进，年内投产，年内见效。②项目建设。年末，天房美郡国际城、北方车辆文化产业园、青年都会、金龙大厦等20个重点项目正在加快建设进度，组合式推进。

（李　强）

泰安大汶口工业园

【概况】泰安大汶口工业园于2003年成立，驻地满庄镇，与满庄镇一体化发展。2006年，国家发改委和山东省政府批准为省级开发区。规划面积46.8平方公里，已建成面积25平方公里。2011年，被评为“山东省最佳投资园区”。园区管委会设有经济发展局、建设局、社会事业局、财税管理中心、党政办公室等机构，在编人员70人。年内，该园区以招商引资与项目建设为载体，培植壮大工业、繁荣发展旅游服务业、优化提升现代农业。形成高端工业核心区、商贸物流聚集区、文化旅游度假区、现代农业示范区，三次产业协调发展。共完成固定资产投资153.48亿元，比上年增长24.9%。实现地方财政收入3.11亿元，其中税收3.05亿元，同口径与2015年持平。规模企业实现主营业务收入90.68亿元，利税5.14亿元，利润3.49亿元，分别比上年增长12.2%、8%、10.7%。

【规划布局】 该工业园西起金牛山南路西侧，东至天颐湖东侧，北起新规划104国道西南侧，南至云亭山路，规划面积46.8平方公里。规划布局为高端制造区，商贸物流区，休闲旅游区，汽车文化产业园，创新创业产业带共5个功能建设区域。①高端制造区。位于园区中南部，北起北留街，南至兴业街，东起京台高速公路，西至镇界，规划面积19平方公里。年末，已成功引进世界500强企业6家、央企5家、行业百强7家。初步形成新型材料、装备制造、纺织服装、生物医药、岩盐制品等骨干产业。规模工业企业达到57家。②商贸物流区。主要位于园区中北部，东起京台高速公路及长城路，西至金牛山南路，北起配天门大街延伸段，南至北留街，规划面积9平方公里。年末，主要建有山东泰山钢材大市场、泰山钢网钢铁电子交易中心、江苏润恒集团泰安润恒农副产品冷链物流园。③休闲旅游区。主要位于园区东部，规划面积11平方公里。东起镇界，西至京沪高速铁路，北起镇界，南至南留街。年末，先后建成旅游景点9个，主要包括：“AAAA”级景区3家，即泰山天颐湖旅游度假区、太阳部落、天乐城；“AAA”级景区1家即曼华庄园，上泉古泉群及萧大亨墓等旅游景点5处。④汽车文化产业园。位于园区东南部，北起南留街，南至玻纤南街，西起京福高速公路，东至云亭山路，规划面积3平方公里。主要建有泰安市车管所、驾驶员考试中心、泰山·雷霆赛车场。泰安六星汽车产业园正在建设中。⑤创新创业产业带。主要位于园区西北部，北起梨园村，南至一天门大街延伸段，西起郭家小庄村，东至京福高速公路，规划面积4.8平方公里，沿新104国道周边规划建设特色文化、休闲养老、生态度假、创客研发等项目。

【基础设施建设】 年末，园区累计投入资金10亿元，搭建起“九纵九横”道路框架，供电、通信、热力、天然气、给排水、污水处理设施等覆盖园区全境。幼儿园、小学、初中、职业教育及医疗卫生梯次完备。建有泰安市车管所及驾驶员考试中心、泰安市应急救援训练基地、岱岳区消防大队、岱岳区警官培训中心、泰山国际湿地公园及天颐花园、温馨家园等高标准生活片区，入住人口3万余人。投入1.4亿元，全面升级天颐湖景区配套设施。投资600余万元，实施绿化工程，新增绿化面积59万平方米。

【招商引资与项目建设】 ①招商引资。招商引资已具成效。共引进过亿元项目15个。投资5亿元的联强远大装配式建筑生产基地、10亿元的泰安六星汽车城、2亿元的山东鑫天河新材料、2亿元的泰安豪霆国际赛车场等项目相继签约。年末，投资12亿元的唯品会山东运营中心、5亿元的桃李面包食品加工、10亿元的泰山玻纤年产60万吨超微粉、5亿元的中国化工集团二期120万吨制盐等项目正处签约阶段。②项目建设。泰山玻纤三号线、四号线已投入生产。投资25亿元再建2条池窑拉丝生产线，第五条生产线已开工建设。泰安润恒农副产品冷链物流产业园果蔬交易中心、国际食品交易中心建设已近竣工。天颐湖旅游度假区泰山花海、梦想小镇、世界古典名车博览馆、太空飞行体验馆已建成，并成功试运营，并通过国家AAAA级景区验收。胜利水库“一库两闸”除险加固工程竣工，蓄水水位达到127.5米，库容近5000万立方米。岱岳制盐120万吨精制盐项目、联强远大装配式建筑生产基地、山东鑫天河新材料项目、泰安豪霆国际赛车场项目正在如期建设。京台高速满庄下道口拓宽改造项目已由山东高速集团投资5000余万元，正在加快建设，投用后将成为双向八车道的高速公路出口。

【社会民生工作】 ①开展结对扶贫工程，制定帮扶项目25个，落实帮扶资金200余万元，新上光伏发电项目108千瓦，增强了村级自身“造血”功能。②教育事业。投资7000万元，重建满庄二中教学综合楼、学生公寓，主体建筑工程已封顶。建设园区高级中学已获省政府批复同意，正在办理有关手续。③推进新庄棚户区改造，6幢回迁楼主体工程封顶，计划3年完成1300余户改造任务。④城乡环境整治。率先完成宋家庄等6村1300户农村改厕试点任务。投资近500万元，完成宋家庄等农村污水处理综合试点工程。

（李志科）

泰山玻纤生产车间掠影　（李志科 供）

岱岳新兴产业园

【概况】 该产业园于2015年5月在原范镇工业园的基础上建立。管委会编制14人。内设办公室、经济发展服务中心、社会事务服务中心。其中，经济发展服务中心、社会事务服务中心系二级事业单位。2016年，管委会有工作人员7人。园区经济和各项社会事业保持快速健康协调发展的良好局面，规模企业实现营业收入50.6亿元，比上年增长23.1%；完成固定资产投资14.7亿元，比上年增长13.5%；实现地方财政收入2753万元，比上年增长11.8%；农村居民人均收入达到1.39万元，比上年增长13.6%。

【规划布局】 该产业园规划控制面积50平方公里，规划用地面积25平方公里。已安置项目51个，建成面积5平方公里。牟汶河横穿园区中部，设有拦河坝。产业园分为六大产业片区，分别为食品加工、物流商贸、生物科技产业、旅游开发、居宅、新兴产业等。同时，在牟汶河以南，角峪镇境内鲁徂路以北规划高端装备制造区和先进材料研发区。食品加工区内已安置富华同康、丁丁食品等企业。生物科技产业，位于产业园内，占地7.1平方公里。其内，投资31亿元的昆仑能源项目带动了新能源项目的发展，投资10亿元山东省联合农药工业有限公司已成为园区精细化工龙头企业。在牟汶河两侧规划范围内设置高端住宅区、物流商贸区、旅游开发区、新兴产业区等。其中，新兴产业区内集聚高端信息产业研发、生物医药、生物农业、新能源汽车研发等企业。

【基础设施】 该产业园内共有道路5条，即范角公路、企业路（3.8公里）、复兴路（2.5公里）、兴业路南段（1.8公里）、胜利路（4.5公里），通车里程12.6公里。建有水厂2处，日供水能力1100立方米。产业园内有110千伏变电站1座。济青威天然气管道在园区通过，在园区设有分输口。在位于产业园南侧，创业路以东处，以天然气门站为气源，已建成创业路以西至泰莱高速以北的主管网。规划建立日供水能力4万立方米的供水厂，日处理3万吨的污水处理厂和人工湿地。消防站、垃圾转运站等配套设施均已建成。正逐步形成布局合理、设施完善的园区发展格局。

【投产企业】 有投产企业50家，其中规模企业12家。企业上缴税金2753万元，比上年增长11.8%。入住该园并建成投产企业主要有：山东省联合农药有限公司、岱岳区范镇雪源机械有限公司、中石油公司范镇分输站、泰安岱东泰然天然气有限公司、山东国润生物农药有限责任公司、山东泰山史宾莎涂料有限公司、泰安市东南彩印包装有限公司、山东昆仑能源有限公司、泰安丰辉同凯有限公司、山东奥奇重工机械有限公司、泰安市崇阳光热科技有限公司、泰安德森纺织有限公司、泰安德木服饰有限公司、泰安鲁普耐特塑料有限公司、岱岳区东方耐磨件厂、泰安天普阳光饮料有限公司、泰安裕源机械制造有限公司、泰安顺怡制衣有限公司、泰安市金冠衡器有限公司、泰安星源实业有限公司、鹏程万达蔬菜储藏加工厂、银河加油站、泰安鹏宇制钉厂、岱岳区范镇鑫源冷藏厂、泰安市净中环保设备有限公司、中石油三十加油站、泰安市保丽洁洗涤服务中心、泰安徐黎明面粉厂、范镇凯源面粉加工厂、忠峰烟花爆竹批发部、蓝天加油站、慧杰加油站、范镇银河商厦、泰安富泰毛纺织有限公司、中石油三十八加油站、岱岳区范镇华源冷藏厂、岱岳区范镇顺达冷藏厂、范镇金诺食品有限公司、泰安市丁丁食品有限公司、泰安市亚圣食品有限公司、泰安市嘉盈工贸有限公司、泰安市泰鑫通信器材有限公司、岱岳区绿康冷藏厂、泰安富德通信器材有限公司、北禅加油站、范镇金龙橡胶制品有限公司、泰安玉泰食品有限公司、泰安欣荣服装加工厂、岱岳区盛龙冷藏保鲜加工厂。

（刘大伟）

山口现代装备制造产业园

【概况】 2016年，该产业园有企业160余家，其中工业规模企业12家，职工总数1.1万余人。园区形成了四大工业体系，即：以鲁强能源、山成能源等企业为龙头的一批金属容器制造企业；以泰山核电、昊帅机械等公司为龙头的一批锻件制造企业；以泰山锅炉集团、名江重工等企业为龙头的一批锅炉制造企业；以康平纳产业园为龙头的机械制造行业。组成了多链条交叉式产业链，呈现出由单一化向集群化发展的良好态势。园区内拥有2家公共服务平台，即山东泰安锻压有限公司的压力容器公共技术服务平台和山锅集团公共技术平台。拥有高新技术企业3家，其中国家级高新技术企业1家，省级高新技术企业2家。拥有中国优质名牌产品1个，中国驰名商标1个，省级以上名牌产品及著名商标8个。年末，园区实现规模工业主营业收入21亿元，完成固定资产投资1.6亿元，实现地方财政收入2596万元，上缴税金9400万元。

【规划布局】 该产业园地处山口镇中心，西至口山路，南至泰莱路，北至东村，总规划面积约7平方公里。年末，已经建成3平方公里。按照规划，已初步建成2个集群、1个基地、1个聚集区、1个发展区。2个产业集群即以泰山核电有限公司为龙头的核电装备产业集群，以山锅集团、山成能源等传统产业为基础的压力容器产业集群。1个基地即以康平纳公司为中心的智能装备产业研发、制造基地。1个聚集区即以聚银、鲁怡、丽源、平玲等公司为基础的纺织产业聚集区。1个发展区即以台商企业大昇精密工具有限公司为中心的外商投资发展区。规划布局各产业协调发展，激活和带动传统企业逐步向高新技术企业发展。

【基础设施】 该产业园有103省道济临公路贯穿南北，南面有老泰莱路、泰莱高速公路、泰辛铁路通过，东西有环山路东延工程口山路穿过。年末，园区内建有11万伏变电站、22万伏变电站各1处。拥有西、东2条天然气主管道。其中，西线由东部开发区接入山口，途经山口衡器厂，接入山钢集团、泰山核电等企业并投入使用；东线是次高压管线，由范镇经祝阳到达产业园区，并在园区内建有调压站及加气站，与西线联网。燃气公司沿环山路东延工程铺设天然气管道至康平纳工业区。建设垃圾压缩站1处，污水处理企业3家，自来水厂2处。电信、联通、移动等网络公司已全部展开业务。

（孔　军）

编辑·校对　钱国庆　赵　蕾　翟梦雪

科技·教育

科技综述

【概况】 2016年，实现高新技术产业产值103.5亿元，占规模以上工业总产值比重27.17%，比上年提高3.1个百分点。国家高新技术企业达到14家，科技型中小企业75家，获国家、省科技计划项目立项40项，争取无偿资金1368.45万元。发明专利申请量268件，授权70件。岱岳区科学技术局（简称区科技局）内设7个科室，下设岱岳区知识产权局、岱岳区地震办公室（简称区地震办）2个二级事业单位和科技情报所1个股级事业单位。岱岳区系泰安市“科技创新先进县”，区科技局连续11年获市级文明单位称号。

【科技计划与科技成果】 岱岳区争取国家、省科技计划立项40项，获无偿资金1368.45万元。其中：国家重点研发计划1项，资金50万元；省重点研发计划2项，资金35万元；省西部隆起带人才项目3项，资金16万元；市科技计划24项，资金144万元。另外，高新技术企业所得税优惠822.45万元，科技型中小企业创新基金结转资金83万元；省自主创新成果重大专项结转资金100万元。争取各类科技项目12项。其中：建立起以“培植汉麻特色产业、延长农业产业链、形成产业集群、建设特色产业技术服务体系”为目标的汉麻特色产业省级农业科技园，获科技经费100万元；省西部隆起带人才计划项目3项，科技特派员项目7项，农业良种产业项目1项。7月，泰安市委、市政府召开泰安市科学技术奖励大会，岱岳区泰山石膏股份有限公司的“年产6000万平方米纸面石膏板生产线开发及应用”、山东明佳科技有限公司的“高速高精度瓶胚全方位智能检测系统”、泰安市汶农种业有限责任公司与泰安市种子管理站共同完成的“超高产、条锈病白粉病免疫、优质国审小麦新品种汶农14号选育及推广”三个项目获2015年度泰安市科技进步奖一等奖。全年，区域内所属企业完成技术合同交易额3196.13万元。

【高新技术产业】 年初，岱岳区泰山石膏股份有限公司等8家高新技术企业纳入高新技术产业统计范围。年内，新认定国家高新技术企业5家，即山东联合农业工业有限公司、泰安现代塑料有限公司、鲁普耐特集团有限公司、泰安汉威化工有限公司、山东康盛医疗器械有限公司，总数达到14家。全区新增科技型中小企业14家，达到75家。全区进入高新技术产业统计范围企业达到41家，实现高新技术产业产值103.5亿元，占规模以上工业总产值比重达到27.17%，比上年提高3.1个百分点，为实现全年平稳较快发展奠定了基础。

【科技创新平台建设】 新认定山东阳光新材料有限公司等13家企业为市级产业技术研究院。统筹区内汉麻产业相关科技资源，创建汉麻特色产业省级农业科技园1处。泰安一开电气有限公司等5家企业组建的泰安市工程技术研究中心通过验收。推荐泰山石膏股份有限公司等5家企业申报省级示范工程技术研究中心。年末，全区有科技企业孵化器1家，技术创新战略联盟1家，省、市级工程技术研究中心分别达到7家、22家，省院士工作站3家，市级以上各类科技平台70家。

【科技合作交流】 区科技局带领泰安阿拉斯佳空调有限公司、山东恒诺环保科技有限公司、泰安蓝天助剂有限公司，到中国科学院大连化学物理研究所进行项目对接和开展招商引资活动。泰安阿拉斯佳空调公司就“低温吸附式太阳能空调”项目、室内甲醛处理技术和“分子筛膜有机物脱水技术”与有关专家达成初步合作意向。向全区企业征集技术难题30项，与高校和科研院所对接，为企业牵线搭桥，解决企业需求。组织全区30余家企业参加第三届泰安校（院）地科技合作对接交流会暨泰山技术创新与转化联盟成立大会，有6家企业分别与西安交通大学、山东省科学院等高校、科研院（所）达成初步合作意向。参与筹办了全国首届特种设备展览会，启动国家特种设备先进制造高新技术产业化基地建设基础性工作，组织成立由52个成员单位组成的泰山国际特种设备协同创新战略联盟。年末，全区建有14家星火科技12396信息服务站和70个综合信息服务站，实现信息瓶颈畅通，推动农村科技信息服务。建立集“农科研发、农技推广、科技精准扶贫、农村乡土人才培养、农业科技成果转化”等功能于一体的山东“农科驿站”9家，认定市级农业科技示范园3处。

【企业科技创新】 区科技局立足企业科技创新，开展“专利服务年”活动。全区发明专利申请量比上年增长23%，达到268件，授权70件，增长7.7%。年末，全区有中国专利山东明星企业70家；2家企业实施知识产权标准化管理，2家企业按照国家标准进行“贯标”；全区获得泰安市专利奖4项，其中一等奖1项，二等奖1项，三等奖2项。

【科技惠农】 ①创建汉麻特色产业省级农业科技园1处，并以汉麻为特色，通过专门培训和帮扶等措施，带动周边相关贫困村脱贫致富。②组织完成省良种、省农转、省科技惠民等3个项目验收，项目辐射带动作用明显。农业领域建设项目立项 17 项，其中省西部隆起带人才计划立项 3 项，科技特派员项目立项 7 项，良种项目立项 1 项，市计划项目 4 项，省科技精准扶贫示范样板培植行动 2 项。创建省级农业科技园 1 处，补助经费 100 万元。③科技扶贫工作。市科技局选派15名专家到区贫困村技术指导与帮扶，区选派 61 名科技人才为区级科技指导员，派驻到 77 个省、市级贫困村，协助第一书记开展农业科技服务工作。

（董　洁）

【概况】 2016 年，全区防震减灾工作以“监测预报、灾害预防，应急救援”为重点，通过“三网一员”（地震宏观测报网、地震灾情速报网、地震知识宣传网，防震减灾助理员）体系进行防震减灾知识宣传教育，突出重点，强化措施，推进防震减灾工作健康发展。完成国家地震烈度速报与预警工程一般站点选址工作。开展纪念汶川地震八周年防震减灾宣传活动，在岳峰小学开展主场“减少灾害风险，建设安全城市”演练活动，其他中小学校各自安排开展地震应急疏散演练和防震减灾知识科普宣传活动。

【防震减灾工作】 区地震办完成 13 个国家地震烈度速报与预警工程一般站点选址工作。根据国家规定经纬度坐标，进行站点选址，并拍照片做好记录汇总。宣传防震减灾知识，设计制作包括地震基本常识、地震救助方法、地震自救与互救、房屋抗震等知识以及防震减灾法等法规内容的宣传展板，在城乡人员集中地展出。下发各乡镇、街道防震减灾知识宣传挂图、知识手册万余份，指导乡镇防震减灾助理员分头有序扎实开展宣传活动。

【监测预报、震灾防御、应急救援体系建设】 岱岳区就地震工作加强了 3 个体系建设。①地震监测预报体系建设。采取先试点，后推进方式，促进“三网一员”工作体系建设。全区 17 个乡镇（街道）明确了地震工作分管领导和防震减灾助理员，每个村（社区）明确了防震减灾联络员。建立宏观地震观测网点 28 处，观测员 28 人，构建起“横到边，

5 月 23 日，地震科普知识进校园　（董洁 供）

纵到底”的群测群防格局。②震灾防御体系建设。依法加强抗震工程项目审批管理。全区审批一般建设工程项目 37 个。新建市级地震安全示范企业 1 处（泰安市一开电器有限公司）、地震安全示范学校 3 处（泰安市岱岳区满庄镇第一中学、泰安市岱岳区岳峰小学、泰安市岱岳区祝阳镇第二中学）、示范社区 1 处（岱岳区粥店办事处李家庄社区）。③应急救援体系建设。5 月 12 日前后，区地震办与区教育局联合组织开展地震疏散及救援演练，主场在英雄山中学、泰安十九中、马庄镇中心小学组织开展。建设完成 17 个乡镇和 85% 的村（社区）的防震减灾科普宣传栏及避难场所建设。

（董　洁）

气　象

【概况】 2016 年，发布重要天气预报、雨情信息、各类农业气象服务材料 300 余期。乡镇气象灾害应急准备认证达标率 100%。加强人工增雨防雹炮点管理，先后对作业设备维护 2 次，对道朗、满庄、小安门作业点高炮发射架、火箭发射架、地面射界图进行维护，对作业点路面进行全面清理。地面测报大监自动站设备稳定运行率 100%，到报率 100%，数据可用率 100%。区域站自动站保障维护工作及时到位，考核站点数据上传及时率 99.6%，高于全省平均水平。酸雨观测和报表无错情，酸雨报表全部合格。气溶胶质量浓度观测系统运行稳定正常，观测数据上传及时。GPSMET、紫外线观测系统运行稳定正常，观测数据上传及时。岱岳区气象局内设 5 个科室，有工作人员 12 人。被山东省气象局评为“全省地面气象观测工作优秀集体”，被泰安市气象局评为“2016 年度全市气象服务先进集体”，2 人获“全省地面气象观测工作优秀个人”称号，1 人获全省气象服务贡献奖，1 人获泰安市气象局气象服务先进个人称号。

【气候】 岱岳区属于温带大陆性半湿润季风气候区，四季分明，寒暑适宜，光温同步，雨热同季。春季干燥多风，夏季炎热多雨，秋季晴和气爽，冬季寒冷少雪。2016 年，日照 2111.6 小时，气温平均值 14.5℃，极端最

7 月 6 日，区气象局与植保站技术人员联合调查玉米病虫害

（邹俊丽 供）

高气温 36.0℃，极端最低气温 -17.6℃。无霜期 286 天。降水量 789.3 毫米。因受地貌影响，东部降水多于西部，山区降水多于平原。

【农业气象服务】 区气象局发布的农业气象服务主要有：干旱监测信息 34 期，农业气象旬（月）报 34 期，气候影响评价 12 期，夏收夏种气象服务专报 6 期，秋收秋种服务专报 6 期，农用天气预报 5 期，气象服务周报、设施农业气象服务周报每周一期，不定期发布重要天气预报、气象灾害预警信号、雨情信息等 100 余期。同时，在“泰安市气象为农服务信息网”开设“农业气象专家在线服务”。

【科研课题】 3 月，区气象局为解决农业气象科研用地紧缺的难题，通过土地流转方式，在良庄镇租地 49.1 亩，建设现代农业气象试验示范基地。开展研究课题有：中国气象局冬小麦区域联合试验、中国气象局农业气象自动化观测比对试验、市科技局课题“基于 ZIGBEE 和 GPRS 的泰安市农田土壤水分信息”等。

【降水量】 2016 年，岱岳区总降水量 789.3 毫米，比常年偏多 103.7 毫米。其中，2、6、7、8、10、12 六个月降水量比常年偏多，其余 6 个月降水量比常年偏少。

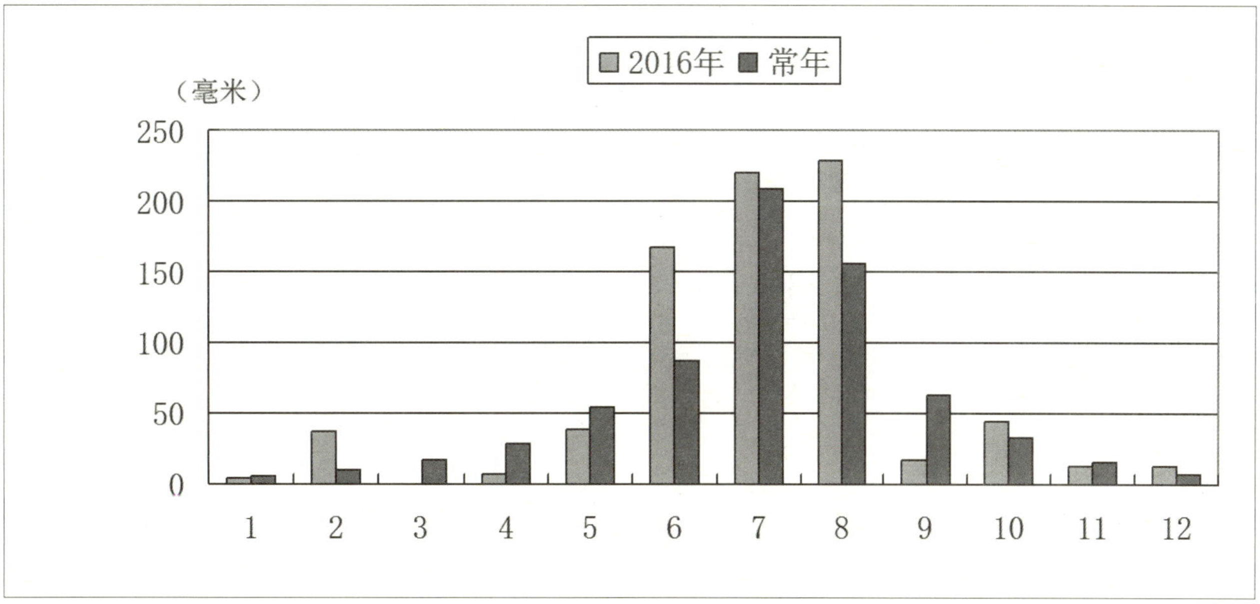

图 1　2016 年 1—12 月岱岳区逐月降水量

2016 年 1—12 月岱岳区降水量

表 5　　单位：毫米

月份	1	2	3	4	5	6	7	8	9	10	11	12
2016 年	4.0	37.2	0	6.9	39.2	167.8	219.7	228.9	16.7	43.6	13.1	12.2
常年	5.3	9.9	17.1	28.1	54.2	87.4	207.9	156.3	63.4	32.5	16.4	7.1

【平均气温】 2016年，岱岳区平均气温为14.5℃，比常年偏高1.2℃。其中1月气温比常年偏低，其余11个月份偏高。年极端最高气温36.0℃，出现在7月30日。年极端最低气温-17.6℃，出现在1月24日。

2016年1—12月岱岳区平均气温

表6 单位：℃

月份	1	2	3	4	5	6	7	8	9	10	11	12
2016年	-2.2	2.8	10.2	17.7	20.3	25.1	27.2	26.2	22.0	15.6	7.3	2.2
常年	-1.7	1.4	7.2	14.4	19.9	24.8	26.3	25.2	20.6	14.3	6.6	0.2

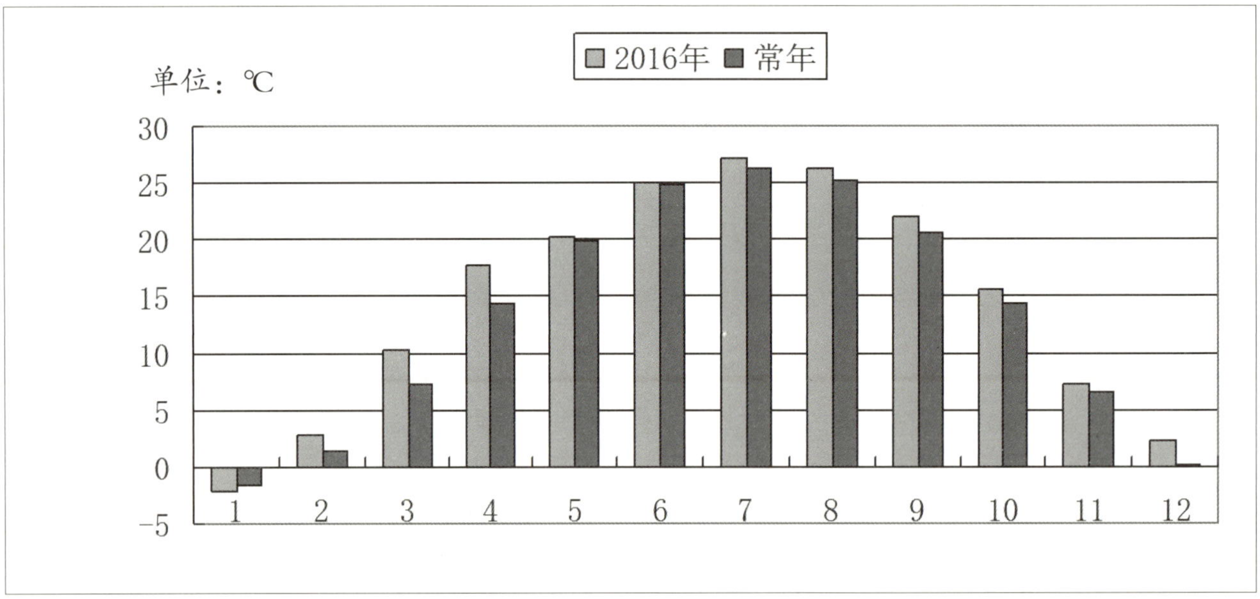

图2 2016年1—12月岱岳区平均气温

【日照时数】 2016年，岱岳区总日照时数为2111.6小时，比常年偏少341.9小时。全年只有2、3两个月日照时数比常年偏多，其余月份比常年均偏少。

2016年1—12月岱岳区日照时数

表7 单位：小时

月份	1	2	3	4	5	6	7	8	9	10	11	12
2016年	115.9	201.6	226.7	218.3	223.8	213.8	163.8	197.5	193.5	107.7	140.9	108.1
常年	169.7	168.5	209.8	241	265.9	238.7	194.2	213.3	205.6	204.8	178.4	163.6

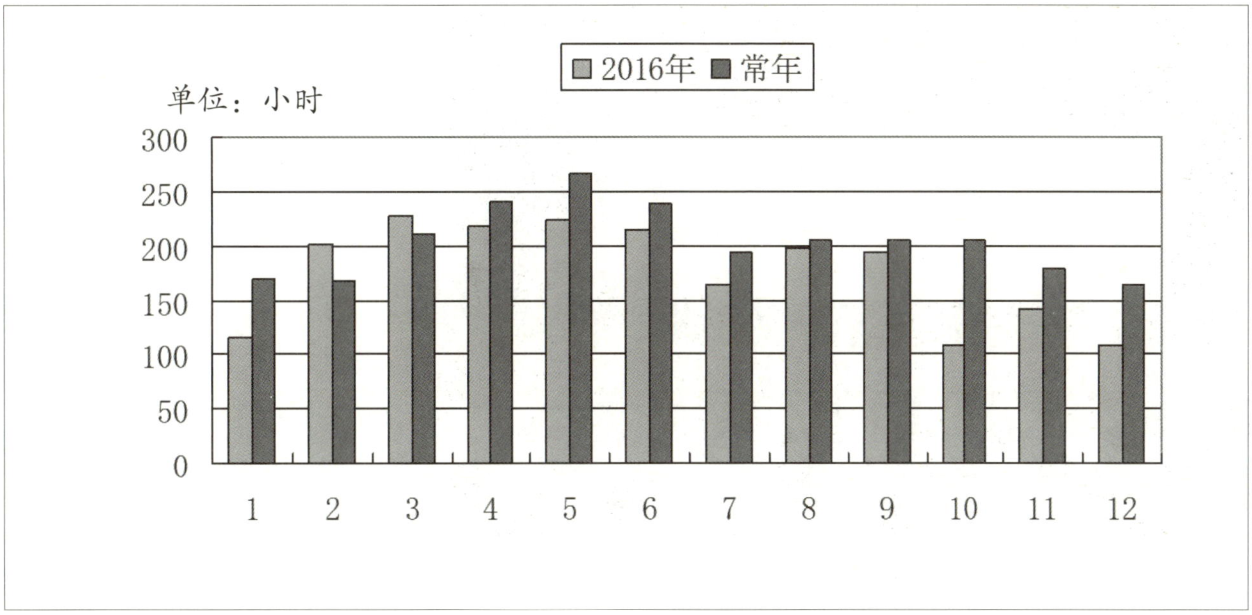

图 3　2016 年 1—12 月岱岳区日照时数

【物候】 2016 年，岱岳区终霜结束于 3 月 27 日，初霜日开始于 11 月 1 日。终雪结束于 3 月 20 日，初雪开始于 11 月 23 日。严寒开始于 11 月 22 日。大雾日数 26 天。大风日数 2 天。高温日数 3 天。

（邹俊丽）

【概况】 2016 年，全区共有各级各类学校（含幼儿园）393 所，在校生 11 万人。其中：幼儿园 251 所，在园幼儿 2.04 万人，专任教师 73 人；小学 91 所，教学点 57 个，在校学生 3.05 万人，专任教师 2131 人；初中 28 所（未含民办 3 所），在校学生 3.75 万人，专任教师 2406 人；普通高中 5 所，在校学生 1.5 万人，专任教师 1092 人；职教中心 1 所，在校学生 6150 人，教职工 395 人；成教中心校 17 所，年培训人数 2.5 万人次。年内，全区教育系统以办好人民满意教育为宗旨，改善办学条件，优化师资队伍，全区教育事业继续保持健康快速发展的良好势头。教育质量稳步提升，高考实现新突破。本科上线 2933 人，比上年增加 1.1 万人，增长 59%。文化课一本上线 700 人，比上年增加 287 人，增幅 70%。招飞工作继续保持全省一流、全国领先，泰安英雄山中学获评全国“空军招飞优质生源基地”。岱岳区实验中学被命名为“全省法治宣传教育示范基地”。在全市高中生军训展演大赛中，英雄山中学、十九中分获一等奖。英雄山中学足球队获首届“市长杯”足球比赛高中女子组冠军。道朗一中获省十三届中学生运动会跳绳比赛第三名、市第一名。在全市教师文明礼仪大赛中，英雄山中学获得一等奖，道朗中心小学获得二等奖。区教育局及 20 所学校获评首届全国青少年学生法治知识网络大

9月9日，2016年教师节庆祝大会（冯克董 供）

赛杰出组织奖。全区成功创建为首批国家农村职业教育和成人教育示范区、全国社区教育实验区。群众对教育满意度位居全市第三位，在全市教育综合督导评估中位居第二。区教育局被市政府表彰为全市教育工作先进单位，被教育部社区教育研究培训中心表彰为全国农村优秀学习型部门。

【品牌创建】 区教育系统着力于教育品牌创建。设计六大工程项目，即深化德育课程改革工程、德育阵地建设工程、校园文化育人工程、德育网络建设工程、德育评价体系建设工程、全员育人素质提升工程。其中，通过“工程项目”方式，推进中小学生德育综合改革任务落实。通过“管理育人、服务育人、课程育人、实践育人”4个途径，形成全面育人、全员育人、全程育人为特色的德育品牌。区教育局出台《“美丽校园”创建方案及评估细则》。有14所学校通过“星级”达标验收。全省首家社区专注力培养研究中心落户岱岳区，并确立了11所试点学校，示范引领全区各学校深入推进专注力养成工程。出台《关于在全区开展校园足球三级联赛的实施方案》，确定布点乡镇（街道）、布点学校，在区、镇、校三个层面广泛开展校园足球联赛。创新教学教研一体化办学模式，探索组建学校成长联盟，全区已有10余所学校参与组建跨省、市、区等成长联盟。推行由各乡镇（街道）对辖区内幼儿园实行统一管理，发挥中心幼儿园辐射带动作用。为此，举办论坛17期，培训在校教师逾万人次，促进镇村学前教育水平得到提升。

【经费投入】 区教育系统经费投入及经费来源实现新的增长。落实教育经费9.26亿元，比上年9.16亿元增长1.1%。生均教育事业费初中、小学分别达到748.76元、8476.24元，分别比上年增长0.08%、11.83%。生均公用经费初中、小学分别达到2408.7元、1670.81元，分别比上年增长0.91%、0.14%。2016年，教师平均月工资达到7490元，比上年人均增资350元，实现三个增长。落实政府助学金及中等职业教育减免学费资金1481.1万元，资助在校学生（含幼儿）1.78万人次。完善“两免一补”政策，落实资金2918.97万元，资助在校学生7.03万人次。对建档立卡学生从学前教育到高等教育实行资助全覆盖，共落实资金325.93万元，资助建档立卡学生2744人次。办理生源地信用助学贷款932.77万元，受益大学生1213人。发放赴基层就业大学生学费补偿资金47.32万元，受益大学生28人。年末，城市教育附加实征3026万元，比上年增长5.88%。地方教育附加实征2018万元，比上年增长5.88%，做到了足额征收并及时拨付到位。

【队伍建设】 ①加强教师队伍建设，新增教师224人。教师评聘机制进一步完善，实现了职称评聘常态化。突出师德建设，与每名教师签订了师德建设责任书和承诺书，实行一票否决。加强教师师德培训，确保年内人均参加一次区级培训。②加强学校领导干部建设。对全区中小学校长进行为期一周的封闭式培训，邀请全国知名专家和校长来区作专题辅导。推荐7名校长赴深圳、上海参加挂职学习。年末，全区省特级教师8人，区级以上专业技术拔尖人才30人，市级以上名师、名校长420人。“泰山名师工作室”建设工程被区人才办确定为全区人才工作重点工程项目。新建“泰山名师工作室”10个，全区“泰山名师工作室”总数48个。

【安全包保工作】 区教育系统完善安全“一岗双责”制度体系，将责任细化分解到人、落实到常规工作中。①加强安全教育，完善应急预案，全部中小学实现每月一次应急演练。②加强接送学生车辆安全监管。全部学校均建立起“一生一档”“一车一档”管理档案，并定期对接送学生车辆开展联合整治行动。满庄、大汶口、粥店、祝阳等乡镇（街道）探索实行校车运行市场化机制，共配备高标准校车31辆，提升了学生安全出行保障水平。③坚持把隐患当事故处置。加强校园食品、消防等重点领域和环节的不安全隐患排查，结合全区开展安全生产“大排查严执法快整治”行动，在全区分类建立隐患总台账，明确整改时限，实行挂账销号。区季度查，乡（镇）月查，校周查，已成为常态，校园安全形势总体平稳。区教育局被区政府表彰为区安全生产工作先进单位。12月22日，英雄山中学代表泰安市在全省安全工作会议上作典型发言。

【成人社区教育】 年内，岱岳区被教育部等六部门授予全国农村职业与成人教育示范县，被教育部确认为全国第六批社区教育实验区。全省社区教育工作现场会暨2016年全民终身学习活动周启动仪式在岱岳区举行。年内，岱岳区教育局被评为全国第三批学习型部门，粥店社区被评为全国第三批学习型社区，祝阳、山口分别被评为全国社区教育先进乡镇，祝阳镇“面向农村大众，创建文明和谐新社区”典型经验被省评为省学习品牌。全年，全区培训新型职业农民5000人次以上。

【概况】 2016年，岱岳区有小学学校148

所（含57处教学点），初中学校31所，普通高中5所。在初级中学学校中，粥店办事处1所，山口镇2所，黄前镇1所，下港镇1所，祝阳镇2所，范镇2所、角峪镇1所，化马湾1所，徂徕镇2所，良庄镇2所，房村镇1所，大汶口镇2所，满庄镇2所，马庄镇2所，夏张镇1所，道朗镇3所。另有英雄山双语学校1所，实验中学1所，大河学校1所，菁华学校1所，岳峰小学1所。普通高中学校5所，即泰安三中、四中、五中、十九中、英雄山中学。基础教育行政管理单位为岱岳区教育局。

【基础教育综合改革】 区基础教育改革领导小组出台《基础教育综合改革工作督查考核办法（试行）》和《关于公布泰安市岱岳区基础教育综合改革工作联席会议成员名单及工作制度的通知》，强化基础教育综合改革。①围绕推进基础教育综合改革，全面改薄、解决大班额、信息化建设等重点工作，成立由区长任组长的领导小组，建立联席会议制度。该领导小组印发《关于推进基础教育综合改革的实施意见》《全面改善义务教育薄弱学校基本办学条件实施方案》《岱岳区解决城镇普通中小学大班额问题工作方案》等文件，全面推进基础教育综合改革。②在加强体卫艺教育、课堂教学改革、管理体制改革等工作方面做出了探索，岱岳区在全省基础教育综合改革研讨会上介绍了创新体卫艺教学工作经验。③全面改薄工作。完成投资3.07亿元，269个建设项目已全部开工。校舍建设类项目竣工率81%，竣工面积11.8万平方米；运动场地类项目竣工率91%，竣工面积16.5万平方米；设施设备购置全部完成，其中，购置生活设施3.3万台（套），图书74万册，课桌凳5万套，计算机、多媒体及实训设施9.6万台。④推进解决大班额问题，累计完成投资4.3亿元，开工项目学校57处，开工率80.24%，竣工项目学校48处，竣工率67.61%，新增学位数1.09万个，新增班数240个。全区校舍开工面积30.4万平方米，竣工面积23.4万平方米。

【教育信息化建设】 ①投资1300余万元，对校园网络进行升级改造，对多媒体设备进行更新，建设精品录播教室40余口，更换智能交互式一体机及电脑一体机130套。②推进“一师一优课，一课一名师”活动。全区学校制作上传“优课”节数累计已超过本学校教师总数的2/3，覆盖各年级、各学科，各版本的教学资源库已初具规模。③深化“基于云平台·同步大教研”活动，全区共上传资源7.82万件。其中，6.33万件资源通过市级审核，居全市前列。④强化管理应用，先后组织10余次教育云平台管理及使用技术培训，4000余名教师参与培训，进一步提升了信息技术管理应用水平。

【泰安英雄山中学】 该校始建于1982年，系山东省规范化学校、省级文明单位、山东省教育先进集体。学校占地260余亩，绿化面积49%，建筑面积12万平方米，环境优美，办学条件先进，教育教学规范。年末，有82个教学班，在校生5700人；教职工496人，

8月11日，泰安英雄山中学12名学生参加第四届山东省青少年模拟联合国峰会并获得佳绩　（冯克董　供）

其中特级教师2人，高级教师132人；15人获全国及省级优秀教师称号，258人获市区拔尖人才、杰出人才、功勋教师、泰山名师、学科带头人、教学能手、骨干教师等称号。

教学设施　该校建有标准的一等田径场，真草草坪足球场，标准篮球场、排球场、乒乓球场，有400米塑胶跑道。学校建有物理、化学、生物实验室、教学探究实验室、通用技术实验室、机器人实验室等共20个，录播室、音乐器材室、舞蹈教室、体育器械室、心理咨询室等各1个，音乐工作室3个，美术工作室14个，课程推进中心奥赛辅导室12个，名师工作室7个，配有能容纳400人的综合电教室、微机教室共4个，多媒体教室90个。按国家和省规定一类标准配足理科演示实验仪器和学生分组仪器。按教学大纲和教材规定的内容开足、开齐演示实验课和学生分组实验课。学校图书室藏书20万册，生均图书藏量达到规定标准，拥有学生阅览室和教师阅览室。投资300余万元，建有宽带网、教学闭路电视系统、广播系统、监控系统及“四网合一”现代教育技术中心。全体教师人均配备手提电脑。建有校园网，实现班班通。建设学校手机网站、微信公众平台、APP三合一平台，完成教学办公区无线覆盖和有线网络改造升级工程。

荣誉　先后荣获全国空军招飞优质生源中学、教育部全国特色学校、全国作文教学先进单位、全国语文教改示范校、全国青年创新教育实验学校、全国中小学心理健康教育示范校、全国创新英语大赛人才培养基地、全国数学物理生物竞赛金牌学校、山东省高中教学示范学校、山东省师德建设先进集体、山东省学校文化建设示范校、山东省体卫艺教育先进学校等30余项省级以上荣誉。2016年，该校有47名学生被清华大学、北京大学录取。其间，作为学校特色的招飞工作，2013—2016年，有22名同学被录取为空军飞行学员，录取人数列全省第一、全国前列。

【岱岳实验中学】　该校始建于1960年，是一所九年一贯制学校，2010年，学校改为实验中学，投资近亿元，对学校进行全方位改造扩建。初中教学楼、小学教学楼、综合实验楼、幼儿园综合楼等5座教学楼及塑胶操场建成并投入使用，同时对整个校园进行硬化、绿化、美化、科技化建设。2016年，该校占地面积4.15万平方米。有81个教学班(含

12 月 31 日，“小小科学家”全国中小学科学教育体验活动比赛在北京尚丽外国语学院举行，岱岳实验中学选派的 16 名优秀选手获得 1 枚金牌，3 枚银牌，12 枚铜牌的佳绩，岱岳实验中学荣获优秀组织奖
（冯克董 供）

幼儿园），在校生 5000 人。教职工 282 人，其中，研究生学历 5 人、齐鲁名师 1 人、省优秀教师 4 人、省教学能手 4 人、市区教学能手及优秀教师 105 人。

教学设施 该校 127 口教室及功能室全部安装班班通设备，建有科技海洋馆、科技探究室、科技体验室、创客工作室、机器人探究室、航空航模室、互动式智慧教育云教室、心理咨询室、美术工作室、书法工作室、音乐室、舞蹈室、阅览室等 40 口功能室，所有功能室设备齐全，是一所现代化、科技化、景观化、人文化的美丽校园。学校开设科学系统的爱心课程，举办丰富多彩的爱心活动，形成“爱心育人”特色。

荣誉 学校先后荣获“全国中小学科学教育体验活动示范学校”“山东省规范化学校”“山东省教学示范学校”“山东省未成年人思想道德建设先进单位”“山东省中小学德育工作先进单位”“山东省艺术教育示范学校”等多项称号。学校的航模和机器人制作在全省比赛中多次荣获一等奖。合唱团、舞蹈队、足球队、经典诵读、课本剧等多次在全省比赛中获得一等奖。小小实验家、机器人竞赛曾在全国比赛中分获金奖、银奖。《中国教育报》《基础教育参考》等媒体先后对学校爱心教育成果作专题推介。

【岳峰小学】 该校位于泰安市长城西路18号，占地37.85亩，2010年建校。2016 年，实现办学条件标准化和师资水平优质化，被评为省级规范化学校。有 20 个教学班，在校学生 1360 人，在编教师 43 人。幼儿园 8 个教学班，296 名幼儿，25 名幼儿教师。

校本课程建设 学校形成四大课程分支，即以素养发展为主的艺体课程，以习惯养成为主的德育课程，以特长培养为主的社团课程，以实践体验为主的家本课程。多元化课程拓宽了学生成长的空间，力求让每个学生在小学五年能够至少精通一门乐器、掌握一项运动技能、参加一个社团活动、培养一个终身受益的好习惯。遵循“发现学生闪光点，评价激励促发展”的原则，学校推行“登峰卡”激励式评价，从德、智、体、美、劳等方面以激励为导向，以学生全面发展和扬长发展为目标的发展性评价体系，激活学生主动发

展的内驱力，培养了孩子自主发展的自信心。

荣誉　学校先后获山东省科技教育创新发展实践基地、山东省中小学安全文化建设重点单位、山东省健康示范学校、泰安市校本培训示范校等称号。学校被泰安市教育局确定为首批慕课联盟项目学校和首批创客教育试点学校。11 月，学校在全国中小学德育综合改革成果展示暨交流会上做了典型发言。

（冯克董）

【概况】　岱岳区职业教育中心（简称区职教中心）是一所集中等职业教育、高级技工教育、各类短期培训于一体的高标准、现代化、综合性学校，是第三批“国家中等职业教育改革发展示范学校”建设单位。2016 年，学校占地 359 亩，总建筑面积 13 万平方米。总投资 3.2 亿元，实验实训设备 4000 万元。年末，有教职工 395 人，在校学生 6150 人。开设 14 个专业，其中，机电技术应用、计算机应用、学前教育、现代农艺为示范校建设重点专业。①打造岱岳职教品牌。学前教育专业、数控专业批复为省级品牌专业。2013—2016 年，461 人考入高职院校，其中 51 人考入中国石油大学等本科院校，高考录取率 98% 以上。技能大赛实现历史性突破，夺得全国职业院校技能大赛“户式中央空调安装与调试”项目金牌。②突出文化引领，实施“蓝领泰山”、学校实施特色德育工程。培养出以国家百名优秀志愿者、山东省道德模范马广超为代表的一大批优秀学生。③加强校企合作。学校与山东如意集团、联想集团、中德诺浩等 60 余家单位合作办学，计算机应用专业被省教育厅批准为首批现代学徒制试点项目，毕业生就业率达 98% 以上，高质量就业率达 90% 以上。④发挥培训职能，年培训 8000 余人，为全市经济建设做出贡献。学校先后被评为国家级重点中等职业学校，全省职业教育先进单位，山东省中等职业学校教学示范学校，泰安市职业教育先进单位，岱岳区文明单位。

【师资队伍】　该校全面提升教师队伍的整体素质，突出对专业课教师，尤其是专业实践课教师的引进和培养，实施名师带动工程。年末，有专任教师 288 人，其中基础课教师 126 人，专业课教师及实训指导教师 162 人，占专任教师的 56.3%。有双师型教师 136 人，占专业课教师的 84%。288 名专任教师均达到本科以上学历，占专任教师的 100%。其中具有研究生学历的教师 15 人，占专任教师的 5.2%，具有高级职称的教师 83 人，占专任教师的 28.8%。

【中等职业教育专业设置】　区职业中专为中等职业技术教育，系区职业教育中心教育内容组成部分。2016 年，有教职工 365 人，其中专任教师 249 人，在校生（中专部分）5774 人。专业课程包括基础课、专业课、教学实习课和综合实习课。文化基础课有德育课、语文、数学、外语、计算机应用和体育

6 月 9 日，区职业教育中心 2016 年全省职业院校技能大赛

（马宪培 供）

课，均为必修课。自然科学和人文科学课程为选修课。专业课程与文化基础课程比例为 6 ∶ 4。专业设置主要有：现代农艺技术（国家级示范专业）、计算机应用（计算机信息管理方向）、计算机应用（中动传媒动漫方向）、机电技术应用（国家级示范专业）、学前教育（国家级示范专业）、服装制作与生产管理、建筑工程施工、会计、数控技术应用、汽车运用与维修、焊接技术应用等 10 余个专业。学校坚持“立足泰安，面向山东，辐射全国”的毕业生就业方针，向江苏、青岛、烟台等 100 余家企事业单位定向推荐安置毕业生，学生就业率达 97%。培养毕业生 1473 余人，培训各类学员 3633 余人，有 205 名学生升入大学。

【高级技工教育专业设置】高级技工教育为岱岳区职业教育中心教育内容组成部分，其开办专业主要有数控加工、汽车维修、电子技术应用等，均为学制 4 年。年末，在校生 376 人。

【区职教中心获全国技能大赛一等奖】 5 月 14 日，在天津南洋工业学校举办的“2016 年全国职业院校技能大赛”中，岱岳区职教中心选手荣获全国职业技能大赛“户式中央空调安装与调试”赛项一等奖。本次大赛是由教育部等 20 多个部委联合主办的全国性大赛，每个参赛队经所在省份选拔后获取国赛资格。共设 94 个项目，参赛选手超过万人。区职教中心的 2 名学生，经过市赛、省赛和 2 次国赛选拔赛，在国赛上夺得金牌。

（马宪培）

编辑 · 校对　钱国庆　赵　蕾　翟梦雪

文化·体育

文化综述

【概况】2016年，全面推进现代公共文化服务、优秀传统文化传承、文化创意产业、文化市场管理、文化服务保障五大体系建设，取得新的成就和重大进展。岱岳区文化广播新闻出版局（简称区文广新局）是区政府职能部门，科级行政单位。内设9个职能科室，共有工作人员39人，在编在岗29人。下属全额事业单位区文化市场综合执法大队、区文化馆、区图书馆、区文物管理所、区广播电视台，自收自支事业单位区电影公司，集体企业泰山剧院。被省文物局评为山东省第一次全国可移动文物普查先进集体，被省文化厅评为全省艺术考级先进单位，被市文广新局评为全市文化广电新闻出版（文物）系统先进集体。在2016年度全省群众文化生活满意度测评中，该区位列全市第三。连续多年保持“市级文明单位”称号。

【文化产业】岱岳区将文化产业纳入国民经济和社会发展重要规划，列入科学发展观考核重要内容。①设立文化发展专项资金，投入200万元，支持重点文化事业和文化产业项目。②建立文化产业人才档案，优化人才环境。全区文化产业领域人才达到556人，其中各类专业技术人才112人。③实施大项目带动战略，打造“文化主体”新优势。已建成并投入运营的太阳部落、泰山温泉城、

10月21日，“福彩杯”山东省首届全民广场舞大赛在岱岳区举行

（赵晓莹 供）

天乐城水世界和盐海神汤、天颐湖风景区、新天街泰山刘老根大舞台、泰安市天鹅湖珍禽养殖、化马湾龙湾风景区、泰山玉都9个项目相继营运，并取得良好经济效益和社会效益。大汶口考古遗址公园、“观山拂云”小镇、扁仓书院暨传统医药非物质文化遗产（简称非遗）、泰山产业孵化基地、徂徕山美术写生基地、泰山珠宝玉石文化城项目、太阳部落二期、岳海新天街文化旅游广场等在建项目进展迅速。其中，“观山拂云”小镇项目与香港鸿邦实业公司正式签约，并被纳入国家重点建设项目库和省级PPP项目库；徂徕山美术写生基地初见成效；扁仓书院内，已有“古本易筋经十二势导引法”“夏氏炼丹术及其祖传秘方”“一指禅推拿”等5个国家级传统医药非遗项目入驻。④新策划申报11个文化创意产业项目作为项目储备，上报奉高（治今范镇故县村）文化研究院和封禅故地奉高古镇乡村旅游、泰山珠宝玉石文化城、万泉彩石溪中医非遗养生旅游基地作为省“文化创意集市”项目。⑤以列入全省第三批文化产业示范基地的大汶口文化旅游发展有限公司为龙头，培植泰安天宇旅游文化实业有限公司、山东泰山温泉旅游开发有限公司、大汶口惠生陶艺研发有限公司、泰安市大成工贸有限公司、泰安综艺包装礼品有限公司等20余家骨干文化企业。其中，泰山国玉文化发展有限公司被推荐上报为区域拉动力强的企业。⑥实施品牌拉动战略，大汶口黑陶、夏张艺术剪纸、泰山玉、泰山白茶、泰山御锦、泰山泥塑等文化品牌，已逐步成为泰安的知名品牌。年末，已发展文化旅游商品企业100余家，培育具有岱岳特色的文化旅游产品，共10大类，计100余种。

5月12日，区文广新局开展送戏下乡活动　　（赵晓莹 供）

【群众文化活动】 ①开展大型首届器乐大赛、“全民读书月”暨文友杯读书征文活动、舞蹈大赛等主题文化活动15场。其中，广场舞大赛已成为该区覆盖面大、参与面广、持续时间长、影响较大的品牌活动。②开展“送戏下乡”活动。依托岱岳艺术团、乡镇（街道）庄户剧团，邀请市广电艺术团、市山东梆子艺术研究院，送戏下乡，实现“一年一村一场戏”群众文化建设目标。③组织区文化馆开展书画名人“送书画下乡”活动，同时，举办各类书画笔会、书画展5次，累计展出作品300余幅。扶持成立“泰山八友”书画协会。“泰山八友”深入各乡镇街道实地采风，为创作“大美岱岳”大型画卷创作集聚素材。④全区18个电影放映队，实现“每月每村一场电影”的目标。

【文化扶贫】 ①按照省里统一要求，对10个乡镇77个省定贫困村进行调研，摸清贫困村底数和实情，并及时将省文化厅配发的77台拉杆音响发送到贫困村，解决了贫困村文化设施不足的问题。②争取5个村级综合性文化服务中心列入省第二批扶持名单。通过全市统一政府采购，为5个贫困村购置了价值5万元的办公设备、文化设施等。③以泰安市开展“精准文化扶贫”“乡土文艺复兴”“金种子”等递进培训工程为契机，在对乡镇文化站长、文艺骨干培训名额上向贫困地区倾斜，借以提高乡土文化人才服务基层群众的能力。

·文化艺术·

【概况】 2016年，区内传统民间文化艺术有山东快书、山东柳琴、评书、皮影戏、杂技、美术、木版年画、泥塑、面塑、民间音乐、曲艺、故事、剪纸等。全区文学创作、艺术创作坚持“百花齐放、百家争鸣”的双百方针，为改革开放服务，为人民服务，弘扬社会主义文化主旋律，文化事业蓬勃发展。思想健康、贴近生活的小说、散文、诗歌、戏剧作品不断问世，音乐、舞蹈、摄影及民间文艺等艺术作品创作日趋活跃，在省、市大赛评比中多次获奖，涌现出一批创作人才。群众文化活动以节日文化、广场文化为重点，举办各类文艺演出、书画展览，开展文艺下乡、进企业、进社区、进军营、进学校，丰富了群众的文化生活。

【文艺创作】 区文艺工作者深入基层，挖掘当地文化资源，创作一批特色鲜明、时代感强、传播正能量的文学、美术、摄影等方面的精品，打造岱岳创作品牌。

【人才培养】 区文化馆致力文化艺术人才培养。①举办乡镇（街道）文化站长和文艺骨干培训班12期，培训1000人次，带动基层群众参与文化活动3万余人次。②先后扶持成立500余支广场舞队伍，23家庄户剧团。③组织基层文艺队伍、文艺人才参加省市区组织的各类文艺比赛、文化活动，以赛促练、以赛代培，增强基层文化造血功能。选送6名歌手参加泰安市第十三届歌手大赛，均取得优异成绩。推荐徂徕镇、满庄镇广场舞队

9月29日，庆祝中华人民共和国成立67周年暨岱岳区器乐大赛颁奖晚会
（赵晓莹 供）

参加全省首届全民广场舞大赛泰安片区赛，满庄镇获第四名。选送区内11位书画家作品参加泰安市庆祝中华人民共和国成立67周年暨红军长征胜利80周年书画作品展，6人获不同级别奖项。年内，区文化馆被泰安市委宣传部授予优秀组织奖。

·公共文化·

【概况】 2016年，岱岳区建立公共文化服务建设协调机制，制订《关于加快构建现代公共文化服务体系的实施方案》，在公共文化建设上，全区各级开展各类文化活动300余场，服务群众50余万人次，并取得一批成果。①文化基础建设。区文化馆、图书馆2处新馆建设作为为民实事项目，主体已落成。全区“两馆一站“（文化馆、图书馆、综合文化站）全部免费开放。②依托乡镇、街道文化站，整合文化资源，推进基层综合性文化服务中心建设。争取上级扶持资金471万元，464个行政村（社区）文化大院提升改造为基层综合性文化服务中心，完成年度70%的建设任务。③新春故事队拜年、消夏晚会、广场舞大赛等已成为该区文化品牌活动。

【文化惠民工程】 ①开展以“书香岱岳”建设为载体的“全民阅读”活动，并及时做好农家书屋出版物补充更新。与新华书店合作，将价值40万元近4万册图书配送到13个乡镇180家农家书屋。②实施文化惠民新媒体工程，在全区行政村（社区）文体小广场建设电子屏71座，利用电子屏播放文化民生类视频节目56期，丰富和提升了农村文体广场的综合功能。《中国文化报》等多家媒体对该做法进行了多次报道。③农村有线电视户户通工程。新发展用户1.3万户，超额完成年初制定的1万户的目标。

【电影发行与放映】 泰山剧院共上映电影396部，其中国产电影327部，进口电影69部。全年放映电影6122场，观众10.24万人次，共实现票房收入180.22万元，上交国家电影专项资金9.01万元，获得国产电影奖励3万元。全年平均上座率23.96%。国产电影票房122.55万元，占总票房收入的68%；进口电影票房收入57.67万元，占总票房的32%。

7月22日，省图书馆文化帮扶捐赠仪式 （赵晓莹 供）

·行业管理·

【概况】 加强行业管理，优

化行政服务。①全面启动互联网上网服务营业场所管理系统安装工程。区内39家网吧已全部安装新版管理系统，营业期间在线率位居全市前列。②实施文化市场技术监管与服务平台推广应用。对平台涉及的信息数据进行重新核准和校验，并及时上传，激活了40多家存量经营单位主体数据，上传率和激活率均达到100%。③规范行政许可办理流程和权限，逐一梳理服务窗口办事指南、审批内容，梳理行政许可事项18项，行政处罚89项。④优化审批流程，缩短办理时限，完成全区200余家文化经营单位的年审换证工作，新办各类文化经营许可证33件。其中，网吧7件、娱乐场所1件、打字复印6件、出版物17件、营业性演出团体1件、临时营业性演出备案1件。

【新闻出版广播影视管理】 ①印刷企业管理。全区共有印刷企业68家，资产总额1.2亿元，利润1120万元，从业人员890人。②新闻出版管理。建立党政机关办公软件正版化长效机制，正版软件使用率100%。③广播影视管理。建立完善安全播出预案。在元旦、春节、国庆节、“两会”等重要节日、敏感日播出期，加强安全播出监管力度，确保全区广播电视安全播出。④文化信息管理。全年共报送信息200余篇。其中，被市级以上媒体采用40篇，通过“岱岳文化”微信平台发布165条，出版《大汶河》3期，编辑《岱岳文化》简报5期。

【行政管理规范化建设】 ①贯彻落实“先照后证”制度，强化事中事后监管，同时，实施政府权力清单制度，制作行政许可服务指南和业务手册，严格管理行政许可内容和程序。规范文化市场经营秩序，确保无重大违法经营行为发生。②创新“互联网＋管理”新模式。落实《关于加强执法监督完善管理制度，促进互联网上网服务行业健康有序发展的通知》《关于推动互联网上网服务行业转型升级的实施意见》要求。③加强平安文化市场建设。印发《关于进一步落实安全生产责任制的通知》，对文化市场经营单位开展安全生产巡查活动，杜绝安全事故发生。年末，区文化市场经营单位200余家。其中，网吧43家、歌舞娱乐场所5家、印刷企业68家、打字复印50余家、书店50余家。

【综合执法】 ①推进文化市场执法和“扫黄打非”专项行动。健全实施日常巡查制度，重点对图书、音像、印刷、娱乐、网吧等文化行业存在的不法行为集中进行整治，共出动检查350人次，检查网吧等经营户510家次。②开展文化系统安全生产大检查与整治活动，检查各类文化经营单位92家，发现消防、安全隐患126处，现场整改15处，对存在安全隐患的业主下发整改通知书并现场签订安全生产承诺书，避免了各类安全事故发生。③集中开展网吧、歌舞娱乐场所、印刷出版物市场、卫星地面接收设施、黑广播、非法台等专项整治。尤其是督导网吧、娱乐场所做好文明城市创建相关工作。对网吧开展重点巡查，杜绝未成年人上网等问题。全年累计出动执法人员200余人次，检查经营单位300余家，受理群众举报3起。

·文物·

【概况】2016年，岱岳区有不可移动文物130余处。其中，县级以上文物保护单位70处。在70处县级以上文物保护单位中，有全国重点文物保护单位5处、省级文物保护单位9处、市级文物保护单位18处、县级文物保护单位38处。齐长城属世界文化遗产，岱岳段全长41.7公里，2016年末，遗址长25.2公里。大汶口遗址、齐长城遗址岱岳段、大汶口古石桥、萧大亨墓地石刻、徂徕山抗日武装起义旧址5处为全国重点文物保护单位。根据全国第一次可移动文物普查，全区共调查国有单位343个，其中反馈有文物的国有单位有2个，文物收藏总量1710余（件/套）。区馆藏文物650余（件/套）。国家级传统村落1个，即大汶口镇山西街村，省级传统村落4个。

【非国有博物馆建设】申报建立泰安徂徕山抗日武装起义博物馆、泰安市泰山石敢当博物馆、泰安市泰山玉文化博物馆、泰安市岱岳区大汶口民俗博物馆，获省文物局批准。年末，岱岳区有非国有博物馆4家。各非国有博物馆全年向社会免费开放，运作正常。

【文物行政执法】实行文物安全季度上报制度，配合公安、消防部门等有关部门开展联合执法行动。年内对各级文物保护单位至少巡查一次，对重点文物保护单位开展安全检查，发现问题及时处理。

【重点文物保护工程】岱岳区重点文物保护工程主要开展了7项工作。①争取国家、省文物局批复《大汶口遗址汶河北岸遗址展示系统工程设计方案》、山西街村文物保护工程项目（乡村记忆工程）等4项文物保护项目，争取国家、省专项资金、补助经费1255万元。②编制完成《萧大亨墓地石刻文物保护工程设计方案》《大汶口遗址汶河北岸区域发掘遗迹保护性设施工程施工图设计》。上报《徂徕山抗日武装起义旧址保护规划立项报告》等3项立项报告。徂徕山抗日武装起义旧址安防工程项目，获国家文物局确认工程项目实施计划。③国家级文物保护有了新进展。大汶口考古遗址公园一期工程建设如期推进，年末，已完成大汶口遗址防护堤、防护堤文化墙、防护堤景点基础工程、综合管理用房主体工程、大汶口文化博物馆展陈项目，基本完成大汶口遗址环境整治工程、大汶口遗址安全防范工程。随着伏羲悟卦、汶水倒流、汶河渔猎等景观节点的陆续完工，滨河景观带已初现规模。对第一次全国可移动文物普查信息进行修正、补充，完成信息录入652（件/套）。④划定省级传统村落上泉村、二起楼村文物保护单位保护范围和建设控制地带。启动实施徂徕山抗日武装起义旧址文物保护工程，推进实施山西街村传统村落保护维修工程、大汶口古石桥修缮工程、萧大亨墓地石刻安全防范工程。⑤推荐中淳于遗址、淳于意墓、空空山空空洞——中共泰安县委办公旧址、祝山遗址、木营村抗日旧址、二起楼等17处文物保护单位入选第四批市级文物保护单位。推荐申报大汶口镇为第四批省级历史文化名镇。⑥开展文物系统安全隐患排查、整治、执法集中行动。年内，全区文物系统安全无事故。

【文物考古调查与“乡村记忆工程”普查】 区文物保护部门完成泰安玉山输变电工程项目和角峪光伏发电并网一期项目选址考古勘察。配合省、市文物考古研究所完成青兰高速公路（泰安至东阿段）项目考古调查勘探工作。配合泰安市、济南市文物考古研究所完成拟建济南至泰安高速公路工程项目考古调查勘探工作。以上工程沿线新发现古遗址1处，水渠渡槽2处，古墓葬文物点1处。对全区所有乡镇（街道）、村、社区进行全面普查登记，共推荐上报“乡村记忆”工程16个。上泉村、山西街村列入山东省第一批“乡村记忆”工程文化遗产名单。其中，大汶口镇山西街村列入省级试点。

【文物宣传】 提高岱岳区文物资源知名度，主要开展2项工作。①在“5·18”国际博物馆日和“中国文化遗产日”期间，岱岳区举办图文展览、非国有博物馆进校园等活动，展示该区文物保护成果。②向省文物局报送“2016年中国文化遗产日”相关项目。其中，大汶口遗址大汶河北岸区域新发掘房址保护棚建设工程、大汶口古石桥修缮工程、徂徕山抗日武装起义旧址修缮工程、大汶口镇山西街村均被列入山东省百项工程项目名单；磨山峪抗日旧址保护展示工程、满庄镇上泉村、大汶口镇山西街村、大汶口文化博物馆被列为山东省宣传推介项目名单。

【齐长城遗址】 属世界文化遗产，对研究春秋战国时期的政治、经济、军事、文化以及建筑历史都具有重要的价值。遗址位于道朗镇、黄前镇、下港镇境内，处肥城市、泰安市泰山区、济南市长清区、济南市历城区交界的分水岭上。岱岳区境内齐长城全长41.7公里。2016年末，遗址长25.2公里，占总长度的60.38%，全线大小山头204个。分为3段，即道朗段遗址、黄前段遗址、下港段遗址。

道朗段遗址　由西向东北走向，始自道朗镇与肥城市、长清市交界的莲花盆山上的界碑，经过黄巢寨山、五花岩山，至犁铧尖子山结束。该段齐长城4579米，其中有遗址2579米，城墙高约2～4米，底宽约6～10米。墙体类型主要为石墙，多用泰山青石。花果峪北山一段，底宽达20米，高5米。黄巢寨山顶有寨址，传为唐末黄巢起义军所建。

黄前段遗址　自药乡林场黄尖山防火瞭望台三界碑，向东北经818高地南侧、李子峪公路山口、羊栏沟公路山口、花果峪山口、天马顶西坡至天马顶北山脚结束。该段齐长城1.34万米，有遗址1.01万米。其间，花果峪齐长城墙体较完整，有关隘、瞭敌台和烽燧。

下港段遗址　从黄前镇天马顶北山脚向东北进入下港镇，经白家庄、梯子山西脚向东北穿越泰山南天门，经吕家庄，从南天门北坡向北转而东，穿越大高尖山、四界首山，至蒿滩东山。该段齐长城2.37万米，有遗址

1.25 万米，其中蒿滩北长城岭上有 600 米的窄墙体，高 1.5 米，宽 1 米，直壁。土石混筑墙体，阳面块石砌墙，阴面黏土夯筑。下港段齐长城遗址为最简单、最古老、最独特、保存最完整的一段长城。2001 年，被国务院公布为全国重点文物保护单位。

【云亭山遗址】 该遗址位于大汶口镇中大吴村北约 2 公里处云亭山上。为新石器至商周时代祭祀遗址。云亭山遗址南北长 130 米，东西宽 77 米。遗址残存为一处高大土丘，称为祭台。高 7.7 米，顶部长 4.2 米，宽 2.9 米，底部周长 30 米。祭台分上下两层，上层有明、清时期的建筑遗存，下层土丘四周散落大量汉代陶片、瓦块遗物。在遗址上曾发现新石器时代、商周时期陶鬲足、陶豆残柄等遗物。2006 年 12 月，被泰安市政府公布为文物保护单位。

【茅茨东村遗址】 该遗址位于良庄镇茅茨东村东北 1.6 公里处。地处徂徕山之阳，南临茅茨河，商至汉代城址。茅茨东村遗址长宽各 300 米，文化堆积厚约 0.5 米。遗址上有一高约 6 米土台，土台东西长 48 米，南北宽 39 米。散布有较多的陶片、砖块等遗物。采集遗物有商周时期夹砂褐陶素面鬲足、罐、绳纹鬲足、绳纹鬲口、翁口沿、残石斧及汉代泥质灰陶豆盘、罐口等。原名望儿城遗址。2010 年 12 月，被泰安市政府公布为文物保护单位。

【燕语城遗址】 该遗址位于化马湾乡沙沟村东，北临泰化公路，南至京沪高速公路，东至彩山路，西至化马湾一中。商至汉代城址。遗址面积约 10.85 公顷，文化堆积厚约 4.5 米。暴露有西周至春秋时期的土坑竖穴木椁墓及汉代夯土等遗迹。采集和出土遗物有：商周时期泥质灰陶豆把、盒口沿、绳纹罐口及铜壶、镞、鲁侯乍姬翏鼎、簠；汉代灰陶绳纹瓦、豆盘、罐、瓮、筒瓦、太阳纹砖、青瓷豆等残片。该遗址为研究古代城址建置提供了重要依据。1994 年 3 月，被泰安市政府公布为文物保护单位。

【姚庄遗址】 该遗址位于祝阳镇姚庄村西，石汶河东畔，东临嬴汶河，泰莱公路穿过遗址中心，胜利渠东西穿过遗址南部。商至汉代聚落址。遗址东西宽 1000 米，南北长 1500 米，文化层堆积 0.8 ～ 1 米。出土器物有商周时期陶鬲罐、战国陶豆、汉代瓦当、板瓦等。地表散布有商周至汉代的陶片等。遗址大部分被民房及祝下公路等道路所占压，其余地表之上为农田。1994 年 3 月，被泰安市政府公布为文物保护单位。

【文姜城遗址】 该遗址位于大汶口镇和平街村东北 500 米处，东侧临近大汶河。东周至汉代城址。遗址面积约 6.2 公顷。文化堆积厚约 1.80 米，残存高约 2 米的方形土台，面积 2.25 公顷。地表及剖面暴露遗物较多，地下文物埋藏情况不详。采集有战国时期泥质灰陶绳纹盆口、豆盘和汉代泥质灰陶壶口、缸口、瓮口、筒瓦残片等。由于长期风雨侵蚀和平整农田及人为取土等原因，土台北边、西边被夷为平地。该遗址为研究古代城址建置提供了重要依据。1994年3月，被泰安市政府公布为文物保护单位。

·非物质文化遗产·

【概况】 2016年，岱岳区非物质文化遗产30余项，主要有下港镇泰山板栗，黄前镇、山口镇的条编，祝阳镇梭庄龙灯，泰安渔鼓，范镇王氏面塑、油酥火烧，粥店办事处泰山煎饼，道朗镇泰山泥塑，鱼池龙灯、魁星阁灯会，徂徕镇杜家庄木版年画，化马湾西庄庙会，良庄镇良庄摔跤，王氏正骨，徂徕山民歌、民间文学，夏张镇泰安红心萝卜，满庄镇程家唢呐，泰山剪纸，马庄镇西隅油香，朱家寨筑马故事，大汶口镇上泉咸鸭蛋、七月十五放河灯，房村镇汶河大鼓，乡城吹打乐，周全李家土陶，西良父乔家条编。

【传承保护工程】 对非物质文化遗产实施传承保护。将缇萦救父与淳于意的故事等21个项目公布为第四批区级非物质文化遗产。推荐申报红葫芦传说等20个项目入选第六批市级非物质文化遗产名录。推荐泰山玉习俗等2个项目入选第四批省级非物质文化遗产名录。推荐王氏正骨、泰山泥塑传承人玄绪东参加第四届中国非物质文化遗产博览会传统工艺大赛山东预选赛。推荐3个项目参加全国第四届非物质文化遗产博览会。

【泰山泥塑】 该泥塑系岱岳区市级非物质文化遗产。系有千年历史的中国传统手工艺品，最早可追溯到唐代，曾被奉为贡品，成为时兴产品。它以泰山山脉上万年的石夹坯中的泥土为原料，再用天然冰雪水加以调和，制成泥坯，捏塑形态，精雕细琢，继承写意传神的民族艺术审美传统，同时又融入抽象的表现手法，形成自身独特的艺术品格，其造型夸张变形，粗犷豪放，写意传神，色彩凝重、质朴，别具一格，给人以陌生的审美惊奇，是泰山文化的重要内容之一。“泰山泥塑”的第五代传人，岱岳区道朗镇下洼村村民玄绪东，以身边的人、事、物为基本素材，制作出一个又一个传神的“泰山泥塑”作品，每一个作品形象都表现出浓郁的生活情趣和乡土气息，展露出农民艺术家忠厚、活泼的天性。2009年，“泰山泥塑”被列为泰安市第二批非物质文化遗产。2010年，玄绪东作为“泰山泥塑”民间艺人，应邀到新加坡参加了国际艺术节文化交流活动，并荣获“中新文化特别贡献奖”。2014年，他创作的泰山泥塑作品《龙马奔腾》获“全国休闲农产品创意金奖”。

【范镇油酥火烧】 该产品工艺系岱岳区非物质文化遗产。范镇火烧创始人系清朝乾隆初年徐畅。乾隆四十六年（1781年），徐家烧饼铺已由二代传人徐亭贵接世。后，乾隆皇帝题写“徐家烧饼铺”字幅，御赐给徐亭贵。自此，徐家烧饼铺名声大振。道光二十二年（1842年），御赐“徐家烧饼铺”牌匾、圣旨及秘笈传给三代传人徐景文。至同治九年（1870年），徐景文的

大汶口文化博物馆　（刘琦　供）

烧饼绝活已是炉火纯青，从用面到烤制成型，十八道工序，缺一不可。光绪二十一年（1895年）春，徐家烧饼第三代传人将“徐家烧饼铺”牌匾传给第四代传人徐兆荣，后历五世传人徐连功。1954年，由徐家第五代传人徐连功与范镇供销社签订联营合作社，成立范镇火烧联营作坊。人民公社后，被泰安县人民政府正式命名为范镇油酥火烧，总负责人为徐连功。供销社联营作坊发展为加工厂，每天加工几千斤烧饼。1965年，在山东省供销系统组织的食品表演大赛上，徐连功代表范镇供销社参赛，荣获现场表演一等奖和特别荣誉奖，省委书记谭启龙为之颁奖。1978年，在泰安县贸易大会上，徐连功参加比赛，荣获泰安财贸系统比赛第一名。改革开放后，徐家第六代传人徐泰国注册“范镇徐府火烧”商标。至2016年，传统的徐府火烧工艺，带动万家农民快速致富。致富村民带着学到的火烧技术，走向北京、青岛、南京等全国近百个大中城市，范镇火烧品牌美名远播各大城市。

（赵晓莹）

【概况】 2016年，完成大汶口文化博物馆主体工程验收、大汶口国家考古遗址公园入口区项目建设，遗址核心区三项工程建设、大汶口古镇区部分建设以及滨河景观带建设。《大汶口遗址核心区展示工程》等工程设计方案并获国家文物局及环保部门的批复，为风景名胜区建设奠定项目基础。大汶口文化风景名胜管委会内设四个职能科室，核定全额事业编制14名。

【大汶口文化博物馆项目建设】 主体工程于3月完成验收，总建筑面积2770平方米，总投资5000万元，为一层单体建筑。大汶口文化博物馆作为大汶口文化的集中体现，以科学合理的规划布局、专业缜密的展陈策划、生动形象的艺术设计、多元现代的形式表现，分7个展厅，以文物展陈、图片展示、全息影像、多媒体演示、互动体验等形式，采用声、光、电相结合的表现手法，向公众展示距今6100—4600年的大汶口文化起源、发展、内涵及其在中华文明史上的重要地位。

【“三区”项目建设】 年末，“三区”包

括一区公园入口区，景石及标志性建筑、主题雕塑、广场及水系，项目已全部完工。其中，1月景石及标志性建筑项目验收，现已交付使用。年内，公园配齐保安、保洁人员，基本实现封闭化、规范化管理运行。二区遗址核心区，总面积450亩，主要是对遗址区域进行环境整治，对遗址核心区进行土地收储和边界封闭，移除地上占压物，进行统一的管理保护和考古发掘等。在保护遗址的前提下，连同附近农田，共种植油菜花1000余亩，进一步丰富公园景观内容。实施三项工程：大汶口遗址安全防范工程，8月完成验收，建设监控中心一座，安装高清红外枪机13个、高清红外球机12个，实现对核心区的全面视频监控；大汶口遗址保护设施工程，通过排水沟梳理加固、土地平整加固、绿色围网、景观绿化等，创造更好的生态环境，明确遗址保护范围，确保遗址建设环境明显得到改善，基本实现遗址核心区封闭管理，项目处在验收阶段；大汶口遗址汶河北岸区域已发掘房屋遗迹保护工程，该项目获国家文物局〔2015〕2392号文件批复。年末，项目施工图设计已完成，拟提交区委、区政府审查核准后进入省级专家论证阶段。三区大汶口古镇区，按照“层出不穷的文化活动、意蕴悠长的石头古镇、最有调性的栈桥书屋、生态宁静的汶阳田居”的设计愿景。全面推进大汶口古镇保护性建设项目，已完成蔷薇、陶舍、燕临居等多处乡奢艺术酒店的建设并已开始试运营。

【滨河景观带项目建设】 总投资8000万元，以汶河记忆为题的文化墙建设工程，对汶河流域几千年文化积淀通过文明之光、汶水汤汤等共8个篇章进行浓缩展现。2016年1月竣工，成为中国独具特色的文化长廊，为遗址公园增添一道亮丽的文化风景线；滨河景观绿化工程，结合环保部门立项的大汶河流域人工湿地水质净化工程，沿河开挖人工河道，大面积投放水生植物，净化大汶河水质，创优遗址公园外部环境。

（贾效华　董　悦）

【概况】 岱岳区广播电视台于2010年建立，为正局（科）级事业单位，内设11个科室，职工62人。该台有广播电台和有线电视台两套节目，每套节目全天播出超过16个小时。2016年，围绕区委、区政府工作重心，开展宣传工作。在着重报道重点项目建设、片区建设、创建卫生城市和文明城市、城乡环卫一体化建设、精准扶贫等重大事件的同时，打造名牌节目。该台先后被省广播电视局表彰为安全播出先进单位，被泰安市委、市政府表彰为市级文明单位。

【宣传工作】 围绕区委、区政府中心工作，先后开设“党的群众路线教育”“党的群众路线教育整改进行时”“走基层，记者跑片区”“走基层、群众之声”“走基层，岱岳名优特”“走基层，乡村采风”“到群众中去，促双联双增”“双联双增一帮扶”“双

区广播电视台打造岱岳区名牌节目　（陈纪东 供）

联双增”“向垃圾宣战在行动”“城乡环卫一体化曝光台”“群众之声——群众满意度调查”“创城迎审”“秸秆禁烧”“为民实事”“精准扶贫，脱贫攻坚”“排除隐患，确保安全生产”“两学一做”“重点骨干项目巡礼”“我是共产党员”“美丽岱岳乡村游”“岱岳风光”“岱岳美食”等一系列宣传专栏，尽展岱岳建设风采，有力地服务中心工作开展。

【“岱岳新闻”】　《岱岳新闻》系一档品牌栏目，2011年7月1日起至2016年年末，每周3期增加到5期播出。2016年播出260余期，播发新闻2300余条，在市级以上媒体播发100余条。《岱岳党建》《岱岳今朝》《岱岳行》《岱岳情》《岱岳片区建设》《岱岳民生》《岱岳医苑》《岱岳家园》《岱岳金融》《岱岳教育》《岱岳美食》《岱岳风光》《乡土岱岳》等近20档栏目精彩纷呈。

【打造岱岳名牌节目】　2010年建台伊始，仅有《岱岳新闻》和《家园》《吕进说时尚》两档专题栏目。2011年始，至2016年年末，该台开展了“创业创新创优”主题活动，把《岱岳新闻》《岱岳今朝》《岱岳党建》等新闻栏目和《乡土岱岳》《岱岳行》《岱岳情》《岱岳民生》等专题栏目，打造成名牌栏目。在做好《岱岳新闻》中的走基层系列节目、群众之声、为民服务栏目的同时，将《医苑》《家园》《岱岳风光》《岱岳名牌名胜名产》《农商联万家》等，打造成精品节目。该台制作播出的优秀新闻、专题及短剧，如《我是共产党员》《岱岳放歌》《老夏说——徂徕山传说》《家在大汶口》《有一种孝亲叫陪伴》等分获省、市大奖；“齐鲁时代楷模”苏庆亮先进事迹连续在中央和省、市各级媒体播发，“大陡山生态乡村游”登上央视《新闻联播》头条，《山村绽放“文明花”》在央视7套播发，《我区开展主题党日活动》新闻在山东卫视播出。

（陈纪东）

档　案

【概况】　2016年，围绕“档案与民生”这一主题，组织开展“国际档案日”宣传月活动。同时，为确保《山东省档案工作科学化管理测评》在岱岳区实施，对2015年来被评为科学化管理测评先进单位的16个区直机关和乡镇部门的档案管理进行跟踪业务指导。与区农经局配合，完成全区土地承包经营权确权登记档案的省级验收工作。完成全区25个区直部门、17个乡镇（街道）、3个企事业单位的全国档案事业统计报表工作。全年，共接待档案查阅人员369人次，查阅和借阅档案共计1090卷（件）。岱岳区档案局（馆）系一级事业单位。内设4个科室，有工作人员9人。

【档案法规与标准化工作】 开展的档案业务指导工作均是按照1996年《中华人民共和国档案法》、1999年《中华人民共和国档案法实施办法》、2006年《国家档案局八号令》开展工作。具体业务标准按照《山东省档案工作科学化管理测评细则》进行等级申报。申报等次的标准共分为示范单位、先进单位、合格单位、不合格单位四个标准。按照省、市档案局文件规定，根据泰档发〔2014〕24号文件精神，区档案局在9月下旬至11月中旬开展了科学化管理测评工作，对全区区直各部门、社会团体、各企事业单位进行巡回业务指导，并接受区公安局申报科学化管理测评示范单位和区水务局等3个单位申报科学化管理测评先进单位的申请，进行评审并通过。

【档案馆建设】 区档案馆有档案库房2间，总面积120平方米。办公室3间，共60平方米。管库专职人员1人，兼职人员1人。内部设施有微机1台，吸尘器1台，去湿机1台、温湿度记录仪1台、灭火器1台、资料橱2组、卡片橱1个、密集架共104组。馆藏档案共62个全宗，3.89万卷（件、册），档案排架长度337米，其中永久2.82万卷（件、册），长期1.08万卷（件、册）。档案种类有文书档案、会计档案、声像档案、照片档案、人事档案、家谱档案和现代文件等。另外，馆藏资料1298册，其中照片资料320册。

【机关、企业、事业单位档案管理】2016年，系《山东省档案工作科学化管理测评》工作在岱岳区全面推开的一年。年内，各区直机关、企事业单位按照国家档案局八号令，完成本年度档案收集、整理工作。先后对机关单位的省特级及部分省一级档案室以红头文件的形式传达具体的测评细则，并对档案室

5月6日，区档案局开展“国际档案日”宣传月活动 （岳明 供）

进行实地的档案工作业务指导。对各乡镇（办事处）的“三资”（资产、资源、资金）、新农合、社保、劳动力转移、土地承包经营与流转、林权制度改革、综合治理、产业化经营、小城镇建设等领域的档案工作进行重点指导。

【宣传工作】 ①设置咨询台，现场解答群众咨询。通过国际档案日活动让群众了解档案的收集、整理、立卷、归档等方面的专业知识。②进行档案法制、档案知识等方面的集中宣传活动。发放《中华人民共和国档案法》《社区档案整理指南》《家庭档案整理方法》等宣传资料。③组织图片展览宣传。悬挂“档案与民生”等宣传展板，让市民在街边参观浏览。④组织开展“美丽乡村行”主题宣传活动。组织全局机关干部到“双联双增”联户村（满庄镇上泉村）宣传档案工作，发掘上泉古泉群资料并征集散存在民间的史料。同时，对村级档案史料从收集、整理、保护、利用等环节给予具体业务指导。

（岳　明）

体育

【概况】 岱岳区体育局属参照公务员管理的事业单位。2016年，内设机构4个，下属事业单位2个，编制16人，在职14人。主要开展了4个方面的工作。①资助建设农村新型社区健身工程2处，更换农村健身工程32处。年末，全区农村体育健身工程达696个，农村设施覆盖率达100%。②审核认定体育传统项目学校13处，后备人才训练基地9处。③组织竞技比赛，取得省级比赛金牌3枚，全国比赛金牌1枚，向市以上运动队输送运动员82人。④深化区体校“教体融合”发展模式，被省教育厅、省体育局作为县级体校发展典型之一在全省推广。年内，被市文明办授予“市级文明”单位。

【群众体育】 ①全民健身工程建设。建成2处省级示范农村新型社区健身工程，每个社区20万元，为2处社区各建设1个多功能运动场，每个运动场用地面积不低于740平方米，具有篮球、5人制足球、气排球、羽毛球等活动功能；配备1套14件室外全民健身路径器材；配置了2张乒乓球台、1套儿童游乐设施。通过政府购买服务更换农民健身工程32处，配备健身路径384件。②全民健身活动。组队参加第六届泰安市全民健身运动会，参赛人员130人。完成环湖健步走、跳绳、踢毽子、健身操、体育舞蹈、排球、手球、足球、羽毛球、乒乓球等22项全民健身项目。③全民健身志愿服务活动。组织社会体育指导员以及体育部门和协会、俱乐部业务骨干，开展体育进社区、农村、企业、机关等志愿服务6次。培训健身服务社会体育指导员，年末，全区社会体育指导员达2278名。④国民体质监测。开展“我的体质我知道”国民体质监测活动10次，分别进农村、企业、社区面向不同年龄对象监测1100余人，并以监测结果为据，对监

8月16日，2016全民健身宣讲报告会 （冀翼 供）

测对象加强运动指导，推广运动处方，普及科学健身。

【竞技体育】在代表山东省参加全国中学生田径锦标赛中，区运动员冯鑫获得100米金牌。在代表泰安市参加省柔道锦标赛和冠军赛中，区输送的运动员获第一名3个，第二名2个，第三名3个，第五名1个，第七名1个。①组队参加泰安市中小学生体育联赛7项，其中：田径获初中组团体总分第三名，破平纪录6人次，高中组破平纪录6人次；足球获高中女子第一名，初中男子组第三名，初中女子第三名；排球获高中男子第二名，篮球获高中女子第三名；游泳获初中组团体总分第三名；羽毛球获得高中混合组第三名；乒乓球获初中组女子团体第三名，高中组男子第三名，高中女子组第三名。②参加泰安市锦标赛。篮球获男子组第三名；手球获男子组第四名，女子组第三名；武术套路获2金2银1铜；拳击获第三名；摔跤获古典跤团体总分第二名，自由跤团体总分第三名；跆拳获团体总分第一名；举重获团体总分第二名；游泳获团体总分第一名；乒乓球获团体总分第一名；射箭获团体总分第四名；足球获男子组第一名；羽毛球获男子组第一名、女子组第一名；排球获女子组第一名；田径获团体总分第四名；网球获团体部分第一名；柔道获团体总分第二名；举重获团体总分第二名；散打获团体总分第一名；柔道获团体总分第二名；拳击获团体总分第二名。

【体育机构及设施建设】①机构建设。成立区体育总会。成立俱乐部4所，即岱岳区中韩跆拳道俱乐部、蓝天健身俱乐部、泰山篮球俱乐部、大陡山乡村足球俱乐部。审批高危项目3个，均为游泳项目。项目单位分别是蓝天健身俱乐部、金池水世界、众城体育文化有限公司。年末，全区共有协会8个，俱乐部15个，高危项目单位3个。②体育场地设施建设。以区政府名义下发《泰安市岱岳区人民政府加快发展体育产业促进体育消费》（泰政发〔2016〕14号）。编制《体育产业发展规划》，为区体育设施建设规划及实施提供了依据。年初，规划建设新体育馆，年末，完成立项准备工作。已对外开放的体育活动场地3处，即岳峰小学体育场、实验中学体育场、英雄山中学体育场。

【体育扶贫】 区体育局对上争取资金78万元，为13个省级贫困村配套健身工程。年末，岱岳区13个省级贫困村已全部建成不低于200平方米的硬化场地，场地硬化资金总额30.8万元，已全部拨付省级贫困村所属各乡镇，场地硬化验收合格，健身器材全部安装到位，并验收通过。5月11—12日，区体育局在大陆山农民培训中心，举办体育精准扶贫暨三级社会体育指导员培训班，为全区127个省市贫困村各培训了1名社会体育指导员，既解决了群众室外健身器材的安全使用问题，又丰富了群众的健身活动。

【体育彩票工作】 体育彩票增机扩容。年末，站点增至55家。其中，新增即开型彩票社会销售主体中石化泰安分公司，新增即开型销售站点160家。体育彩票全年销售额达4956万元，筹集体彩公益金200万元，举办以体育彩票冠名赛事活动20余项。

【“教体结合”发展模式在全省县级体校推广】 岱岳区积极探索和实践县级竞技体校办学模式，深化“教体结合”，科学配置文化课教师和体育师资，招聘新教练员，统筹设置训练项目，打造出一个县级业余体校的新办学模式，即“岱岳模式”。2015年12月，该模式被山东省体育局确定为全省县级体校发展模式之一，在全省进行推广。2016年9月30日，山东省体育局、教育厅联合下发《关于改革县级体育学校办学模式的实施方案》（鲁青体字〔2016〕26号）。该方案将岱岳区体校依托一所普通学校联办体校的模式作为典型之一被推广。年末，德州、滨州、临沂3个地市体育系统工作人员到岱岳区考察学习。

（冀　翼）

编辑·校对　钱国庆　赵　蕾　翟梦雪

卫生和计划生育

卫生综述

【概况】 2016年，岱岳区卫生和计划生育局（区中医药管理局）（简称区卫计局），机关行政编制24名，工作人员32人。直属卫生计生单位7个，即：泰安市第一人民医院、区妇幼保健院、区卫生监督局（区疾病预防控制中心）、区爱卫办、区计划生育服务站、区皮肤病防治所、区第二人民医院（黄前镇卫生院）。其中，区爱卫办、区计划生育服务站、区卫生监督局（区疾病预防控制中心）为全额事业单位（2017年1月落实全额），其他4个单位为差额事业单位。年末，直属卫生计生单位共有在职人员1623人，其中，在编716人。全部在职人员中，本科以上学历747人，中级以上职称618人。全区共有乡镇（办事处）卫生院、社区卫生服务中心17个，其中，乡镇卫生院15所、社区卫生服务中心2个，共有在岗人员1430人，其中在编人员908人。在编人员中，副高级职称7人、中级职称780人、初级职称360人。全区共有604个卫生室、11个社区卫生服务站、共有乡村医生1735人。17个乡镇（街道）医疗机构除天平社区卫生服务中心、粥店社区卫生服务中心、房村镇卫生院门诊3处医疗机构、病房为一体综合服务楼外，其他机构均有门诊、病房楼。所有机构均配备常规检查设备并配有彩超、DR、CT等大型设备。在604个村级卫生室全部实施基本药物制度，实行零差价销售，药价下降

5月5日，区卫计系统“重效率勇担当作表率”主题活动动员会议
（王文举 供）

30% ～ 40%。同时，实行网上统一采购，全部纳入省级采购平台。所有乡镇卫生院、社区卫生服务中心全部建成“国医堂”并投入使用，全面推广中医适宜技术和中医药。100% 的社区卫生服务中心、100% 的乡镇卫生院、92% 的社区卫生服务站、87% 的村卫生室能够提供中医药服务。岱岳区被国家卫计委评为“全国计划生育优质服务先进单位”，被省卫计委评为“妇幼健康优质服务区”。区计划生育服务站被国家卫计委评为“全国优质计划生育服务机构”。满庄镇卫生院被国家卫计委评为“全国群众满意乡镇卫生院”，祝阳、山口镇卫生院通过“全国群众满意乡镇卫生院”初级评审。泰安市第一人民医院中医科被确定为全省“十三五”重点科室建设单位。年内，区卫计局代表泰安市迎接基本公共卫生服务省级考核并取得全省第一的成绩。

【信息资源一体化平台建设】 区卫计局构建卫计一体化信息管理平台，建立卫计一体化综合业务信息资源库，全面收集基本公共卫生和计划生育业务数据，实现与新 WiS 数据库、公卫数据库的互联互通。以个案基础信息、户籍家庭信息、居住家庭信息为基础，将婚姻信息、免费孕检、孕情、终止妊娠、住院分娩、流动人口、季度孕检、人口变动、节育措施、计划免疫、社会抚养费、医学证明等信息纳入采集范围，适时比对分析、自动分拣，促进了公共卫生与计划生育的管理与服务。该平台的建立，使区卫生计划生育工作实现“三个转变”，即实现由手工上报向网络上报转变，由村级源头上报向多部门共享推送转变，由通过内网上报向互联网和移动互联网转变。

【山东省暨泰安市纪念第 27 个世界人口日宣传活动启动仪式在岱岳区举行】 7 月 11 日，世界人口日宣传活动启动仪式在满庄镇膏城花园社区举行。市委常委、副市长周桂萍出席仪式并致辞，省卫计委副主任于富军出席仪式并讲话，省妇联副巡视员盛艺俐等出席活动。区委副书记、区长张韧，副区长袁义明参加仪式活动。其间，与会人员分别实地参观了粥店街道粥店社区和满庄镇膏城花园社区关于集中开展世界人口日宣传活动现场。

医　疗

【概况】 2016 年，岱岳区有直属医疗机构 4 个，即泰安市第一人民医院、区妇幼保健医院、岱岳区第二人民医院、岱岳区皮肤病防治所；共有乡镇（办事处）卫生院 17 所，医务工作人员 1430 人。村级卫生室 604 所，社区卫生服务站 11 个，乡村医生 1735 人。在全区医疗机构中，泰安市第一人民医院在主要疾病诊疗方面代表区医疗水平。该院心内科在冠心病介入、心律失常介入、先天性心脏病介入三大领域拥有心血管病介入诊疗准入资格，系泰安市医学重点学科。消化内科在治疗食管炎、慢性胃炎、消化性溃疡、胰腺疾病、胆囊疾病及各种肝病等方面积累了丰富经验。肾内科在开展自体静动脉内瘘成形术、深静脉置管术为尿毒症患者血液净化治疗提供了血管通路保障。神经内科在脑梗死、脑出血、脑炎、重症肌无力等疾病诊疗方面具有专业特色。呼吸内科擅长诊疗肺癌、慢性阻塞性肺疾病、肺心病、慢性呼吸衰竭等疾病。内分泌科为该院特色学科。对糖尿病等疾病具有独特疗效。骨科能成功开展断肢再植术及断指再植术。年末，该院有专业技术人员 883 人，床位 821 张。

【公立医院改革】 区委、区政府先后出台《关于进一步深化医药卫生体制改革的实施意见》《关于进一步深化医药卫生体制改革的实施方案》《岱岳区深化医药卫生体制改革 2016 年重点任务的通知》《关于积极推进分级诊疗制度建设的通知》等文件。7 月 1 日，区城市公立医院综合改革正式启动。按照要求，泰安市第一人民医院、区妇幼保健院全部实行基本药物制度，落实药品零差率销售。医院药占比、门诊均次费用、住院均次费用有所下降，医院药占比（不含中药饮片）总体下降 30%（左右），百元医疗收入（不含药品收入）中消耗卫生材料下降 20 元（左右）。同时，调整部分医疗服务价格，并对城市公立医院实施人员编制的备案管理。编制部门批复同意泰安市第一人民医院、区妇幼保健院、区第二人民医院备案的人员编制。区财政对公立医院改革政府补助资金进行了拨付。

【医联体建设】 区卫计局与市中心医院、泰山医学院附属医院签订医联体合作协议。年末，泰安市第一人民医院已托管大汶口镇卫生院外科、妇科，并与粥店街道社区卫生服务中心开展业务合作，构建紧密型医疗联合体。区妇幼保健院采取科室共建、业务扶持等形式与 7 个乡镇卫生院建立以技术合作为主要内容的松散型医疗联合体。泰山医学院附属医院天平社区卫生服务中心与区第二人民医院及市中医院院采取专家坐诊、讲座、查房、免费进修等形式构建松散型医疗联合体。市中医二院与房村镇卫生院达成中医联合体。

【医疗质量管理】 区卫计局举办多起医疗护理文书书写、各类常见病多发病预防与诊治、医疗质量与安全培训班。区、乡医疗机构全部建成质检、质控和病案室。严格抗菌药物购用管理，推行药学等专业人员对抗菌药物处方“季度点评”制度，提升了医疗服务质量。粥店社区卫生服务中心通过省级星级社区卫生服务中心评审，祝阳、山口镇卫生院通过国家满意卫生院初审。

【岱岳区第二人民医院加强中医中药建设】该院在加强中医中药建设方面较有成效。①在人财物等各方面扶持各科室发展中医中药，为提高住院患者治愈率，鼓励引导中医适宜技术进病房。②鼓励使用中药治疗。通过处方点评，合理应用抗生素等措施，限制西药的使用量，降低西药占比。年末，医院中药使用量达到药品使用总量的 58%，全院中药使用量达到128万元，比上年增加43万元，中医理疗收入22万元，比上年增加8万元。③开展中医药服务宣传。利用健康讲座、健康咨询、制作中医药医疗知识专栏、发放中医药服务手册等各种形式进行宣传，引导并指导广大居民合理使用中医中药和中医适宜技术防病治病。6月，迎接“泰安市岱岳区中医特色专科（针灸科）”验收并通过。年末，该院有专业技术人员50人，床位55张。

【岱岳区皮肤病防治所加强医疗美容专业建设】 该防治所把医疗美容专业建设作为重点科室建设工程，并取得成效。随着医疗体制改革的深入，该所皮肤科单一诊疗项目的体制急需得到补充和转变。经过多方调研和多次全体职工会议的商讨，医疗美容项目作为该所应对医疗体制改革、发挥自身优势、转变体制的补充载体，被确定为年内工作重点，因之，医疗美容科的建设成为重点科室建设工程。通过区招标办公室的公开招标采购，3月10日，医疗美容科在银泰中心东邻正式开业。开设有美容皮肤科、美容中医科、美容外科、美容牙科、生活美容馆、纹绣等美容科室，引进国际先进的赛诺龙光子嫩肤管理平台、韩国S10调Q激光治疗仪、美国CO2射频点阵激光、韩国全套进口手术医疗器械及相关配套美容诊疗设备，为广大求美者提供安全、放心的皮肤健康管理和美容整形技术。年末，该院有专业技术人员63人，床位13张。

卫生监督与卫生防疫

【概况】 2016年，岱岳区卫生监督局（疾控中心）（简称区卫监局），内设21科室，有工作人员86人。下发《关于进一步加强卫生监督协管服务工作的意见》《关于进一步加强医疗废物暂存处、污水处理池建设和管理的通知》《泰安市一级以上医疗机构综合监督执法检查工作方案》《岱岳区乡镇医院依法执业执法检查工作方案》《岱岳区打击非法行医网格化监管方案》《全区开展打击非法行医专项行动的通知》等文件。①加强日常监督。全年检查各级各类医疗机构423余家，下达监督意见书418份，责令限期整改。并立案17件，罚款3.8万元，没收药品器械1宗，案件已全部处结。②集中整治。3月11日，召开全区进一步整顿医疗市场秩序打击非法行医专项行动会议。通过专项整治，对21处“非法行医点”下达了监督意见书。责令立即停止执业，张贴了取缔公告。③专项整治。7月4日—10月15日，对全区医疗机构开展依法执业、病例处方、消毒隔离、医疗废弃物处置等内容监督检查。共监督检查51个医疗机构，立案13件，已全部处结。同时做好全区医疗废物规范管理工作，尤其是按照《黄前水库水源地综合整治工作方案》，对黄前水库周围56个医疗机构进行了集中整治，医疗废物达到规范处置要求。

【传染病防控和突发公共卫生事件处置】加强霍乱、伤寒、手足口病、人禽流感等传染病防控，及时处置突发公共卫生相关事件，有效控制全区重点传染病的发生流行。做好重点传染病防控，杜绝疫情零缺报月次单位。全区共报告法定传染病21种4475例，报告发病率为454.69/10万，报告发病率较上年（405、10/10万）上升12.24%。报告死亡病例2例，报告死亡率为0.20/10万，报告死亡率比上年同期（0.31/10万）下降35.48%。甲类传染病无报告。乙类传染病共报告发病14种1380例，报告死亡2例，HIV和艾滋病病各1例。报告丙类传染病发病6种3095例，其他传染病9种1057例，报告死亡6例（均为发热伴）。共调查处理各类预警314起，涉及病种17种。开展病媒生物防制监测工作。布放粘蟑纸360张，回收360张，阳性张数0。布放诱蚊灯54个，捕获蚊子1025只，蚊密度为1.58只/灯·小时，捕获的1025只蚊子均为淡色库蚊。9月，对19处狂犬病暴露处置门诊进行专项验收，换发了资质证书。

【创建无烟社区】 5月，市卫生计生委在岱岳区召开全市“无烟社区（村）”创建工作推进会，实地参观粥店街道办事处过驾院社区、黄草岭村、天平街道办事处马家园村3个创建示范点。区卫计局制定下发《岱岳区创建“无烟社区（村）”活动实施方案》，成立岱岳区无烟社区创建工作领导小组和技术指导小组。7月29日，召开无烟社区（村）创建工作推进会，下发《全区“无烟社区(村)”创建工作技术要点》及《关于对全区第一批“无烟社区（村）”创建单位进行考核验收的通知》，确定51个“无烟社区（村）”创建单位。9月20—27日，由区卫计局和创建工作领导小组组成考核组对51个“无烟社区（村）”创建单位进行验收，有33个创建单位通过验收，被命名为第一批岱岳区“无烟社区（村）”示范创建单位，其中，13个创建单位推荐申报为全市“无烟社区（村）”创建先进集体。

【国家心血管病高危人群早期筛查与综合干预项目】 社会进入21世纪，心血管病已成为威胁居民健康的首要疾病，是国家面临的重大公共卫生问题之一。2015年，岱岳区成为全省6个项目点之一。把该项目作为2015年度全区为民要办的实事之一，12月24日，项目筛查工作正式启动，至2016年11月，为1.21万名目标人群进行初筛，参与率34.16%，完成率100.5%。为3036名高危人员进行了高危调查与综合干预，完成率101.2%。为3033名高危人员进行了短期随访，建立高危人群健康档案。其中，面访3028人，面访率99.8%；随访完成率101.1%。该项目持续5年，岱岳区将通过开展心血管病高危人群早期筛查与综合干预项目，降低区域内心血管疾病的发病率、复发率、致死率和死亡率。

【数字化接种门诊建设】 区疾病控制中心把数字化预防接种门诊建设作为重要工作来抓，动员各乡镇筹建数字化预防接种门诊。

在全区实施数字化门诊统一招标，确定由沈苏公司实施数字化预防接种门诊建设。年末，8处预防接种门诊软硬件已建设完成，提高了全区适龄儿童疫苗接种水平。年内，全区科学发展观考核的“五苗”基础全程接种率达到99.68%，“八苗”基础全程接种率达到98.63%，科学发展考核疫苗接种率目标值达到91.49%，有效控制疫苗可控传染病发生和流行。联合区教育局进行全面督导，开展入托入学预防接种证的查验工作。对全区预防接种单位进行资质认证工作，换发资质证书。开展疫苗效果及传染病的调查工作，全年报告AFP病例3例，疑似麻疹86例，确诊47例。

【艾滋病、结核病防治】 区疾病控制中心落实艾滋病、结核病防治结合措施。①艾滋病干预、随访、筛查工作。对区内新发现的艾滋病感染者和病人进行流行病学调查和个案随访，对现存活的艾滋病感染者进行1次个案随访和CD4+T淋巴细胞检测。全年累计干预目标人群暗娼586人次、男男同性恋327人次。发放宣传材料913份，发放安全套2825只，娱乐场所重点人群检测88人。完成自愿咨询检测878人，艾滋病抗体筛查2068份。对56例艾滋病感染者和病人进行了个案随访和CD4检测，对符合治疗标准的46例病人及感染者均开展抗病毒治疗，治疗覆盖率为85.2%。②结核病防治。落实结核病免费治疗政策，规范结核病诊治行为，为符合免费标准的病人，给予免费拍胸片、免费查痰检查，并及时安排做好结核病人的随访、复查工作。登记可疑肺结核病人2600例，活动性肺结核248例。其中，登记新涂阳病人81例，复治涂阳20例，涂阴病人146例，结核性胸膜炎1例。为可疑肺结核病人拍摄X光片2571张，痰涂片检查2576人。追踪结核病患者80例，追踪到位率达98%以上，对139例涂阳病人的密切接触者进行了调查。

妇幼保健

【概况】 2016年，区妇幼保健院开展“产科医疗质量安全年”“病历质量提升年”“优质护理服务”活动，围绕创建《妇幼健康中医药特色服务示范单位》和“县级急危重症孕产妇区域救治中心”，完善诊疗制度，规范服务流程，加大医疗安全监管力度，规范医疗行为，为人民群众提供安全、高效、质优、价廉的医疗保健服务，未出现医疗差错事故。全年门诊量11.88万人次，收住院8267人次，接产新生儿6236人次，业务总收入7680.41万元，比上年增长50.37%，业务总量实现历史性新突破，取得良好的社会效益和经济效益。岱岳区妇幼保健院有专业技术人员260人。

【“产科医疗质量安全年”活动】 开展“产科医疗质量安全年”活动，对高妊娠、宫缩乏力性出血、前置胎盘、妊娠合并症等常见产科急危重症实施院内处理，有效降低转诊率，剖宫产率明显下降，无痛分娩率达到70%以上。年末，成功处理高危妊娠1100

余例、前置胎盘17例、胎盘早剥12例、胎盘植入1例、产生出血12例。其中，1例产生大出血病人出血量达5000毫升，在全院各科室的全力配合下，产妇转危为安。

【妇幼卫生项目管理】 围绕妇幼卫生基本公卫项目和重大公卫项目开展妇幼保健工作。在基本公卫项目中，以孕产妇系统化管理和儿童系统化管理为重点，加强人员培训和业务指导，规范填报各种信息，系统管理平均达到98%以上。在重大公卫项目中，以早期建档、叶酸发放为依托，做好住院分娩补助和新生儿筛查补助，全年共发放各种补助450万元，产筛、新筛、眼筛、听筛等筛查项目均达到99%以上，心脏病筛查正稳步推进。全面完成上级安排的乳腺癌、宫颈癌免费检查项目。为农村育龄妇女实施免费检查，特别是贫困家庭妇女优先检查。筛查期间，提供技术支持，派出2辆专车12名专家，分成两组，筛查工作遍布17个乡镇，完成全年筛查任务。乳腺癌筛查项目累计检查2.15万人次，筛查出乳腺疾病4865人，钼靶检查144人次。宫颈癌项目累计检查1.85万人次，宫颈内多点活检21人次。其中，在实施宫颈手术5例，均已康复出院。为参与筛查人员建立电子档案，对重点管理人群定期进行回访。通过基本公卫和重大公卫项目实施，降低全区孕产妇死亡率和儿童死亡率，提高了出生人口质量和农村妇女健康水平。

【儿童康复业务】 区妇幼保健院投资30余万元，筹建儿童康复科，派出多名医师到临沂市妇幼保健院进修学习。儿童康复科与儿保科联合开展儿童先天性斜颈、髋关节发育不良的康复治疗。10月，儿童康复科通过市级验收，被批准为岱岳区0～6岁残疾儿童抢救性康复项目脑瘫康复定点机构，填补该区公立医院儿童康复业务的空白。年末，已经接待患儿160余人，正在接受康复治疗的儿童10人。

【人口状况】 2016年年末，全区有常住人口89.8万人（不含高新区）。其中：粥店街道办事处6.1万人，天平街道办事处2.93万人，山口镇5.2万人，祝阳镇5.8万人，范镇6.1万人，角峪镇3.5万人，徂徕镇5.7万人，满庄镇7.3万人，夏张镇6.3万人，道朗镇3.5万人，黄前镇3.39万人，大汶口镇7.4万人，马庄镇5.1万人，房村镇5.98万人，良庄镇7.5万人，下港镇4.2万人，化马湾乡3.8万人。全区出生1.34万人，其中男性6954人，女性6481人。在全部出生人口中，计划内出生1.33万人。

【完善目标管理责任制】 区委、区政府坚持和完善计划生育目标管理责任制，实行绩效工资，并严格兑现奖惩。围绕促进人口长期均衡发展，稳妥扎实有序实施全面二孩政策，工作中完善计生考核体系，实行日常监控、综合考核、第三方调查、半年和年终考核等多种方式结合的考核方法，改变年终考核“一锤定音”的格局，督促、引导基层把工作落实到平时，实行每月检测、每季通报、半年预警制度。对每次督查、检测结果进行汇总，以通报的形式发送到乡镇“五职”（书记、乡镇长、分工副镇长、计生主任、计生工作人员）责任人，引导基层把工作精力用在平时，主动整改提高。出台《关于加强规范镇村级卫生计生工作管理暂行办法》，对村级党支部书记、村主任、村计生专职人员明确分工：村支部书记、村主任主抓阵地建设、人员配备、经费投入、社会抚养费征收等工作；村计生专职人员具体负责本村计划生育工作的开展与落实。同时，明确规定半年一考核一通报，实行千分制考核，考核结果与平时抽查结果及本人绩效工资挂钩的考证办法。对得分在960分以上的村实行奖励，对完成目标任务较差的村实行重点管理的奖惩办法。凡是出现违法生育者其所在村支部书记、村计生办主任，由镇纪委均给予相应的纪律处分。奖惩情况在每年的计划生育目标管理责任制兑现会议上予以兑现。

【农村建立计生工作七个台账】　辖域内各村为避免查体超期、证件超期，防止漏管、脱管，建立起7个台账。①长效措施落实台账。每月报表结束后，及时汇总到期应放环人员，一月一统计，一月一督导，一月一销号。②环情异常台账。结合每次查孕查环，对在查体中查出的脱环、无环、环下移育龄妇女，及时督促到服务站或卫生院放环，减少意外怀孕。③离婚、丧偶交接台账。对全部离婚、丧偶育龄妇女，实行动态管理服务。对再婚一方户口不在本乡镇且不在本乡镇居住的，及时与户口所在地联系，办理交接，排除纠纷。④双女户管理服务台账。其责任管理实行支部书记、计生主任包保联系，杜绝第三胎发生。每次查孕查环作为服务重点，要求逢查必到，对不在家的及时联系，对于逾期不查体的，外出一查到底。⑤再生育审批台账。对再婚家庭进行摸底登记，对有意愿生育的，办理手续，简化办事流程。⑥男女扎术后符合再生政策台账。把男女扎术后符合再生育政策人员作为关注重点对象，明确专人，具体负责，出人出车，全程服务。⑦流动人口管理服务台账。通过服务，随时了解生育措施落实、孕育查体等情况，杜绝漏管。

【免费孕检】　免费孕检被区委、区政府列入十大民生工程。①配强技术力量，保证孕检质量。区卫计局从有关科室抽调11名技术骨干充实到免费孕检中心，并安排专人在健康教育室不间断地开办优生知识讲座，保证免费孕检工作的运行。②加强质量控制。制订操作规范和仪器维护标准，每周进行1次质评，发现问题及时整改。6月和10月，区参加省卫计委进行的“室间质评”，全部达到优秀标准。年末，共完成免费孕前检查9260对，占全年9258对目标任务的100%。

【实施出生缺陷干预工程】　对出生婴儿推行以预防为主的综合干预措施。开展新婚孕产期培训。开展优生“四项”病毒检测和产后随访服务，并对独生子女病残儿家庭父母进行孕前优生培训及再指导。年内，优生“四项”检测9230人，乙肝“五项”检测1.85万人，孕期保健2666人，其中查出胎儿发育异常139例，促进全区出生人口素质提高，降低了全区出生缺陷儿的发生率。

【计划生育技术服务】 加强避孕节育措施的落实，搞好计划生育技术服务。全年共接诊7400余例，其中放取环1605例，不孕症查体350例，流动人口查体2167例，查病治病2100例。同时，为提高服务质量，引进各种新型节育器如元宫365、妃悦等新型宫内节育器，并在全区广泛应用和推广。

【概况】 2016年，区政府下发《关于全面深化新时期爱国卫生工作的实施意见》，区爱卫办下发《2016年爱国卫生工作重点》。针对爱国卫生组织建设薄弱的问题，区爱卫会下发《关于进一步加强全区爱国卫生组织建设的通知》，要求镇、村和各成员单位调整、充实、完善爱国卫生工作领导机构及工作机构，明确分工领导和爱卫办主任，明确爱卫会成员单位的职责任务。全区17个乡镇（街道）均健全爱卫组织网络和规章制度及基础性的档案资料，有专（兼）职工作人员和固定办公场所，为开展爱国卫生工作奠定基础。区爱卫会开展创建国家级及省级卫生乡镇、卫生村、卫生单位工作，全面推动病媒生物防制工作，加大健康教育宣传力度，全面提升人民群众的健康素养。同时，开展控烟活动及基层医疗机构改厕工作。各项工作均取得成效。

【创建国家级及省级卫生乡镇、村、单位】 在创建国家级及省级卫生乡镇、卫生村、卫生单位中，依据新标准要求，采取逐一销号的办法，实行领导包保责任制。5月，对原来创建的6个省级卫生乡镇，17个省级卫生村，17个省级卫生单位进行重点督导和检查。重点培养满庄镇创建国家级卫生乡镇，并进行了申报。该镇创建国家级卫生乡镇初步达到国家标准，迎接国家2017—2019年的验收。重点培养祝阳镇创建省级卫生乡镇，并进行了申报。12月，通过省爱卫办的检查验收。申报14个省级卫生村、4个省级卫生单位，均通过验收。为巩固国家卫生城市复审成果和省级卫生乡镇、卫生村、卫生单位的创建成果，年初制定并下发《岱岳区爱国卫生工作督导考核办法》，对区直各单位、各乡镇（街道）所承担爱国卫生工作任务实行一季度一考核，将考核的结果进行通报。逐步建立起一套爱卫办组织管理、牵头协调、督导考核的爱国卫生工作的管理体系。

【病媒生物防制工作】 区爱卫会下发《岱岳区病媒生物防制工作实施方案》。3月，召开全区病媒生物防制工作会议，并进行了培训。4月，组织17个乡镇、街道的爱卫办主任和卫生院分工副院长及区爱卫会成员单位分工负责人共49人参加全市病媒生物防制培训班。并对夏、秋季的蚊蝇消杀工作进行了全面启动。区爱卫办和区疾控中心到街道和重点乡镇、村现场指导毒饵站建设和蚊蝇集中消杀工作。年内，有5个乡镇，18个村共建设毒饵站1352个。区爱卫办抽调有关人员组成两个督导组，到乡镇（街道）、村、社区进行指导督导。为保证消杀药品的安全、有效，区里规定病媒生物防制所需的用品和药品由区疾控中心统一采购。

【开展控烟活动】 ①在第29个“世界无烟日”，与粥店街道办事处过驾院社区联合，在过驾院小学开展以“远离烟草、崇尚健康、爱护环境”为主题的禁烟签名宣传活动。②根据上级统一安排，为了解关于建筑工地吸烟和被动吸烟的情况，在角峪、满庄建筑工地完成150份《山东省建筑工地人群吸烟情况调查问卷》，以便更有针对性的开展健康宣传。③抓点带面，以过驾院、黄草岭、马家园作为3个示范点，逐步带动全区其他社区（村）的创建活动。④举办控烟培训班、开展控烟咨询、无烟家庭创建、烟包展、控烟进学校等形式多样的控烟活动，发放控烟宣传画3000余份、宣传折页6000余份，粘贴控烟标志1万余张，累计接受咨询500人次。

【基层医疗机构改厕工作】 区爱卫会着力抓好卫计系统基层医疗机构（乡镇卫生院及村卫生室、门诊、医务室等）卫生厕所的改造提升工作。截至6月30日，对全区757个单位的厕所建立起台账。之前，爱卫会对乡镇卫生院的改厕工作10天一调度。之后，9月21日，在满庄卫生院召开院长、分工副院长现场推进会，签订目标责任书，实行一周一调度。12月5日—12月19日，组织对基层医疗机构改厕工作的年终检查，检查结果完成为80.5%。

（王文举）

编辑·校对 钱国庆 赵 蕾 翟梦雪

社会·生活

人力资源和社会保障

【概况】 2016 年，区人力资源社会保障系统坚持“优质、高效、安全、满意”的目标定位和稳中求进的工作总基调，以就业、社保为工作总纲，全面完成年度任务目标。局属事业单位 12 个，其中：一级事业单位 3 个，二级事业单位 6 个，股级事业单位 3 个。下设 13 个科室，在岗在编人员 137 人。被市委、市政府授予“市级文明单位”称号。

8 月 11 日，2016 年泰安市高校毕业生“三支一扶”出征仪式
（王淑东 供）

·创业就业·

【概况】 2016 年，全区进一步完善就业政策，健全覆盖城乡就业公共服务体系，实施就业优先战略政策，全区就业局势总体稳定。城镇新增就业人员 8995 人，新增农村劳动力转移就业 9482 人，城镇登记失业率控制在 3.5% 以内。

【创业就业扶持政策】 坚持统筹城乡服务，培训服务齐抓，需求供给对接，就业创业并举，实施就业优先战略政策，就业局势总体稳定。主要采取了 3 项举措。①多形式、多渠道确保各项政策落地。发放创业担保贷款 4450 万元，扶持创业人员 1578 人次，创业带动就业 4576 人次，发放一次性岗位开发补贴 16.65 万元，拨付市级创业孵化基地等奖补资金 114 万元。②技能培训工作。通过公开招投标，确定定点培训机构 8 家，完成就业技能培训 4000 余人，创业培训 400 人。③重点群体就业工作。对本区生源的高校毕业生提供各类就业跟踪服务，实名登记率保持100%。

【大学生创业就业】 登记接收毕业生2400人，就业率100%。对往年未就业的特困家庭毕业生进行就业指导、重点推介，实名登记的105名特困家庭毕业生全部实现就业。加强高校毕业生就业见习基地建设，建成见习基地17个，参加见习人员280人，见习人员留用率65%。组织大型招聘会24次，提供就业岗位9600个，发布毕业生需求信息1.2万条，见习基地高校毕业生见习期满就业率100%。

【就业公共服务】 围绕就业公共服务开展3个方面的工作。①通过在车站、广场、乡镇“赶大集”等多种形式开展“就业援助月”“就业直通车”“春风送岗位·携手促就业”等大型招聘会99场，提供培训信息1020条。活动期间，为返乡民工和各类求职者提供就业指导、就业信息、就业培训，举办招聘会38场，提供就业岗位5012余个，登记求职人员7124人，发放宣传材料万余份。②规范定点培训机构。按照市局规定的综合办学条件、师资水平、办学质量、社会声誉等6个方面，认定8家定点培训机构，承担全区培训任务，确保培训质量。全年累计培训4000余人，其中创业培训400人。③实施精准扶贫职业技能培训。围绕区产业机构布局和劳动者年龄结构、文化层次和培训意愿，组织120名贫困人员参加特色产业和家政服务培训，提升其实用技术和就业技能，培训结业后，根据当地情况及时为贫困人员推荐就业岗位。

【创新驻外人才创业就业服务模式】 为服务外出务工群众，不断拓展驻外人才和创业就业服务站职能，推进实施“招才引智+创业就业服务+驻外务工人员党组织建设”的“三位一体”模式，并且在外出务工党员较集中的北京、上海、深圳等地，依托当地人才和创业就业服务站，建立岱岳区外出务工党员驻京、驻沪、驻深圳党支部。7月19日，中组部办公厅《组工信息》第80期以《泰安市岱岳区加强外出务工党员管理服务》为题，肯定该区开创性做法。

5月19日，农民工向区劳动保障监察大队赠献锦旗 （王淑东 供）

·社会保险·

【概况】 2016年，启动全民参加保险登记计划，推动社会保险制度在全区覆盖的基础上实现人群全覆盖。收缴各项社会保险费20.29亿元，比上年增长7.02%，收缴率95%。其中：参加城镇职工养老保险10.6万人，收缴保险费5.7亿元；参加居民养老保险48.77万人，收缴保险费2.97亿元；参加职工医疗保险8.86万人，收缴保险费2.34亿元；参加居民医疗保险67.77万人，收缴保险费4.1亿元；参加失业保险5.22万人，收缴保险费0.19亿元；参加工伤保险9.14万人，收缴保险费0.13亿元；参加生育保险8.83万人，收缴保险费0.13亿元。发放社会保险金16.73亿元，比上年增长6.97%。其中，发放机关企事业单位离退休人员养老金8.51亿元；发放17.43万名居民养老金2.07亿元；支付职工医疗保险基金2.58亿元、居民医疗保险基金2.61亿元、失业保险金0.16亿元、工伤保险金0.17亿元、生育保险金0.3亿元。

【养老、失业、医疗、工伤、生育保险】岱岳区关注民生事业，养老、失业、医疗、工伤、生育5项保险工作并举，取得成效。年末，养老、医疗、失业、工伤、生育保险参保人数分别达到63.82万人、79.86万人、5.22万人、10.92万人、8.99万人，社会保险综合覆盖率达84.98%。全年征收各项社会保险基金22.25亿元，基金累计结余达到27.6亿元，比上年净增4.64亿元。①养老保险。实现企业退休人员养老金“十二连涨”，月人均增加养老金160元，惠及1.7万人。调整44名企业离休人员待遇水平。推进企业职工基本养老保险基金委托运营工作，第二期1.48亿元全部归集到位。②失业保险。市批准岱岳区作为2016年度扩大失业保险基金支出范围试点，准予使用1000万元资金作为该试点失业保险支出。实际支出718.15万元。其中，用于小额担保贷款贴息资金300万元，社保补贴418.15万元。落实失业保险支持企业稳定岗位政策，按照上年度实际缴纳失业保险费总额的50%给予企业不裁员稳岗补贴，为79家企业发放稳岗补贴194.21万元。③医疗保险。城镇职工基本医疗保险年度最高支付限额提高到10万元，门诊慢性病种扩大到30种，居民医疗保险统筹基金最高支付限额提高到16万元。完善居民大病保险制度，居民大病保险最高支付限额提高到30万元。实行医疗付费总额控制办法，推进以总额预付方式为主，按病种支付、按人头付费、限额付费相结合的复合式付费方式，降低不合理医疗费用。④工伤保险。推进建筑业参加工伤保险工作，有1290名建筑行业农民工参加工伤保险。⑤生育保险。坚持生育基金月通报机制，推进生育费用目录内项目“零负担”。

【社保基金监管】为确保基金安全完整，组织开展社会保险基金账户管理及保值增值、机关事业单位养老保险基金、社会保险基金预算三项自查及迎检工作。首次实现社保基金预算经区人民代表大会（简称区人大）审议批准、财政部门批复后向社会公开，实现区人大及社会监督介入社保基金监管。推进社保基金网络监督工作，核查疑点信息210条。通过以上举措，社保基金监管得到强化，社保保障能力增强，社会保障水平提高。企业退休职工养老金实现“十二连涨”（2015～2016年连续增加养老金），城乡居民医疗保险政府财政补助提高到每人每年420元，居民基础养老金最低标准提高到每人每月100元，失业保险金标准提高到每人每月950元。

【创新实施医保管理监控模式】 创新实施监控模式，即：围绕一个目标（基金安全运行）、明确两个责任（医保经办机构监管责任和医疗机构控费主体责任）、强化三项措施（日常巡查、病历审核、专项督查）、完善四项制度（总额控制制度、领导包保制度、拨付会审制度、重点督导制度），对定点医疗机构监管突出“防和查”，对基金支付经办机构有效推进医保工作规范运行。8月26日，全市控费工作会议以来，职工医保、居民医保超总额比例比上年度1—8月分别降低29%、23%，主要医保费用支出指标过快增长的态势得到有效控制，职工医疗保险连续3年收不抵支的被动局面得以扭转。

·人事管理·

【概况】2016年，稳妥推进人事制度改革，人事管理效能提高。①规范开展公务员考录、事业单位公开招聘工作。年内，全区考试录用公务员25人，事业单位公开招聘工作人员259人。②公务员职务职级并行稳步推进，完成机关事业单位工作人员基本工资调整工作。③全面落实军转干部各项待遇，做好困难企业军转干部解困工作。④事业单位人事制度改革。181个事业单位核准岗位设置方案，以人员聘用制度和岗位设置管理为主要特征的新型人事管理制度正在确立。

【公务员管理】 ①坚持公平公正、公开透明，为全区机关（含参照公务员法管理单位）考录公务员（含参照公务员法管理单位人员）25人。②行政表彰管理。有1人被泰安市委组织部、市人社局联合表彰为“2015年度泰安市模范公务员”，10人被表彰为“2015年度泰安市优秀公务员”，2人获“奉献基层奖”。审批实施区级奖励表彰项目14项，表彰先进单位1229个、先进个人1122名。做好市级以上奖励表彰评选推荐工作，向市级以上推荐表彰评选候选集体64个、候选个人286名。③政府人事任免工作，提请人大常委会决定任免11人次，任免政府工作人员50人次。

【事业单位人事管理】 ①规范事业单位公开招聘工作，为全区事业单位招聘工作人员259人。②加强事业单位工作人员年度考核，对全区1万余名机关事业单位工作人员年度考核进行复核、批复，确定优秀等次1000余人。其中，近300人记三等功。③坚持工资审批、职称评聘联席会议制度，发挥年度考核结果在工资、奖惩、申报评审专业技术职务资格中的作用。④落实事业单位人员聘用制度，督促用人单位与工作人员将聘用合同签订到位，做好聘用合同常态化管理工作。规范新招聘人员的试用期管理，对各单位试用期满考核合格人员进行审批后，再由工资福利处进行转正定级。

【军队转业干部安置】接收军转干部9人，其中计划安置5人，自主择业4人，随调配偶1人。在军转安置工作中，严把“三个关口”。①严把计划安置关，确保军转干部安置计划实施；②严把档案审查关，确保档案材料的完整性；③严把考核关，按照考核计分标准，考核军转干部档案成绩，确保军转干部考核的公平公正。

【人事考试】 健全人事考试制度，完成各类考试报名35项，报名6907人次。组织实施人事考试1项，参加考试3968人次，动用考点学校2个次计考场157个。多部门联动开展人事考试环境综合治理专项行动，打击利用无线电设备及互联网作弊的活动。发放各类证书1580余份。

·人才队伍·

【概况】 2016年，加强人才队伍建设，推进引才、育才、聚才工作，专业技术人才、高技能人才、海外人才队伍规模壮大，结构合理。年末，全区专业技术人才规模达6.6万人，技能人才3.27万人，高技能人才4858人。其中：省级首席技师1人；市级有突出贡献技师14人、市级技术能手12人，市级首席技师13人；区级有突出贡献技师13人、区级首席技师85人。引进外国智力方面，在2016年“外国专家泰安行”活动中，岱岳区与专家共签订合作项目3项，项目实施3项。在外国专家泰安行·项目对接活动中，岱岳区与专家签订合作项目4项，均位居全市各县（市、区）首位。在省第九届“海洽会”中，岱岳区签约人才技术项目2项，其中1项确定为省重点签约项目。

【人才引进】 以“大活动引领，大项目带动”，开展人才引进工作，全年累计引进外国专家（海外人才）56人次。①在泰安市政府2016年“外国专家泰安行”项目洽谈中，完成68家企业对接，经市局筛选，确定38个企业与外国专家对接，完成3个外国专家项目的签订和2家企业与外国专家的合同签订。②争取省市引智资助经费52万元，新建市级引智成果示范基地3家。在第十三届中国国际人才交流大会和“中国山东第九届海内外高端人才交流会”上，岱岳区成功注册“海洽会”的企业共有17家，成功发布36个项目，对接成功4家。

【专业技术人才队伍建设】 在做好全区专业技术人员远程培训网络平台方面，采取在线报名、在线培训、在线考试的方式，组织实施专业技术人员公共科目培训，8100余名专业技术人员通过培训。通过个人申报、单位审核、主管部门推荐，向区评委上报初级职称材料205份；向市评委上报中级职称材料116份，卫生系统副高职称材料30份，高级教师职称材料119份。经认定评审，204人取得各专业（系列）初级职务资格，48人取得各专业（系列）中级职务资格，

8人取得卫生正高专业技术职务资格，27人取得卫生副高级专业技术职务资格，65人取得一级教师资格，112人取得高级教师职务资格。根据省政府办公厅《关于加强博士后工作提升企业创新能力的意见》（鲁政办发〔2013〕5号）和《山东省博士后创新实践基地管理办法》（鲁人社发〔2014〕16号）要求，在全区企事业单位中调研选拔，山东明佳科技有限公司被批准为博士后创新实践基地。

【高技能人才队伍建设】 按照市局“百城技能振兴专项活动”部署，推进高技能人才建设，新增高技能人才500余人，评选表彰泰安市首席技师2人、泰安市技术能手1人，岱岳区首席技师10人、岱岳区技术能手10人。①实施“新技师”培训项目，有28名高级工通过新技师鉴定。②加强技师工作站建设，新增市技师工作站1个。③与区总工会联合举办“泰安如意杯”全区第九届职业技能大赛，设立13个工种，1100余人参加，推荐60名选手参加2016年泰安市技能大赛，荣获团体优秀组织奖。④推进全市民办职业教育建设，有2家办学单位被市人社局批准正式筹设。

·工资收入分配·

【机关事业单位工资福利】 根据国办发〔2016〕62号文件，从2016年7月1日起，调整机关事业单位工作人员基本工资标准，增加机关事业单位离退休人员离退休费。12月底前兑现到位。此次工资调整共审批机关事业单位人员1.25万人，人均增资532元。根据2015年度机关事业单位考核结果，及时开展正常晋升级别（薪级）工资工作，本年度工资调整涉及全区1.25万人，人均级别（薪级）月增资额约71.11元。

【企业工资宏观管理】 加强企业工资宏观管理，调整公布全区最低工资标准，从2015年3月1日起，岱岳区月最低工资标准由1300元调整为1390元，小时最低工资标准由13元调整为13.90元。发布全市企业工资指导线，2015年全市企业工资指导线以2014年全市企业在岗职工平均工资4.55万元为基数，工资增长基准线为10%，上线（预警线）为18%，下线为4%。做好企业薪酬调查工作，调查各类企业25家，涉及职工2230人。

·劳动关系·

【概况】2016年，围绕劳动关系和谐稳定，开展4个方面的工作。①巩固完善信访联席会议制度。统筹抓好信访、监察、仲裁等案件处理，劳动者合法权益得到切实保障，当事人满意率保持在95%以上。②推行劳动合同备案和劳动用工备案制度。依法健全完善职工名册制度，对企业劳动用工情况实行动态管理，全区规模以上企业集体合同签订率达100%。③加强区、乡（镇）、行政村（社区）三级劳动保障监察网格，劳动监察“两网化”建设覆盖率100%。④加大劳动保障监察执法力度，开展农民工工资支付等专项检查活动，检查用人单位450家，为劳动者追回工资待遇720余万元。全年受理投诉案件246件，其中10人以上集体案件21件，全部按期结案。稳妥处理各类劳动人事争议案件153件，按期结案率100%。

【实施小微企业劳动合同制度】 实施小微企业劳动合同制度，规范劳动合同管理。组织开展“春暖行动”，以建筑业、采矿业、制造业、住宿和餐饮业、服务业等流动性大、季节性强、用工时间短的小微企业为重点，开展劳动用工情况的调查摸底和监督检查，督促用人单位为农民工补签劳动合同2120份。

【劳动人事争议仲裁】在全区17个乡镇（街道）、2个工业园区全部建立劳动人事争议调解中心，辖区规模以上企业建立劳动争议调解委员会，机关事业单位建立人事争议调解组织，把问题解决在基层。全区各类基层劳动争议调解组织配备专（兼）职调解员674名，区仲裁院接待政策咨询235起，共受理劳动争议案件153件，案前调解102件，立案受理51件，涉案金额276万元。立案受理案件中争议类型前三位的是：劳动报酬类占案件受理总数的36%，解除、终止劳动合同类占21%，社会保险类占20%。按期结案率100%。

【劳动监察】 区委办公室、区政府办公室印发《关于进一步加强农民工工资支付工作督导检查的通知》。区人社局联合有关部门组织开展农民工工资支付情况专项检查，检查各类用人单位520家次，涉及职工2.14万人，为1270名农民工补发工资720万元。劳动保障监察受理举报投诉246起，其中非立案处理216起，立案40起，结案30起，结案率达100%。联合有关部门组织开展清理整顿人力资源市场秩序专项行动，对8家职介机构进行整顿。开展2015年度用工单位劳动保障年检，检查市直各类用人单位416户，涉及职工1.75万人，补签劳动合同1200份。

（王淑东）

民政事务

【概况】 2016年，全区民政系统以继续健全完善城乡低保为核心，五保供养、大病救助、慈善救助、自然灾害救助等专项救助为支撑，临时救助为补充的立体化社会救助体系。同时，加强社会救助各项制度之间与养老、医疗、住房、就业等社会保障各项制度之间有效衔接，提高社会救助整体效益。在工作中加强和创新社会管理，多项典型经验在全市推广。区民政局下设8个科室，实有干部职工54人。在全市民政工作综合评估中被评为“优秀”等次。粥店街道李家庄社区被评为“全国综合减灾示范社区”，岱岳烈士陵园被评为“全市党史教育基地”和“全省党史教育基地”。继续保持“省级文明单位”称号。

【社区和基层民主政治建设】 ①社区建设。

年内，区委办公室、区政府办公室印发《关于深入推进农村社区建设的实施意见》（泰岱办发〔2016〕26号）。区民政局制订下发《关于加快推进“四社联动”创新社区治理和服务的实施方案》《关于减轻社区负担增强社区居民委员会自治功能和服务效能的实施意见》，制订岱岳区“村改居”社区“十三五”工作规划。推进社区服务中心建设，制订岱岳区农村社区服务中心建设三年行动计划。完善社区服务功能，成立长城、岱前2个社区。新建、改扩建农村社区服务中心8个。7月27日，经区政府批准，粥店街道六郎坟村委会改建为六郎坟社区居委会。11月15日，经区政府批准，天平街道岩庄村委会改建为岩庄社区居委会。②基层民主政治建设。区委办公室、区政府办公室制订《关于加强城乡社区民主协商的实施意见》和《关于开展基层民主协商试点工作的方案》，明确城乡社区民主协商的内容、主题、形式、程序，为基层群众充分表达自己的意愿和诉求，提供了政策依据。区委组织部、区农业局、区民政局联合下发《关于进一步加强村级党务、村务、财务公开工作的通知》，明确村务公开的内容、程序、形式、时限及考核办法，实行村务公开主要成员单位分工负责制。重新修订《岱岳区村务公开目录》，把村务公开目录由原来的五大类42项，整合为党务、村务、财务三大类39项，按照公开的事项内容和性质，确定为固定内容长期公开、常规工作定期公开、阶段性工作逐段公开、临时性事项即时公开共4种类别，确保村务公开工作取得实效。

【优抚安置】 加强优抚安置工作。在优扶工作方面，提高抚恤补助标准，推进优抚医疗保障体系建设。投入127万元，为3000余名重点优抚对象办理医疗保险，同时，审核报销优抚对象医疗补助费60余万元。为795名义务兵按时发放优待金1130万元。在退役士兵安置工作方面。通过考试考核安置到事业单位4人，发放退役士兵自主就业金740万元。加强退役士兵技能培训工作，退役安置政策知晓率达到100%，并对200余名退役士兵进行了职能技能培训。

【社会救助】 ①城乡低保、农村“五保”供养。3—6月，在全区深入开展城乡低保核查（年审）工作，对现有享受城乡低保待遇的低保户进行核查，清理不再符合低保条件的家庭4317户计6673人。10月13日，出台《关于提高全区城乡居民最低生活保障标准和农村五保供养标准的通知》。该通知自2016年1月1日起实施。农村五保集中供养、分散供养标准每人每年分别提高1000元，提高标准后，集中供养标准每人每年6200元，分散供养标准每人每年5000元。城市低保标准继续执行每人每年6000元，农村低保标准由每人每年3400元提高到3600元。全年共发放低保金4016.2万元。②大病医疗救助。修改完善《泰安市岱岳区城乡医疗救助实施办法》，提高救助标准，救助对象增加了低收入老年人、重度残疾人、支出型贫困以及其他因患重特大疾病导致家庭贫困难以自付医疗费用并经当地政府批准的救助人员。全年大病医疗救助966人，发放救助金239.9万元。③临时救助。修改完善《岱岳区城乡困难居民临时救助暂行办法》，并开展春节期间困难群众救助，救助困难群众8817户（不含困难职工），区、乡两级共发放救助金352.68万元，其中区级119.37万元。④慈善救助。区直部门共捐赠善款110.3万元，全年共发放救助金248.19万元。开展白内障免费复明活动，共免费为189名困难群众实施白内障手术。

【减灾救灾】全区发生低温冷冻灾害1次，风雹灾害1次，洪涝灾害3次；全年受灾人口15.98万人；农作物受灾面积8978公顷，绝收面积1678公顷；直接经济损失1.72亿元，其中农业直接损失1.56亿元。区民政局开展减灾救灾工作。发放自然灾害冬春生活补助资金202万元，共救助受灾群众8307户计1.54万人。“5·12”防灾减灾日，在粥店街道大佛寺社区组织举办“泰安市暨岱岳区支持引导社会力量参与减灾救灾工作启动仪式”。粥店街道李家庄社区被国家减灾委员会、民政部命名为“全国综合减灾示范社区”。

5月12日，泰安市暨岱岳区社会力量参与救灾工作启动仪式现场（朱荣霞 摄）

【社会福利事业】岱岳区围绕社会福利，主要开展2个方面的工作。①在全市率先出台《泰安市岱岳区养老服务业转型升级实施方案》《岱岳区规范农村幸福院建设和运行管理办法（试行）》。发放各类养老项目建设补助资金770余万元，全年新增养老床位270张，建设农村幸福院13所，日间照料中心1个。同时，拨付资金183万元，扶持18个贫困村建设幸福院。②特殊群体福利保障工作。发放五保供养、孤儿、困境儿童、经济困难失能老人、残疾人补贴等各类社会福利保障资金1800余万元。关爱留守儿童，全区排查出251名留守儿童，建立信息台账，搭建镇村两级工作平台。建立困境儿童基本生活保障制度，全区共有困境儿童57人，发放基本生活费9.33万元。在全区建立生活长期不能自理、经济困难老年人护理补贴制度，每人每月60元，按季度实行社会化发放。共有经济困难失能老年人86人，发放护理补贴6.19万元。残疾人两项补贴的发放工作由原来区残联发放，年内调整到由区民政和区残联联合审查、发放，民政部门履行主管部门职责。享受困难残疾人生活补贴2962人，发放资金291.46万元。享受重度残疾人护理补贴3307人，发放资金158.74万元。

4月1日，区民政局开展清明节纪念革命先烈活动　（高斐　摄）

【专项社会事务管理】　属民政局管理的专项社会事务5项。①区划地名。本年是岱岳区第二次全国地名普查实施阶段。主要对包括行政区域、群众自治组织、居民点、交通运输设施、水利、电力、通信设施、纪念地、旅游景点、建筑物、单位、陆地水系、陆地地形等11大类的地名普查登记表、地名标志登记表、地名普查目录进行了登记填写。②殡葬服务。殡仪馆全年火化4300具，共减免符合惠民殡葬政策的逝者740人，减免基本丧葬费用共计60万元。③婚姻登记。共办理结婚登记4686对，离婚登记1391对，补发结婚证件1298对，补发离婚证件99对，婚姻登记率、婚姻登记合格率、婚姻登记档案完好率均达100%。④收养登记。共办理实时在线登记36对，合格率均达到100%。⑤流浪乞讨人员救助。10月，岱岳区成立流浪乞讨人员救助和未成年人社会保护工作领导小组，领导小组办公室设在区民政局。年末，对在社会上流浪乞讨人员实现应救尽救。

【社会组织管理】　区民政局新登记审批社会组织25个，登记总数达到239个。其中，社会团体140个，民办非企业单位99个。对全区2015年12月31日前登记成立的社会组织开展年检和落实统一赋码及登记证书换发工作。年检、换发新证共计199个，年检换证率100%，该项工作名列全市第一。通过年检，对年检不合格的社会组织进行行政处罚，其间，警告社会组织15家，撤销社会组织19家。同时，建立社会组织服务场所21处。

【岱岳烈士陵园】　该陵园始建于1946年7月，位于祝阳镇，陈良村南，姚下路西侧。建有纪念牌坊1座，石碑2方，烈士墓348座。纪念牌坊由原中共泰山地委书记林呼加和行署专员赵笃生题词，全国著名书法家武中奇撰写“抗日烈士公墓”，泰安县县长亓伟撰写碑文。该陵园是泰安市唯一一处抗日烈士陵园，被市政府评为“市级烈士纪念设施”，系全市党史教育基地，全省党史教育基地。2011—2016年，先后投入600余万元，对陵园实施三期维修扩建工程。一期维修工程即对陵园内原有348座烈士墓全部翻新。二期维修工程即在原烈士墓群西侧，统一规划，从其他地域迁入烈士墓500座，实现全区零散烈士墓集中管理。年末，陵园内共安葬烈士848人。三期维修工程即扩大陵园面积，修建纪念广场、展览馆、办公楼、烈士纪念碑、浮雕墙等基础设施。通过三期维修工程，改扩建后的岱岳烈士陵园，具有瞻仰、服务、管理三大功能。纪念设施、管理机构齐全，已成为一处集人性化、开放化、规范化、生态园林化于一体的爱国主义教育、革命传统教育基地。

（李　萌）

民族与宗教事务

【概况】 2016年，以“交往交流交融凝心聚力，团结和谐奋进共同发展”为主题开展民族团结进步工作。营造全社会重视和参与民族工作的氛围。同时，加强民族团结进步教育基地、示范窗口建设，提高民族团结进步创建活动水平。岱岳区民族与宗教事务局（简称区民宗局）下设3个科室，有干部职工6人。粥店街道常家庄社区被国家民委命名为“全国民族团结进步创建活动示范单位”，是泰安市唯一获此殊荣的单位，亦是山东省3家获此殊荣的单位之一。粥店街道、夏张镇2个单位被泰安市政府评为“全市民族团结进步模范集体”，满庄镇、马庄镇、祝阳镇被市人社局和市民宗局评为“全市民族团结进步先进集体”；2人被市政府表彰为“全市民族团结进步模范个人”，5人被市人社局、市民宗局评为“全市民族团结进步先进个人”。

【民族经济】 申报中央财政少数民族经济发展项目3个，争取扶持资金68万元。申报省级少数民族经济发展项目3个，争取扶持资金20万元。申报市级少数民族经济发展项目4个，争取扶持资金40万元。申报市级少数民族强村固基项目6个，争取扶持资金40万元。申报区级少数民族发展项目6个，争取扶持资金20万元。做好穆斯林农户和城市低保户牛羊肉价格补贴工作，省民委下拨补贴资金195.75万元，区民宗局全部下拨补贴到位。

【民族社会事业】 争取市级以上少数民族教育资金25万元，用于3个民族学校数字化建设。争取区级少数民族教育资金10万元，用于3个民族学校基础设施建设。在民族村实施“精准扶贫民族村，牵手助力奔小康”活动，年内启动实施项目22个，落实帮扶资金188万元。争取省级民族宗教发展资金9万元，用于粥店街道常家庄社区民族团结进步教育展厅建设。

【宗教事务管理】 以“教风提升年”“教风规范年”为主题，加强宗教事务管理。①强化宗教团体建设，举办不同形式的宗教界人士培训班。8月，依法对夏张镇无梁殿和化马湾乡泰山行宫进行登记，为9名道士申请了道士证。②支持鼓励宗教界从事公益慈善活动。年内，宗教界为102名学生发放救助金20余万元，帮助其解决上学难的问题。8月24日，区伊斯兰教协会开展第五届新编“卧尔兹”演讲比赛。③斋月期间，组织伊协相关负责人赴全区21坊清真寺进行走访慰问活动，为他们送去面、油、茶叶等慰问品。区各大班子负责人于开斋节当天赴各清真寺与穆斯林群众共度开斋节。④为全区43位伊斯兰教教职人员低收入人员发放补助46.44万元。全力配合市伊协，支持做好《泰安市伊斯兰教志》资料挖掘、整理、编纂工作。

（刘　霞）

【概况】 2016年，全区各级残疾人联合会（以下简称“残联”）本着代表残疾人的共同利益、维护残疾人的合法权益、团结教育残疾人、为残疾人服务的宗旨，承担区委、区政府委托的各项任务，促进残疾人事业更快发展。全区共调查残疾人1.84万人，填写残疾人登记表1.63万份，填写社区登记表681份。年末，死亡1786人，已迁出141人，空挂户124人，外出64人。全区持证残疾人1.79万人。其中：视力残疾1667人，占9.29%；听力残疾1410人，占7.86%；言语残疾225人，占1.25%；肢体残疾1万余人，占55.9%；智力残疾2199人，占12.26%；精神残疾1619人，占9.02%；多重残疾792人，占4.41%。区残联系参照公务员管理一级事业单位，设6个科室，编制9人。

【残疾人利益保障】 围绕残疾人利益保障，主要开展了3个方面的工作。①残疾人组织建设。5个乡镇（街道）申报“基层残疾人组织示范乡镇（街道）”。所有乡镇（街道）都健全完善残疾人工作委员会和残联组织，配备专（兼）职理事长和残疾人专职干事。所有行政村（社区）都建立残疾人协会，明确协会会长，配备残疾人专职委员。②残疾人社会保障。为全区4229名重度残疾人代缴基本养老保险，为7563名重度残疾人代缴基本医疗保险。为全区8803名重度残疾人购买意外伤害商业保险。有2066名重度残疾人提前5年领取基础养老金。重度残疾人护理补贴提高到每人每月80元，两项补贴共计投入资金610万元。③残疾人就业培训。实施“百千万残疾人就业创业工程”，培育省级、市级优秀残疾人就业扶贫基地各1处，残疾人致富标兵、残疾人致富能手各1名。新安置180名残疾人就业。免费对200余名残疾人进行了烹饪、面点、糕点、种植、养殖等专业实用技能培训。

5月20日，全区残疾人事业暨地税代收残疾人就业保障金工作会议

（黄明婷　供）

【残疾人教育培训与维权】 全区共统计174名适龄未入学残疾儿童。协调教育部门开展送教上门助学活动，共为16名残疾儿童送教上门。全区共新录取9名残疾人大学生，其中研究生1人，本科5人，专科3人。按照专科2000元、本科和研究生3000元的标准给予一次性助学补助。年内，区人大组织开展残疾人事业视察。全年共接待残疾人来电、来访200余人次，做到件件有回音，事事有答复。受理内网民生热线（12345）133件，外网民生热线10件，均及时予以答复，满意率99%。

【残疾人救助帮扶】 加强残疾人救助与帮扶工作。①残疾人康复救助。投入资金71.64万元，完成市项目57名0～6岁残疾儿童抢救性康复救助任务。全年有564名各类残疾人得到康复救助。②开展扶残助残活动。组织“全国助残日”，第21个“全国爱眼日”，第17个全国“爱耳日”，第九个“世界自闭症日”活动。全区共走访慰问贫困残疾人200余人，发放慰问金、慰问品共计10万余元。③残疾人扶贫。对截至2013年年底家庭人均纯收入低于3322元、符合建档立卡范围的残疾人户进行核实，通过专项调查，贫困残疾人已脱贫804人。组织实施“第一书记”帮包村“助残致富奔小康”项目，扶持70户贫困残疾人，每户给予1000元帮扶资金，帮助他们发展家庭小养殖、小种植和小手工业等致富项目。住建部门为61户贫困残疾人改造了危房。

【0～6岁残疾儿童抢救性康复工作】 按照市政府关于“继续做好0～6岁贫困残疾儿童实施抢救性康复救助工作”要求，在上年该项工作的基础上，组织康复机构的人员重新对全区0～6岁残疾儿童进行筛查，将符合康复条件的57名残疾儿童，全部送入博爱儿康医院和天宝瑞儿康中心等专业机构实施抢救性康复。5月，通过专家组评估，残疾儿童康复效果显著。6月底，省、市、区三级资金全部拨付到各个康复机构。

【区残疾人托养服务中心建设】 按照区政府专题会议研究意见，用政府购买服务的方式，建设区残疾人托养中心。区残联与泰安市第一人民医院及泰安复退军人精神病院协调，建立区肢体残疾人托养中心和精神、智力残疾人托养中心。2家医院分别划出一片固定区域，各拿出20～30张医疗床铺，抽调部分专兼职人员负责管理托养肢体残疾人的康复训练，生活起居等。残疾人托养费用由区财政拨付一部分，残联投入一部分，向社会筹集一部分。年末，全区新建和完善乡镇残疾人托养机构4处，落实扶持资金112万元，共托养残疾人100人。

【残疾人家庭无障碍建设】 为确保残疾人家庭无障碍建设达到“规范、经济、实用”的标准，区残联选定有资质的家庭设计施工单位，根据残疾人无障碍设施需求，按照“一户一策”确定了合理的设计方案，分别制订符合个性需求的无障碍改造实施方案。残疾人家庭无障碍改造工作涵盖进出门坡道改造，残疾人轮椅通道、门窗改造，地面硬化、安装座便椅或沐浴椅、多功能床、一字扶手及厨房改造等。年初，残疾人家庭无障碍改造任务数10户。年末，实际完成10户，对残疾人家庭每户平均补贴5000元，共补助资金5万元。

（黄明婷）

【概况】 2016年，全区各级重视老龄事业和产业发展，健全社会养老保障制度，加快构建社会化养老服务体系，在养老保障、医疗服务、维护权益、老年人精神文化生活、老年人老有所为、养老服务和惠老政策等方面均取得新的发展和进步。全区有老年人口16.5万人，占全区总人口的18.5%。 区老龄委办公室（简称区老龄办）系参照公务员管理事业单位。有工作人员9名，其中领导干部5名，工作人员4名。培养国家级孝亲之星1人，省级典型5人，市区级典型6人。

【老年人优待政策落实】 ①做好高龄补贴发放。年内为90～99周岁的2778名高龄老人，发放补贴189.53万元。为38名百岁以上长寿老人发放补贴13.97万元。②做好老年优待证办理。泰城及各乡镇公交线路全面开通后，为65周岁以上老年人乘坐公共交通工具及游览旅游景点实行免费，为60周岁至64周岁老年人乘坐公共交通工具和游览旅游景点实行半价免费，共为老年人新办、更换老年人优待证2万余个。

【“银龄安康”工程】 实施“银龄安康”工程。加强与中国人寿岱岳支公司的协作，采取集中时间、集中办理、定期督导等措施，完成省、市下达的“银龄安康”工程任务目标。全区参保老人3.96万人，参保率34.2%。年末，共发生老年人意外伤害事件377件，理赔金额98.1万元。其中死亡案件13起，理赔金50.6万元。区老龄办获全市“银龄安康”工程先进单位，2名工作人员获全省实施“银龄安康”先进个人。

【老年文化建设】 全区各级老龄组织，贯彻落实中宣部、中组部、全国老龄委等部门《关于进一步加强老年文化建设的意见》，依托政府、宣传、文体、教育等部门的资源，通过新建、改造、整合、共享等方式，基本实现村村有老年人活动设施的目标。同时，组建一批老年文体活动组织，推动各类文体活动的开展。其中：岱岳艺术团联合乡镇（村居）老年文体组织，开展“百戏下乡活动”；天颐湖风景区推出“畅享自由呼吸再忆往昔山花烂漫时”为主题的“金秋敬老养生月”活动；马庄镇、满庄镇、汶口镇等老年书画协会，分别举办“迎新春、送祝福”“迎国庆、庆重阳”“红军长征胜利80周年”书画展览；岱岳区老年代表队参加全市老年健身舞比赛获二等奖。

【惠老活动】 岱岳区开展各项惠老活动。春节、老年节期间，区领导分别走访慰问百岁老人、困难老人。区老龄办对全区38名百岁老人逐一进行走访慰问，对130余名老年人进行救助，发放慰问金、慰问品。区老龄办到下港彭家庄、木营、谷山村走访慰问50余名困难高龄老人。据不完全统计，敬老月期间，全区共有3.5万名党员干部、教师、学生、社会各界人士到老年人家中走访慰问，共发放慰问金、慰问品达450余万元。

（刘启永）

民生服务

【概况】 2016年，按照“有拨必接，有诉必转，高效办理，办结办好”的工作原则，构建民生服务网络。同时，健全督导考核机制，规范“受理、转办、办理、回访、审核、督办”各环节的工作流程，解决群众反映的具体问题和实际困难，推动全区群众满意度不断提升。区民生服务中心内设综合科、受理科、督查科和网络管理科，编制18人。工作人员15人。先后获“市政府便民电话受理工作先进单位”“市级文明单位”“市三八红旗集体”等称号。

【服务网络建设】 2013年8月，岱岳区成立由区委书记任组长、区长任第一副组长的民生服务工作领导小组。各乡镇、区直部门普遍成立领导机构，配齐配强人员、配备网络设施。成立初，建成电话受理转办平台，8个座席24小时接听群众来电，即时转交相关单位处理，并开通岱岳民生网，注册新浪腾讯微博、腾讯QQ、网易邮箱，每天24小时值守，多渠道受理群众诉求。2015年4月，对岱岳民生网进行改版升级，开辟“民生随手拍”栏目，增设诉件受理和办理答复倒计时的督办功能，实时查询诉件办理情况。年末，以区民生服务中心为枢纽，实现区级与乡镇、区直部门互联互通。其中，乡镇还延伸到管区、村，形成上下联动的岱岳民生服务网络。

【民生服务】 区委、区政府先后印发《关于做好民生服务工作的意见》《关于进一步做好民生服务工作的意见》。区民生服务工作领导小组办公室修订完善《民生服务工作考核办法》《联席会议制度》《群众诉求不满意件研判制度》《岱岳区民生服务工作手册》，明确诉件受理转办细则和诉件回复审核标准，落实承办单位主要负责人签批，办理人员与诉求人及时对接处理，联络员回访回复的流程规范。年末，转办群众诉求2.81

5月4日，在区政中心九楼召开全区民生服务工作培训会（律志强 供）

万件，按时办结率99.5%，回访率99.4%，回复质量合格率99.5%。岱岳区针对群众不满意的诉件，做好分析研判，协调督办工作，建立诉件会商、现场研判、会议协调、领导签批和联席会议等制度。对于职责不明，办理单位互相推诿的诉件，提交区政府法制局裁定，明确责任单位。强化对各办理单位的督导协调，实行月考核通报、年终考核总评制度。对月度考核连续3个月排名后两位的单位，约谈主要负责人。凡年终考核排名后两位的单位，其主要负责人向区委、区政府写出书面说明。对因办理群众诉求工作不力，措施不到位造成影响的单位和个人，给予通报批评，并视情况追究责任。全年群众不满意诉件共2520件，召开联席会议7次，圆满解决2452件，解决率97.3%。其中，进行现场研判258件，召开协调会125件，交区法制局裁定14件。

【民生事业群众满意度】按照“统一平台、一号对外、集中受理、统一回复、统一考核”的工作机制，推进民生服务机构和办理网络体系建设，规范完善办理流程，建立健全督导考核机制，强化民生诉件的办理工作，提高诉件的办理质量和群众满意度。全年受理2.81万件，办结2.81万件，满意率99.7%

（律志强）

【居民收入】全区居民人均可支配收入2.27万元，增长8.6%，其中城镇居民人均可支配收入2.99万元，增长7.7%；农村居民人均可支配收入1.38万元，增长8.4%。

工资性收入 城乡常住居民人均工资性收入1.37万元，同比增长8.87%。其中，城镇常住居民人均工资性收入1.8万元，增长7.75%；农村常住居民人均工资性收入8305元，增长8.51%。

经营净收入 全区常住居民人均经营净收入4095元，同比增长7.93%。其中，城镇常住居民人均经营净收入3154元，增长7.46%；农村居民经营净收入4091元，增长8.23%。

财产净收入 全区常住居民人均财产净收入1805元，同比增长9.13%。其中，城镇常住居民人均财产净收入4100元，增长7.75%；农村常住居民人均财产净收入164元，增长9.33%。

转移净收入 全区常住居民人均转移净收入3138元，同比增长7.98%。其中，城镇常住居民转移净收入4650元，增长7.61%；农村居民转移净收入1270元，增长8.18%。

【居民消费支出】全区居民人均消费支出1.36万元，增长10.1%，其中，城镇居民人均消费性支出1.79万元，增长10.2%；农村居民人均消费支出8499元，增长8.9%。

（任国伟）

编辑 · 校对　钱国庆　赵　蕾　翟梦雪

乡镇（街道）

粥店街道

【概况】 粥店街道位于泰安城西部岱岳新城区，东与泰山区泰前、财源街道办事处为邻，西与天平街道办事处、道朗镇毗连，南与泰山区徐家楼街道办事处接壤，北与济南市长清区搭界。因办事处驻粥店村，故名粥店街道办事处。2016年，总面积94.3平方公里，辖31个村（社区），常住人口6.1万人，实有耕地面积168公顷，农业机械总动力4300千瓦，产粮食9.5吨，肉类1887吨，牛奶2013吨。完成固定资产投资112亿元，比上年增长135.5%。实现地方财政收入6.39亿元，比上年增长21%。居民人均纯收入2.3万元。享受最低生活保障金720人。有敬老院1所，入住6人。全区科学发展综合考核排名第一，区委、区政府授予“经济社会发展先进乡镇（街道）”称号，被评为“省级生态乡镇”。

【招商引资与项目建设】 经济建设以招商引资与项目建设为重点开展工作，已建成项目重在强化服务管理，提高服务质量。①招商引资。签约泰安金融商务区、开元盛世·和园、国信置业等19个项目，合同引资额191亿元，实际到位资金5.8亿元。洽谈对接泰山创客中心、光大永明保险、渤海银行等11个项目，辖内新引进紫金保险、凯盛保险、光大永明保险、太平洋财保岱岳支公司、中国人寿财产保险泰安中心支公司、凯升保险代理公司、诚惠保险代理公司、建行大河支行等金融及类金融企业9家。辖内金融企业达56家，实现税收1.64亿元，增长21%。

3月2日，粥店街道2016年度经济工作会议　　（姚志伟 摄）

②项目建设。泮河小镇、清华苑、老王府城中村改造、东岳鑫城等15个项目建成或投入使用。泰安金融商务区、鲁商中心、绿地·云水谣、恒地君悦山等29个项目建设如期推进。年末，电商孵化中心、诺泰电子、斐然电子、启翔商贸、阿凡提、漫瑞等电子商务类企业发展到23家。泰安光彩大市场经营环境进一步得到改善，经营效益好于上年，税收8082万元，比上年增长33.5%，全市排名第21位。

【城区建设】 辖内城区建设重点开展4项工作。①土地督查整改。高铁片区、泮河大街等市及区重点工程共拆除房屋96.9万平方米，腾空土地3140亩。同时，拆除违建7.6万平方米。②城中村改造。新开工建设杜家庄、大佛寺等村（社区）92幢回迁楼，总建筑面积160万平方米；加快建设粥店、司家庄、枣行等村（社区）44幢回迁楼，总建筑面积58万平方米；大河、开元、老王府等5个老旧小区实施改造工程。③商贸市场改造。其中，粥店农贸市场增加蔬果批发和净菜加工项目，长城农贸市场、杜家庄农贸市场、司家庄便民市场、凤凰路便民市场进行升级改造，改善了经营环境。

【城区管理】 按照“属地管理、责任下移”的城管要求，总投入1000余万元，建立立体化、多层次城市管理体系。①成立城市管理中心。组建20余人的协管员队伍，实行巡逻管理现场化处理。成立园林绿化和路政管理队伍，负责绿化管护和路政设施管护。②投资1000余万元，建成数字化城市管理信息调度中心，对街道102个居民小区、11条主次干道、8个市场、6条河道实施24小时监控。③成立岱前、长城2个新型城市社区，对开发住宅小区统一纳入社区管理。④城乡环境卫生管理，有环卫人员360名，31个村（社区）实现城乡环卫一体化全覆盖。

【教育、文化、卫生事业】 ①教育事业。年内，有普通初中学校1所，在校生2571人。小学学校8所，在校生2825人。总投入5188万元，其中，投资1000万元，建成过驾院幼儿园、博苑幼儿园，并投入使用。投资4000万元，建成司家庄小学并投入使用。投资188万元，实施了校车改造工程。②文化事业。文化墙、文体广场、综合性文化服务中心实现全覆盖。组织完善31支文艺宣传队、9个民间故事队、6个艺术团、52个健身活动站。组织送戏下乡演出活动42场，书画下乡4次。建成24个村（社区）历史文化展厅。获泰安市“公共文化服务体系建设示范街道”、市“综合文化服务中心建设先进单位”、市曲艺比赛一等奖，过驾院社区农家书屋被评为全省“示范农家书屋”。③卫生事业。有街道卫生服务中心1个，床位50张。村级卫生室32个，乡村医生154人。街道卫生服务中心与泰安市第一人民医院全面合作，投资1260万元，购置CT、DR、彩超、大生化等医疗设备。新建堰东、老王府2个社区卫生服务站。

【民生保障】 ①实施精准扶贫，全处199户、346人实现脱贫。②城乡居民医疗保险完成扩续3.5万人，居民养老保险新增5832人。③落实被征地保险面积3343.91亩，落实财政补贴4810万元。④新增就业再就业1418人。⑤落实困难求助、医疗补助等民生保障专项支出1628万元。⑥健全群众诉求表达和反馈机制，民生受理中心受理民生事项1836件，群众满意率99.5%，全区考核排名第一名。

（刘广林）

【概况】 天平街道位于泰城西部岱岳新城区，东及北与粥店街道办事处为邻，西与道朗镇相依，南与夏张镇、满庄镇、北集坡镇接壤。泰东公路、泰肥铁路、泰肥一级公路、泰山大街横穿东西，京福高速公铁路、京沪铁路、大河路、104国道京福线天平路段纵贯南北。2016年，总面积64.35平方公里，辖3个管区，26个行政村，8个社区居民委员会，总人口2.93万人。完成税收3.5亿元。实现地方财政收入2.2亿元，比上年增长4%。完成固定资产投资106亿元，比上年增长3.05%。旧村改造，完成岩庄社区、南黄社区拆迁和回迁，及北黄社区、黑水湾村的拆迁工作，完善送驾庄村、井家庄社区、池子崖社区、黑水湾村相关旧村改造手续。在民生保障方面，落实困难救助、医疗补助等民生保障专项支出230万元。居民人均纯收入1.07万元。享受最低生活保障金887人。敬老院1所，入住11人。

【农村经济】全镇有耕地面积200公顷，农业机械总动力3872千瓦，生产粮食1200吨，棉花12吨，肉类597吨，牛奶15吨。重点开展了4项工作。①在特色产业。培育苗木专业合作社及南大圈地瓜、大陡山极顶茶等品牌。②完成农村道路网格化工程5.94公里。③土地建设。完成上级下达的违法建设拆除任务，拆除违法建筑85处，1.2万平方米，恢复耕地1125亩。④精准扶贫工作，完成脱贫户数210户计386人。

6月2日，天平街道创建全国文明城市暨“双联双增”工作会议

（韩文平 供）

【优化项目建设环境】 ①服务项目落地，参与项目策划、项目论证，及时出台政策、提出合作建议，促进项目早日签

约。②成立项目指挥部，从征地、丈量、清表、拆迁、补偿、通水、供电、联网、通路等实行全程跟踪、全程服务，确保天房美郡、碧桂园等项目落地。③抓住104国道改线机遇，搭起以阿里巴巴、合商云购、中国网库为代表的电子商务业，以刘老根大舞台、泰安记者传媒为代表的文化促进业，以知恩惠尔、泓博生物科技、鲁燕色母粒为代表的高科技孵化业等围合式发展新框架。④加大水、电、路、气、站等基础设施建设。该“五通”面积达25平方公里，其中：路网框架实现与高铁新区、市旅游经济开发区的连接；供电建设，投资100万元，完成天房110千伏线路改造和派出所门口200千伏安变压器送电工程；争取500万元，完成起驾店村农电网改造工作；在全省率先推广GIS平台应用，提升了信息化水平。

【教育、文化、卫生事业】 ①教育事业。有小学学校9所，在校生1342人，专任教师105人。投入2500万元，建成中心小学新校，占地16亩，新增建筑面积6000平方米，容纳30个教学班，9月1日正式启用。天平店小学教学楼主体完工并已封顶，年末进入内部装饰阶段，竣工后可容纳学生1350人，服务范围包括天平、岩庄等2处社区及周围8个居民小区。新建省级规范化学校2所。建设全处各小学多功能教室、塑胶操场跑道、操场改造、教学楼粉刷、水冲式厕所、学校内部设施等，优化教育资源，提升了教学水平。②文化事业。建成综合文化站1个，并在基础比较好的村建立起综合文化服务中心24个。34个村（居）建成文体小广场并全部配上健身器材，实现村级群众文化活动广场全覆盖。③卫生事业。有街道卫生服务中心1个，床位30张，专业技术人员44人。村级卫生室25个，乡镇医生52人。年内，街道卫生服务中心强化基础设施建设，优化医疗服务环境，投资30余万元，改扩建化验室、放射科、彩超室、抢救室、康复科等科室，新建口腔科和雾化吸入室；省级数字化预防接种门诊已投入使用；投入近800余万元，配备部分医疗设备，完成DR高端成像系统及高端彩色超声波设备的招标采购工作；开展家庭医疗签约服务工作，成立“天使之翼”家庭医生签约服务团队，签约服务已融入到基本医疗服务过程中。家庭医生签约3901余人，重点人群签约率达60%；建立居民健康档案2.54万份，建档率80.8%。

【城乡环境整治】 3月，成立城市管理办公室，城乡环境整治主要开展4项工作。①结合创建国家卫生城工作，查处和拆除各类违法违规建筑物及搭建物共684处计4.8万平方米，有效控制违法建设的蔓延。粉刷墙面5.2万平方米，新栽和补植绿化面积15万平方米，铺设人行道板2.7万平方米，粉饰灯杆200根。②开展市容市貌整治。对辖区主次干道、重点街区违法占道摊点进行全面清理，规范临时摊点。③就城区道路两侧及重点部位、主要街道的各类业户经营建筑，开展户外广告专项整治行动。④对垃圾进行集中整治。组织巡查小组，坚持每天上午

9:00~11:00、下午 3:00~5:00 进行检查，有效解决重点地段环境卫生脏、乱、差的问题。

（韩文平）

山口镇

【概况】 该镇位于泰山东麓，岱岳区境东北部，北与黄前镇相连，南与泰山区邱家店镇为邻，东与祝阳镇隔石汶河相望，西与泰山区省庄镇接壤。镇机关驻山口村。境内泰莱高速公路、济临公路贯穿东西南北。2016年，总面积 56 平方公里，全镇辖 4 个管理区，43 个行政村，总人口 5.2 万人。完成固定资产投资 1.6 亿元，实现社会总产值 25 亿元。规模工业主营业务收入 21 亿元，利润 8400 万元。外贸进出口总值 1200 万美元。规模以上服务业营业收入 820 万元。完成税收 4160 万元，实现地方财政收入 2596 万元。城镇和农村居民人均可支配收入分别达到 2.98 万元、1.42 万元。该镇系泰安市计划单列镇。先后荣获“全国创建文明村镇先进单位”“全国发展乡镇企业先进单位”“全国乡镇企业管理先进单位”“全国经济综合开发百强示范镇”“全国重点镇”“省级文明镇”“省级压力容器产业集群镇”“省特色产业镇创新发展 20 强”“省级花卉苗木百强镇”等称号。

【招商与项目建设】 ①招商工作。招商 19 次，洽谈“泰山国际影视城”“中国民族文化产业园”“智慧养生谷”“泰山田园栖居艺术村”“污水处理”“集中供热”等项目。其中，“泰山田园栖居艺术村”（观山拂云小镇）为 2016 年泰山登山节签约项目，计划投资 10 亿元，占地约 2106 亩，正在办理立项、环评手续。②项目建设。市级重点项目康平纳高速高效特种数控机床产业化项目，总投资 4.5 亿元，已完成 2.4 亿元，1 号、2 号车间主体已建成；平玲制衣项目和丽源制衣项目竣工达产，实现销售收入 1 亿元，利润 600 万元，利税 400 万元。组织申报各类“研发中心”“技术中心”29 批次，各类项目库 12 批次。在特色项目方面，山东泰安山锅集团有限公司公共技术服务平台升级改造项目、山东泰安山锅集团有限公司年产 100 台套 A 级锅炉及大型压力容器项目、泰安广大化工机械有限公司封头制造生产线建设项目、泰安市山口锻压有限公司年加工 4 万吨大型锻件项目、泰安市鲁强金属容器有限公司压力

1 月 14 日，山口镇开通专线公交车　　（禹朴乾　供）

容器生产线建设项目如期推进。

【农业】 全镇有耕地面积3183.8公倾，农业、机械总动力2.5万千瓦。产粮食6850吨，肉类2514.8吨，牛奶2463.8吨。农业专业合作社66家，市级农业龙头企业5家。其中，泰山碧霞春经贸有限公司被评为“省级农业标准化生产基地”。在特色农业方面，苗木种植面积1.8万亩，营销区域达20个省、市、区，成为泰城东部名木古树集散地。各类农副产品加工企业25家，实现销售收入1.2亿元，利税600余万元。在农田基础设施建设方面，完成响水崖、前梁林村打井工程和大兰沃村塘坝维修工程。维修加固小（2）型水库8座，扩大和改善灌溉面积6800亩，8座小型水库达到规范化管理。在惠农政策方面，完成小麦种植面积核定5187.93亩，良种供种全覆盖,小麦政策性保险面积6300亩，区排名第一。土样采集80个，推广配方法施肥技术面积1万亩，推广配方肥28吨。

【工业】 工业实现特色产业集群发展，12月16日，入选“山东省特色产业镇创新发展20强”，为泰安市唯一入选乡镇。工业产业结构已具备生产大型节能锅炉、封头锻造、封头制造、法兰制造、锅炉辅机机械制造、锻压机械、金属卷板剪切矫平成套设备、在线检测设备等多种门类产品的生产能力。业务拓展到冶金、化工、环保、核工业、电力、能源、物流、锅炉维护、无损检测、腐蚀与防腐、安全防护等多个领域。主要厂家有：泰安市金恒液压机械有限公司、泰安市东海金属结构有限公司、山东大昇精密工具有限公司、泰安市世华电缆有限公司、山东天泰新材料股份有限公司等企业。

【基础设施建设】 推进社区建设，人居环境得到改善。新农村建设投资5500余万元，其中，社区建设投资2000余万元，完成建筑面积3万平方米。基础设施建设投资2850万元，完成棚户危房改造580户，争取上级补助资金1000余万元。投资5000万元的泰山港华燃气天然气加气站投入使用，3400余户居民用上了清洁环保能源。投资240余万元，新建污水处理设施2处。道路建设投资800余万元，完成韩慈路、卜吴路、康梁路、西王路等村际道路建设，形成“三纵四横”的道路框架。建成23处公交站点和1处公交枢纽，开通211路公交线路，结束全镇无专线公交的历史。210路、217路、218路、221路公交线路途经山口镇，人们出行更加便捷。编制2个集中供水和24个村供水的饮水安全预案，改善了农村生产生活用水。农村改厕700余户。在环境保护方面，督促中泰纸业公司、鲁怡制衣公司更新在线监控设备，企业环境达标率达到95%以上。处理68起环保上访投诉事件，群众满意。上报“现代装备产业园污水处理厂”项目，被市环保局确定为重点工程。拆除违法建筑20余处，面积3000余平方米。查处违法建设17处，下达停工指令书17份。查处建筑工地安全隐患30起，下达整改通知书30份。依法取缔无证液化气零售店2处。

【教育、文化、卫生事业】 ①教育事业。有普通初中学校2所，在校生2100人，专任教师152人。小学学校5所，在校生2081人，专任教师151人。投资1000余万元，新建东碾疃新校教学楼。投资700余万元，新建西太平教学楼。9月1日，该2处新建教学楼均投入使用。投资700余万元，新建山口中心小学教学楼，年末主体工程已完工。新庄小学、西太平小学、东碾疃小学已完成大班额规划项目的建设工作。山口二中获“市课程与教学工作先进单位”，泰安二十中、中心小学、东村小学、新庄小学被评为“区教学工作先进学校”。②文化事业。43个村均建成文体小广场。全年送戏下乡、电影下乡325场次。举办广场舞大赛，绘制文化墙，丰富群众文化生活。27个村建成高标准村级综合文化服务中心，全镇社区建设平台基本搭建完成。③卫生事业。有镇卫生院1所，床位83张，专业卫生技术人员78人。有村级卫生室30个，乡村医生70人。妇女“两癌”免费查体1915人次，居民医疗保险报销支出1839万元。

【民生事业】 ①精准扶贫。年初，有贫困村4个，贫困户440户，共723人。年末，392户计640人完成脱贫。②食品、药品安全工作。规范食品流通监管秩序，强化餐饮服务食品监管，加强保健食品及化妆品市场监管，强化药品监管，确保食品药品安全。年内，辖区无食品、药品安全事故发生。③强化流动人口计生管理，提高村级计划生育工作整体水平。全镇年内出生870人，合法生育863人，合法生育率99.19%。落实独生子女奖励18.6万元，发放计生奖励扶助金56.48万元。④推进社会保险工作，收缴各项社会保险5300万元，居民医疗保险报销支出1839万元，办理生育基金报销36.4万元。⑤调解各类劳务纠纷16起，争取创业无偿资金3万元。⑥实施“天网”工程，全镇安装监控摄像头30个，将全镇主要街道纳入监控范围，图像上传率100%。⑦信访工作。落实信访条例，建立镇、管区、村三级排查机制，处理上访事件244件，化解了群众问题。⑧居民人均纯收入1.42万元，享受最低生活保障386人。有敬老院1所，入住24人。

【古迹名贤】 有古迹1处，名贤1人。①山口王坟。位于西官庄村北。残高7.5米，占地面积513平方米，系黄粘土堆积。曾发现内含泥质红陶片、灰褐陶片及商周类型的粗纹鬲足、汉代布纹瓦等墓葬遗迹。该坟传说是隋末农民起义领袖窦建德的坟墓。文物考证为商周至汉代的文化遗存，属市级文物保护单位。②名贤。李汝桂（1514—1600），字少崖，号还朴，明朝山口崖下村（东太平村）人。明隆庆贡士，先后任广德、迁安训导及献县教谕。后辞官，在泰山开设育英书院，教授弟子。育英书院为泰山著名书院之一，明太子太保、礼部尚书、文渊阁大学士张玉发曾在山口东门里为其立碑阁以示纪念。

（禹朴乾）

大汶口镇

【概况】 大汶口镇位于大汶河北岸，因地处五条汶水汇聚之口而得名，是大汶口文化的发祥地和命名地，历史上著名的商埠重镇，交通便利。2016年，总面积90.73平方公里，辖45个行政村、1个居民委员会，常驻人口3.58万人。完成固定资产投资10.6亿元，比上年增长13%。规模以上企业19家，形成机械电子、服装加工、新型建材、新能源等四大主导产业，实现产值26.2亿元，比上年增长3.9%。全镇个体工商户2250余户，从业人员1.6万人。实现地方财政收入9966.21万元，比上年增长142.8%。农民人均纯收入1.49万元，比上年增长10.1%。该镇先后被评为全国重点镇、山东省“百强示范建设行动”示范镇、山东省旅游强乡镇、“2016最受中国报业关注的十大古镇”等称号。

大汶口镇政府大楼 （程勇 摄）

【招商与项目建设】 ①招商引资。招商引资合同额24.4亿元，实际到位资金2.36亿元，比上年增长16.8%。实际引进外资4135.5万元，比上年增长15.4%。②项目建设。泰山石膏有限公司年产20万吨护面纸、泰安市正鑫物流、山东泰安宏建机械、泰安市正大物流、山东邦利德建材、泰安市鑫源太阳能等30余个项目建设完成并运营。华能50兆瓦设施农业光伏发电项目、泰山石膏技改扩规背压发电项目、50万吨护面纸扩规项目、年产6000平方米智能化纸面石膏板生产线项目和预焙阳极项目等5个过亿元重点项目如期推进。

【农业】 全镇有耕地面积6100公顷，农业机械总动力7.12万千瓦，小麦机收面积达100%。产粮食7810吨，肉类7493吨，牛奶1.22万吨。农业建设主要进行4个方面工作，实现了深层次提升。①争取到三期4.3万亩的国家千亿斤粮食项目和两期1.5万亩的高标准基本农田建设项目。②推动土地整理利用。累计改善耕地5.8万亩，新增耕地1757.4亩。小麦平均单产565公斤，玉米平均单产665公斤。③争取到土地深松项目。累计土地深松面积3.1万亩，补助资金达到214万元。实现粮食产量增长的目标，小麦平均单产565公斤，玉米平均单产665公斤。④落实粮食直补7.2万亩，玉米良种补贴7.16万亩，政府补贴资金共980余万元，全部以“一卡通”的形式发放到农户手中。

【文化旅游建设】 2011年，大汶口遗址列入国家“十二五”大遗址保护规划和首批23处国家考古遗址公园立项名单。大汶口古镇项目2015年7月1日正式启动。2016年，该镇强化文化旅游建设，沿大汶河文化旅游长廊各景点逐步完善，大汶口文化风景名胜区初具雏形。①投资5.6亿元，大汶口文化博物馆、主题广场区、遗址核心区、滨河景观带等大汶口国家考古遗址公园项目一期建设完成。②推进大汶口古镇安置区和示范区建设。乡奢艺术酒店部分院落改造完成，大汶口水上石头古镇初具规模，市级重点项目王家院水库全面开工建设。大汶河湿地公园项目补助资金3300万元已经到位，项目规划正处进一步修改完善阶段。

【教育、文化、卫生事业】 ①教育事业。该镇有普通初中学校2所，在校生2848人，专任教师148人。小学学校12所，在校生1780人，专任教师143人。新招聘在编教师15名。中考升学率达到92.3%，比上年提高3%。累计投入资金4600余万元，对镇一中、柏子中学、侯村小学、西大吴小学及幼儿园、石墙小学、北西遥幼儿园、前周幼儿园等8所学校实施校舍建设。全面完成中小学标准化建设，并通过国家及教育均衡化验收。②文化建设。建成29处村级综合性文化活动中心，利用各村文体小广场组织开展广场舞、“送戏下乡”等群众喜闻乐见活动。③医疗卫生。有镇卫生院1所，床位99张，专业卫生技术人员68人。村级卫生室45个，乡村医生86人。居民基本医疗参加人数5.4万人，城乡居民医疗保险费上缴920万元，覆盖率达到95%。居民基本医疗报销2.1万人次，总支付报销金额2600余万元。大汶口卫生院与泰安市第一人民医院建立合作关系，投资120余万元创新推出国医堂项目。定期对65岁以上老人进行免费查体，群众幸福指数不断上升。

【民生事业】 ①惠农项目。投资3000万元的2万亩千亿斤粮食项目开工实施；投资1000万元的高标准基本农田整理项目招投标完成。流转土地1000亩，引进大型反季节樱桃种植项目，有效带动区域内农民致富和村集体增收。②精准扶贫。争取扶贫项目资金53万元，社会捐助资金21.7万元。争取到郭家楼村、车家洼村、程家庄村等贫困村的光伏太阳能发电项目，和平街村蔬菜大棚项目。市级贫困村车家洼村提前实现摘帽脱贫。全镇512户计698人脱贫，完成2016年脱贫目标开展镇驻地生态文明和美丽乡村建设，改善群众生产生活居住环境。③组织开展全镇国土综合治理专项行动，累计拆除面积1万余平方米。④环境治理。开展“环卫一体化”“环境卫生综合整治”等行动，累计投入2440余万元，清理垃圾1.08万吨，整理胡同752条，修缮坑塘81处。建立健全卫生托管机制，推行环卫有偿收费制度，全年共收缴环卫费131万元，缴纳率90%。⑤信访工作。落实“矛盾纠纷排查”“领导包案”“领导干部公开接访”等制度。信访260起，接待551人次，结服率97%，信访总量较上年呈下降趋势。⑥居民人均纯收入2.28万元。享受最低生活保障金970人。有敬老院1所，入住10人。

（牛司风）

黄前镇

【概况】 黄前镇位于岱岳区境东北部，北与济南市历城区搭界，南与山口镇相连，东与下港镇、祝阳镇为邻，西与泰山区省庄镇、大津口接壤。该镇系“省级文明镇”、全国造林绿化“百佳乡镇”、山东省水利厅水土保持先进单位。镇域内绿化苗木、干鲜果品资源丰富，是林业部命名的“中国板栗之乡”、中国果品协会授予“中国优质果品基地乡镇”。2016年，总面积106平方公里。辖5个管区，29个行政村，216个自然村，1个居委会，总人口39万人，1.02万户。完成固定资产投资1.52亿元。有耕地面积707公顷，产粮食4321吨，肉类282吨，牛奶245吨。实现地方财政收入923.73万元，其中，国税完成257.11万元，地税完成564.62万元，财政完成102万元。在整个地方财政收入中，主体税种完成543.24万元，占地方财政收入的56.75%。年末，有普通初中学校1所，在校生929人。小学学校3所，在校生1402人。镇卫生院1所，床位55张。村级卫生室27个，乡村医生59人。居民人均纯收入1.30万元。享受最低生活保障金590人。敬老院1所，入住20人。

【项目建设】 围绕产业转型升级，开展4个方面的项目建设，①发展旅游产业。利用山清水秀的环境优势，引进泰山健康谷等项目。孟家庄村被评为省级旅游特色村，“泰山大寨”旅游项目已经完成规划，等待专家评审。②实施品牌战略。打造纺织产业品牌产品，金飞虹织造有限公司生产的泰山御锦、泰银制丝生产的“雪梅”牌生丝荣获山东名牌称号。③建设文化项目。投资25亿元，泰山国际文化公园项目一期泰山（袁熙坤）国际文化公园规划、环评、立项手续完成，袁熙坤艺术馆、勤耕书院相继建成完工，占地100亩的艺术家村完成围挡建筑。泰山汉麻博物馆正在装修布展。④建设服务业项目。投资3亿元、

人与自然的和谐——黄前水库　（王庆禄 摄）

占地 60 亩的泰山金融物流园项目落地青春创业园区，如期完成建设，投入使用。

10 月 7 日，黄前水库水源地保护工作 （张可俭 供）

【特色农业】 重点突出农业示范基地、专业经济合作组织等载体建设，发展高效种植、规模养殖和特色林果业。大地村现代生态农业特色产业园，已成为一个集种植、养殖、茶叶加工、展览展示、主题品尝、休闲娱乐于一体的生态观光园。年末，全镇已有新型农业合作组织 71 个，农产品加工企业 10 家，省级农业龙头企业 2 家。

【基础设施建设】 城乡基础设施建设日趋完善。总投资 2880 万元，持续加大基本水利、道路建设力度。其中：镇村两级共投资 400 余万元，新建水利项目 20 个；投资 200 万元，架设桥梁 3 座；投资 1000 余万元，新建道路 16 公里；投资 1000 余万元，改善镇内学校的基础设施条件；投资 280 万元，建成交运集团公交车站，全镇 80% 的村开通公交车。

【扶贫工作】 把扶贫攻坚作为重点工作，按照区委、区政府的整体部署，为全镇 1291 户计 2718 名贫困人口建档立卡。共争取到 9 个省、市级财政专项扶贫资金项目，项目总投资 190 万元。年末，全镇共有 1017 户计 2141 人实现稳定脱贫。

【黄前水库水源地保护工作】 黄前水库系泰安市政府驻地泰安城机关企事业单位并居民的主要饮用水源地。该镇开展水源地保护工作。①贯彻落实市、区关于水源地保护安排和部署，成立黄前镇水源地保护工作指挥部，下设 15 个工作组，配齐配强骨干力量，责任到人，任务分解，工作细化，并制定相应工作措施。②抓好河道清障清淤工作，对水库周边及入库的麻塔河、大地河、石屋志河 3 条河流的垃圾进行了拉网式排查和清除，共清理河道 30 余公里。③加强生态建设。对石屋志等 8 条小河流、140 多道山沟进行了治理，保持森林覆盖率达 80%。沿环库路栽植绿化苗木 1.3 万株，沿线可绿化路段绿化率达到 100%。全镇森林覆盖率达到 76%，被授予“全国造林绿化百佳乡镇”。④对保护区内的所有经营业户和重点整治部位利用专业相机实地进行拍照、定位。依据治理方案，逐村进行勘查。镇指挥部会同市、区各有关部门对保护区内餐饮、石材加工、养殖等方方面的违规户进行整顿或关停。

（张克俭）

下港镇

【概况】 下港镇位于岱岳区东北部，北与济南市历城区、章丘市为邻，东与莱芜市相接，南与黄前镇、祝阳镇相邻。2016 年，总面积 155 平方公里。辖 34 个行政村，186 个自然村，人口 4.17 万人。全社会固定资产投资 3.02 亿元，招商引资实际到位资金 6100 万元，外贸出口总值 1400 万美元，规模工业企业主营业务收入 1.2 亿元。实现地方财政收入 835 万元，税收 1056 万元。有普通初中学校 1 所，在校生 1396 人。小学学校 4 所，在校生 955 人。镇卫生院 1 所，床位 60 张。村级卫生室 32 个，乡村医生 67 人。居民人均纯收入 1.10 万元。享受最低生活保障金 679 人。敬老院 1 所，入住 20 人。

【农业】 全镇有耕地面积 1671.5 公顷，农业机械总动力 55000 千瓦，产粮食 3700 吨，棉花 120 吨，肉类 4664 吨。培植特色产业，新发展“泰山人家”农家乐 42 家，精品采摘园 7 个。申请地理标志商标 2 个。年末，农业龙头企业和大型专业合作社 17 家，畜禽规模养殖场达到 86 家，尤洛卡休闲农庄项目日光温室、有机蔬菜大棚、垂钓基地及景观木屋等设施初具规模。

【招商与项目建设】 招商引资和项目建设取得新的成效。累计外出招商 10 余次，重点策划推介项目 4 个，签约项目 2 个，合同引资额达到 1.02 亿。年末，在谈项目 7 个。在项目建设方面。全镇在建项目 8 个，9 个全区“910”项目完成形象进度。其中：由北京东方盛世投资 1.3 亿元的泰山·静心谷项目，其景观路硬化、绿化工程、接待中心主体均已完工；由泰安道然投资的 6000 万元的泰山大黑山羊保种选育与产业化开发项目稳步推进；泰山九曲白茶种植加工二期项目已完成土地流转；供销社连锁超市项目正式营业；落地大汶口工业园区的康盛医疗项目，二期工程正在准备开工建设。

【为民实事工程】 镇村建设开展 10 件为民实事工程，总投资达到 1800 万元，改善群众生产生活条件，群众满意度提高。为民实事工程诸如：投资 750 万元，完成 7.5 公里的

下港特色物产之一——板栗　　（李航 供）

县道柳彭路路面改造工程；投资700余万元，水库移民后期扶持项目如期完成；投资120万元，建设上里至杨家庄联村道路工程；投资136万元，建设十六中餐厅工程；投资170万元，开展环境综合整治连片治理工程。年末，环境连片治理工程相继竣工。

【扶贫工作】 该镇始终把解决5个省级贫困村、6个市级贫困村、23个一般贫困村共计1514户贫困户3136名贫困人口的脱贫问题，作为一项政治任务来抓。因村制宜确立产业项目，因户制宜选择连接机制，强化责任落实。年末，11个省、市贫困村全部确立产业项目，插花村593户贫困人口逐人逐户明确了帮扶措施，产业项目与贫困户联接机制全面落实到位，并实现2个省级贫困村、3个市级贫困村摘帽，1568名贫困人口稳定脱贫。

【黄前水库水源保护治理】 黄前水库系泰安市政府驻地泰城机关企事业单位并居民主要饮用水源地。该镇辖域处黄前水库上游，成立水源地保护综合指挥部。①全面开展环境综合整治、河道清障清淤，共清理堆石、堆土、堆沙等约1470立方米，清理垃圾约23吨，平整河道2750余米，砍伐障碍植株10万余株。修复水毁道路10余公里，修复桥梁7座。②开展环境污染治理。重点保护区内已更换购买配方施肥2.8万公斤，覆盖种植面积1000余亩。清理违法店外经营13家。查处并杜绝洗核桃偷排污水行为。推广使用生物性除臭灭蝇液。

【城乡环境整治】 开展城乡环卫一体化建设。累计投资1500余万元，硬化道路19.5公里，实施绿化14公里，粉刷墙体2万余平方米，新安装路灯190盏。累计投资724万元，增设垃圾桶1200个，购置垃圾清运车1辆、环卫执法车1辆、三轮车90辆、小推车120辆。保洁员队伍达到156人，累计清理卫生死角460处，转运生活垃圾3100吨，实现了生活垃圾收集转运全覆盖。

（李　航）

【概况】 祝阳镇位于岱岳区区境东部，北与下港乡接壤，南与范镇相连，东与莱芜市毗邻，西与山口镇隔河相望。境内矿产资源主要以建筑石料、石灰岩、河砂资源为主。大汶河支流石汶河、瀛汶河流经镇内。该镇系“山东省卫生乡镇”“省级生态乡镇”“山东省一村一品示范镇”“全区经济社会发展先进乡镇”“全区重点项目建设先进单位”。2016年，总面积88.8平方公里。辖6个管理区，56个行政村，1个居民居委会，86个自然村，总人口5.8万人。招商引资实际到位资金6026万元。比上年增长20%。完成固定资产投资2.71亿元，比上年增长3.2%。实现规模工业主营业务收入5.85亿元、利润2636万元、利税4120万元，分别比上年增长9.6%、8.7%、10.2%。完成地方财政收入1169万元。农村居民人均纯收入达1.27万元。

祝阳镇中青松石葡萄酒庄（谢会详 供）

【招商与项目建设】 ①招商引资。总投资2.35亿元的5个招商项目落地祝阳，并如期完成建设前期进度。投资3500万元的矿物质水项目、投资5000万元的尚泉饮品生态农业综合开发项目已完成工商注册和选址工作，进入办理用地手续阶段。投资5000万元的佳美纺织项目现已完成选址，进入工商注册、环评等手续阶段。投资5000万元的家具板材加工项目和投资5000万元的商务综合体项目已完成选址。②项目建设。投资6500万元的葡萄酒庄综合楼项目、投资6000万元的泰安福利保温厂彩印技改项目、投资3500万元的御锦服饰项目先后建成投产。总投资1亿元、占地面积340亩的山东旭日盛世光伏科技有限公司10MWP光伏新能源项目，6月完成注册。

【农业】 全镇有耕地面积4000公顷，产粮食4.80万吨，棉花82.12吨，肉类3056.67吨，牛奶4195.11吨。农业围绕基础设施建设、传统农业提升、特色农业发展等方面开展工作。①农田水利设施建设。先后投资3071万元，完成宋家庄、徐家汶等36个村的高标准基本农田建设项目、1万亩粮食高产创建项目。同时投资2000万元的1.7万亩土地水利建设项目已开工建设。②传统农业提升。粮食生产方面，小麦种植面积8000亩，单产512公斤。玉米种植面积5万亩，单产615公斤。实现粮食产值5000余万元。传统经济作物方面，大蒜、生姜种植面积2.5万亩，实现产值1.7亿元；桑园面积保持在3600亩，实现产值1000余万元。③特色园场建设。推进“一村一品”，打造特色品牌，特色精品园场建设实现突破。葡萄产业园葡萄种植面积发展到800亩，茶园基地达到1100亩，樱桃采摘园达到1300亩，雅馨玫瑰园玫瑰花种植面积达到500亩。发展农村合作经济，培育新型农业经营主体，新增专业合作社10余家，年末总数达30余家。

【服务业】 ①推进旅游资源之间的互联互通建设，使全镇的原生态地段水域连成片，串成带，形成“精品园场＋观光旅游＋文化旅游”的发展格局。全镇接待游客37.2万人，实现旅游收入5729万元，比上年增长29.5%。②发展电子商务。开拓线上销售渠道，推动农产品上线，工业品下乡。辖区企业金水龙金属容器公司成功入驻中国网库，银海纺织线上销售额达到2000万元，泰丰农牧机械公司线上销售额达300万元，四季丰利公司蔬菜销售配送电子商务平台已建设完成并投入运营。彤辉纺织、御廷茶叶和阿里巴巴公司达成初步合作意向。

【教育、文化、卫生事业】 ①教育事业。该镇有普通初中学校2所，在校生1786人。小学学校9所，在校生1510人。办学质量得到提升，全镇中考文化课成绩列全区第一名，连续6年被评为区初中教学先进乡镇。十五中、二中先后代表全区迎接了学校标准化和均衡化国家级验收并通过验收。成人教育中心代表全区就社区教育示范区、职业教育、成人教育示范区迎接国家级验收并通过验收。②文化事业。实施基层文化建设工程。建成固定文化广场56个，丰富了群众文娱生活。③卫生事业。有镇卫生院1所，床位96张。村级卫生室（社区门诊）47个，乡村医生88人。镇卫生院建成血液透析室和重症监护室、婴幼儿水育护理中心，引进全自动生化分析仪、五分类血球分析仪和消毒灭菌器，提升综合医疗服务水平。镇卫生院荣获“国家级群众满意的乡镇卫生院”“市级文明单位”等称号，已连续九年（含2016年）被评为“区级卫生工作先进单位”“区级文明单位”。

【民生保障】 民生保障工作重点放在就业、医保、养老保险、扶贫上。新增就业1300余人，居民医保参保人数达4.5万人，社会养老保险参保人数达2.1万人。其中，60岁以上领取新型农村养老保险人数达到1.2万人。全镇54%的贫困人口实现脱贫，超目标完成扶贫任务。享受最低生活保障890人。敬老院1所，入住14人。社会保障工作连续6年荣获“全区人力资源和社会保障先进单位”称号。

【城乡环境整治】 ①开展环境卫生专项整治。56个村先后出动3万余人次，各类机械、车辆1.2万余台次，累计清理垃圾4500余吨。共拆除影响镇容村貌的残垣断壁及违章建筑物，整治街道350余条，粉刷沿街建筑外墙7万余平方米，涂白主要道路行道树8000余棵。签订沿街商铺、住户“环境卫生门前三包”责任书2700余份。②实施“乡村连片治理”工程。投资1100余万元，改造三姚、三乔等10个村级村内干道10条，铺设人行道板2万余平方米，安装路灯1200余盏，栽植法桐、海棠等绿化苗木2万余株。③建设公园。投资200余万元，建设寺庙公园、金水湖公园，2个公园竣工并投入使用。④绿化。投资40万元，在口山路两侧栽植法桐4000余棵，补植姚下路绿化苗木1万余棵。投资9.6万元，购置白皮松120棵、小龙柏5万余棵，对东乔村内道路进行绿化。⑤生活垃圾实施集中中转。投资100余万元，新建垃圾中转站1处。

（谢会详）

【概况】 范镇位于泰城东30公里，地属岱岳区东部，处泰莱平原腹地。东与莱芜市杨

庄镇接壤，南与角峪镇、徂徕镇隔牟汶河相望，西北与祝阳镇和莱芜市的寨里镇拥瀛汶河相对。2016年，总面积68.68平方公里，辖39个行政村，1个居民委员会，总人口6.1万人。完成固定资产投资14.5亿元，实现规模企业营业收入59.4亿元，地方财政收入2933万元，农民人均纯收入1.39万元。

【农业】 全镇有耕地4309公顷，农业机械总动力19429千瓦，生产粮食48361吨，肉类6900吨，牛奶16700吨。农业建设重点围绕项目实施、产业结构调整、农产品加工、龙头企业、规范经济运行管理等5个方面展开建设。①项目建设。总投资6300万元，实施农田水利项目及沟头片土地整理和工矿废弃地复垦项目工程。加快推进实施投资6000万元的瀛汶河生态河道治理工程，农业生产条件得到改善。②农业产业结构调整，形成生姜、大蒜、蔬菜、奶牛、肉鸡五大农业支柱产业。绿色、无公害、有机蔬菜种植面积达3.2万亩。完成1.2万亩土地深松工程，受益群众1万人。③农产品加工业。年蔬菜储存、加工能力突破3万吨。肉鸡年出栏量突破100万只，奶牛存栏量达到6000头。④龙头企业。农业合作社发展到109家，家庭农场发展到13个。⑤规范经济运行管理。完成农村土地承包经营权和集体土地确权登记颁证工作，到户率达100%。

【招商引资】 ①招商引资。重点引进投资10亿元的中农联合生物科技产业园三期扩规项目、投资6亿元的新华数码印务项目，为全镇经济社会的发展奠定了基础。②项目服务。协调推进投资10亿元的协鑫分布式能源、投资2亿元的丁丁食品、投资1亿元的亚圣食品等项目。洽谈对接投资2亿元的供排水系统和投资1亿元污水处理厂等项目。同时，引导奥奇重工、富华同康、鲁普耐特、天普阳光、德森纺织等传统企业加大技改扩规力度，使之实现健康、快速、可持续发展。年末，全镇共有企业55家，其中规模以上工业企业12家，形成了精细化工、机械制造、纺织服装、农产品加工、新型能源等五大主导产业。

山东省联合农药工业有限公司液体生产线 （刘振明 供）

【基础设施建设】 在城镇基础设施方面主要开展5项建设。①修编完成《范镇总体规划（2014-2030）》。结合原能源化工区，申报设立全区化工园区。配套完善了岱岳新兴产业园排水、绿化、亮化工程。②民生工程。投资1000万元，实施“气化”范镇工程，率先在泰城东部乡镇实现天然气的使用。同时，对全镇自来水主管道进行改造升级。③道路交通建设。协调完成6公里的老泰莱路大修改造工程，完成农村公路硬化3.5公里。投资150万元完成公交车枢纽站和沿途站牌建设，实现群众公交出行。④环境卫生。投资156万元，建成生活垃圾压缩中转站，实现城乡环卫一体化市场化托管。⑤小城镇建设。稳步推进岔河、康北、东苑、兴源等居民小区建设，小城镇承载能力不断增强。

【教育、文化、卫生事业】 ①教育事业。有普通初中学校2所，在校生2096人，专任教师153人。小学学校6所，在校生1635人，专任教师109人。改善办学条件，完成镇一中、镇中心小学综合楼建设，完善沟头、梭村、唐北3所小学的建设审批手续。投资50余万元，更新学校学生用床、教室内幕布投影、微机、餐桌、课桌等设施。②文化事业。建成村级文体广场50余处，举办全民健身运动会、广场舞大赛等群众文体活动，送戏下乡40场次，放映电影400余场次。③卫生事业。有镇卫生院1所，床位62张，卫生事业技术人员55人。有村级卫生室35个，乡村医生98人。镇卫生院医疗设备进行更新换代，改善了就医、住院条件。

【民生保障】 ①加大困难群体救助力度，发放各类救助、优抚资金1500余万元。②推进扶贫攻坚工作，267户计490人如期脱贫。③改造农村危旧房158户，完成改水改厕5个村计982户。④社会保障。完成社会保险征缴6017万元，居民医疗保险报销费用1780余万元，受益群众14.2万人次。就业再就业544人。⑤养老服务。完成镇敬老院改造工程，大王、岔河等10个村建成村级日间照料中心。居民人均纯收入1.3万元。享受最低生活保障1042人。敬老院1所，入住18人。

（刘振明）

【概况】 角峪镇位于岱岳区东部，东与莱芜市牛泉镇接壤，南与化马湾乡毗邻，西与徂徕镇相连，北隔牟汶河与范镇相望。该镇系“省级文明镇”。2016年，总面积63.67平方公里，辖29个行政村，1个居民委员会，35个自然村，人口3.5万人。全社会固定资产投资1.4亿元。规模工业企业主营业务收入1.12亿元，外贸出口总值60万美元。实现地方财政收入864万元，比上年增长3.97%。其中，国税完成637万元，地税完成227万元。农民人均纯收入1.25万元。享受最低生活保障金396人。有敬老院7所，入住50人。

【招商引资】 实现招商合同引资额1.3亿元，实际到位资金1亿元。引进外资企业1家，实际利用外资200万美元，完成外贸进出口总额60万美元。引进总投资3亿元的清芸阳光农光互补项目，该项目已注册成立项目

9 月 10 日，中国共产党角峪镇第十五次代表大会　（孙成鹏 摄）

公司，项目方案已交付审批。结合唐庄拦河坝工程，实施三产服务业项目。利用原中正能源有限公司闲置厂房，实施机械加工项目。

【农业】 全镇有耕地面积 2221 公顷，农业机械总动力 25242 千瓦，全年生产粮食 1.82 万吨、棉花 122 吨、肉类 1745 吨。农业建设在农田项目、水利工程、特色种植、绿化、禽畜规模饲养 5 个方面取得成就。①农田项目。在角东、角西、泉坡投资 361 万元，实施 3000 亩高标准农田建设项目。并通过市、区两级验收。②水利工程。投资 501 万元，建成抗旱应急水源唐庄坝提水浇灌工程，新增灌溉面积 219 公顷。③特色种植。新栽植大樱桃 600 余亩，总面积达到 2200 亩。新建设葡萄园 110 个，草莓大棚 160 余座。其中草莓大棚总数达到 500 座。④绿化。新增造林面积 1511 亩。⑤禽畜规模饲养。全镇牛、羊、猪、禽、兔饲养量分别达到 1600 头、2.3 万只、2.7 万头、120 万只、60 万只，总量比上年增长 6%，规模养殖达到 70% 以上。

【工业】 ①协调清芸阳光与六星集团洽谈，新上 10 兆瓦分布式光伏发电项目。②投资 1 亿元，建设世隆兴服装加工项目，年末，已在泰山青春创业园选址。③投资 8000 万元的晶科光伏发电项目、投资 2 亿元的星河绿色建材 2 个项目正在加快建设。④共有规模以上企业 3 家，个体企业 245 家，小微企业 86 家，实现主营业务收入 4 亿元，利税 3600 万元。

【旅游】 该镇推进现代服务业，把发展服务业作为转方式、调结构的战略举措，发展休闲观光、旅游度假等现代服务业。①开展牛角草莓、岳家庄葡萄、亓家庄葡萄等观光旅游采摘项目，年游客量达到 15 万人，实现旅游收入 680 万元。②深挖盘活泉上、苏庄、鹿角等村历史文化资源，建设了华严寺风景名胜区项目，为打造旅游产业园区奠定了基础。

【扶贫】 围绕产业扶贫、就业脱贫，实施特色农业产业、合作组织带动、盘活资产资源等举措，扶贫工作收到成效。就业脱贫新增就业 385 人。产业扶贫投入财政专项资金 261 万元，实施省级、市级贫困村扶贫产业项目 11 个。投入库区移民专项资金 76 万元，实施库区移民扶贫项目 11 个。发放金融扶贫贷款 84 万元，扶持产业项目 5 个。贫困户产业扶持覆盖率达到 100%，贫困人口由 2015 年 1053 户计 1811 人，下降到 396 户计 681 人。实现脱贫 1130 人。

【教育、文化、卫生事业】 ①教育事业。该镇有普通初中学校 1 所，在校生 982 人。小学学校 6 所，在校生 792 人。投资 150 万元，为十四中学学生宿舍安装空调、变压器增容及为全镇幼儿园和小学安装教学设施。投资 60 万元，新建南冶村幼儿园。②文化事业。各村均建成文体小广场，配齐配全健身器材，29 个行政村实现“四德榜”和“文明一条街”全覆盖。③卫生事业。有镇卫生院 1 所，床位 50 张。村级卫生室 26 个。卫生院加快标准化建设，投资 230 万元，新上 GT、生化血液分析仪等大型医疗设施。报销医疗费用 500 余万元，为群众减轻医疗负担。全面推广“家庭医生签约式服务”，村级医疗条件明显改善。

【城乡环境整治】 ①全面推行环卫市场托管模式。②开展环境卫生集中整治行动，累计清理石堆、垃圾堆 500 立方米，全镇环境和卫生面貌大幅改观。③推进农村厕改工作。投入资金 53.8 万元，完成改厕 754 户。④完成危房改造 72 户，改造面积 4320 平方米。

（朱翠菊）

化马湾乡

【概况】 化马湾乡位于岱岳区东南部，北与角峪镇毗连，南与徂徕山林场接壤，东与莱芜市牛泉镇及新泰市洋流镇相接，西与徂徕镇相连。境内地势南高北低，南部为徂徕山麓，东部、北部为丘陵，西部为平原。土壤类型有棕壤、褐壤、砂黏土。以徂徕山为源头的淘河干流，由东南流向并贯穿化马湾乡境，自西北流入牟汶河。乡政府驻地北崖村。2016 年，总面积 100.2 平方公里。辖 4 个管区，31 个行政村，总人口 3.8 万人。完成固定资产投资 1.46 亿元。实现国民生产总值 9.6 亿元。农业总产值 7.2 亿元。工业总产值 5.32 亿元，比上年增长 8%，实现主营业务收入 4.86 亿元，工业增加值 2.1 亿元，利税 1515 万元、利润 1384 万元。地方财政收入 916.17 万元，比上年增长 13%。农民人

5 月 6 日，化马湾“岱岳农商杯”大樱桃采摘节暨“化马湾大樱桃”地理商标启用仪式

（贾庆芸　供）

均纯收入11220元，比上年增长7.9%。

【招商引资与项目建设】 招商引资和项目建设成果丰硕。金壹号纺织项目、三和顺牧业项目、泰安市图加尔镀膜包装项目、泰安市第二水泥厂60万吨扩规项目、鲁祥商混项目、森鑫工贸技改扩规等6个重点项目先后落地建成并投产。由此，促进该乡经济效益的提高，财政收入比上年增长13%。

【农业】 全乡有耕地面积2932公顷，农业机械总动力5.59万千瓦，产粮食2万吨，棉花5.2吨，肉类3260吨，牛奶2825吨。农业建设围绕产业结构调整，品牌建设、基础设施建设等诸方面展开。①农业产业结构调整。以京沪高速公路为轴线，初步建成万亩樱桃精品园、核桃栽植精品示范园、泰安市玉女儿茶园、中医药大学药品种植基地等。同时，培树金龙湾大樱桃合作社等各类合作社17个，带动畜牧养殖、林果种植、绿化苗木及农产品销售等产业发展。②品牌建设。申报注册“化马湾大樱桃”国家地理标志和“泰山金龙湾”“康王御”“泰山小鳌”等集体商标。辖区内盛产的大樱桃获有机认证。③基础设施建设。山水林田路综合开发，改善全乡山地丘陵地区种植结构。投资800万元，实施水库除险加固工程，连片治理旱作农业项目，惠及8个村农田灌溉。投资655万元，实施大樱桃微滴灌工程，增加4000亩土地灌溉面积。投资420万元，实施小农水重点县工程，保障8000亩农田用水需求。基本农田建设项目，该乡三分之二的土地效益得到提升。

【旅游业】 旅游业建设以龙湾风景区为龙头，发展徂徕山周边休闲游。政府投资1000余万元，收回龙湾经营权，并进行建设和开发，有效提升景区的知名度和收入。旅游服务配套设施得到完善，“吃、住、游、休闲、娱乐、度假、养生”一条龙式休闲旅游模式已具雏形。农业观光园、采摘园已成促进农民增收的有效途径。12月，龙湾风景区通过AAA景区审核。

【公路网化建设】 乡公路网化建设以省道、高速公路为骨干，以乡村路为基础，构建出全乡“三纵两横”公路网格布局，主要开展了6个方面的建设。①高质量完成20.9公里的村级公路网化示范县项目。②结合土地整理项目，新修成横贯乡北部丘陵地的北环路11公里。③完成文化路、敬老院路、长安小学至肖家庄村道路、南环路、防汛路、沙王路等26.6公里道路硬化。④开通全市首条城乡公交线路J201和首条镇村公交线路J202，并投资90万元，完成公交车站沿路交通警示灯、公交站牌场地等建设工程，新增设公交站牌27处，启用20辆新能源纯电动公交车，群众可享受“泰城公交一卡通1小时免费优惠换乘政策”，方便出行。⑤投资200余万元，对该乡全部乡道进行安全防护工程。⑥投资500万元，完成交警交通管理服务站建设。

【教育、卫生、文化事业】 ①教育事业。有普通初中学校1所，在校生1205人。小学学校5所，在校生967人。投资500余万元，先后对乡一中、乡中心小学进行改扩建，完成乡中心幼儿园、长安小学、沙沟小学和茌家庄幼儿园重建工作，全乡中小学校舍均达到省级示范园建设标准。投资110万元，完成卫生院儿保科建设。②文化事业。新建农家书屋10处，新增书籍2万册。送文化下乡180余场次。扩建3000平方米乡政府办公楼前文体广场，并配套健身器材和大型广场灯。31个行政村高标准建成文体小广场。成功举办第四届全民广场舞比赛。③卫生事业。有乡卫生院1所，床位40张。村级卫生室28个，乡村医生75人。

【民生事业】 民生事业围绕6个方面展开。①实施环境综合整治，并环卫一体化全覆盖。委托保洁公司托管，全乡面貌一新。全乡改厕推开，实施改厕700余户。②便民服务工作。投资100万元，建成1200平方米便民服务中心，提高行政效率和为民服务质量。投资95万元，高标准搬迁改造计划生育服务站，提升全乡计生技术服务水平。③新型社区建设。高标准建设北崖、茌家庄等新型农村社区。投资60余万元，完成乡驻地160盏LED太阳能路灯安装。筹集资金启动数字电视平移工程，初步完成全乡线路升级。投资1100万元，乡驻地建成新合作、嘉禾等超市，有效繁荣农村市场，增加就业岗位，带动了小城镇的建设。④落实城镇职工基本养老和各项保险制度。扩大城镇居民基本医疗保险参保范围，不断提高社会保障水平。⑤落实粮食直补、良种补贴，库区移民补助等支农惠农政策，保障了各项民生政策的落实。⑥投资150万元，对乡敬老院进行升级改造，完成新住宿楼、餐厅、厨房及浴室基础设施建设更新。年末，有敬老院1所，入住21人。享受最低生活保障412人。

（贾庆芸）

徂徕镇

【概况】 徂徕镇位于岱岳区东南15.8公里，徂徕山中段北麓，大汶河南岸。南以徂徕山中线为界与房村镇、良庄镇接壤，北以汶河为界与邱家店、范镇为邻，西以汶河为界与北集坡街道隔河相望，东以猪山、白石岭一带丘陵为界与角峪镇、化马湾乡毗连。2016年，总面积140平方公里。辖5个管理区，34个行政村，1个居民委员会。总人口5.8万人。实有耕地面积3866公顷，农业机械总动力6.06万千瓦，生产粮食2万吨，肉类5926吨，牛奶1.8万吨。落实省级产业扶贫项目，4个村完成光伏发电项目建设。实现脱贫1302户，2442人。完成固定资产投资13.27亿元，比上年增长10.1%。实现地方财政收入2756万元，比上年增长11%。居民人均纯收入13830元，比上年增长8.9%。有普通初中学校2所，在校生1649人。小学学校10所，在校生1305人。镇卫生院1所，床位92张。村级卫生室34个，乡村医生

徂徕滑雪场　（李钦峰　供）

115 人。全镇人口出生率 14.64‰，自然增长率 6.81‰。享受最低生活保障金 609 人。有敬老院 1 所，入住 31 人。

【招商引资】 发挥资源、环境、服务优势，加大招商引资力度。重点围绕徂徕山、大汶河等旅游资源和农业资源策划旅游及现代农业项目。先后到辽宁、临沂、烟台等地对接洽谈项目。新签约项目 6 个，分别是投资 5 亿元的徂徕山汶河休闲运动公园、投资 1.2 亿元的徂汶农耕产业园、投资 4000 万元的朗格精密机械、投资 2000 万元的渤海保险泰安中心支公司、投资 8000 万元鼎腾建材、投资 3000 万元的盛华食品项目。该 6 个项目均已落地建设。全年招商引资到位资金 1.2 亿元，实际利用外资 300 万美元。

【项目建设】 落实项目包保责任制，在手续办理、政策落实、部门协调等方面铺好路、服好务，确保签约项目落地建设，在建项目竣工投产。年末，7 个重点项目建设如期进行。朗格精密机械一期车间建设完成，部分设备已投入生产。渤海保险已入驻办公。徂汶农耕产业园一期管理房及综合库房建成投入使用，养殖区 8 个建筑主体已完成。盛华食品盘活原闲置院落，车间主体正在施工。广和塑料扩规项目全部建设完成，投入运营。续建项目 2 个，即泰山温泉城二期、恒丰散热器扩规项目。全年完成固定资产投产 13.27 亿元。

【旅游业】 在提高旅游业建设质量的同时，对外推介优秀旅游项目。其中，新建旅游项目徂徕山汶河休闲运动公园、徂汶农耕产业园、徂徕村六逸峰景区写生基地、泰山温泉城二期、盛世仁和庄园、徂徕山六逸峰和滑雪场扩建项目均列入 2016 年省重点旅游项目库，泰山温泉城被评为山东省“诚信旅游示范单位”。成功举办泰山温泉城“温泉垂钓节”、滑雪场“第三届帐篷节”、许家庄“黄金梨采摘节”和“第三届温泉滑雪节”，带动了镇域餐饮、住宿、农产品等产业的发展。全镇共接待游客 149.04 万人次，实现旅游收入 2.62 亿元，比上年分别增长 22.3%、31.6%。

【乡村文明建设】 ① 2016 年度区安全生产乡镇考核名列第四位，全镇未发生人身伤亡事故和其他重大事故。②实施文化惠民工程，在全镇已普及文体小广场的基础上，又新增高标准文体广场6个，全镇文体广场达到48个。新安装LED大型广场电子显示屏的有4个村，总数达到9个村。26个村“综合文化服务中心”建成并正式向群众开放。③基层文化队伍建设。庄户剧团到各村巡回演出80场次，已普及到部分自然村。成功举办庆“七一”文艺汇演，“邮爱夕阳”消夏晚会、纪念红军长征胜利95周年暨徂徕镇第二届歌手大赛，庆元旦文艺会演、庆祝春节文艺演出。④全面开展善行义举四德榜活动，培树“岱岳好人”“泰安好人”，定期举办“文明户”“好邻居”“好媳妇”“好婆婆”等评选活动，倡树文明新风。该镇连年保持“省级文明镇”称号。

2016年5月31日，徂徕镇广场舞大赛　（李钦峰 供）

【城乡环境治理】 制定出台《徂徕镇环境卫生质量考核办法》，城乡环境治理重点围绕5个方面展开，并取得成效，已通过市区上报评比“省级生态镇”。①卫生集中整治，对各村主要道路、背街小巷等卫生保持工作进行定期督导考核，防止反弹。②打击违法建设、乱搭乱建、乱栽乱种行为。全年共计拆除违章建筑24处，涉及全镇17个村，面积2400余平方米。消除乱栽乱种11万株。③生态环境建设，承办全区春季造林现场会，全面完成成片造林2938亩，完成农村改厕710户。④小流域治理。投资1064.11万元，共铺开各类水利工程项目10处。⑤完善道路及安防工程。在学校、村庄等重要地段安装停车让车标志牌40余处。硬化村级道路12.2公里。

（李钦峰）

良庄镇

【概况】 良庄镇位于岱岳区东南部，东与新泰市天宝镇、楼德镇接壤，南与宁阳县东庄镇、华丰镇相连，西与房村镇相邻，北与徂徕山相依。镇机关驻地东良庄，北距泰城35公里。泰楼公路纵贯全境。2016年，总面积141平方公里，辖40个行政村，44个自然村，总人口7.5万人。固定资产投资2.2亿元，比上年增长10%。实现生产总值30.73亿元，比2011年增长62.5%，年均增长10.2%。规模以上工业主营业务收入7.5亿元，实现利润2400万元，比上年增长6%。招商引资实际到位资金1.2亿元，比上年增长8%。完成地方财政收入958万元，比上

3月6日，良庄镇保安庄村卫生整治（马真真 摄）

年增长12.8%。成立镇民生服务中心，统一办理民生事项，全年共接受转办件542件，群众满意率99.68%。精准扶贫工作富有成效，1935户3683人实现脱贫。农民人均纯收入1.2万元，比上年增长12%。享受最低生活保障金497人。有敬老院1所，年内投入485万元，完善敬老院配套设施，改善了老人生活居住条件，入住26人。

【招商与项目建设】 ①招商引资。新招商引资3000万元以上项目5个，分别是鹏飞宠物食品项目、天然气项目、青青联盟电商项目、北宋蔬菜批发市场项目、良庄正骨医院项目。其中，良庄正骨医院项目计划投资6000万元，在镇驻地建设7000平方米门诊大楼。项目建成后，年营业额将达到2500万元，安排80余人就业。年末，正处签约阶段的项目4个，分别是：投资10亿元的光伏发电项目、投资5000万元的秸杆综合利用项目、投资6000万元的机械制造项目、投资1.2亿元的鼎福食品加工项目。②重点项目建设。泰安鹏飞宠物食品有限公司项目，由上海爱信宠物用品有限公司投资兴建。项目投资4000万元，占地30亩，征地和规划设计均已完成，二期工程建设标准养殖车间25个，发展养殖户100户，形成年生产宠物饲料1万吨、年产值达5亿元的国内大型宠物食品养殖基地。天然气项目。3月初，与泰安港华燃气有限公司签署合作分压加气站项目协议。该项目总投资4000万元，铺设管线15公里，建设1200平方米加气站1座及有关辅助配套设施。青青联盟电商服务中心项目。以青青农场为依托，总投资5000万元，聚集岱岳区优质农产品，建设集产品展销、网络营销等于一体的电子商务交易平台。年末，发展绿色农产品种植基地2.4万余亩，建成生产加工车间1.8万平方米、仓储物流中心1.5万平方米。发展农村电商385家，年可加工、配送农产品3.6万吨。北宋蔬菜批发市场项目。由镇政府投资3000万元，建设2万平方米蔬菜交易大棚和配套设施。年末，项目竣工投产。

【农业】 全镇有耕地面积6133公顷，农业机械总动力7.07万千瓦。产粮食4.96万吨，肉类5082吨，牛奶7930吨。其北部有山地1400公顷，属徂徕山系，主要以大樱桃、板栗等经济作物种植为主。年产大樱桃7200万公斤，板栗750万公斤，核桃900万公斤，苹果600万公斤，蓝莓1200万公斤。良庄北宋蔬菜批发市场系鲁中地区最大的蔬菜产地专业批发市场，年交易量6亿公斤，交易额12亿元，系全国瓜菜农业标准化示范区，被商务部列入“双百市场”工程，被农业部命名为“全国菜篮子工程鲜活农产品中心批发市场”。农业建设围绕3个方面展开。①完善农业基础设施。投资1690万元，完成良东村等21个村2.9万亩的高标准农田建设项目，完成良庄南岭、龙皇沟以南、官庄南土地开发整理项目收尾工作。投资1200万元，完成现代农业产业园内水电路网的集中配套建设。投资6860万元，完成6.7万亩的中低产田改造、高标准农田治理和土地整理项目。投资300万元，建设了2000亩的节水灌溉工程。投资488万元，完成12个水库移民项目和除险加固工程，为良庄的农业增效、农民增收奠定坚实的基础。②农业转型。青青农场建设600平方米的游客集散中心，提供游购娱一站式服务。该农场投资520万元新建20个阴阳菌菜大棚，投资340万元新建20个冬暖式大棚，投资600万元新建100个大拱棚，进一步扩大绿色蔬菜的种植面积。投资80万元建设600平方米的游客集散中心，提供游购娱一站式服务。引进绿地头电商，与高胡村大樱桃基地合作，销售樱桃200万公斤，营业额突破1000万元。发展西红柿、黄瓜、豆角等6种蔬菜绿色食品认证基地1.2万亩。青青优品商标入选山东省首批知名农产品品牌目录，南良庄豆腐皮荣获“泰山特产特等奖”。③建设泰山万亩现代农业产业园。入住青青农场、德来美、天绿等企业，共有果蔬基地7000余亩。该产业园建有育苗温室、智能联栋果蔬栽培温室1.1万平方米，连体式菌菜大棚、果蔬拱棚256个，果蔬加工车间、冷储仓库9000平方米，拥有“德来美”“青青优品”等知名产品品牌16个。

【工业】 有外资独资企业1家，即泰安良友机械配件有限公司。地方企业25家。工业形成以良腾为龙头的机械设备制造、以吉利饲料为龙头的饲料加工、以五洲润田为龙头的蔬菜深加工、以青青农场为龙头的新型农业观光旅游、以瑞栋帽业为龙头的服装加工“五大产业集群”，年产值8亿元，利润4000万元。重点企业泰安鹏飞宠物食品项目属外贸出口企业，主要从事黄粉虫、蚯蚓、蝇蛆等宠物食品的生产、加工及销售，产品销往美国、日本、欧洲等市场。产黄粉虫500吨，实现经济效益1500万元，安排70人就业，带动60个养殖户致富，成为该镇经济发展的又一个闪光点。

【服务业】 服务业重点在3个领域开拓建设。①特色旅游。借助沿大汶河、环徂徕山“两条旅游观光带”开发契机，将红色旅游与绿色生态有机融合，建设青青农场示范园、德来美草莓园、黄石崖蓝莓园、高胡庄大樱桃园“四位一体”的农业精品园场，发展采摘游、观光游、农家乐等特色旅游项目，走出一条“精品园场+观光旅游”的特色产业发展路子。旅游接待23.6万人、年旅游收入9800万元，分别增长13.6%、15.2%。

②农村电商。出台《良庄镇电子商务工作实施方案》，制定相应的优惠政策，镇政府拨付5万元进行补助，帮助合伙人租赁、装修店面。确定8家阿里巴巴合伙人，颁发了阿里巴巴的合伙证书，并已正式营业。年营业额达1400万元，其中3家合伙人销售额进入全区前10名。③商贸业。围绕镇驻地、北宋蔬菜市场商贸区等地域建设，新发展个体工商户412户，新增服务类就业人员735人，初步形成镇驻地商贸区、北宋蔬菜批发市场商贸区、沿徂徕山干鲜果聚集区“三大产业区域”。

【基础设施建设】 基础设施建设实施改造提升工程。①投资740万元，完成薛南等4个村的道路建设和26公里的道路安防工程。完成危房改造95户。②累计投入资金5400万元，构建域内“四纵五横”交通大格局。其中投资4300万元，重修泰楼路良庄段、泗良路、山良路。投资120万元，建设公交车站及附属设施，开通城乡219路公交和镇村228路公交，进一步打破城乡交流发展瓶颈。③按照“硬化、绿化、美化、亮化、净化”的要求，投资840万元，完成镇驻地府前街、金良路道路硬化、绿化工程。④环卫一体化。投资295万元，建成1个垃圾中转站和2个污水处理站。投资200万元，新购垃圾清运车6辆及压缩设备1套，环境卫生得到有效提升。⑤民生工程。投资180万元，建成镇驻地三角公园。全镇有自来水企业11家，有深水井15眼，1套自来水消毒设备，年供水4万立方米。40个行政村全部通上自来水。

【教育、文化、卫生事业】 ①教育事业。有幼儿园23所，在园幼儿1333人，专任教师85人。茅茨幼儿园达到市级示范园标准。小学10所，在校学生2186人，专任教师178人，小学适龄儿童入学率100%。初中2所，在校学生2646人，专任教师214人。适龄人口入学率100%，九年义务教育覆盖率100%。投资500万元，新建镇中心幼儿园教学办公综合楼。投资800万元，新建凤凰和山阳2所小学。港华集团与东亚银行共同搭建的“萤火虫乐园”在辖内泰安八中落成启用。②文化事业。有镇文化站1处，村级文化活动中心40处，各类文化专业队伍45支。各类图书室35个，藏书7万余册。音乐、美术、书法、摄影及文学创作队伍达34个。投资3万元，建设了茅北等10个村级文体小广场配套设施，实现文体广场全覆盖。良南、薛北等26个村的综合文化服务中心通过验收。③卫生事业。有镇卫生院1所，床位99张，专业卫生技术人员53人。村级卫生室34个，乡村医生127人。镇卫生院投资40万元，进行内部设施升级改造，投资14万元，新上污水处理设备，医院排水达到验收标准。投资110万元，卫生院新增眼科和耳鼻喉科，并新上一台CT机。推进住院及时报销制度，全年共计报销373万元，比上年增长6.7%。全镇有32个村实现合作医疗，参保率100%。

（刘灿华）

房村镇

【概况】 房村镇位于岱岳区东南部，北依徂徕山，与徂徕镇相连，南隔大汶河与宁阳县相望，东与良庄镇为邻，西与大汶口镇、泰安高新技术开发区、北集坡镇接壤。是徂徕山抗日武装起义的发生地。2016年，总面积96平方公里，辖31个行政村，人口5.8万人。完成固定资产投资3.89亿元，比上年增长11.6%。招商引资实际到位资金2.05亿元，超额完成区下达任务。实有耕地面积4390公顷，产粮食3.44万吨，肉类5745吨，牛奶328吨。实现财政收入1735.14万元，比上年增长15.3%，增幅列全区第7位。砂资源费完成700万元。居民人均纯收入12758元。享受最低生活保障2002人。有敬老院1所，入住132人。

房村镇蔬菜大棚基地　（张焕兰 供）

【项目建设】 引进、建成项目6个，即PE聚乙烯管材制造项目、新型节能建材项目、购物广场项目、冬暖式大棚增产项目、大观玉器城项目、飞龙世嘉项目。新发展企业3家，即泰安新绿、天泽农场、和谐木业。

【电子商务与对外经贸】 该镇电子商务渐成规模。共有5家农村淘宝服务站营业，营业额达100余万元。同时，引导企业建立电商平台，拓宽销售渠道，岱银新宇、普宁制药已建立网络销售平台。对外经贸破题，全年外贸总额度达62.5万美元。注册成立利用外资300万美元的泰安沐阳农业有限公司，超额完成区下达的利用外资200万美元的任务。

【基础设施建设】 投资1147万元，新修道路23.8公里，镇村交通网络进一步完善。自筹资金400万元，实施涝华路北段新修工程，新修道路1640米，建设面积1.8万平方米，通行条件不断改善。投资120余万元，11月19日开通216路城乡公交，便利了该镇及周边群众的出行。

【教育、文化、卫生事业】 ①教育事业。有普通初中学校1所，在校生1725人，专任教师116人。小学学校10所，在校生1986人，专任教师168人。②文化事业。全年播放电影514场，完成区下达任务量的167%，列全区第一。对上争取体育器材175件，充实了各村文体小广场设施。组织各类文艺下乡100余场，群众文化生活丰富。③卫生事业。有乡镇卫生院1所，床位50张，卫生专业技术人员40人。有村级卫生室18个，乡村医生36人。

【计划生育工作】 ①签订《人口和计划生育目标责任书》，实行镇包村主要领导人及村主要领导、村负责人、驻村干部、计生办工作人员和村计生主任“五位一体”的计生工作捆绑责任机制。②完善落实利益导向政策体系。拨款14.8万元，为2549户独生子女家庭兑现相关待遇。落实绝育奖励1.5万元。对1149名奖励扶助对象、44名特别扶助对象全部落实待遇。③开展违法生育社会抚养费征收工作，累计征收60万元，有效打压违法生育的高发态势。④强化引导，实现单独二孩政策的软着陆，确保生育水平持续稳定在较低位置。镇荣获区计划生育工作目标管理责任制考核一等奖。

【社会综合治理】 社会综合治理重点开展3个方面的工作。①完善监控及巡逻制度。利用视频监控平台，动态掌握全镇总体情况。同时，警车24小时巡逻监控全镇各村。②开展“夏季攻势”和“冬季严打”2次治安集中行动，重点突破，派出所独立办理案件，行政拘留186人，刑事拘留20人，逮捕9人，移送起诉38人，有效震慑各类违法犯罪行为，净化了镇内社会治安环境。③生产隐患排查。实行网格化隐患排查机制，逐村、逐街、逐户对镇内所有生产经营单位、场所进行全覆盖、无死角的隐患排查，共计排查生产经营单位、场所973家，排查隐患628条。通过限期整改，全镇安全生产经营单位、场所的隐患台账初步建立，安全生产预防工作进一步深入。

【荣获城乡一体化工作先进乡镇称号】 投入资金近2000万元，人力1万余人次，调集各种机械设备2百余台（套），清理乱搭乱建等违章建筑2000余间，清运各类垃圾3000余吨，清通村内小巷1500余条，硬化路面4.36万平方米，绿化植树5.73万株，安装路灯近500盏，镇容村貌焕然一新。

（张焕兰）

【概况】 马庄镇位于岱岳区西南部，南临大汶河与宁阳县隔河相望，西与肥城市汶阳镇相邻，北与满庄镇相接，东与大汶口镇接壤。2016年，总面积57.24平方公里，辖36个行政村，总人口5.1万人。完成固定资产投资11亿元，比上年增长14.8%。招商引资实际到位资金1.7亿元，比上年增长8%。实现地方财政收入2320万元，经济保持稳定增长。实有耕地面积306公顷，农业机械总动力28万千瓦。土地流转面积达到1.1万亩，家庭农场达到26个，农业合作社达到55家，种粮大户达到37家。生产粮食6.07万吨，

马庄镇镇政府大楼（倪晓冉 摄）

肉类2682吨，牛奶4692吨。工业企业48家，规模以上工业企业7家，规模服务业3家，个体网店15家，农村淘宝店7家。投资100余万元，对镇敬老院进行全面改造。新建村级幸福院10所。农村人均纯收入1.4万元。

【招商引资】 围绕招商引资，高标准建成总占地约4平方公里的工业项目聚集区，健全完善道路、供水、供电等配套设施，为项目落地提供良好环境条件。先后引进浩然过滤器材、模块化燃气环保锅炉、德福墙体、嘉程纤维等项目。其中，新引进泰安科鼎特工贸有限公司绳网项目，9月投产。山东信发集团与山西襄矿集团在境内合作建设山东瑞恒中泰盐化有限公司100万吨/年真空制盐项目，年末，正在如期建设。投资8000万元的聚泰电源科技项目，相关引进工作正在预期推进中。完成进出口总额700余万美元，实现外贸进出口“零”的突破。抓住市委、市政府投资5亿元建设王家院水库项目机遇，成功争取总投资4500万元的引汶济漕暨小漕河治理项目，引进杭州易初投资管理有限公司投资3亿元的平家村“汶田谷粒”休闲农场项目，打造“果园采摘+农业科技示范+民俗+餐饮”于一体的泰山旅游新亮点。

【工业项目建设】 工业项目立足石膏岩盐等资源优势，建设取得成效。山东岱岳制盐有限公司、泰安鲁源岩盐有限公司、德州实华化工有限公司泰安分公司、鲁能泰山矿业开发有限公司等龙头企业保持平稳较快发展。德州实华与鲁源岩盐合作扩规项目，新铺设4000米输卤管道，5月26日正式启用，新打3对盐矿井，10月份投入使用。嘉程纤维、德福墙体、华尊新型建材项目分别于6月、7月、8月投产。由国华时代机械有限公司同上海第生环保科技有限公司合作投资9000万元的模块化燃气环保锅炉项目，其一期铸铁燃气锅炉生产线已完成安装。

【农业项目建设】 加大农业龙头企业引进和培育力度，禾元种业科技有限公司被推荐为农业产业化市级重点龙头企业，引进山东农业大学岱岳农业协同创新综合试验示范基地、山东鑫森源农林科技有限公司杂交构树种植、泰安市金兰奶牛场粮改饲、泰安市清润草业有限公司粮改饲等项目。其中，岳洋农作物专业合作社农业仓储基地项目4500平方米的地基工程及护栏已经完成建设，国立农场新品种饲草杂交构树种植项目进展顺利。新培育创新农场、沃野合作社、银马奶牛养殖场等一批发展势头良好、后劲长足的新型农业经营体。在农业基础设施建设方面。先后实施新增千亿斤粮食产能田间工程项目、省市级基本农田保护区示范整理项目、粮食高产创建整合项目、现代农业示范区项目、漕河生态修复工程项目、防护林项目、北李等6村高标准基本农田建设项目、西张等4村土地整理项目。项目区呈现出“田成方、林成网、路成框、沟桥涵渠相通、旱能浇、涝能排”的农田格局。全镇耕种收综合机械化水平达到85%以上，粮食种植面积稳定在4.6万亩以上。小麦、玉米单产分别达到562公斤、650公斤，均位居全区前列。培育了康美源蔬菜、绿小麦、萨家庄山药等名优新特品种。

【城乡基础设施建设】 实施吴新、马庄、北苏、李家大坡等10余个村的旧村改造及新型农村社区建设，共规划新型农村社区8个，建居民楼31幢，新硬化道路7.13公里。主街道硬化率达到90%以上，巷道硬化率达到30%以上，进村道路和村内主街道全部实现绿化，路灯达1500余盏。建成污水处理设施1处。投资400余万元，新建2500平方米的便民服务中心，36个村全部建立便民服务点。投资110万元，完成50余公里的镇村道路建设。投资100万元，实施了22.65公里的农村公路安全生命防护工程。开通泰安至马庄的209路、208路城乡公共汽车交通线。投资20余万元，安装四坡路交通信号灯。投资2500余万元，实施农村电力设施建设及电网改造工程。投资200余万元，对14个村实施饮水安全管网延伸改造工程，确保人民群众的饮水安全。

【环境保护】 ①优化农村环境。镇村投入2700余万元，开展净化、美化、绿化、硬化、亮化工程。②对全镇“土小”企业进行集中清理整治。6家塑料颗粒企业被取缔。11家膏粉厂投资1000余万元，全部新上环保设备。鲁能泰山矿业开发有限公司投资240余万元，完成环保防护大棚、环保防护网建设。镇村投入45.37万元，开展秸杆禁烧及综合利用工作，秋季秸秆还田率达到98.28%，镇村环境面貌发生明显改观。③实施城乡环卫一体化。聘用保洁员160名，配备保洁装备160套，保洁员每天定时到岗到位清理卫生，5辆生活垃圾收集车每天到各村巡回清运。各村成立环卫协会，实现环境卫生长效化管理。

【扶贫工作】 制订脱贫攻坚专项实施方案，构建起整村推进、产业扶贫、合作社+贫困户扶贫、电商扶贫、社会事业发展助推扶贫等方面的全方位立体式扶贫格局。年末，西张村345户计531名贫困人口实现脱贫。鲁能石膏矿、鲁源岩盐有限责任公司、鹏程集团、平家村创新农场等单位分别对所帮扶的市级贫困村给予支持。搞好民族帮扶，对上争取民族项目17个，累计投入资金260余万元，改善了少数民族群众生产生活条件。

【教育、文化、卫生事业】 ①教育事业。

有普通初中学校2所，在校生1807人，有专任教师133人。小学学校5所，在校生1294人，专任教师87人。投资800余万元，进行学校标准化建设，新建成中心小学综合办公楼、二十二中学生餐厅和回民中学综合餐厅。投资120万元，建成回民中学高标准塑胶跑道。各中小学设施配备和校园环境建设均达到省级标准化学校标准。教育教学质量提高，小学、初中段教学成绩整体位于全区中上游水平，学生综合素质提升。泰安第二十二中学被泰安市体育运动学校确定为“手球、乒乓球训练基地”，回民中学被确定为“排球、篮球训练基地”。镇先后获“泰安市课程与教学工作先进单位”“全市体卫艺工作先进乡镇”“全区教书育人先进单位”等称号。②文化事业。全面推进村级文化阵地建设，建成36个村级综合文化服务中心，每村培育了1名文化带头人。建立32支广场舞队伍和13支民间故事队，成立“幸福马庄”艺术剧团。实施文化惠民工程，开展故事队拜年、广场舞比赛、歌唱比赛等文体活动共30余场，“送戏下乡”169场，“送电影下乡”2554场，“送书画下乡”20余场。成功举办全民健身运动会、全民健步走、庆“七一”文艺演出等丰富多彩的活动。③卫生事业。有镇卫生院1所，床位99张，卫生专业技术人员65人。村级卫生院34个，乡村医生90人。镇卫生院先后投资350万元，新上光电血球仪、螺旋CT等一批先进进口设备，建成高标准数字化接种门诊。每年为全镇65岁以上老年人免费查体，并建立健康档案。对所有6岁以内儿童免费保健，并建立健康记录表。该卫生院投资10余万元，建设了国医堂。同时，与泰山疗养院合作开展康复中心项目，泰山疗养院知名专家定期到镇卫生院坐诊。马庄人民在家门口就能得到高水平的基本医疗服务。

【民生保障】 民生保障水平得到提升。①就业创业。农村劳动力转移1120人，城镇新增就业519人，发放小额担保贷款230万元，新增创业带动218人，城镇登记失业率控制在3.5%内。②社会保险。完成各项社会保险费征缴3570万元，居民基本养老保险参保人数达1.2万人。居民基本医疗保险参保人数达3.8万人，参保完成率达到96.1%，基本实现应保尽保。③社会保障。农村低保、五保、残疾人扶助、医疗救助、救济贫困及受灾群众生产生活等诸方面问题均得到妥善解决。居民人均纯收入1.38万元。享受最低生活保障478人。有敬老院1所，入住18人。④信访工作。全镇群众来信、来访量分别比上年下降23.9%、39.5%。

【平安马庄建设工程】 ①落实安全生产目标管理责任制。村村配备安全监督员，建立健全镇安全委员会负总责，实施管区、村属地管理机制，各部门行业主管，经营业户落实主体责任的安全生产责任体系。②强化综治巡防。推进实施“天网工程 ”建设，投资100余万元，建设监控平台1处，治安卡口2个，视频前端28个，实现镇、村监控联网无缝隙、全覆盖。派出所每天不定时巡逻，各村每天安排夜间值班，镇综治办不定期查岗巡视，有效遏制各种案件的发生。

（李　宁）

满庄镇

【概况】　满庄镇位于岱岳区南部，北邻泰安市高新技术开发区，南连大汶口镇、马庄镇，东与北集坡镇接壤，西与夏张镇毗邻。该镇系泰安大汶口工业园驻地，与园区一体化发展，先后被确定为全国第三批发展改革试点镇、全国重点镇、全国特色景观旅游名镇、国家级生态文明镇、省旅游百强乡镇、省首批宜居小镇、省首批重点示范镇，系全省小城市试点镇。2016年，总面积113平方公里，辖42个村，人口7.6万人。有耕地面积6.98万公顷，生产粮食5.78万吨，棉花82吨，肉类7460吨，牛奶2325吨。完成固定资产投资153.48亿元，比上年增长24.9%。规模企业实现主营业务收入90.68亿元，利税5.14亿元，利润3.49亿元，分别比上年增长12.2%、8.2%、10.7%。规模企业用电量持续增长，达到5.79亿千瓦时。工业园区实现地方财政收入3.11亿元，其中税收3.05亿元，同口径与上年持平。居民人均纯收入1.85万元。享受最低生活保障金2680人。有敬老院1所，入住73人。至2016年，计划生育工作连续6年被市委、市政府授予“十佳先进乡镇”。

【招商引资】　全年引进过亿元项目15个，招商引资实际到位资金15亿元。投资5亿元的联强远大装配式建筑生产基地、投资10亿元的泰安六星汽车城、投资6亿元的唯品会山东运营中心、投资2亿元的山东鑫天河新材料、投资2亿元的泰安豪霆国际赛车场等项目相继签约落地并开工建设。年末，投资6亿元的桃李面包食品加工、投资5亿元的泰山玻纤年产60万吨超微粉、投资5亿元的中国化工集团二期120万吨制盐等项目处落地推进中。

【项目建设】　建设重点项目16个。泰山玻纤投资25亿元再建2条池窑拉丝生产线，在三号线上年投产的基础上，年内四号线主体完工，第五条生产线开工建设，项目建成后，人均产能提高2倍，效益全行业领先。截至年末，泰安润恒农副产品冷链物流产业园果蔬交易中心、国际食品交易中心完工，20万吨立体智能化冷库、金融商务区正在

天乐城　（韩秀梅　供）

加紧建设。金融商务区一期商铺全部预订出售。天颐湖旅游度假区泰山花海、梦想小镇、世界古典名车博览馆、太空飞行体验馆成功运营，并通过国家AAAA级景区验收。岱岳制盐120万吨精制盐项目制盐车间、卤水净化车间正在建设。联强远大装配式建筑生产基地正在进行设备安装，3月开始试生产。山东鑫天河新材料项目通过租赁园区原有企业厂房，4条生产线3月建成投产。泰安豪霆国际赛车场项目赛道基础铺设完成。京台高速满庄下道口拓宽改造项目由山东高速集团投资5000余万元建设，投用后将成为全省第一个双向八车道的高速公路出口。泰安六星汽车文化产业园、胜利水库除险加固和104国道改线工程已全面完工。

【社区建设】 建成温馨家园、兰庭公馆、天颐社区、曹家寨社区、南迎社区等高标准住宅小区，城镇框架初见规模。天颐社区被列入山东省第一批“农村新型示范社区”。加快推进新庄棚户区改造，年末，6幢回迁楼主体已封顶。

【城乡基础设施建设】 镇党委、政府把城乡基础设施建设作为民生重要工程实施。①交通建设。新修道路40余公里，铺设自来水管道36公里，燃气管道57公里。全面完成工业园区水系清淤改造和主干道路绿化、亮化提升工程。相继开通26路、27路和301路公交线路，方便群众出行。②环境卫生治理。投资近500万元，实施农村污水综合改造工程，根治农村生活污水和干渠污染问题。同时，启动宋家庄、樊家安阜、老虎官庄、宿家庄、孙家安阜、吴家官庄共1300户农村改厕工程。上泉村被表彰为省级“宜居村庄”。③旅游基础设施建设。投入1.46亿元，对天颐湖景区配套设施进行改造，实施绿化工程，新增绿化面积593平方米。

【扶贫工作】 ①结对扶贫工程，选取3个强村、18家企业帮扶21个贫困村，制定帮扶项目25个，落实帮扶资金200余万元。帮助贫困村理思路、定措施、上项目，由强企、强村出资金、出技术，重点扶持村级发展创收性项目。其中，3个市级贫困村新上光伏发电项目108千瓦，增强了村级自身“造血”功能。共上光伏发电项目108.94千瓦，已全部并网发电，年增加经济收入13万元。②开展贫困大学生求助行动。2013—2016年，累计投入14.28万元，资助91名大学生。

【教育、卫生事业】 ①教育事业。有普通初中学校2所，在校生4116人。小学学校7所，在校生4986人。教育投入持续加大，投资1亿元，重建满庄二中，年末，教学综合楼、学生公寓主体已经封顶。工业园区高级中学建设已获省政府批复同意，立项、环评、规划、土地、建设等手续已经完成。总投资2.2亿元的新城实验小学、新城实验中学、东牛小学、南淳于幼儿园等一批高标准学校建成并投入使用。投资500余万元，在全区率先实现小学校车接送全覆盖。是年，镇被评为全市教学工作先进单位。在科学发展考核、综合督导和中小学教学成绩综合考核中，连续4年位列全区第一名。②卫生事业。有镇卫生院1所，床位180张。村级卫生室58个，乡村医生120人。镇卫生院投资600余万元，建设康复中心，诊疗人数和病床使用率大幅度提高，医院总收入位居全区前列。该院被评为“全国群众满意乡镇卫生院”。

【城乡环境整治】 在城乡环境治理方面，主要开展改厕治污2项工作。①完成宋家庄等6村1300户农村改厕试点任务。②投资近500万元，开展农村污水处理综合试点建设，有效改善了农村人居环境。

（韩秀梅）

夏张镇

【概况】 夏张镇位于岱岳区西南部，北隔青龙山与天平街道办事处相邻，南与马庄镇毗连，东与满庄镇接壤，西与肥城市仪阳镇相望。系泰城的西南门户，自古以来就有“九省御道”之称。2016年，总面积122平方公里，辖8个管区，71个行政村，1个居委会，总人口6.3万人。有耕地面积4786公顷，农业机械总动力9.02万千瓦。产粮食5.92万吨，棉花194吨，肉类4783吨，牛奶6900吨。外贸进出口总值5870万元，比上年增长10%。实现地方财政收入1662万元，比上年增长2.9%。居民人均纯收入1.28万元。享受最低生活保障1180人。有敬老院1所，入住27人。该镇被授予“全市民族团结进步模范”单位。

【招商与项目建设】 ①招商引资。新签约项目22个，合同引资额16.2亿元，实际到位资金12.6亿元，比上年增长10.3%。②项目建设。投资1亿元的盛宏春酿酒设备、投资1.2亿元的泰山泉全自动化机械酿酒设备、投资9000万元的泰新商品混凝土生产线、投资1.1亿元的泰山天鹅湖、投资8000万元的佳美货架等一批生产效益好、带动能力强的项目建成投产。实施投资1500万元涉及10个村的千亿斤粮食项目。在农产品上实施品牌战略，注册“泰安红心萝卜”国家地理标志证明商标1件，注册“夏张红”“金坠子”“金丝”“夏张”“罗家堂”等集体商标5件。开发“红心萝卜”“罗家堂芹菜”“大樱桃”“蓝莓”等特色农产品，并通过电商销售。在旅游项目建设上，重点打造泰山天鹅湖景区项目，弥补泰城周边飞鸟生态旅游

泰山天鹅湖一角 （商西鹏 供）

的空白，“十一”国庆节日期间，日接待游客达1.4万人，年实现旅游收入1100万元。创立上王庄乡村游、万亩梨园观光游等乡村旅游品牌。上王庄村被评为山东省旅游特色村，上王庄村田园项目被评为“山东省开心农场”，梨园人家民宿被评为“山东省五星级好客农家乐”。

【教育、文化、卫生事业】 ①教育事业。有普通初中学校1所，在校生2122人，专任教师1442人。小学学校7所，在校生1761人，专任教师102人。实施“大班额”改造，投资3200万元，完成十中一期建设及配套工程。投资780万元，建成十中宿舍楼。投资1800万元，建成王士店小学新校。该3项工程已投入使用。②文化事业。建成文体小广场75处、农家书屋71个。组建54支共计1261人的广场舞蹈队伍，并连续举办了三届广场舞大赛。③卫生事业。有镇卫生院1所，床位40张，专业卫生技术人员67人。有村级卫生室51个，乡村医生102人。医疗卫生体系、公共卫生服务体系不断完善。

【民生事业】 民生事业重点实施上王庄村美丽乡村建设试点项目，整个项目总投资225万元，建成农家乐游客服务中心、卫生间、停车场、村史馆，完成道路整修工程，搭建葡萄架9000平方米，安装路灯35盏。在扶贫工作方面。设立泰山天鹅湖、春雨女儿茶、瓜蒌基地、德宾利服饰等扶贫就业基地14处，解决了98名贫困群众就业。投资1100万元，建成山石资源运输便道，修整御道西路、御道中路、梨园工业南路等道路。投资1500万元，开通5条公交线路。投入2700余万元，实现城乡环卫一体化及其市场化托管。

（商西鹏）

【概况】 道朗镇地处岱岳区西部，南与夏张镇连壤，北与济南市长清区为邻，西与肥城市潮泉镇相接，东与天平办事处相依。2016年，总面积105平方公里，辖43个行政村，人口3.5万人。耕地面积3360公顷，山林面积4.07万公顷，森林覆盖率达39.6%。产粮食2.58万吨，棉花35吨，肉类1844.52吨，牛奶1047.57吨。完成固定资产投资10.5亿元。实现农业总产值1.87亿元、工业增加值6.62亿元、国民生产总值12.39亿元。地方财政收入4342万元，比上年增长37%。社会消费品零售总额3.9亿元，比上年增长8%。农民人均纯收入达到1.32万元，比上年增长10%。享受最低生活保障382人。有敬老院1所，入住14人。

【招商引资与项目建设】 ①招商引资。招商引资和项目建设围绕培植建材、新能源、特色旅游三大主导产业展开。外出招商10余次，新签约项目4个，其中过亿元项目2个，即振鹏文教玩具项目、九女峰乡村旅游度假区项目。实现合同引资额4.8亿元，实际到位资金4.2亿元。年末，5个项目正处签约阶段，分别是杭州赛石园林集团观光道路绿化提升项目、东西门古村旅游开发项目、神龙大峡谷开发项目、二奇楼古村落开发项目、山东三叶新能源风力发电项目。②项目建设。在建列入区“910”重点项目3个，即里峪乡村游、泰山茶溪谷、朗瓦太阳能光伏发电项目。续建项目3个，即泰山白马禅寺文化产业园、山东泰山茶溪谷茶农业发展项目、腾博环境科技项目，均进展顺利。

【农业产业】 农业产业在保持传统种植业的同时，开展3个方面的建设。①发展特色种植业。形成南部杂粮、北部果品的农业生产格局。酿酒葡萄种植面积370亩，茶园面积1500亩 。培育“岱鼎女儿茶”“芝峰葡萄酒”等品牌。泰山茶溪谷茶园被评为省级农业标准化示范基地和山东省农业旅游示范点。②特色养殖。建有奶牛养殖场3处，存栏3500头，年产鲜奶8900吨。三喜奶山羊养殖基地被评为“国家级畜禽标准化示范场”，同和奶牛养殖专业合作社被评为市级农业合作社。③培育龙头企业。年末，农业专业合作社达35家、家庭农场6家。

【工业】 全镇实现工业总产值9.2亿元，比上年增长18%。规模工业完成总产值4亿元，比上年增长22%。工业企业完成新技扩投资10.5亿元，比上年增长18%。年末，小微企业达120余家，年主营业务收入过500万元的工业企业达到10家。泰安中联水泥有限公司列入工信部“中国智能制造试点示范项目”，是全国水泥行业唯一入围企业，被评为“山东省工业旅游示范点”。

【公路建设】 争取到奖励补助资金80万元，申请道路建设“一事一议”项目资金163.97万元，建设7条道路。其中，全面完成5条乡道总长16.34公里的农村公路生命安全防护工程，打通连接泰山青春创业开发区的九女山路。投资110万元，开通K25路城市公交线路和道朗至夏张、北白楼至里峪2条公交线路。同时，协调青兰高速公路征地拆迁工作，确保项目施工。

【生态文明建设】 ①环卫工作。累计投入资金1400万元,实现城乡环卫一体化全覆盖，实现卫生保洁市场化托管。②绿化工程。完成荒山造林1500亩，春季造林900亩，发展优质林果520亩，道路绿化12公里，完成造林2980亩，植树21万株。林地面积达到6.1万亩，森林覆盖率达39.6%。③建设宜居环境。投资550万元，对泰肥一级路、老泰肥路、道夏路、康王河实施提升工程。投资222.8万元，打造里峪村美丽乡村建设项目。④资源综合整治。投资3000余万元，整治山石企业15家，新修采石场专用道路5条计5.5公里。开展国土规划建设综合整治，加大对违法建设、违章建筑的查处执法力度，拆除违法建设、违章建筑6处。⑤开展“土小”企业整治活动。依法取缔了镇内5家“土小”企业，在全区率先完成了整治任务。

【乡村旅游业】 ①打造高端民宿8处，“泰山人家”接待旅游家庭45户。②成功举办第三届香椿采摘节、乡村音乐啤酒节及香椿美食大赛、葡萄采摘等旅游促销活动。③以里峪村为龙头，打造辐射19个村的泰山九女峰乡村旅游聚集区。为提升该旅游聚集区档次，邀请山东省旅游规划设计研究院进行项目总体规划，并完成初审。④引进杭州赛石园林集团建设度假区内道路及其绿化提档升级项目。该项目被列为省市区重点旅游项目，同时被列入PPP项目库。⑤打造里峪香椿、核桃、板栗、二奇楼小米等特色旅游商品。是年，该镇乡村旅游业共接待游客31万人次，旅游总收入2170万元。里峪村获“全国乡村旅游模范村”称号。二奇楼村获山东省“传统古村落”称号。

4月12日，道朗镇扶贫工作推进会　（彭辉　供）

【扶贫工作】 实施产业扶贫。结合已有产业优势，重点规划北部旅游、南部光伏发电2个大产业区及葡萄种植区、茶叶种植区、桂花种植区、中草药种植区、奶山羊养殖区、奶牛养殖区、红瓤地瓜和小米种植区等七大种植主产业区，带动促进和帮扶产业区内贫困人口脱贫。投资155万元，实施8个省市级贫困村扶贫项目，共惠及贫困人口46户91人。年末，3个省市级贫困村完成脱贫，脱贫202户计362人。

【教育、文化、卫生事业】 ①教育事业。有普通初中学校3所，在校生2166人。小学学校2所，在校生970人。投资1200万元，对辖区内中小学校基础设施进行建设与改善。学校标准化和国家义务教育均衡化发展验收通过，教育综合评估和教学质量位居全区前列。②文化事业。深入推进文化下乡，文体小广场和农家书屋，实现全覆盖。成立镇文化艺术团，为村民送戏下乡。③卫生事业。年末，有镇卫生院1所，床位60张。村级卫生室38个，乡村医生62人。镇卫生院投资1000余万元，完成病房楼和国医堂建设。

（彭　辉）

编辑·校对　钱国庆　赵　蕾　翟梦雪

附录

文件选目

中共泰安市岱岳区委、区委办公室文件

泰岱发〔2016〕2号 中共泰安市岱岳区委印发《关于制定泰安市岱岳区国民经济和社会发展第十三个五年规划的建议》的通知

泰岱发〔2016〕3号 中共泰安市岱岳区委印发《关于加强和改进党的群团工作的实施意见》的通知

泰岱发〔2016〕4号 中共泰安市岱岳区委印发《泰安市岱岳区2016—2017年度精准脱贫攻坚工作实施方案》的通知

泰岱发〔2016〕5号 中共泰安市岱岳区委印发《泰安市岱岳区推进〈中国共产党统一战线工作条例（试行）〉实施工作方案》的通知

泰岱发〔2016〕6号 中共泰安市岱岳区委印发《进一步加强禁毒工作的实施意见》的通知

泰岱发〔2016〕7号 中共泰安市岱岳区委印发《关于加强社会主义协商民主建设的实施意见》的通知

泰岱发〔2016〕8号 中共泰安市岱岳区委印发《关于落实“三重一大”事项集体决策制度的实施意见》的通知

泰岱发〔2016〕9号 中共泰安市岱岳区委印发《关于落实区直单位党委（党组）书记管党职责的实施意见》的通知

泰岱发〔2016〕10号 中共泰安市岱岳区委印发《中共泰安市岱岳区常委会2016年工作要点》的通知

泰岱发〔2016〕11号 中共泰安市岱岳区委印发《关于深化供销合作社综合改革的实施意见》的通知

泰岱发〔2016〕12号 中共泰安市岱岳区委印发《中国共产党泰安市岱岳区委员会工作规则》的通知

泰岱发〔2016〕13号 中共泰安市岱岳区委印发《关于落实全面从严治党主体责任的实施意见》的通知

泰岱发〔2016〕14号 中共泰安市岱岳区委印发《关于深入学习贯彻党的十八届六

中全会精神的意见》的通知

泰岱发〔2016〕15号 中共泰安市岱岳区委印发《区委宣传部、区司法局关于在全区公民中开展法治宣传教育的第七个五年规划（2016—2020年）》的通知

泰岱办发〔2016〕1号 区委办公室《关于表彰区地税分局的通报》的通知

泰岱办发〔2016〕2号 区委办公室《关于全区2015年度群众满意度工作情况的通报》的通知

泰岱办发〔2016〕3号 区委办公室《乡镇（街道）纪（工）委书记、副书记提名考察办法（试行）》《区纪委派驻纪检组组长、副组长提名考察办法（试行）》的通知

泰岱办发〔2016〕4号 区委办公室《岱岳区党委（党组）履行党风廉政建设主体责任和纪委（纪检组）履行监督责任清单》的通知

泰岱办发〔2016〕5号 区委办公室《关于对全区重点骨干项目进行包保帮促》的通知

泰岱办发〔2016〕6号 区委办公室《2016年全区党风廉政建设主体责任分工方案》的通知

泰岱办发〔2016〕7号 区委办公室《2016年岱岳区招商引资工作考核办法》的通知

泰岱办发〔2016〕8号 区委办公室《关于在全体党员中开展“学党章党规、学系列讲话，做合格党员”学习教育实施方案》的通知

泰岱办发〔2016〕9号 区委办公室《关于加强国土资源执法监管建立共同责任机制的意见》的通知

泰岱办发〔2016〕10号 区委办公室《岱岳区扶贫开发工作重要任务目标分解及分工方案》的通知

泰岱办发〔2016〕11号 区委办公室《关于区委常委参加“学党章党规、学系列讲话、做合格党员”学习教育工作安排方案》的通知

泰岱办发〔2016〕12号 区委办公室《关于表彰区职教中心的通报》的通知

泰岱办发〔2016〕13号 区委办公室《关于深入开展县级党政班子成员和部分乡镇党委书记、区直部门主要负责人向区纪委全会述廉述责工作的实施方案》的通知

泰岱办发〔2016〕14号 区委办公室《中共泰安市岱岳区委全面深化改革领导小组2016年工作要点》的通知

泰岱办发〔2016〕15号 区委办公室《泰安市岱岳区党委（党组）意识形态工作责任制实施细则》的通知

泰岱办发〔2016〕16号 区委办公室《关于进一步深化医药卫生体制改革的实施意见》的通知

泰岱办发〔2016〕17号 区委办公室《泰安市岱岳区农村改厕工作实施方案（2016—2018年）》的通知

泰岱办发〔2016〕18号 区委办公室《关于认真贯彻中央巡视组反馈意见精神全面做好整改落实工作方案》的通知

泰岱办发〔2016〕19号 区委办公室《泰安市岱岳区党政机关公务用车制度改革实施方案》的通知

泰岱办发〔2016〕20号 区委办公室《关于加强城乡社区协商的实施意见》的通知

泰岱办发〔2016〕21号 区委办公室《关于表彰在全区农信联社银行化改革工作中作出突出贡献的单位和个人的通报》的通知

泰岱办发〔2016〕22号 区委办公室《关于全区防汛工作情况的通报》的通知

泰岱办发〔2016〕23号 区委办公室《岱岳区文化产业工作考核办法》的通知

泰岱办发〔2016〕24号 区委办公室《关于进一步加强和完善领导干部外出报备和保持通讯联络畅通》的通知

泰岱办发〔2016〕25号 区委办公室《泰安市岱岳区深化文化体制改革实施方案》的通知

泰岱办发〔2016〕26号 区委办公室《关于深入推进农村社区建设的实施意见》的通知

泰岱办发〔2016〕27号 区委办公室《关于全面推进公共法律服务体系建设的意见》的通知

泰岱办发〔2016〕28号 区委办公室《泰安市岱岳区调整不适宜担任现职干部实施办法（试行）》的通知

泰岱办发〔2016〕29号 区委办公室《关于区委落实全面从严治党主体责任工作分工》的通知

泰岱办发〔2016〕30号 区委办公室《关于成立黄前水库水源地综合整治指挥部》的通知

泰岱办发〔2016〕31号 区委办公室《关于推进工业“三强带动”战略的实施意见》的通知

泰岱办发〔2016〕32号 区委办公室《2016年度区直部门科学发展综合考核工作实施细则》的通知

泰岱办发〔2016〕33号 区委办公室《2016年度乡镇（街道）、园区经济社会发展综合考核工作实施细则》的通知

泰岱办发〔2016〕34号 区委办公室《关于推进美丽乡村标准化建设的实施意见》的通知

泰岱办发〔2016〕35号 区委办公室《区委统战部关于区工商联（总商会）、乡镇（街道）商会换届工作的实施意见》的通知

泰安市岱岳区人民政府、区政府办公室文件

泰岱政发〔2016〕1号　泰安市岱岳区人民政府关于实施城中村片区改造工作的意见

泰岱政发〔2016〕2号　泰安市岱岳区人民政府关于加快推进政府与社会资本合作模式的意见

泰岱政发〔2016〕3号　泰安市岱岳区人民政府关于促进慈善事业健康发展的实施意见

泰岱政发〔2016〕6号　泰安市岱岳区人民政府关于全面深化新时期爱国卫生工作的实施意见

泰岱政发〔2016〕7号 泰安市岱岳区人民政府关于加快现代保险服务业的实施意见

泰岱政发〔2016〕8号　泰安市岱岳区人民政府印发《第三十届泰山国际登山节期间岱岳区有关活动安排总体方案》的通知

泰岱政发〔2016〕9号 泰安市岱岳区人民政府关于机关事业单位工作人员养老保险制度改革的实施意见

泰岱政发〔2016〕14号 泰安市岱岳区人民政府关于加快发展体育产业促进体育消费的实施意见

泰岱政发〔2016〕15号 泰安市岱岳区人民政府关于切实做好2016年退役士兵接收安置工作的通知

泰岱政发〔2016〕16号 泰安市岱岳区人民政府印发《泰安市岱岳区落实〈水污染防治行动计划〉工作方案》的通知

泰岱政发〔2016〕18号 泰安市岱岳区人民政府印发《泰安市岱岳区全民健身实施计划（2016-2020年）》的通知

泰岱政办发〔2016〕1号 泰安市岱岳区人民政府办公室关于规范区政府领导政务活动协调安排工作的通知

泰岱政办发〔2016〕2号 泰安市岱岳区人民政府办公室关于进一步规范公文处理工作的通知

泰岱政办发〔2016〕3号 泰安市岱岳区人民政府办公室关于进一步提高全区政府系统文稿质量的通知

泰岱政办发〔2016〕4号 泰安市岱岳区人民政府办公室关于进一步做好政务信息报送工作的通知

泰岱政办发〔2016〕5号 泰安市岱岳区人民政府办公室印发《泰安市岱岳区卫生和计划生育局主要职责内设机构和人员编制规定》的通知

泰岱政办发〔2016〕6号 泰安市岱岳区人民政府办公室印发《泰安市岱岳区城市公立医院综合改革实施方案》的通知

泰岱政办发〔2016〕7号 泰安市岱岳区人民政府办公室印发《泰安市岱岳区旅游局主要职责、内设机构和人员编制规定》的通知

泰岱政办发〔2016〕8号 泰安市岱岳区人民政府办公室印发《泰安市岱岳区全民科学素质行动计划纲要实施方案（2016—2020年）》的通知

泰岱政办发〔2016〕9号 泰安市岱岳区人民政府办公室关于积极推进分级诊疗制度建设的通知

泰岱政办发〔2016〕10号 泰安市岱岳区人民政府办公室关于加快泰山国际特种设备智慧谷建设的通知

泰岱政办发〔2016〕11号 泰安市岱岳区人民政府办公室印发《泰安市岱岳区审计局主要职责内设机构和人员编制规定》的通知

荣誉榜

2016年度岱岳区获得的主要荣誉

2016年，岱岳区粮食生产实现“十四连增”，蚕茧产量连续16年位居全省第一位，全国计划生育优质服务先进单位。创建国家AAAA级景区4家，AAA级3家，被评为“最美中国·文化魅力”休闲度假旅游目的地城市。在全省城乡环卫一体化民意调查中列全市第一位。在2017年4月1日召开的全市科学发展表彰大会上，被市委、市政府表彰为“2016年度经济社会发展综合考核二等奖”“全市信访工作先进单位”。

全国幸福家庭

黄翠芸家庭　泰安市岱岳区满庄镇满北村

全国法院司法警察技能大比武

个人一等功：赵玉鹏　岱岳区人民法院

嘉奖：季　朦　范运德　李培川　王　宇（岱岳区人民法院）

通报表扬：厉兆鑫　郑荣成　郑德勇　张君宝　耿　凯　岳　强　孙志强　王安宁　赵冬晓　李　凯（岱岳区人民法院）

2016年度山东省富民兴鲁劳动奖章获得者

韦　伟　泰安伟业金属材料有限公司董事长

候　明　山东鲁能泰山矿业开发有限公司制粉部经理

山东省青年志愿服务先进个人

钱继红（女）　泰安市岱岳区人民法院徂徕法庭副庭长

省三八红旗手

王　玲　泰安市岱岳区妇联主席

钱继红　泰安市岱岳区人民法院徂徕人民法庭副庭长

谢　荟　泰安市兴岳食品股份有限公司董事长、总经理

山东省妇女儿童工作先进个人

石秀娟　泰安市岱岳区山口镇卫生院医师

省巾帼建功标兵

夏　芳　泰安市岱岳区范镇党委副书记、镇长

全省妇联系统新闻宣传工作先进个人

王　丽　岱岳区妇联

第一届全省文明家庭

刘梅元　汪庆菊家庭　泰安市岱岳区粥店街道粥店社区

孟广琴家庭　泰安市岱岳区天平街道大陡山村

第一届全省检察机关案件管理业务能手

窦应俏　岱岳区人民检察院案件管理中心科员

全省检察机关反渎部门优秀侦查员

张公营　岱岳区人民检察院反渎职侵权局局长

全省法院先进个人

王月红　岱岳区人民法院

省法院记个人二等功

薛厚忠　岱岳区人民法院

齐鲁时代楷模

苏庆亮，男，1970年出生，中共党员，泰安市岱岳区扶贫办原副主任。苏庆亮20余年如一日，扎根乡村，不忘初心，实干担当，团结带领全村党员和群众闯出一条由穷变富、由乱到治的富民强村之路，为推进精准扶贫、精准脱贫、建设社会主义新农村做出突出贡献，赢得当地广泛赞誉和衷心爱戴，先后荣获“全国劳动模范、全国脱贫攻坚奖”等荣誉称号。2016年，因病去世。

2016年山东省善行义举四德榜榜上有名先模人物

苏庆亮　生前系泰安市岱岳区扶贫办副主任、大陡山村党支部书记

首届“山东省最美孝德家庭”

李继明　贾翠芹家庭　泰安市岱岳区角峪先锋村

2016年度全市社会治安综合治理工作先进个人

姚传中　岱岳区综治办副主任

全市信访工作先进个人

焦克静　岱岳区天平街道党工委副书记

2016年度全市政务信息工作先进个人

刘　锋　　刘　华

2016 年度全市应急管理工作先进个人

黄桂清　岱岳区政府应急办综合科科长

张　斌　岱岳区天平街道办事处党政办主任

陈　飞　岱岳区天平街道办事处党政办科员

2016 年度市政府民生服务工作先进个人

范维志　岱岳区民生服务中心主任

李长院　岱岳区天平街道民生办主任

2016 年度泰安市首席技师

刘　涛　泰山玻璃纤维有限公司

刘　伟（女）泰山玻璃纤维有限公司

李　辉　泰安市泰山城建热电有限公司

王　刚　泰安市岱岳区职业教育中心

王文革（女）泰安如意科技时尚产业有限公司

中共泰安市岱岳区委
泰安市岱岳区人民政府
关于表彰 2016 年度全区经济社会（科学）发展等工作先进单位和个人的通报

（2017 年 2 月 6 日）

各乡镇（街道）党（工）委、政府（办事处），区直各部门、单位，各人民团体：

2016 年，全区上下认真贯彻落实党的十八大及十八届历次全会精神，紧紧围绕区委、区政府工作部署，履职尽责，务实创新，创先争优，促进了全区经济社会平稳较快发展。根据有关文件规定，区委、区政府决定，对 2016 年全区经济社会（科学）发展、服务业发展、重点项目建设、企业纳税、对上争取、外资外贸及电子商务等工作先进单位，招商引资工作先进单位和个人予以表彰。

希望受表彰的单位和个人珍惜荣誉，再接再厉，再创佳绩。各级各部门各单位要以先进为榜样，振奋精神，齐心协力，奋力拼搏，为“打造泰城新区，建设幸福岱岳”作出新的更大贡献。

2016 年度全区经济社会（科学）发展先进单位

一、经济社会发展先进乡镇（街道）、园区（6 个）

粥店街道

大汶口工业园（满庄镇、马庄镇）

道朗镇　徂徕镇　夏张镇　祝阳镇

二、科学发展先进单位（18 个）

区直机关工委

区委党校

区委老干部局

区财政局

区水务局
区发展和改革局
区农业局
区经济合作局
区商务局
区教育局
区民政局
区人力资源和社会保障局
区卫生和计划生育局
区文化广电新闻出版局
区信访局
区审计局
区城市管理局
区安全生产监督管理局
三、服务科学发展先进单位（6个）
区公安分局
区国税局
区地税分局
区国土资源分局
区规划分局
泰安供电公司岱岳客户服务（分）中心

2016年度全区服务业发展及重点项目建设先进单位

一、服务业发展先进单位
先进单位（6个）
粥店街道
大汶口工业园（满庄镇、马庄镇）
泰安青春创业园（天平街道）
夏张镇
徂徕镇
下港镇
争先进位先进单位（2个）
化马湾乡
角峪镇
二、重点项目建设先进单位
先进单位（6个）
大汶口工业园（满庄镇、马庄镇）
粥店街道
范镇
大汶口镇
祝阳镇
下港镇
争先进位先进单位（3个）
泰山青春创业园（天平街道）
道朗镇
夏张镇

2016年度全区企业纳税先进单位

一、工业企业纳税20强
泰山石膏有限公司
泰山玻璃纤维有限公司满庄分公司
山东岱岳制盐有限公司
新汶矿业集团有限责任公司泰山盐化工分公司
山东省联合农药工业有限公司
泰安岱银新宇纺织有限公司
泰安京日丸善食品工业有限公司
德州实华化工有限公司泰安分公司
泰安聚银纺织有限公司
泰石岩棉有限公司
北大先行泰安科技产业有限公司
泰安缇孚制衣有限公司
泰安汉威集团有限公司
泰安现代塑料有限公司
泰安鼎鑫冷却器有限公司

山东鲁能泰山矿业开发有限公司
山东东岳精制盐厂
山东阳光新材料科技有限公司
优时吉博罗石膏建材（山东）有限公司
泰安中联水泥有限公司

二、服务业企业纳税 20 强

泰安泰山城市发展置业有限公司
山东光彩投资有限公司
泰安岱岳农村商业银行股份有限公司
山东容大医药有限公司
泰安绿地泉景置业有限公司
泰安泰山大汶口旅游置业有限公司
泰安银座商城有限公司
泰安东瑞置业有限公司
泰安天房泰岳置业有限公司
泰安安泰燃气有限公司
泰安鲁商地产有限公司
山东钢铁集团房地产有限公司泰安分公司
泰安市金府源置业有限公司
泰安市泰山城市建设投资有限公司
阳光财产保险股份有限公司泰安市岱岳区支公司
泰安华易中达置业有限公司
泰安瑞康药品配送有限公司
山东省鲁岳资源勘查开发有限公司
山东安车检测技术有限公司
天津银行股份有限公司泰安分行

三、重点企业纳税增幅 20 强

上海浦东发展银行股份有限公司泰安分行
山东省鲁岳资源勘查开发有限公司
泰安市庞大之星汽车销售服务有限公司
泰山石膏有限公司
山东顺丰速运有限公司泰安分公司
北大先行泰安科技产业有限公司
中国人民财产保险股份有限公司泰安市岱岳支公司良庄镇营销服务部
泰山玻璃纤维有限公司满庄分公司
天津银行股份有限公司泰安分行
泰安中联水泥有限公司
山东容大医药有限公司
泰安汉威集团有限公司
山东奥奇重工机械有限公司
泰安弘信投资有限公司
泰安瑞康药品配送有限公司
阳光财产保险股份有限公司泰安市岱岳区支公司
泰安鲁城水泥有限公司
山东康盛医疗器械有限公司
泰石岩棉有限公司
泰安鼎鑫冷却器有限公司

2016 年度对上争取工作先进单位

区财政局
区经济和信息化局
区人力资源和社会保障局
区水务局
区教育局
区安全生产监督管理局
区商务局
区畜牧兽医局

2016 年度全区外资外贸及电子商务工作先进单位

一、全区外资外贸工作先进单位（6 个）

大汶口工业园（满庄镇、马庄镇）
粥店街道
泰山青春创业园（天平街道）
大汶口镇
房村镇
夏张镇
二、全区电子商务工作先进单位（6个）
泰山青春创业园（天平街道）
粥店街道
大汶口工业园（满庄镇、马庄镇）
徂徕镇
良庄镇
黄前镇

2016年度全区招商引资工作先进单位和个人

一、先进单位
乡镇（街道）、园区（6个）
大汶口工业园（满庄镇、马庄镇）
粥店街道
泰山青春创业园（天平街道）
范镇
道朗镇
山口镇
区直部门（10个）
区经济合作局
区旅游局
区住房和城乡建设局
区经济和信息化局
区安全生产监督管理局
区金融办
区财政局
区发展和改革局
区文化广电新闻出版局
区公共行政服务中心
二、争先进位先进单位（3个）
黄前镇　徂徕镇　房村镇
三、“招商之星”（10名）
贾文昊　李晓明
陈　静　孔　军
徐文丽　郑学斌
仇大刚　赵　勇
李　霖　宗　军

中共泰安市岱岳区委 泰安市岱岳区人民政府 关于表彰和谐岱岳建设先进单位和先进个人的通报

（2017年2月16日）

各乡镇（街道）党（工）委、政府（办事处），区直各部门、单位，各人民团体：

2016年，全区上下围绕建设和谐岱岳，突出经济转型升级、民生改善升级、城乡环境升级、党建保障升级“四大任务”，转作风、敢担当，严要求、重实干，促进了全区经济社会平稳较快发展。根据有关文件规定，区委、区政府决定，对2016年度在和谐岱岳建设中涌现出的先进单位和先进个人给予表彰。

希望受到表彰的单位和个人珍惜荣誉，充分发挥示范带动作用，再接再厉、再创佳绩。各级各部门各单位要以先进为榜样，振奋精神、开拓创新，齐心协力、奋力拼搏，为打造泰 城新区、建设幸福岱岳作出新的更大贡献。

2016年度全区平安岱岳建设先进单位和先进个人

一、平安岱岳建设先进乡镇（12个）

满 庄 镇　下港镇
天平街道　马庄镇
大汶口镇　道朗镇
范　　镇　粥店街道
良 庄 镇　房村镇
徂 徕 镇　化马湾乡

二、平安岱岳建设先进单位（20个）

区委组织部　区委宣传部
区人民检察院　区维稳办
区直机关工委　区信访局
区经济和信息化局
区教育局区　区民政局
区司法局　区财政局
区商务局　区统计局
区工商行政管理局
区经济合作局
区城市管理局
区广播电视台　区公安分局
区交警大队
泰安市第一人民医院

三、平安岱岳建设先进基层单位（34个）

粥店街道：小官庄村　枣行社区
天平街道：岩庄村　井家庄村
山 口 镇：东太平村　前梁林村
大汶口镇：太平街村　程家庄村
黄 前 镇：户家庄村　羊栏沟村
下 港 镇：大林村　茅茨舍村
祝 阳 镇：二王安村　姚西村
范　　镇：郑寨子村　张梭村
角 峪 镇：郗官庄村　先锋村
化马湾乡：土山河村　双河村
徂 徕 镇：许庄村　桥沟村
良 庄 镇：良庄西村　山阳南村
房 村 镇：西南望村　房村村
马 庄 镇：吴新村　李家大坡村
满 庄 镇：南留南村　南迎社区
夏 张 镇：平家官庄村　下官庄村
道 朗 镇：鱼东村　道朗村

四、人民满意基层政法单位（10个）

区人民法院执行三庭
区人民法院刑事审判庭
区人民检察院公诉科
区人民检察院反贪污贿赂局
区公安分局法制室
区公安分局角峪派出所
区公安分局山口派出所
区司法局祝阳司法所
区民政局基层政权和社区建设科
区交警大队车管分所

五、人民满意政法干警（10人）

区人民法院：张　军　李广军
区人民检察院：张公营　路中军
区公安分局：倪　伟　姚广胜　李　建
区司法局：李　蕾　贾　冰
区交警大队：郭雪梅

六、平安岱岳建设先进个人（65 人）

区政府办公室：李建国

区委政法委：朱春燕　杨建峰

区人民法院：李圣贤　薛建明

区人民检察院：张建斌　万　方

区直机关工委：甄永瑞

区信访局：米东升

区经济和信息化局：尹　红

区教育局：翟树森

区民政局：赵焕斌　赵建东

区司法局：于敬海　张世来

区财政局：施立勇

区人力资源和社会保障局：赵兴利

区住房和城乡建设局：梁建勇

区交通运输局：赵方伟

区商务局：徐　明

区农业机械管理局：于光岭

区河道（砂资源）管理局：刘国玉

区广播电视台：朱宗学

区国土资源分局：刘和庆

区公安分局：薛其明　张　明
闫仲庆　张训旭
张兆坤　庞绪亮

区交警大队：刘　勇

粥店街道：艾宪帅　李慧霞

天平街道：郭永军　王力军

山口镇：周广武　张义栋

大汶口镇：李　军　张兴东

黄前镇：鲁继承　张国栋

下港镇：徐英兰　孙光伦

祝阳镇：赵焕华　陈　勇

范　镇：朱荣斌　李增文

角峪镇：刘金明　丁兆昌

化马湾乡：杨文春　于　军

徂徕镇：王晓斌　赵　泰

良庄镇：朱致伟　李昌伟

房村镇：李宏高　白太斌

马庄镇：刘增庆　张奎镇

满庄镇：邓振华　何青军

夏张镇：葛　东　李永成

道朗镇：于秀萍　姚胜章

2016 年度全区信访维稳工作先进单位和先进个人

一、信访工作先进单位（47 个）

乡镇（街道）（17 个）

一等奖：下港镇、范镇、化马湾乡、徂徕镇、马庄镇、满庄镇（大汶口工业园）、道朗镇

二等奖：粥店街道、天平街道（泰山青春创业园）、山口镇、大汶口镇、黄前镇、祝阳镇、角峪镇、良庄镇、房村镇、夏张镇

区直部门（30 个）

区人民法院、区人民检察院、区维稳办、区机构编制委员会办公室、区信访局、区发展和改革局、区经济和信息化局、区教育局、区民政局、区司法局、区财政局、区人力资源和社会保障局、区住房和城乡建设局、区交通运输局、区水务局、区农业局、区商务局、区文化广电新闻出版局、区卫生和计划生育局、区审计局、区粮食局、区供销合作社联合社、区林业局、区畜牧兽医局、区农业机械管理局、区民族与宗教事务局、泰山商业总公司、区职教中心、区河道（砂资源）管理局、区公安分局

二、维稳工作先进单位（30个）

乡镇（街道）（10个）

粥店街道、天平街道(泰山青春创业园)、大汶口镇、黄前镇、下港镇、祝阳镇、化马湾乡、良庄镇、房村镇、满庄镇（大汶口工业园）

区直部门（20个）

区人民法院、区人民检察院、区维稳办、区信访局、区经济和信息化局、区教育局、区民政局、区财政局、区人力资源和社会保障局、区住房和城乡建设局、区水务局、区农业局、区商务局、区粮食局、区供销合作社联合社、泰山商业总公司、区房产管理局、区公路局、区河道（砂资源）管理局、区公安分局

三、信访工作先进个人（80人）

乡镇、街道（34人）

粥店街道：王艳红　岳昆芳

天平街道：韩增华　李　环

山 口 镇：吉　强　赵志国

大汶口镇：张训晋　贾鲁晋

黄 前 镇：倪秋平　张兆庆

下 港 镇：谢庆军　徐宗惠

祝 阳 镇：杨荣民　李培来

范　　镇：周光泉　光　启

角 峪 镇：赵爱军　赵　伟

化马湾乡：邓光华　边炳宝

徂 徕 镇：宫志栋　吴　波

良 庄 镇：高　磊　朱衍涛

房 村 镇：侯　涛　程钦雷

马 庄 镇：公忠诚　刘　霞

满 庄 镇：时德佳　赵　景

夏 张 镇：任国梁　王忠友

道 朗 镇：李　波　王现玉

区直部门（46人）

区委办公室：高文星

区人大常委会办公室：王立新

区政府办公室：李建国

区政协办公室：曲秀芹

区纪委办公室：贾玉杰

区委组织部：孙明明

区委宣传部：苏建君

区委政法委：周长征

区人民法院：张传华

区人民检察院：米　郡

区维稳办：王　楠

区机构编制委员会办公室：苗元强

区委老干部局：徐　静

区信访局：孙宁国

区残联：庞圣伟

区发展和改革局：李恩泉

区经济和信息化局：尹　红

区教育局：刘　伟

区民政局：王　荣

区司法局：马衍仲

区财政局：彭本胜

区人力资源和社会保障局：马　芹

区住房和城乡建设局：梁建勇

区交通运输局：孙兆军

区水务局：罗　军

区农业局：张玉荣

区商务局：陈　青

区文化广电新闻出版局：赵晓莹

区卫生和计划生育局：金玉斌

区审计局：孟　强
区环境保护局：张长青
区粮食局：李　溟
区中小企业局：尹承运
区供销合作社联合社：于树林
区林业局：崔　鹏
区畜牧兽医局：霍　伟
区农业机械管理局：朱明霞
区民族与宗教事务局：白　莹
泰山商业总公司：张　伟
泰山青春创业园：吴　东
大汶口工业园：裴新涛
区职教中心：韩立元
区房产管理局：吕庆良
区河道（砂资源）管理局：张衍坤
区公安分局：李　勇
区国土资源分局：万　刚

四　维稳工作先进个人（66 人）

乡镇、街道（17 人）

粥店街道：宋衍楠
天平街道：李　新
山 口 镇：王　锐
大汶口镇：张永军
黄 前 镇：张学伟
下 港 镇：李功友
祝 阳 镇：赵年宝
范　　镇：王培力
角 峪 镇：王洪国
化马湾乡：彭淑吉
徂 徕 镇：兰传军
良 庄 镇：孙丰伟
房 村 镇：李天秀
马 庄 镇：公　华
满 庄 镇：王继峰
夏 张 镇：吴　建
道 朗 镇：马守新

区直部门（49 人）

区委办公室：亓　峰
区人大常委会办公室：韩照利
区政府办公室：张　鑫
区政协办公室：张　磊
区纪委办公室：李衍兑
区委组织部：樊　迪
区委宣传部：于　霖
区委政法委：姚传中
区人民法院：杨玉娟
区人民检察院：张兴昌
区维稳办：黄　刚
区机构编制委员会办公室：宋靖靖
区委老干部局：房长强
区信访局：靳立超
区残联：彭　涛
区发展和改革局：徐宗庆
区经济和信息化局：马玉海
区教育局：李传军
区民政局：李宏伟
区司法局：刘元勇
区财政局：张文娟
区人力资源和社会保障局：韩　楠
区住房和城乡建设局：白富朋
区交通运输局：刘立强
区水务局：施金泉
区商务局：彭元云
区文化广电新闻出版局：刘增平

区卫生和计划生育局：丁兆君
区审计局：宋海军
区环境保护局：公信合
区安全生产监督管理局：苏广文
区食品药品监督管理局：张海龙
区粮食局：赵继才
区中小企业局：张　汶
区供销合作社联合社：沈　博
区林业局：仇江涛
区畜牧兽医局：李继斌
区农业机械管理局：于光岭
区民族与宗教事务局：裴建民
泰山商业总公司：张　伟
大汶口工业园：宗　涛
泰山青春创业园：徐传东
区职教中心：刘培荣
区房产管理局：朱秀珍
区公路局：陈英军
区河道（砂资源）管理局：程　利
区公安分局：李　端
区国土资源分局：宋绍山
区农村经济管理局：米宏伟

2016年度全区民生服务工作先进单位和先进个人

一、市“12345”热线工作先进基层单位和个人

先进基层单位（2个）：

粥店街道　　区民政局

先进个人（2名）：

区民生服务中心：范维志
天平街道：李长院

二、区民生服务工作先进单位和个人

先进单位（20个）

1. 乡镇（7个）：

满庄镇（大汶口工业园）、天平街道（泰山青春创业园）、良庄镇、大汶口镇、徂徕镇、马庄镇、道朗镇

2. 区直部门（13个）：

区人力资源和社会保障局、区教育局、区卫生和计划生育局、区房产管理局、区城市管理局、区住房和城乡建设局、区工商行政管理局、区国土资源分局、区公安分局、区农业局、区水务局、区环境保护局、区砂资源（河道）管理局

先进个人（30名）

1. 乡镇（10名）

粥店街道：施会昱
天平街道（泰山青春创业园）：马　强
山 口 镇：佟宪国
大汶口镇：李士港
下 港 镇：韩　骁
徂 徕 镇：朱秀丽
良 庄 镇：黄玉刚
马 庄 镇：李维国
满庄镇（大汶口工业园）：马金金
道朗镇：苏晓琳

2. 区直部门（20名）：

区教育局：边翠红
区民政局：陈艳丽
区财政局：彭本胜
区人力资源和社会保障局：张　杰
区住房和城乡建设局：江志新
区交通运输局：孙兆菊
区水务局：王明明

区农业局：陆　峰

区卫生和计划生育局：佟宪武

区环境保护局：赵　健

区食品药品监督管理局：周光军

区工商行政管理局：董春霞

区城市管理局：张　丽

区民生服务中心：彭慧丽　王　娟

区房产管理局：周　萌

区公路局：李　伟

区砂资源（河道）管理局：马延勇

区公安分局：朱傲男

区物价分局：邓　燕

2016年度全区密切联系群众工作先进单位和先进个人

一、全区密切联系群众工作先进乡镇（街道）（8个）

天平街道　大汶口镇

满 庄 镇　粥店街道

徂 徕 镇　夏 张 镇

角 峪 镇　良 庄 镇

二、全区密切联系群众工作先进部门（34个）

区委办公室、区人大常委会办公室、区政府办公室、区政协办公室、区纪委办公室、区委组织部、区委宣传部、区委政法委、区委统战部、区财政局、区卫生和计划生育局、区人力资源和社会保障局、区科协、区总工会、区委党校、区体育局、 区信访局、区文化广电新闻出版局、区民族与宗教事务局、区民政局、区水务局、 区畜牧兽医局、区审计局、区广播电视台、区教育局、区民生服务中心、区中小企业局、区妇联、区委农工办、区地税分局、区直机关工委、区城市管理局、区经济和信息化局、金融办

三、全区密切联系群众工作先进个人（69人）

区委办公室：吴兆喜

区人大常委会办公室：张　皓

区政府办公室：周生涛

区政协办公室：张义平

区纪委办公室：刘　娜

区委宣传部：张秀娟

区人民法院：张娅娟

区人民检察院：董慧媛

区委农工办：张灿军

区机构编制委员会办公室：王　岩

区总工会：李玉财

区委党校：袁承存

区老龄办：李　强

区档案局：孔祥新

区工商联：庞英梅

区残联：程　明

区科协：侯庆伟

区发展和改革局：聂华斌

区教育局：张　辉

区科技局：李贵信

区民政局：安清芳

区财政局：梁传弘

区人力资源和社会保障局：宋友芹

区住房和城乡建设局：王彦红

区卫生和计划生育局：邵　峰

区水务局：李滨海

区农业局：施宝明

区交通运输局：孙兆菊

区商务局：罗云南
区食品药品监督管理局：翟志敏
区工商行政管理局：徐连会
区质量技术监督局：高春山
区粮食局：冯 兵
区供销合作社联合社：李树昌
区农业机械管理局：于光岭
区国有资产管理局：薛 燕
泰山青春创业园：东广芸
区职教中心：王焕田
区房产管理局：王承峰
区公路局：李 伟
区河道（砂资源）管理局：孙聪敏
区广播电视台：倪青华
区公安分局：朱傲男
粥店街道：靳玉佩
天平街道：周 园
山口镇：李广鸿
大汶口镇：程 勇
黄前镇：赵志刚
下港镇：李 航
祝阳镇：靳月华
范 镇：陈丽娜
角峪镇：高文旭
化马湾乡：李 雪
徂徕镇：兰传军
良庄镇：黄玉刚
房村镇：程 涛
马庄镇：张 锐
满庄镇：马金金
夏张镇：赵 鹏
道朗镇：左臣凤
第一督导组：张 剑
第二督导组：张广丽
第三督导组：贾慧霞
第四督导组：陈 玉
第五督导组：朱宗学
第六督导组：裴建民
综合组：孙其涛 朱新文
宣传组：徐 峰

2016 年度全区群众满意度工作先进单位

徂 徕 镇　大汶口镇　化马湾乡
夏 张 镇　黄 前 镇　下 港 镇

中共泰安市岱岳区委
泰安市岱岳区人民政府
关于表彰 2016 年度全区人口和计划生育工作先进单位的通报

（2017 年 2 月 16 日）

各乡镇（街道）党（工）委、政府（办事处），区直各部门、单位，各人民团体：

2016 年，全区上下认真贯彻落实党的十八大及其历次全会精神，坚定不移地落实计划生育基本国策，积极实施转型发展战略，扎实推进人口计生工作，涌现出一批先进单位。为表彰先进，根据《2016 年度人口和计划生育目标管理责任书》和《履行人口和计划生育职责责任书》完成情况，区委、区政府决定，授予满庄镇等 10 个单位“2016

年度执行人口和计划 生育目标管理责任制一等奖”荣誉称号；授予角峪镇等7个单位“2016年度执行人口和计划 生育目标管理责任制二等奖”荣誉称号；授予区纪委（区监察局）等34个责任单位“2016年 度履行人口和计划生育职责先进单位”荣誉称号；授予东林管区等30个管区“2016年度人口和计划生育工作先进单位”荣誉称号。

希望受表彰的单位珍惜荣誉，再接再厉，再创佳绩。全区各级各部门要以先进为榜样，坚持计划生育基本国策，立足转型发展，适应新常态、实现新作为，全面加强基层基础工作 ，扎实推进改革创新，促进人口长期均衡发展，为打造泰城新区、建设幸福岱岳作出积极贡 献。

2016年度执行人口和计划生育目标管理责任制先进单位

一等奖

满庄镇 粥店街道 天平街道 化马湾乡 黄前镇 夏张镇 大汶口镇 范镇房村镇 徂徕镇

二等奖

角峪镇 马庄镇 祝阳镇 道朗镇 下港镇 山口镇 良庄镇

2016年度履行人口和计划生育职责先进单位

区纪委（区监察局）、区委办公室、区政府办公室、区委组织部、区委宣传部、区委政法委、区人民法院、区人民检察院、区直机关工委、区妇联、区委党校、区信访局、区发展和改革局、区经济和信息化局、区教育局、区科学技术局、区民政局、区司法局、区财政局、区人力资源和社会保障局、区住房和城乡建设局、区水务局、区农业局、区文化广电新闻出版局、区卫生和计划生育局、区审计局、区统计局、区食品药品监督管理局、区工商行政管理局、区粮食局、区广播电视台、区公安分局、区物价分局、区国土资源分局

2016年度人口和计划生育工作先进单位

东林管区、堰堤管区、北黄管区、满庄管区、茌庄管区、麻塔管区、天颐管区、化马湾管区、王士店管区、辛庄管区、西遥管区、沟头管区、李峪管区、马庄管区、宋家庄管区、周全管区、角峪管区、姚庄管区、石汶管区、杨家庄管区、玄楼管区、桥沟管区、上章管区、西太平管区、鱼池管区、大坡管区、赵汶管区、薛峪管区、上港管区、良庄管区

统计资料

2016 年岱岳区主要经济指标

表 8

指标名称	单位	绝对数	增长（%）	绝对数位次	增速位次	备注
地区生产总值	亿元	415.9	7.2	4	3	
三次产业结构		14.2:41.1:44.7	反馈数			
规模以上工业增加值	亿元	-	5.0	-	4	
工业经济效益						
主营业务收入	亿元	369.3	-6.7	6	3	
利税	亿元	36.1	-1.8	6	1	
利润	亿元	28.3	-9.7	6	1	
固定资产投资	亿元	427.36	10.0	3	5	
地方财政一般预算收入	亿元	16.5	11.1	-	-	
社会消费品零售总额	亿元	179.7	8.3	4	5	
农村居民人均可支配收入	元	13830	8.4	4	2	
城镇居民人均可支配收入	元	29909	7.7	4	4	
金融						
（一）各项存款	亿元	524.8	7.0			
城乡居民储蓄余额	亿元	338.8	12.0			
（二）各项贷款	亿元	312.4	25.0			
（三）保险费收入	亿元	3.2	10.0			
交通						
货运量	万吨	1693.2	-			
货运周转量	亿吨公里	11.48	-			
旅游						
接待总人数	万人次	1961.9	22.7			
总收入	万元	277575.8	33.2			
外贸进出口总值	万元	134870	7.7			
出口总值	万元	127129	9.7			
进口总值	万元	7741	-17.3			
实际利用外资金额	万元	44709	9.7			

编辑 · 校对　钱国庆　赵　蕾　翟梦雪

索引

说明：

1. 本索引为综合性主题索引。

2. 索引款目按汉语拼音字母顺序排序。

3. 款目后的阿拉伯数字表示内容所在的页码，数字后面的 a、b 表示版面区域（左 a、右 b）。

4. 对特载、大事记、附录栏目不作主题作引。

数　字

A

B

C

D

K

L

Q

R

S

T

W

Z